한국 경제 아직 늦지 않았다

정운찬 평론집

한국경제

아직 늦지 않았다

위기의 한국경제가 풀어야 할 과제와 해결 방안, 그리고 새로운 패러다임

나무와숲

외환위기가 막 터진 1997년 말, 나는 『한국 경제 죽어야 산다』란 제목의 평론집을 냈다. 이 제목을 통해 나는 한국 경제가 죽을 각오로 구조조정을 해야만 회생할 수 있다는 메시지를 함축적으로 표현하려고 했다. 당시 한국 경제의 문제는 단기적인 경기변동이나 유동성 문제가 아니라 한국 경제의 구조적 취약성에 따른 근본적 문제였기 때문이다.

그 평론집은 내가 1980년대부터 외환위기 이전까지 10여 년간 신문이나 잡지에 쓴 여러 글들을 모은 것이었다. 이 글들에 일관되게 관류하는 메시지는 한국 기업들은 투자 계획을 보다 신중히 해야 하고, 금융기관은 대출 심사를 철저히 해야 하며, 정부는 불필요한 시장에의 간섭을 피하여 시장에서 적자생존의 원칙이 지켜지도록 해야 한다는 것이었다. 이에 더해 이러한 것들이 지켜지지 않음에 따라 기업의 중복과잉투자가 일어나고, 그로 인해 수익률이 낮아지면 현금흐름이 나빠져 결국 경제위기로 이어질 수도 있으니, 기업·금융·정부가 정신 차릴 것을 촉구하는 것이었다.

평론집에 대한 사회의 반응은 매우 호의적이었던 것으로 기억한다. 언론매체가 관심을 보였으며, 서점에서도 많은 독자들이 책을 찾았다.

이런 가운데 다행스럽게도 한국의 경제위기가 기업과 금융 부문의 구조적 문제에 기인한 것이므로 정부는 구조 개혁에 매진해야 한다는 국민적 공감대가 형성되어 갔다.

그러나 위기의 가장 급한 불을 끄게 되자, 정부는 당장 고통스러운 구조조정보다는 경기회복에 집착한 나머지 철저한 구조 개혁을 해내지 못했다.

이에 나는 1997년 말 이후 구조 개혁을 촉구하는 글들을 썼는데, 1999년 하반기에 이 글들을 모아 『한국 경제 아직도 멀었다』란 두 번째 평론집을 냈다. 이 책도 고맙게 사회의 많은 관심을 받았다. 하지만 2000년대 들어서서도 구조조정은 여전히 미진하여 나는 그 후에도 정부 정책에 대해 나름대로 건설적인 비판을 게을리할 수 없었다.

그러나 2002년 여름 서울대학교 총장이 된 후로는 신문에 기고하는 것을 삼갔다. 내 의견이 자칫 서울대학교의 공식 견해로 잘못 알려질 수도 있기 때문이었다.

몇 년 동안 내가 신문에 글을 싣지 않자, 최근 나의 경제관을 묻는 이가 많아졌다. 그때마다 앞의 두 평론집에 나의 경제관이 담겨 있으니 그 책들을 읽어 보라고 권했다. 그런데 알고 보니 두 권의 평론집은 절판된 상태였다. 그래서 앞서 두 권의 평론집과 1999년 하반기 이후 쓴 글들을 모아 한 권의 평론집으로 만들기로 했다.

돌이켜보면 그때나 지금이나 경제에 대한 나의 전반적인 생각에는 별 변함이 없다. 내가 나름대로 생각과 말과 행동에 일관성을 지켜 온 때문인 것 같아 다행스럽다.

물론 외환위기 이전과 이후에 경제 문제의 성격에 변화가 있었다. 1997년 외환위기 이전의 경제 문제가 과잉투자였다면 최근에는 과소투자가 문제다. 따라서 이에 대한 설명이 필요하다고 생각되어 지난 2월 미국 LA의 한미경제연구소에서 했던 강연록을 책 앞에 실었다.

그 강연에서 나는 한국 경제가 지속적으로 성장하기 위해서는 정부가 일관된 정책을 펴야 한다, 정부 주도건 민간 주도건 연구와 개발(R&D)은 보다 기초적이고 장기적인 것에 중점을 두어야 한다, 새로운 경제운용 방식으로는 과거의 한국주식회사적인 것도 아니고 단기 수익 위주의 미국식 자본주의도 아닌 것을 찾아야 한다, 그리고 그 전제조건으로 '사회적 자본'의 축적이 필요하다고 역설하였다. 그러나 궁극적으로는 교육, 특히 대학 교육의 개선이 필요하다는 점을 강조하였다.

책의 마지막에는 IMF 경제위기의 본질을 파악하는 데 도움이 되도록 서울대학교 경제연구소의 『경제논집』(1998년 겨울호)에 실린 글을 첨부하였다.

앞서 발표한 두 평론집은 과분할 정도로 많은 사회적 관심을 받았다. 이번 평론집도 많은 사람들에게 읽혀 한국 경제의 지속적 성장에 조금이나마 도움이 되기를 기대한다.

이 평론집을 만드는 과정에서 도움을 준 서울대학교 조교인 이현경 양과 김동규 군, 그리고 평론집의 체제와 제목 등 크고 작은 일로 나와 의견을 조율하는 데 아주 많은 시간을 쏟고 끝없는 인내심을 보여 준 나무와숲의 최헌걸 대표와 이경옥 주간에게 감사드린다.

2007년 7월
관악산 기슭에서

정운찬

CONTENTS

1. 얼치기 정치에 멍드는 경제

2. 도그마로부터의 탈출

3. 재벌, 우리 사회의 뜨거운 감자

4. 번영의 대전제, 금융개혁

5. 세계인이 되려면

6. 보다 나은 미래를 향하여

부록

IMF와 한국 경제

2007 한국 경제의 전망과 과제

지금 한국 경제는 매우 어려운 문제들과 마주하고 있다. 쾌도난마식으로 모든 문제를

단칼에 해결한 방법은 보이지 않는다. 사회적 자본의 구축도 하루아침에 되는 일이 아니다.

그렇다고 해서 문제 해결이 불가능한 것은 아니다. "아무리 가벼운 깃털도 쌓이면

배를 가라앉힐 수 있다"고 한다. 투자를 활성화하고 양극화 문제를 해소하며 경제의 선순환과

사회 통합을 위해, 그리고 그러한 문제 해결의 근본 전제인 사회적 자본을 축적하기 위해

아무리 보잘것없어 보이는 노력이라도 소홀히 하지 않고 꾸준히 해나간다면

문제 해결에 가까워질 수 있다.

1. 한국 경제의 현황

외환위기 이후 한국 경제는 과거의 역동성(dynamism)을 상실한 채 오늘에 이르고 있다. 작년 실질 성장률은 재작년에 비해 1.0%p 늘어난 5.0%를 기록했지만 경제의 흐름에는 큰 변화가 없다. 성장잠재력이 뚝 떨어진 상태에서 의미 없는 소폭의 등락만을 반복하고 있는 것이다.

우리 경제가 활력을 잃어버린 증상은 맨 먼저 소득 증가 부진으로 나타나고 있다. 개인의 가처분소득 증가 속도는 외환위기 이전 8년 평균 14.7%에서 외환위기 이후 8년 평균 4.7%로 3분의 1 토막이 났다. 소득 증가가 부진하다 보니 조금만 소비 지출을 늘려도 큰 폭으로 빚이 많아진다. 그리고 가계 빚은 더 이상 증가하기 어려운 한계 상황에 도달한지 오래여서 소득이 획기적으로 늘어나지 않는다면 소비도 제대로 증가할 수 없고 내수도 활성화되기 어려운 상황이다. 이 때문에 경제의 선순환이 일어나지 않고 있다. 수출이 아무리 증가해도 경제가 나아지지 않는 것이다.

지난 2002년 3/4분기부터 작년 4/4분기까지 통관 기준 수출은 17개 분기 동안 두자릿수 증가율을 기록했다. 3저 호황이던 1986년에서 1988년까지 수출 증가율이 12개 분기 동안 두자릿수로 증가했던 것에 비하면 최근의 수출 호조세가 얼마나 왕성했는지를 짐작할 수 있다. 그러나 수출과 내수의 연결고리가 끊어져 경제 선순환이 이루어지지 못했고 모처럼 맞은 고도 성장의 기회를 제대로 살릴 수 없었다. 기업 수익성은 괄목할 만큼 개선되었지만 투자를 하지 않아 고용이 늘어나지 않았고 소득도 늘어나지 않았다. 기업 부문의 성과가 다른 부문으로 확산되지 못한 것이다.

뿐만 아니라 우리 경제의 내면을 들여다보면 소득과 재산의 양극화, 부동산 버블, 고용과 노후 불안, 기업의 투자 의욕 부진 등 부정적인 현상들이 한층 악화되었고 사회적으로도 자살과 이혼이 급증하는 등 불과 몇 년 사이에 우리 경제와 사회는 완전히 다른 모습으로 변해 버린 것 같다.

새해를 맞았으나 희망적인 요소는 뚜렷하게 보이지 않는다. 올해 경제성장률도 작년보다 낮은 4.0~4.5% 수준으로 전망되고 있다.

올해 우리 경제의 위험 요인 가운데 중요한 것 중 하나가 미국 경제의 경착륙 여부다. 지난 1992년 이후 2000년까지 9년간 미국 경제는 평균 3.7%의 장기 호황을 지속했고, 2001년 IT 산업 붕괴로 0.8%까지 성장률이 하락했지만 2002~2004년에는 1.6%, 2.7%, 4.2%로 꾸준히 회복했고 2005년과 2006년에는 3.5%와 3.3%p로 하강 국면에 있다. 특히 1997년 GDP(국내총생산)의 1.7%에 불과하던 미국 경상수지 적자 규모가 2005년에는 6.4%까지 지속적으로 늘어나면서 전 세계로부터 상품과 서비스를 사들여 세계 경제 성장의 엔진 역할을 했다.

따라서 미국 경제가 지금의 경기 둔화 국면을 어떻게 관리하는가를 우리나라뿐 아니라 중국·일본을 비롯한 전 세계 국가가 주시하고 있다. 다행히 지난 8월 이후 지금까지 국제 유가가 WTI(서부 텍사스 중질유) 기준으로 배럴당 20달러 가까이 하락하고 있어 미국 경제의 연착륙에 긍정적인 신호를 주고 있다. 작년 2/4분기와 3/4분기에 각각 2.6%, 2.0%에 그쳤던 미국 GDP 성장률도 4/4분기에는 3%대로 상승하리라는 전망도 나왔다. 이처럼 미국 경제가 연착륙한다면 우리 경제도 잠재 성장률에 약간 못 미치는 정도의 성과는 낼 수 있을 것으로 전망된다.

그러나 이것 역시 작년의 5%나 별반 차이가 없는 수치다. 우리 경제가 활력을 되찾으려면 투자가 활기를 찾고 고용이 늘어나 소득이 증가하여 가계 빚이 줄어들고 저축률이 높아지는 경제 선순환이 이루어져야 한다. 단순히 금리를 낮게 가져간다든지 감세나 재정 팽창을 확대한다든지 하는 정책만으로는 이러한 목표를 달성하기 어렵다.

2. 한국 경제의 전망과 과제

그렇다면 한국 경제가 풀어야 할 과제가 어떤 것인지, 해결 방안은 무엇
인지 생각해 보기로 하자.

한국 경제가 당면한 가장 근원적인 문제는 외환위기 이후 지금까지
우리에게 맞는 새로운 조정(coordination) 메커니즘을 정착시키지 못하
고 있다는 점이다. '한국주식회사(Korea Inc.)'라고까지 불렸던 정부·
대기업·금융의 삼각 조정 메커니즘은 경제 규모가 비교적 작고 단순
하던 과거 시절 얘기로, 지금 같은 지구화 시대에서는 제대로 기능할 수
도 없고 더 이상 존재하지도 않는다. 삼각 조정 메커니즘의 빈자리를 합
리적이고 효율적인 새로운 조정 메커니즘이 채웠어야 했는데, 그렇지
못하다 보니 수많은 갈등이 원만히 해결되지 못하고 분열과 대립으로
남게 되었다. 그 결과 우리 사회는 '경제 하려는 의지(the will to
economize)' 마저 상실한 무기력한 사회가 되었다.

그렇다면 이 새로운 조정 메커니즘이 어떤 모습이어야 하며, 어떻게
이것을 정착시킬 수 있을지에 대해 말하기에 앞서 그러한 메커니즘의
부재 때문에 풀리지 않고 있는 세 가지 한국 경제의 주요 현안을 살펴보
기로 하자. 그 세 가지란 투자 부진, 양극화, 그리고 한미 FTA이다. 투자
부진은 한국 경제의 단기적·장기적 성장 능력과 관련한 핵심적 문제
이며, 양극화는 우리 사회의 통합과 안정적 성장 환경에 부정적 영향을

미치는 중대한 문제다. 그리고 한미 FTA는 앞으로 한국 경제가 지구화에 어떻게 대처하느냐와 관련해서 깊이 생각해 보아야 할 문제다.

1) 투자 부진

활발한 투자는 국민경제의 건전한 발전을 위한 전제조건이다. 투자는 단기적으로는 고용 창출과 경기 회복의 기초가 되고, 장기적으로는 성장 능력을 배양하기 때문이다. 그러나 지금 한국 경제는 자신이 갖고 있는 생산 능력을 충분히 발휘하지도 못할 뿐 아니라 미래를 위한 생산 능력도 배양하지 못하고 있다. 외환위기 이전에는 기업 투자가 너무 방만했고 은행은 너무 쉽게 돈을 빌려 줬다. 그러나 외환위기 이후에는 거꾸로 기업이 너무 투자를 꺼리고 은행은 돈을 빌려 주는 데 너무 신중해졌다. 한국 경제가 지나치게 안전지향적 · 축소지향적으로 변한 것이다.

우리 경제의 선두를 달리고 있는 대기업들조차 재무 구조나 수익성에 비해 투자 규모가 충분치 못한 실정이다. 2005년 제조업 부문 대기업의 부채 비율(자기자본 대비 타인자본)은 86.1%로 극히 낮았고 매출액 경상이익률도 8.1%에 달했지만, 유형자산 증가율은 6%에 그쳤다. 투자를 하는 대신 번 돈을 쌓아 두거나 빚을 갚는 데 쓴 것이다.

반면 중소기업들은 자금을 조달하지 못해 하고 싶은 투자도 하지 못하는 경우가 많다. 은행들은 중소기업이 좋은 투자 아이템을 가졌는지,

그리고 성장할 가능성이 많은지 등을 심사하기보다는 쓸 만한 부동산을 얼마나 갖고 있는지에 더 관심이 많아 보인다.

가. 투자수익률 저하와 왜곡된 투자 구조

그럼 왜 이런 투자 부진이 나타나게 된 것일까? 나는 투자수익률 저하와 왜곡된 투자 구조, 이윤 기회의 불확실성, 그리고 금융의 위험기피를 그 원인으로 본다. 이것들을 하나씩 살펴보기로 하자.

무엇보다 투자를 해서 돈을 벌기가 점점 더 어려워지고 있다. 과거에는 큰 수익이 나는 투자 기회가 많았지만 경제가 발전함에 따라 돈이 되는 아이템들이 점점 고갈되어 가고 있다. 지난 1월 24일 대한상공회의소가 조사한 바에 따르면 "3년 후 이익을 낼 사업 분야를 확보하지 못하고 있다"는 기업이 전체의 53.5%나 됐으며 "10년 후까지 준비돼 있다"는 기업은 1%에 지나지 않았다고 한다. 투자수익률을 결정하는 자본의 한계생산성도 최근에는 1970년대의 3분의 1에 불과한 수준까지 하락한 것으로 추정된다.

자본의 한계생산성이 하락한 것은 인적 자본과 기술 수준에 비해 실물 자본이 너무 많아졌기 때문이다. 그동안 실물 자본만 늘려 왔지 인적 자본을 늘리고 기술 수준을 향상시키는 데에는 소홀했다는 의미다. 실물 자본에 비해 인적 자본과 기술 수준이 충분치 않기 때문이라고 바꾸어 말해도 좋다. 일자리를 못 구할 정도로 남아도는 인력은 많지만 새로운 투자 아이템을 고안해 내는 인적 자본과, 기업들이 원하는 수준의 자질을 갖추고 있고 충분한 임금을 주어도 아깝지 않은 고급 인력은 별로 많지 않다. 기술 수준도 과거에 비해 많이 향상되기는 했지만 아직 선진국에 비해서는 크게 낮은 실정이다. 우리나라의 전 산업 기술 수준은 미국의 절반 또는 그 이하라는 연구 결과도 있다. 이런 이유 때문에 투자 수익률이 하락하고, 이는 다시 설비투자 부진으로 이어지고 있다.

인적 자본이나 지적 자본에 대한 투자가 과거보다 빠르게 늘어나고 있긴 하지만 그 내용을 들여다보면 대부분이 당장 효과를 내는 것 위주로 이루어지고 있다. 교육비가 늘었다지만 지식을 창조하고 리더십을 배양하기보다 입시 위주로 투자되고 있다. R&D 투자도 기초를 다지기보다는 당장 쉽게 돈이 되는 곳에 지출되는 경향이 있다. 그 결과 실물 자본에 비해 인적 · 지적 자본이 부족하게 되었고, 이것은 다시 장기적 투자 기회를 줄이고 있다.

나. 이윤 기회의 불확실성

우리 경제가 catch-up 단계에 있던 시절에는 선진국에서 중저급 기술을 들여오면 바로 돈이 되곤 했다. 또한 자본을 구할 수만 있다면 큰 이윤을 낼 수 있다는 확신이 있었기 때문에 투자 수요가 많았다. 그러나 이제는 안전한 기회들이 소진되었고 불확실성이 높은 기회들만이 남게 되었다.

투자란 한번 하면 돌이키기 어렵기 때문에 기업은 상당한 확신이 들어야 비로소 투자 결정을 한다. 그러므로 불확실한 상황에서는 투자를 하는 것보다 투자를 지연시키는 것이 기업에게는 합리적인 선택일 경우가 많다.

불확실성 중 가장 심각한 것이 바로 정부 정책의 불확실성이다. 정부 정책이 불확실성을 가중시켜 투자를 저해했던 대표적 사례가 최근의 공정거래법 개정 논란이다. 현 정부 출범 초기에 만들어졌던 '시장 개혁 3개년 로드맵'에 따르면 그 시행 3년째인 작년 말, 시장 개혁의 성과를 종합적으로 평가하여 대기업 규제 전반을 근본적으로 재검토하기로 예정되어 있었다. 이러한 상황에서 대기업들은 규제 환경이 어떤 방향으로 변할지 알 수 없기 때문에 앞으로의 추이를 예의주시하며 투자를 미루는 대안을 택했다고 생각한다. 이처럼 일관성 없는 정책은 미래에 대한 불확실성을 높여 기업들이 뒷짐지고 있게 만들기 쉽다.

정부는 대기업 규제의 목표와 그 우선순위를 분명히 정하고, 이를 국회와 국민에게 일관되게 제시해야 한다. 각종 규제도 일관성 있게 정비해서 현금을 보유하고도 설비투자를 미루는 위험기피적 선택보다는 활발한 투자 의욕을 낼 수 있도록 환경을 만들어 주어야 한다.

다. 금융의 위험기피와 투자 위축

반면 중소기업들은 이윤 기회를 찾았다 해도 투자를 통해 이를 실현시키기가 매우 어렵다. 중소기업들은 자금을 조달하기가 어렵기 때문이다. 금융기관들은 중소기업에 대한 신용 대출보다 부동산을 담보로 한 가계 대출에 더 익숙한 실정이다. 이에 따라 기업 투자 자금 중에서 내부 조달의 비중이 확대되고 있다. 최근 들어 투자 자금의 내부 조달률은 70%가 넘는 것으로 알려져 있다. 이는 금융의 본질적 기능, 즉 위험 관리와 정보 생산 등의 기능이 제대로 발휘되지 않기 때문이다.

슘페터는 『경제발전 이론(*The Theory of Economic Development*)』에서 자본주의의 생명력은 창조적 파괴를 추구하는 기업가(entrepreneur)에게 있고, 그러한 혁신적 기업가를 발굴하고 지원하여 키우는 것은 혁신적 은행가(banker)의 역할이라고 했다. 그러므로 금융기관의 위험기피 성향이 너무 과도하면 이런 본질적인 기능을 제대로 할 수 없고, 그 결과 투자 확대를 통한 성장잠재력 확충도 어려워져 경제가 활력을 잃어버릴 우려가 있다.

지금까지 말한 바와 같이 최근의 투자 부진은 여러 가지 원인들이 어우러진 복합적인 문제다. 이 문제를 근본적으로 해결하려면 우선 인적 자본이 효율적으로 축적되도록 교육제도를 개혁하는 것이 매우 중요하다. 또한 정부는, 비록 단기적으로 고통이 따르더라도 기본 원칙에 충실한 자세를 잃지 않음으로써 정부 정책의 불확실성을 줄여 줘야 한다. 기업과 금융이 장기적 관점에서 상생의 관계를 가지도록 제도적 틀을 만들어 주고, 투자 불균형을 해소하기 위해 유인 체계를 개선하며, 각종 규제도 일관성 있게 정비해 투자가 촉진되도록 환경을 만들어 주어야 한다.

2) 양극화

가. 양극화와 경제적 효율성의 왜곡

양극화는 경제가 급속히 변화할 때 그에 적응하는 사람들과 그렇지 못한 사람들이 차별화되면서 발생하는 것이다. 이때 기술혁신·지구화와 함께 기존의 지식과 생산 방식이 도태되는 창조적 파괴가 일어나는데, 이는 필연적으로 승자와 패자를 끊임없이 양산하는 다윈식 투쟁(Darwinian struggle)을 초래하게 마련이다. 여기에 승리하여 달라진 시장이 필요로 하는 재화와 서비스를 공급하면 시장은 엄청난 이익을 안겨 준다. 반면 그렇지 못하다면 시장은 보상을 해주지 않는다. 따라서 경쟁에서 진 패자는 오히려 전보다 못한 상태로 떨어질 수도 있다.

그런데 분배가 악화되고 사회 통합이 약해질수록 기술혁신을 저해하여 성장 동력이 떨어질 가능성이 크다. 낙후 부문이나 저소득층은 미래를 위한 인적·지적 자본에 투자할 여력이 없기 때문이다. 그리고 사회의 절반만이 지식 창조에 투자하고 나머지 절반은 투자하지 못한다면, 사회 전체의 혁신 역량은 위축될 수밖에 없다.

따라서 양극화를 단순히 정태적으로만 파악해 저소득층에게 소득 보조를 해주면 문제가 전부 해결되는 것처럼 간주해서는 안 된다. 보다 중요한 것은 양극화의 동태적 측면이다. 즉, 양극화는 단순히 사회를 고소득층과 저소득층으로 분할하는 것에 더하여 그것을 고착화하는 동태적 구조를 가지기 십상이므로 이를 시정하기 위해서는 교육 정책의 개선을 포함한 사회 전체의 보다 적극적인 노력이 필요하다.

나. 양극화와 위험기피적 지대 추구

양극화로 인해 사회 통합이 저해되면 기업과 개인 모두 혁신에 역행하는 방향으로 행동할 가능성이 높아진다. 즉, 기업 입장에서는 불확실성이 높아질수록 미래를 지향하는 혁신 투자에 흥미를 잃을 수밖에 없다. 개인 입장에서도 불확실성이 높아질수록 다소 위험이 내재된 혁신 관련 직업보다는 안정적인 직업을 선호하는 경향이 커진다.

지금 우리나라에서는 기업과 개인, 그리고 금융 모두 리스크 테이킹(risk-taking:위험부담)을 꺼리면서 지나치게 축소지향적으로 가고 있다는 생각이 든다. 우리 사회의 심각한 문제인 출산율 저하도 불확실한 미래, 그리고 젊은이들의 불안정한 경제 상황과 밀접한 관련이 있을 것이다.

뿐만 아니라 사회 갈등과 불안정성의 심화는 사람들로 하여금 혁신과 리스크 테이킹보다는 지대 추구(rent-seeking)에 몰입하고 요행을 바라게 함으로써 경제의 성장 동력에도 부정적 영향을 주게 된다. 특히 부동산 가격 폭등과 양극화 심화는 서로가 서로를 부추기는 악순환의 고리를 형성한다는 점에서 문제가 더욱 심각하다.

이 문제를 해결하기 위해서는 패자에게 재기할 기회를 주고, 누구나 지식·정보·자금에 쉽게 접근할 수 있도록 사회적 인프라를 갖추어야 한다. 아울러 지나친 양극화를 미연에 방지하기 위한 구조개선, 예컨대 대기업과 중소기업 간 공정거래의 보장, 정규직과 비정규직 간의 분단 현상 해소, 사회적 이동성의 제고 등도 추진되어야 한다. 특히 부동산 투기와 관련해서는 금융자산과 부동산 간의 예상 수익률 격차를 줄여서 부동산 투자의 매력을 근본적으로 감소시키는 한편, 투기 욕구가 현실의 투기 수요로 발전하는 경로를 차단하도록 해야 한다.

3) 한미 FTA

가. 자유무역인가, 보호무역인가

이론적으로 말해 경제 개방은 실보다 득이 많다. 그러나 아무리 훌륭한 이론이라도 경제이론을 중요 정책에 적용할 때에는 세계 경제의 흐름과 국내 경제의 역량을 동시에 충분히 고려해서 실리를 극대화할 수 있어야 한다. 이런 면에서 우리는 경제학자 케인스에게 배울 점이 많다고 생각한다. 케인스는 1920년대까지만 해도 "자유무역이야말로 글을 읽을 줄 아는 사람이라면 아무도 논란을 벌일 수 없는 근본적 진리"라고 했다.

그러나 1933년에 와서는 「National Self-Sufficiency」라는 글에서 "사상 · 지식 · 예술 · 친절 · 여행—이런 것들은 본성상 국제적이어야 한다. 그러나 물건은 가능하면 국산이 바람직하며, 무엇보다도 금융은 국내에 기반해야 한다"고 했다. 여러 가지 설명이 있을 수 있지만, 이러한 입장 변화는 세계 경제의 흐름과 당시 영국 경제의 현실을 반영한 것이라고 볼 수 있다. 즉, 19세기 중반부터 1차 세계대전 전까지 제1차 지구화 흐름이 나타났던 시기에, 그리고 영국이 팽창하던 시기에는 경제 개방이 국내 경제를 활성화시키는 것이었고 바로 그것이 시대의 흐름과 맞았다. 반면 1차대전 이후 1950년대까지는 지구화가 후퇴하고, 영국 경제는 자본 유출과 일자리 감소를 경험하고 있었다. 이러한 상황에서 영국의 국내 실업 문제를 해결하기 위해서는 보호주의가 불가피했던 것이다.

여기서 주목할 점은, 케인스는 당시 시대 흐름 속에서 영국 경제가 처한 현실적 문제들을 풀기 위한 방편을 모색했던 것이지 어떤 불변의 원칙을 세우는 것을 우선시하지는 않았다는 사실이다.

나. 국내 경제 역량의 중요성

지금 우리는 제2차 지구화 흐름의 한가운데 놓여 있다. 지구화의 흐름을 잘 타는 것은 국가의 생존과 발전을 위해 필수적이다. 이 흐름을 거스르는 것은 가능하지도 않고 바람직하지도 않다. 이런 측면에서 경제 개방의 확대는 불가피한 면이 있다. 문제는 세계 경제의 흐름과 국내 경제의 역량을 고려해 가면서 개방의 폭과 시점을 얼마나 잘 조절하느냐이다. 이와 관련하여 나는 다음 두 가지 점을 강조하고 싶다.

첫째, 개방에 따른 리스크를 최소화하는 시스템을 사전에 갖추어야 한다. 우리가 아직 제대로 갖추지 못한 것 중의 하나가 바로 경기 규칙 (rule of game)을 엄정하게 집행하는 심판자로서의 정부 역할이다. 특히 공정거래위원회나 금융감독위원회 같은 감독기관의 역할, 검찰·법원과 같은 사법기관의 역할은 개방과 경쟁의 시대에서는 더욱 막중하다. 엄정한 금융감독 시스템의 정비 없이 성급하게 개방과 규제완화를 추진한 결과 엄청난 시스템 리스크를 불러왔던 1990년대 중반의 종금사 사태나 2003년의 신용카드사 사태는 그 대표적인 사례가 될 것이다. 다시 한 번 강조하지만, 개방의 리스크를 최소화할 수 있는 시스템이 준비되지 못한 상황에서 개방과 경쟁의 확대는 오히려 커다란 국민경제적 비용을 초래할 것이다.

둘째로, 경제 개방은 사회안전망 구축과 병행되어야 한다. 우리나라는 사회안전망의 효율적인 제도 구축이라는 면에서는 아직도 매우 취약하다. 관련 예산이 적다는 얘기가 아니다. 개방으로 피해를 보는 계층에게 보상을 해주는 것은 반드시 필요하지만, 이러한 보상이 원칙 없이, 또는 임시방편적으로 이루어진다면 피해 계층에게 도움이 되지 못한 채 희소한 자원의 낭비만을 초래할 뿐이다. 우루과이라운드 협상 타결 이후의 농업 지원 대책의 실패를 되풀이해서는 안 된다. 한미 FTA는 우루과이라운드보다 훨씬 더 큰 구조조정의 충격을 줄 것이다.

따라서 한미 FTA 협상은 우리 경제의 국내외적 상황을 충분히 고려해서 실리를 극대화하고 부작용을 막는 방향으로 추진되어야 하며, 개방의 확대만이 절대불변의 진리인 것처럼 접근해서는 안 된다. 협상 추진 속도와 개방 범위는 어디까지나 사회안전망이 구축되는 속도와 균형을 맞추어 결정되어야 한다. 즉, 더욱 거세질 지구화의 파고에 견딜 수 있는 법적·제도적·사회적 인프라 구축, 개방 확대에 따른 부작용 해소와 갈등 조정 등의 과제들을 소화해 낼 수 있는 수준에서 결정되어야 한다.

4) 새로운 조정 장치의 구축과 사회적 자본

지금까지 한국 경제의 주요 현안인 투자 부진, 양극화, 한미 FTA에 대해서 간략히 살펴보았다. 이 문제들을 잘 극복한다면 우리는 선진국으로 도약할 수 있겠지만 그렇지 못한다면 중진국의 함정에서 헤어나지 못할 수도 있다. 앞서 각각의 문제들을 이야기하면서 그 해결 방안에 대해서도 간단한 설명을 덧붙였다.

그런데 이런 해결 방안들이 성공하기 위해서는 사회적 자본 구축이 필요하다. 사회적 자본은 개발 연대의 삼각 조정 메커니즘을 대신할 우리 경제의 새로운 조정 장치다. 즉, 사회 구성원들이 공유하는 기준(norm), 규칙(rule), 그리고 신뢰와 같은 사회 공동의 무형 자산을 말한다.

사회적 자본이 풍부하게 축적되면 이해관계가 충돌할 때 주어진 룰에 따라 직접적으로 조정할 수 있기 때문에 경제의 효율성이 높아진다.

이에 더하여 구성원 간의 신뢰가 두터워져 정보 공유가 쉬워지고 공동체의 정체성이 더욱 확립된다. 사회의 효용 체계도 자신과 가족만을 생각하는 편협한 선호 체계에서 공동체와 사회의 이익을 함께 고려하는 개방된 선호 체계로 바뀔 수 있다. 그 결과 사회 통합을 위한 제도적 장치를 구축하기가 한층 수월해지고, 그러한 제도적 장치를 활용하면 지구화의 부작용도 최소화할 수 있다. 또한 룰에 따른 공정한 경쟁과 경쟁 탈락자에 대한 배려가 보다 체계적으로 보장될 수 있다. 궁극적으로는 미래에 대한 불확실성도 줄어들어 지나친 위험기피 문제도 많이 해결될 수 있으며, 인적 자본과 기술 축적도 더욱 촉진될 수 있다.

사회적 자본은 '보이지 않는 인프라'로 이것을 축적하려면 어떻게 해야 할까? 무엇보다 지도자의 리더십이 중요하다. 지도자는 먼저 장기적으로 모두에게 이익이 되는 길이 무엇인지 큰 그림과 비전을 명확히 보여 주고, 그를 위해 필요한 규칙이 무엇인지, 즉 규칙에 대한 사회적 합의를 도출할 수 있어야 한다.

1980년대 덩샤오핑은 중화인민공화국 건국 100주년인 2049년까지 부유하고 강력한 중국을 만들자는, 당시로서는 무모하리만큼 대담한 비전을 제시했다. 아울러 모든 이익 집단의 운명을 비전의 성공에 연계시킴으로써 국가적 에너지를 결집했다. 원대한 비전으로 분열과 갈등을 잠재우는 동시에 모두가 노력하지 않을 수 없게 한 것이다. 황당하게 들렸던 흑묘백묘론(黑猫白猫論)이 설득력을 얻고, 경제개발을 위해 외국 자본을 끌어들이는 사상 초유의 전략이 성공했던 이유가 바로 여기에 있었다.

　지도자 개인의 리더십뿐 아니라 규칙에 대한 사회 구성원들의 신뢰를 쌓고 확산시키는 것도 중요하다. 사회적 합의를 위반하여 부당한 이득을 취하려는 기회주의자가 있다면 단호하게 페널티를 부과하여 윈-윈(win-win) 구도에서 이탈하는 것이 결코 이득이 되지 않는다는 믿음을 심어 주어야 한다.

　사회적 자본, 즉 사회적 규칙과 신뢰도 실물 자본, 인적 자본, 지적 자본처럼 우리 경제의 지속적 발전과 사회 통합을 위해 우리가 투자 대상으로 삼아야 할 중요한 자산이다. 사회적 자본도 투자를 해야 커질 수 있기 때문이다. 사회적 자본의 구축은 국가의 번영을 위해 무엇을 선택하고 무엇을 버려야 하는가, 무엇을 희생하고 무엇을 키워야 하는가와 같이 구성원의 이해관계가 첨예하게 대립하는 중요한 국가적 현안을 정부의 힘에 의한 강제가 아닌 합리적 사고와 신뢰에 의해 결정할 수 있는 사회 풍토의 기초가 된다. 특히 한국 경제의 주요 현안인 투자 부진, 양극화, 한미 FTA 등의 문제를 해결하는 중요한 전제조건이기도 하다.

　지금 한국 경제는 매우 어려운 문제들과 마주하고 있다. 쾌도난마식으로 모든 문제를 단칼에 해결할 방법은 보이지 않는다. 사회적 자본의 구축도 하루아침에 되는 일이 아니다. 그렇다고 해서 문제 해결이 불가능한 것은 아니다. "아무리 가벼운 깃털도 쌓이면 배를 가라앉힐 수 있다"고 한다. 기업가 정신이 충만한 경제(entrepreneurial economy)를 건설하여 투자를 활성화시키고 양극화 문제를 해소하며 경제의 선순환과 사회 통합을 이루는 일을 위해, 그리고 그러한 문제 해결의 근본 전제인 사회적 자본을 축적하기 위해 아무리 보잘것없어 보이는 노력이라도 소홀히 하지 말고 꾸준히 해나간다면 조금씩이나마 문제 해결에 가까워질 수 있다고 생각한다.

▶ 이 글은 지난 2월 미국 로스앤젤레스에 있는 교포들의 경제단체인 한미경제연구소(KAEDC) 초청으로 이루어진 '신년경제포럼'에서 강연한 내용을 정리한 것이다. 강연회에 앞서 가진 간담회에는 교포 사회 내 은행장과 기업가들이 대거 참석하여 한국 경제의 현황과 전망에 대해 지대한 관심을 보여 주었다. 참석자들은 오랜만에 쉽고 간결하게 한국 경제를 이해할 수 있는 값진 기회였다고 말했다.

chapter 1.
얼치기 정치에 멍드는 경제

구조적 불균형에 시달리는 한국 경제

한국 경제는 현재 심각한 구조적 불균형에 시달리고 있다. 우선 대내적으로는 산업간, 대·중소기업간, 지역간 그리고 빈부간 불균형으로 인한 갈등이 표출되고 있다. 이에 더하여 대외적으로는 해외의존도가 높아서 외국, 특히 미국의 통상 압력에 쉽게 굴복할 수밖에 없는 실정이다. 여기서 불균형의 실상을 상세히 논할 겨를은 없다. 그러나 최근 사회적으로 문제가 되고 있는 빈부 격차의 예만 몇 가지 살펴봐도 문제의 심각성은 자명해진다.

먼저 소득 분배 상태는 공식 통계 숫자를 보더라도 월 5천만 원 이상 수입을 올리는 이가 있는가 하면 정부 설정 최저임금인 15만 원을 밑도는 수입을 가지는 이도 있듯이, 가진 자와 못 가진 자의 격차가 매우 크다. 고소득자일수록 비공식 수입이 많다는 한국적 상황을 감안하면 소득 격차는 너무 크다고 하지 아니할 수 없다. 토지 소유와 관련한 불평등도는 더욱 심하다.

　전체 인구의 3%도 못 되는 사람들이 전체 민유지의 70%를 소유하고 있으며, 지난 몇 년간의 지가 상승은 해마다 수십조 원에 이르러 900만 근로자의 전체 소득과 거의 맞먹을 정도가 되어 버렸다. 그럼에도 불구하고 이들 토지소유자가 낸 재산세는 토지가액의 0.1%에도 미치지 않는다.

　토지 소유의 집중 및 투기적 불로소득의 편재는 주택 문제에서도 그대로 재현되어 일반 봉급자의 내집 마련의 꿈은 물거품이 되고 말았다.

　이와 같은 빈부간 불균형은 오늘날 우리가 경험하고 있는 노동쟁의, 농민의 저항 등 다양한 갈등이 과격한 형태로 표출되는 근본 원인이다.

　그러면 불균형은 어디서 연유하는가? 그것은 지난 20여 년 동안의 성장의 특징에서 찾아볼 수 있다. 첫째, 지난날의 성장은 경제적 합리성보다는 독재정권의 정치적 고려에 의해 주도되었다. 제3공화국, 유신정권, 제5공화국 등 정치적 정당성을 획득하지 못한 정부는 어떤 형태로든 정당성을 확보하고자 했다. 따라서 그들은 가장 긴급한 과제이며 또 그 성과가 가장 두드러지게 나타날 수 있는 경제성장에 초점을 맞추었다. 이에 따라 어떤 일이 있더라도 경제성장의 목표는 달성되지 않으면 안 된다는 강박관념이 생겨났다.

　둘째, 지난날의 성장은 물질적인 것이었다. 다시 말해서 경제성장이 거시적 경제변수의 변화를 가져오는 데 불과했다. 경제성장이 경제지표, 특히 거시경제지표에 의해 평가되는 것은 사실이지만 그것은 결코 고립된 경제 현상만은 아니다. 성장잠재력의 차이에 따라 경제 각 부문 간에, 그리고 경제와 여타 사회 부문 간에 불균형 성장이 이루어지는 것은 사실이지만, 이것이 보다 높은 차원에서의 균형으로 수렴될 때 진정한 의미의 발전이 성취되는 것이다.

이렇게 볼 때 목표 달성 위주의 물량적 성장이 경제 각 분야, 더 나아가서는 사회 각 분야의 균형적 성장을 저해하고 여러 가지 불균형을 배태한 것은 너무나 당연한 일이었다.

정부는 성장만 할 수 있다면 그 내용 여하를 가리지 않는 개발 철학을 갖고 대기업 집단과 그것에 직·간접적으로 관계를 맺고 있는 이들로 대표되는 '가진 자'들과 연합하여, 부지런하고 교육을 잘 받은 노동자들의 경제 의지, 즉 잘살아 보려는 의욕을 고취시키면서 20여 년간 고도성장을 주도해 올 수 있었다. 가진 자들은 생산 과정에서 각종 세제·금융상의 혜택을 누리는 한편 부동산 투기로도 재미를 보아 부를 축적할 수 있었던 반면, 노동자들은 저임금에 시달리면서도 생존한다는 사실 하나에 만족하며 성장 과정에서 결정적인 기여를 했다.

그 결과 한국 경제는 이제 가진 자들에 매달려 이들의 영향력, 특히 30대 대기업 집단의 영향력이 산업은 물론이고 언론·군부·대학·정부 등 미치지 않는 곳이 없게 되었다. 경제 사회를 어느 특정 집단이 지배하는 것은 바람직하지 않다. 그것은 경제성장의 궁극적 목표, 즉 대다수 국민의 풍요롭고 자유로운 생활을 파괴하기 때문이다. 그리고 보다 직접적으로 갈등 구조의 심화는 경제의 성장잠재력 자체를 마모시킨다. 왜냐하면 경제는 갈등보다는 협력에 의해 발전하는 것이기 때문이다. 그런 의미에서도 불균형은 반드시 해소되어야 한다.

그러면 불균형 해소책은 무엇인가? 무엇보다도 중요한 것은 과거 목표 달성 위주의 성장 정책을 포기하는 것이다. 그런데 이것을 포기하려면 정치가 민주화되어야 한다. 따라서 정치적 민주화는 불균형 해소에 필수불가결하다. 정치적 민주화와 함께 정부와 가진 자들은 결자해지의 자세로 굳어질 대로 굳어진 불균형 현상을 제거토록 해야 한다. 정부는 부작용이 좀 있더라도 과감한 제도 개혁을 통해 가진 자의 소득과 부가 못 가진 자에게 재배분되도록 유도해야 하며, 가진 자들은 쌓아 올린 부를 미련 없이 던질 각오로 개혁에 적극 호응해야 한다. 뿐만 아니라 현재 소유하고 있는 기업 집단을 과감히 정리해야 한다. 이것만이 그들이 살고 또 나라가 발전하는 길이다.

그러나 안타까운 것은 정부와 민정당이 대우조선의 무리한 구제, 한국중공업의 민영화 결정 등에서 보여 주듯이, 아직도 과거의 개발 철학을 포기하지 못하고 있다는 점이다. 또한 가진 자들의 양보는 어디에서도 찾아보기 힘들다. 앞으로 토지공개념 도입과 관련하여 정부와 민정당의 개혁 의지와 가진 자들의 양보 태세를 다시 시험해 볼 기회가 있겠

으나, 현재 제안된 최소한의 공(公)개념마저 공(空)개념이 되어 버린다
면 이 나라의 장래가 어떻게 될 것인지 심히 걱정된다.

_ 시사저널, 1989.11.19

거대 여당의 '소득 3배가 운동'

민정·민주·공화 3당이 엮어 낸 1·22 정변 드라마는 어느 모로 보나 참으로 충격적이다.

우선 정치적으로 볼 때, 정변의 주역들은 당리당략에 눈이 어두워 불과 2년 전에 국민이 만들어 준 여소야대의 정치 구도를 토론도 거치지 않고 하루아침에 역전시켜 버렸다. 이것은 5·16 쿠데타, 10월 유신, 5·17 쿠데타에 버금가는 혁명적인 것이며, 희미하게나마 가지고 있던 정치적 민주화에 대한 우리의 희망을 산산조각나게 한 커다란 사건이다.

또한 경제적으로는 우리 역사상 참으로 오랜만에 움트던 개혁 의지가 물거품이 되어 버리지 않을까 심히 우려된다. 우리나라는 지난 십수 개월간, 비록 속도가 느려 불만이었을지는 모르나, 각종 제도의 개혁과 빈부간, 지역간, 대·중소기업간 불균형 해소를 위해 노력해 왔다. 이러한 개혁 의지의 실현 여부는 우리나라의 장래를 크게 좌우할 것이다.

그런데 새 여당은 중장기적 안목의 개혁보다는 단기적으로 국민의 인기에 영합하는 경제정책을 추구할 수밖에 없을 것이다. 왜냐하면 정치인들의 속성을 속속들이 파악하고 있는 우리 국민이 1·22 정변을 쉽사리 인정하려 들지 않을 것이므로 정치인들은 외견상의 경제적 성과로 자신들의 정당성을 확보하려고 할 것이기 때문이다.

인기 영합 정책 가운데 가장 쉽게 생각할 수 있는 것이 경기부양이다. 그런데 무리한 경기부양은 필연적으로 물가 급등, 부동산 투기 재연, 빈부간 불균형 심화를 가져올 것이 틀림없다.

새 여당은 벌써 소득 3배가 운동(1인당 5천 달러에서 1만 5천 달러)을 벌이는 등 제도 개혁이나 형평의 제고는 뒷전으로 돌린 채 목표 달성 위주의 성장 정책을 시도하고 있다고 들린다. 이들은 경제난국대책 6인위원회(이승윤·나웅배·황병태·김동규·김용환·이희일 의원)를 구성했다. 행정부가 해야 할 일(이미 행정부에는 '경제난국극복위원회'가 있다)에 정치권이 끼어드는 것부터 잘못된 것이지만, 이들 위원이 모두 유신 시절이나 5공 시절 수단을 가리지 않고 목표 달성을 위해 돌진한 경력을 가지고 있어 앞으로의 경제정책에 시사하는 바가 크다.

그러나 일에는 되는 것이 있는 반면 안 되는 것도 있는데, 순리적으로 되지 않을 일을 강행할 때는 엄청난 비용을 치를 수밖에 없다.

나는 소득 3배가 운동이 난센스라고 생각한다. 지난날 쿠데타의 주역들도 경제성장으로 자신들의 정당성을 입증하려 했다. 그들은 5·16 뒤의 개방정책, 유신 뒤의 중화학공업정책, 5·17 뒤의 물가안정정책과 그것들의 가시적 성과를 자신들의 공적으로 내세웠다.

그러나 이러한 정책 수행 과정에서 배태된 각종 불균형의 심화는 차치하더라도, 과거의 실적은 천운도 많이 따른 결과이고, 또 어떻게 보면 끊임없이 불타는 국민의 경제 의지 때문에 어떤 정책을 썼더라도 성공할 수 있었던 것이다. 외연적 성장기에는 기본 요건만 갖추면 단순히 생산요소의 투입량만 증가시켜도 성장할 수 있기 때문이다.

그러나 1990년대의 세계는 다르다. 1960년대와 같이 유엔의 '개발의 10년대' 프로그램도, 1970년대의 석유 달러 환류도, 1980년대의 3저 현상도 기대하기 어렵다.

우리가 해야 할 일은 무리한 성장을 추구하는 대신 착실한 제도 개혁과 형평의 제고를 통해 성장잠재력을 배양하는 것이다. 더 구체적으로 망할 수밖에 없는 기업은 도산토록 허용하되 수지맞는 기업은 과감히 지원하는 동시에, 여러 가지 형태의 불균형을 해소함으로써 국민들의 경제 의지를 다시 고취시켜야 한다.

원래 개혁에는 부작용이 다소 따르고 또 성과도 더디게 나타나는 법이다. 그러나 더 이상 철권 정치가 통하지 않는 상황에서 제도 개혁과 형평의 제고 없이는 성장잠재력을 배양하기 힘들다는 것을 기억해야 한다. _한겨레, 1990.2.22

섣부른 소득 3배가

하루아침에 거대 여당이 된 민자당이
'소득 3배가 운동'을 벌일 것이라고 들린다. 충분히 예상할 수 있는 일이
다. 과거에도 5·16, 유신, 5·17 등 커다란 정치적 변화가 있을 때마다 가
시적 경제성장으로 국민의 마음을 사려는 시도가 있었기 때문이다.

'소득 3배가 운동'은 30년 전 일본에서 벌인 '소득 배가 운동'을 연상
시킴과 동시에 '경제성장의 기초는 무엇인가'라는 질문을 던지게 한다.
이 질문과 관련하여 최근 일본의 경제성장 과정은 우리에게 많은 교훈
을 준다. 일본은 지난 30년간 1960년대의 고도성장기, 1970년대의 오일
쇼크 극복 단계, 1980년대 중·후반의 엔고 극복 단계 등 3단계를 거치
며 성장했는데, 매 단계가 시사하는 바가 아주 크다.

1960년대에 이케다 수상의 소득 배가 운동이 성공한 데는 충분한 이

유가 있었다.

첫째, 당시 일본에는 부지런하고 성실한 인력이 풍부했고 상당 수준의 기술이 저변에 깔려 있었다.

둘째, 과거부터 계속된 악제(惡制)가 맥아더 이후 불식되어 경제 민주화의 바탕이 마련되어 있었다. 토지개혁이 철저히 이루어졌고, 노동입법이 만족스러웠으며, 재벌이 해체되었고, 새로 일어난 많은 대기업도 개인이 아닌 전 국민이 소유하여 기업이 커지더라도 국민들이 위화감을 갖지 않았다.

셋째, '일본주식회사'라는 말을 들을 정도로 정부가 기업을 많이 도와주었다고는 하나 그것은 사회간접자본·철강·석탄·조선 등에 국한된것이고, 나머지 분야의 성장은 기업의 자발적 노력에 의해 이루어졌다.

넷째, 일본 정부는 경제심의회를 통해 민간의 활력을 경제 건설에 집중시키는 데 성공했다.

1973년의 오일 쇼크를 계기로 일본이 고도성장을 마무리짓고 저속성장기에 들어갔을 때 일본 기업의 자구 노력은 대단했다. 이들은 에너지절약을 위한 기술 개발과 경영 쇄신에 혼신의 노력을 다한 결과, 에너지절약 기술의 개발은 물론, 전반적인 생산성 향상에도 성공했다.

오일 쇼크에도 불구하고, 아니 오히려 오일 쇼크를 발판으로 일본 경제가 미국 경제를 따라잡으려 하자, 미국은 플라자 협정(Plaza Agreement)*이후 일본의 엔화를 80% 이상이나 절상토록 압력을 가했다. 강인한 일본 경제도 처음에는 휘청거려 수출 감소와 부진한 성장을 기록하는 등 '몽고 침범에 버금가는 국난'을 겪었다. 그러나 이때도 기업의 피눈물 나는 자구 노력은 결국 난국을 극복해 내고야 말았다. 엔화 절상 이후 일본 기업은 그전보다 더욱 강해지는 전화위복을 이루었으며, 이제는 많은 기업들이 1달러가 100엔 이하로 되어도 이를 충분히 이겨낼 수 있는 실력을 갖추게 되었다.

일본 기업은 "마른 수건이라도 짜면 물이 나온다"는 정신으로 자구 노력을 추진했다. 일본은 어려움을 당하면 당할수록 자구 노력을 지속적으로 행했고, 이에 따라 비용 절감과 생산성 향상을 이룬 것이다.

우리는 일본의 경험을 답습할 필요도 없고, 또 그대로 답습할래야 할 수도 없다. 그러나 그것에서 얻는 교훈은 많다.

나는 현재 우리나라의 기업 환경이 1960년대 일본에 비해 훨씬 나쁘다고 생각한다. 따라서 소득 3배가 운동을 쉽게 생각해서는 안 된다. 특히 그것이 최근의 정치적 변화를 정당화하기 위해 목표 달성식 성장 정책을 유발한다면, 과거에 그랬듯이 안정을 해치고 현재의 불균형을 더욱 심화시킬 것이다. 그렇게 되면 이 나라 경제는 파탄이 나고 말 것이다.

개인이건, 기업이건, 국가건 간에 노력 여하에 따라서는 어려움을 겪으면서 더 강해질 수 있다. 우리나라가 1950년대에 겪었던 헐벗음과 굶주림이 국민의 '경제 하려는 의지'를 키워 준 것을 보아도 어려움이 때로는 성공의 원인이 된다는 것을 짐작할 수 있다.

따라서 우리는 현재 경쟁의 어려움에 좌절해서도 안 되지만, 그렇다고 손쉬운 해결책을 꾀해서도 안 된다. 각고의 노력으로 난국을 해결해 나가야 한다. 그러한 가운데 실력이 배양되는 것이다. 무리한 통화량 증발이나 대기업에 대한 특혜 융자가 고려되어서는 안 된다.

일본 경제가 난국을 극복할 수 있었던 것은 기업의 자구 노력과 그 과정에서 나타난 철저한 기업가 정신의 발휘 때문이었지, 정부가 부실한 기업을 구제해 준 데서 온 것이 아니다.

지난 1년간 우리나라 경제는 구조조정의 고통을 많이 겪었다. 하지만 지난 연말부터 신발·섬유 부문에서 자체 기술 개발에 힘입어 수출이 호조를 보이고 있고, 전자와 자동차도 기술 향상이 더디기는 하나 수출 신용장 내도액이 급증하고 있다. 따라서 올 하반기 이후에는 경기회복을 기대해 봄직도 하다.

뿐만 아니라 노사분규 건수가 줄어들고 임금인상 요구 폭도 줄어들고 있다. 이것은 근로자들이 어려운 환경 속에서도 자기 몫 찾기를 자제하고 있다는 징표다. 이제 자기 몫 찾기의 자제는 기업과 가진 자 등 사회의 중상류층에서 나와야 한다. 왜냐하면 지속적 경제성장은 협조 체제 속에서나 가능한데, 이를 위해서는 경제 주체들이 서로 양보를 해야 하기 때문이다. 기업은 무리하게 경기부양책만 요구할 것이 아니라 기업 공개, 기술 개발, 부동산 투기 자제, 경영 합리화, 전문성을 추구해야 하고, 가진 자들은 무슨 수를 써서라도 돈벌려는 생각을 버리고 과소비를 억제해야 한다.

　이런 것들이 이루어지지 않고 정부가 계속해서 제도 개혁과 형평의 제고를 위해 힘쓰지 않는다면 우리나라 경제가 현재의 난국을 극복하고 지속적 성장 궤도에 진입하기는 매우 어려울 것이다.

_ 조선일보, 1990.2.27

＊1985년 9월 선진 5개국(미국·영국·프랑스·독일·일본)의 재무장관들은 뉴욕의 플라자호텔에서 당시 비정상적으로 높았던 달러 가치를 떨어뜨리기 위해 외환시장에 개입할 것을 합의했다. 당시 미국이 겪고 있던 대규모 무역 수지 적자를 줄이는 데는 달러화가 절하되어야 한다는 믿음이 지배적이었다. 이에 따라 달러화에 대한 일본 엔화와 독일 마르크화의 교환 비율이 크게 하락했다.

반짝 경기의 허실

새 경제팀은 예상했던 대로 환율 인상, 이자율 인하, 특별시설자금 확대 방출, 대기업 여신 규제 완화 등 단기적 성장 정책을 추진할 것이라고 한다. 이것은 6공화국 정부가 개혁 의지를 후퇴하는 대신 수출과 투자를 촉진시키고 경기를 되살려 '지난날의 영광'(고도성장)을 되찾으려는 시도로 풀이된다.

그러나 이러한 정책은 경기를 일시적으로 부추길지는 몰라도 제조업의 건실한 장기 설비투자를 제고시키는 데는 별로 도움이 안 될 것이다. 오히려 일시적 '반짝 경기'는 엄청난 비용을 수반할 수밖에 없다.

지난날 우리나라 기업, 특히 유수 기업들은 정부의 지원, 즉 국민의 부담 아래 오랫동안 저임금 노동에 의존하다시피 하여 유지되어 왔다. 이러한 습성에 젖어 있는 기업들은 정부의 지원 없이는 투자에 따르는 위험을 부담하려 들지 않는다.

또한 이들은 비록 주력 업종에서는 손해를 보더라도 부동산이나 금융 자산 투자에서 막대한 불로소득을 얻어 계속 확장해 왔다. 그러나 지난 십수 개월간 정부가 여러 가지 개혁 정책을 통해 불로소득원을 원천적으로 봉쇄하려 하자 투자는커녕 연명마저 어렵다고 아우성을 쳐댔다. 결국 새 경제팀, 아니 6공화국 정부는 기업의 끈질긴 요구에 굴복하고 만 것으로 보인다.

현재 한국 경제에 절실히 필요한 것은 제조업에서의 건실한 설비투자, 즉 수지가 맞는 설비투자의 제고다. 그런데도 제조업에서 설비투자가 부진한 이유는 이윤의 전망이 흐리기 때문이며, 이윤의 전망이 밝지 않은 것은 기업 스스로의 이노베이션(혁신)이 없기 때문이다.

그러면 이노베이션이란 무엇이며, 그것이 일어나지 않는 이유는 어디에 있는가? 이노베이션이란 슘페터가 지적한 대로 신제품의 개발, 새로운 기업 조직과 관리 방식의 개발, 새로운 원료 공급원의 구축, 새로운 판로 개척 등의 활동을 포함하는 것이다.

우리나라에서 이노베이션이 일어나지 않는 이유는 그에 대한 보수가 충분치 않을 뿐 아니라 과거에 그것 없이도 충분한 이윤을 얻는 방법이 있었기 때문이다. 지난날 외연적 성장 시대에는 고용되지 않았던 인적·물적 자원을 정부의 지원 아래 확보하기만 하면 이노베이션 없이도 쉽게 수지를 맞추고 또 성장할 수 있었다.

그러나 이제는 우리나라 경제가 내연적 성장의 단계에 진입하여 이노베이션 없이는 수지를 맞출 수도 없고 성장할 수도 없게 되었다.*

이런 상황에서 새 경제팀의 성장 정책은 어떤 결과를 가져올 것인가? 그것은 산업간·계층간 불균형을 더욱 심화시킬 뿐만 아니라, 단기적으로는 대기업에 의한 중복과잉투자**와 유휴 시설을 초래할 것이다. 정부 지원만 기다리고 있던 자동차나 석유화학 등의 분야에서는 엄청난 시설 확충***이 예상된다(사실 이 두 개 분야의 현재 가동률은 각각 70%와 50%밖에 안 되는데도 그렇다). 뿐만 아니라 기초도 갖추지 못했고 경험도 부족한 첨단산업 분야에서도 무리한 투자가 예상된다.

이들은 새로운 아이디어를 실현시키기 위해서라기보다는 경쟁자들이 자기를 앞설 것이 두려워 새로운 아이디어 없이도 투자에 덤벼드는 것이 보통이다.

혹자는 반문할지도 모른다. 1970년대의 투자가 그 당시에는 중복·과잉이었을지 몰라도 1980년대 중·후반 성장의 밑거름이 되지 않았느냐고. 그건 그렇다. 그러나 1990년대에 또다시 3저 현상 같은 우호적 상황이 도래할 것이라고 기대하기는 지극히 어렵다.

현재와 같은 임금상승 추세 속에서 새로운 투자는 자연히 자본집약적이 될 것이다. 하지만 이노베이션이 결여된, 즉 선진국에서 도입한 중급 기술에 기초한 자본집약적 투자는 결국 경쟁력 약화와 기업 부실을 촉진할 것이다.

정부는 지금이라도 늦지 않았으니 단기성 성장 정책을 포기하고, 그 대신 이노베이션을 장려하고 그에 대한 보수를 충분히 지불하여 이노베이션이 지속적 성장의 기반이 되도록 제도적 장치를 마련해야 한다.

그리고 무리한 투자에서 비롯된 손실을 부동산이나 금융시장에서 커버하려는 기업은 손해를 보도록 해야 한다. 이를 위해서는 갖가지 제도 개혁이 필요하지만 그 중에서도 은행이 정상화되어 기업의 투자 계획을 철저히 심사토록 하고(금융자율화), 수지를 못 맞추는 부실한 기업은 과감히 정리해야 한다(부실 기업 구제 방지).

이러한 제도 개혁과 경제 논리의 확립이 효과를 거두고 지속적 성장의 기반을 마련하려면 많은 시간이 필요하다. 그때까지는 비록 경기가 전만 못하더라도 허리띠를 졸라매고 참아야 한다.　　_ 조선일보, 1990.4.3

* 외연적 성장(extensive growth)은 노동참여율(총인구에 대한 노동인구의 비율)이나 노동시간을 늘려 1인당 생산 증가를 달성하는 것을 일컫는다. 이에 비해 내연적 성장(intensive growth)은 노동생산성 증가에 의해 1인당 생산 증가를 이루는 것인데, 노동생산성 향상은 교육 투자의 증대, 경제 운영의 합리화, 기술 개발 등을 통해 나타날 수 있다.

** 재벌 위주의 경제정책을 우리는 지난 30년간 경험해 왔다. 정부의 기획 경제가 이념이던 3공화국 시절에는 국가가 산업에 대해 철저하게 기획 경제를 실시했다. 재벌들의 독주는 꿈도 꾸지 못했다. 그러나 3공화국 이후 5공, 6공, 그리고 YS 정부를 거치며, 정부 주도의 기획 경제는 사라지고 오히

려 재벌들의 주도 아래 국가 경제가 휘둘리는 꼴이 되고 말았다. 아이스크림에서 학생들의 교복, 반도체, 통신사업까지 한 가지 사업이 인기가 있고 매출이 높으면 반드시 똑같은 제품 생산에 투자해 이익의 극대화에 몰두했다. 이 같은 중복으로 인한 국가 차원의 에너지 낭비는 심각했다. 내수와 수출 수요를 합하여 250만 대도 안 되는 여건에서도 440만 대의 생산 능력을 갖기 위해 엄청난 재원을 물 붓듯 퍼부은 자동차산업의 중복투자야말로 중복과 잉투자의 전형이다.

*** 1997년 중반 들어 석유화학·자동차·반도체·직물·특수강·항공·조선 등의 분야에서 과잉 설비투자가 심각한 상황에 이르렀다. 특수강은 1990년 이후 거의 2배에 달하는 대규모 증설이 이루어졌으며, 그 결과의 하나로 기아특수강의 어려움이 기아그룹을 부도로 내몰았다. 조선 분야도 2, 3년새 생산 능력을 2배 이상 확장하여 출혈 수주 경쟁을 하고 있으며, 석유화학은 동남아시아 국가에서 공장 신·증설이 이루어져 가격을 끌어내렸다. 정부는 이러한 과잉투자를 뻔히 보면서도, 구조조정은 기업 자율에 맡겨야 한다며 산업 정책에서 손놓아 버린 상태다. 정부는 나서야 할 때와 나서지 말아야 할 때를 전혀 구분하지 못하고 있다.

경제현안 해결방안(상)

　　　　　　　　　　　　　우리나라는 해마다 봄만 되면 경기 논
쟁으로 들끓는다. 올해도 예외는 아니다. 최근에도 올해 우리 경제는 고도
성장이 예상되지만 3월 말까지 인플레이션은 이미 지난 연말 대비 5%에
육박하여 금년 말까지는 억제 목표선을 초과한 두자릿수에 달할 것이라는
등의 진단이 나오고 있다.

　　한국은행, 대학, 정부 및 정부 출연 연구소, 그리고 언론 등이 내놓은
처방은 긴축을 강화하자는 것이 대부분이다. 이번에 인플레이션을 잡
지 못하면 경기침체와 병행하여 나타나는 스태그플레이션으로 비화될
가능성이 높으므로 재정지출을 억제하는 동시에 통화긴축을 과감히 추
진해야 한다는 것이다.

　　언론도 단기 금융시장에서 실세 이자율이 연 20%를 넘어섰다면서

정부의 통화긴축을 맹렬히 비난한 지 불과 며칠 후에 입장을 바꾸어 긴축을 주장하고 있다.

나는 이들과 견해를 달리한다. 화폐경제의 신뢰성을 유지하고 생산과 고용의 불안정한 기복을 막기 위해 물가안정이 중요하다는 것은 아무도 부인할 수 없다. 또 인플레이션에 따른 상대 가격 구조의 변화가 영락없이 경제의 생산 및 소비 구조를 왜곡시키는 효과를 낳는 것을 모르는 바 아니다. 그러나 인플레이션의 폐해를 물가지수의 절대적 수치만을 기준으로 평가하는 것은 문제의 본질을 파악하는 데 장애가 될 뿐이다.

'한자릿수 물가상승률 유지'라는 목표를 위협하는 현재의 인플레이션의 근본 원인은 재정의 방만한 운용이나 통화량의 과다 공급만이 아니라 이에 앞서 한국 경제 전반의 구조적 문제에 있음을 인식해야 한다.

1980년대 중반의 물가안정은 대외적으로는 국제 원유가 하락, 대내적으로는 정부의 광범위하고도 강압적인 가격지도에 힘입은 바 컸다. 그러나 현재 국제 원자재 가격은 상승했고 오랫동안 억제해 왔던 정부 지도 가격은 오를 수밖에 없는 상황에 도달했다.

또한 제5공화국에서 물가안정책으로 내놓은 무리한 긴축 정책은 정부의 사회간접자본 투자를 정체시켰고 민간의 생산설비 투자를 위축시켜 오늘날 생산상의 애로 요인이 되었으며, 따라서 수요 과다보다는 오히려 공급 과소로 인한 인플레이션 양상이 더 많아지게 되었다. 뿐만 아니라 1980년대 후반의 국제수지* 흑자, 그리고 양대 선거에서 풀린 막대한 양의 돈이 투기 심리를 부추김에 따라 문제는 더 심각해졌다. 게다가 기업은 노동쟁의를 쉽게 해결하려는 속셈으로 임금을 올려준 후 임금인상분을 제품 가격에 전가하고 있다.

한마디로 현재의 인플레이션은 불가항력적인 면이 많다. 문제는 오히려 정부가 달성할 수도 없는 목표를, 그것도 때로는 마음에 내키지 않는 목표를 마지노선으로 설정하여 이를 끝까지 지키겠다고 호언장담하는 것에 있다. 바로 이것이 잘못이다.

물론 인플레이션 억제가 우리의 유일한 목표라면 이것을 못할 리는 없을 것이다. 그러나 인플레이션 억제 정책이 야기할 부작용에도 주의를 기울여야 한다.

다시 한 번 강조하지만 보다 근본적인 문제는 물가상승률 자체보다는 그 내용이다. 서민층의 생활필수품 가격, 특히 그 중에서도 주택 가격과 임대료가 많이 올랐다면 이는 확실히 심각한 문제다. 따라서 이에 대한 대책으로 정부는 이들 물품의 공급을 확대하기 위해 노력해야 한다. 만일 그것이 어렵다면 서민들에게 보조금을 주어서라도 이들의 생활이 인플레이션으로 인해 피해를 보지 않도록 해야 한다.

그리고 상대적으로 가격이 급상승하는 제품에 대한 정보를 독점하여 투기적 이득을 취하는 것을 막기 위한 제도적 보완 조치가 필요하다. 토지공개념의 정착이 한 예다. 이러한 제도적 보완 조치 없이 무리한 통화긴축만으로 물가안정을 이루려 한다면, 그것은 서민층과 중소기업 등에 대한 은행의 문턱이 여전히 높은 현실에서 형평의 문제를 더욱 악화시키고 경제력 집중을 가속화할 우려가 있음을 명심해야 한다.

인플레이션이 경시할 수 없는 문제인 것만은 확실하다. 그러나 한 자리 숫자 인플레이션만을 호들갑스럽게 주장하는 것이, 좋은 수입원을 가지고 있어 실업은 경시하고 인플레이션만 문제삼는 중산층 사람들이 펼치는 연극이 아니었으면 좋겠다. 인플레이션이 두렵다고 무리한 긴축을 할 때 늘어날 것이 틀림없는 실업의 개인적·사회적 그리고 경제적·비경제적 비용은 아무리 강조해도 지나치지 않다.

또한 달성하기도 어려운 목표를 인위적으로 지키기 위해 정부가 진정한 물가 정책은 내동댕이치고 '어거지 지수 정책'을 쓸까 봐도 걱정이다. 물가 정책이란 물가상승 압력을 제거하는 것이지 물가를 통제하는 것은 아닌데도 말이다.

결론적으로 실효성이 의심스러운 물가 통제나 총수요 억제보다는 차라리 사회간접자본 확충과 설비투자를 촉진하고 공공 요금을 비롯한 대부분의 가격을 현실화한 다음, 새로운 기초 위에서 물가 정책을 수립·집행하는 것이 바람직하다고 생각한다. 그래야만 경제 원리도 살고 또 현 경제팀이 다음 팀에 부담스러운 유산을 남겨주지 않게 될 것이다.

이것은 경제를 방만하게 운영하라는 말이 아니다. 단지 무리한 긴축은 득보다 실을 더 많이 가져다 준다는 것을 알릴 뿐이다.

_동아일보, 1991.4.29

* 국제수지는 일정 기간 한 나라가 다른 모든 나라와 행한 국제경제 거래를 작성한 통계표로, 복식부기 원리에 따라 유입되는 지급 흐름과 유출되는 지급 흐름을 한눈에 알아볼 수 있도록 작성한다. 국제수지는 경상수지(current account)와 자본수지(capital and financial account), 그리고 준비자산 증감 (chances in reserve assets)과 오차 및 누락(errors and omissions)으로 구성된다. 다시 경상수지는 상품수지와 서비스수지, 소득수지와 경상이전수지가 포함되며, 자본수지는 투자수지와 기타자본수지가 있다. IMF 이후 외환보유고의 중요성이 부각되면서 '준비자산 증감'이라는 항목이 새로 추가되었으며, '오차 및 누락' 항목을 명시적으로 표현하기 시작했다. 한국은행 발표에 따르면 통계에 잡히지 않는 '오차 및 누락'이 1998년에만 50억 달러에 달한다. 그리고 이중 상당 부분은 재벌과 금융기관이 저지른 불법적 외화 유출일 가능성이 크다고 김재천 의원이 1998년 국정감사에서 폭로한 바 있다.

경제현안 해결방안(하)

현재 한국 경제가 당면한 여러 문제는 경기적 요인에 기인한다기보다는 구조적 요인에 뿌리를 두고 있다. 문제의 심각성은 바로 이 점에 있다.

구조 문제는 대체로 두 가지로 나누어 볼 수 있다. 하나는 한국 경제의 지속적인 성장 능력에 관한 것이고, 다른 하나는 지난 20여 년간의 성장 과정에서 배태된 빈부간, 대·중소기업간, 지역간에 존재하는 각종 불균형 문제다. 사실 이 두 문제는 서로 떼어놓기 힘들 정도로 얽혀 있다. 불균형을 해소하지 않고서는 지속적 성장이 어렵고, 또 지속적 성장 없이는 형평의 제고가 갖는 의미가 반감될 것이기 때문이다.

지속적 성장 능력 배양을 위해 무엇보다도 중요한 것은 제조업의 생산기반 확충이다. 베이컨(R. Bacon)과 엘티스(W. Eltis)는 『영국의 경제

문제』(1983)에서 영국 경제의 침체 원인으로 양적으로나 질적으로 제조
업에 종사하는 인력이 부족한 것을 꼽았다.

우리나라에서도 최근 2차 산업 종사자의 비중은 크게 줄어든 반면 3차
산업 종사자의 비중이 크게 늘어나고 있으며, 고학력자의 실업 증가 우
려 속에서도 단순노동자 구인난이 심화되는 현상이 나타나고 있다. 이
것은 가볍게 보아넘길 수 없는 현상이다. 이러한 추세를 반전시키기 위
해서는 각종 투자가 서비스업보다는 제조업에서 이루어지도록 유도하
는 동시에 손에 기름을 만질 태세를 갖춘 사람이 대우받는 사회를 만들
어야 한다.

보다 구체적으로는 서비스업 우위의 보수 체계를 제조업 우위가 되
도록 해야 한다. 현재 서비스업의 보수가 높은 것은 서비스업의 생산
성이 제조업보다 높기 때문이 아니다. 오히려 졸부들과 부유층의 전시
적 소비가 서비스업을 번창시키고 있으며, 이에 따라 서비스 부문의
인력난이 심화되면서 임금이 상승한 것으로 보아야 한다. 전시적 소비
의 억제는 그 토대가 되는 각종 불로소득의 원천을 제거하는 일에서부
터 시작해야 하며, 이를 위한 토지공개념 도입 등 제도 개혁은 필수적
이다.

또한 사회간접자본에 대한 투자를 늘려야 한다. 제5공화국의 물가안
정을 위한 무리한 긴축으로 교통시설 수준이 지난 10년 동안 거의 답보
상태이고, 부산·인천 등 주요 항만이 시설 용량 부족으로 몸살을 앓고

있는 실정이다. 그러나 사회간접자본을 늘린다고 해도 서울의 지하 고속도로나 서울~부산 간 고속전철 건설은 보류되어야 한다. 왜냐하면 이는 투자의 우선순위를 무시한 발상일 뿐만 아니라 서울과 다른 지역 간, 그리고 영호남 간 불균형을 심화시킬 것이기 때문이다.

다음으로 형평 문제에 대해 생각해 보자.

경제성장은 모든 경제 구성원들, 보다 구체적으로 노동자·기업가·정부 관리 등이 펼쳐 내는 하나의 드라마로 이해해야 한다. 여러 가지 부작용이 없었던 것은 아니지만, 지난 20여 년간 이들은 서로 협력하고 제 몫을 다 하면서 경제성장에 크게 기여했다.

이 같은 협력 체제가 가능했던 것은 정부의 물리적 강제력이 뒷받침되었던 탓도 있지만, 모두 '춥고 배고픈' 상태에서 '우리도 한번 잘살아 보자'는 국민적 공감대가 형성되었기 때문이다.

그러나 지금은 다르다. 먹고 입는 문제는 해결되었다고 하더라도 주거 문제의 해결은 요원하고, 또 빈부 격차가 심화되어 더 이상 구성원 간의 자발적 협력 체제를 기대할 수 없게 되었다.

협력 체제를 위협하는 가장 커다란 요인은 지난 20여 년간의 고도성장 과정에서 비대해질 대로 비대해진 재벌이다. 재벌들의 의사가 국가 정책을 좌우하는 상황에서 대다수 국민의 편익은 무시되기 일쑤였고, 이에 따른 불만이 가중돼 갔다.

더구나 재벌 1세대와 달리 최근 2세대 중심으로 담합이 강화되는 경향을 보면서, 집단으로서의 재벌은 국가의 의사결정 과정에 직·간접으로 보다 깊숙이 간여하게 될 것이 틀림없다. 이것은 6공화국 초기에 점진적으로나마 추진되던 형평을 위한 여러 가지 제도 개혁이 모두 재벌의 로비로 인해 용두사미로 끝난 것을 보면 쉽게 이해할 수 있다.

재벌은 어떤 형태로든지 정리되어야 한다. 그러나 혁명적 상황이 아니고서는 말을 잘 안 들을 것이므로 '당근'을 주면서 유도할 필요가 있다.

최근 정부가 30대 재벌에 대해서 여신 관리를 완화하는 대신 재벌들로 하여금 문어발식 경영을 지양하고 전문 업종에 주력하도록 한 것이 이런 취지에서 나온 정책의 일환이라면 일단 긍정적으로 받아들이고 싶다.

그러나 이 정책이 성공하기 위해서는 주력 업체 선정을 재벌에 실질적으로 묶여 있는 은행에 맡겨서는 안 되고 양심 있고 전문적 식견을 갖춘 자문기관의 토의를 거쳐 대통령이 직접 해야 한다. 또 주력 업체에 대출된 돈이 그룹 내의 비주력 업체로 흐르거나 토지 투기 등에 쓰이지 않도록 은행이 종합 자금 관리를 잘 해야 한다. 그리고 앞으로는 경영을 잘못한 기업은 크고 작고를 막론하고 도산이 허용되는 풍토가 조성되어야만 한다.

끝으로 정책 집행 과정에 대해 언급해 보자. 사실 최선의 정책과 차선의 정책을 구별하기란 여간 힘든 것이 아니다. 따라서 민주적 의사결정 과정에 따른 정책 결정이 선행되어야겠지만, 일단 정한 것은 꾸준히 밀고 나가야 할 것이다. 6공화국은 화려한 메뉴만 보여 주고 어느 것 하나 제대로 실천한 것이 없다.

예를 들면 국민 대다수가 만시지탄이라면서 크게 환영한 작년의 5·8 부동산 투기 억제 대책은 제대로 실행되지 않고 있다. 정부는 이제라도 늦지 않았으니 단호한 의지로 5·8 대책*을 철저히 집행하여 국민에게 신뢰감을 심어 주기 바란다. 그렇게 될 때 비로소 한국 경제의 구조 문제 해결의 실마리가 잡힐 것이다.

또한 어떠한 일이든지 비용이 수반될 수밖에 없음을 인식해야 한다. 예를 들면 사회간접자본 구축에는 재원이 필요한데, 이를 위해 국민은 지금보다 더 많은 세금을 낼 준비를 해야 한다. 또 업종 전문화를 비롯한 산업구조 조정은 재벌의 반발로 인한 생산 위축이나 금융 완화에 따른 인플레이션을 다소 야기할 수도 있다. 이런 비용도 지불할 용의가 없다면 아무것도 안 하겠다는 것이나 다름없다.

_ 동아일보, 1991. 4. 30

* 1990년 5월 8일 정부가 부동산 투기 대책으로 발표한 것이다. 대기업의 비업무용 부동산 강제 매각 및 신규 취득 금지가 그 골자였는데, 재벌들의 반발로 흐지부지되는 양상을 보이다가 1993년 6월 말 해제하여 재벌의 상용 건물 취득을 허용했다.

경제운행 원칙 확립하라

한국 경제는 아직도 몸살 중이다. 어림
잡아서 작년의 물가상승률은 10%, 국제수지 적자는 100억 달러였으며, 이
자율이 20%까지 오른 적도 있었다. 한국 경제는 또한 체질이 매우 허약하
다. 각종 불균형, 특히 대기업 집단과 중소기업 간의 불균형은 전혀 해소되
지 않았으며, 자생적 성장의 기틀이 될 설비투자와 사회간접자본 확충도
미흡하다. 게다가 앞으로 경제 질서를 어떤 방향으로 잡아 가야 할지에 대
해서는 실마리조차 잡지 못하고 있다.

이와 같은 상황에서 올해 초 노태우 대통령이 경제를 직접 챙기겠다
고 선언한 것은 만시지탄의 감은 있으나 환영할 만했다. 경제부처 간의
할거주의가 만연해 최고통치자의 교통정리가 절대적으로 필요했기 때
문이다. 실제로 노 대통령은 노사협의회를 직접 주재했으며, 금융기관

의 대출 과정에서 사전심사와 사후관리를 철저히 함으로써 효율적 자금 배분이 이루어지도록 독려했다.

그런데 요사이 노 대통령은 총선에 즈음하여 일을 너무 많이 벌인다. 아무리 좋은 일이라도 너무 많이 하려 들면 무리가 따를 텐데 말이다. 임기를 1년밖에 남겨 놓지 않은 상황이므로 추진 중인 사업은 마무리짓되, 비록 과거에 약속했더라도 재원 마련이 벅찬 대규모 사업은 다음 정권으로 넘겨야 한다. 그리고 가시적인 일보다는 오히려 눈에는 안 띄더라도 경제 질서를 확립하는 데 힘써야 한다. 경제 활동의 기준이 될 규칙을 가다듬고 이것이 잘 지켜지는 풍토를 조성하는 것보다 더 중요한 일이 어디 있겠는가.

경제 질서는 어떤 것이어야 하나. 어떤 이는 "구관이 명관"이라며 1970년대 또는 5공 시절로 회귀하기를 원하며, 다른 이는 과거의 권위주의에 대한 반발로 극단적인 경제자유주의를 부르짖기도 한다. 그러나 과거로의 회귀는 바람직하지도 않고 가능하지도 않다. 또한 극단적 자유주의도 경계해야 한다.

이와 관련하여 남덕우 박사가 지난 2월 12일 한국경영자총협회에서 '한국, 오늘의 위상과 기업인의 사명'이란 제목으로 행한 현실 비판은 우리의 관심을 끌기에 충분했다. 알다시피 남 박사는 3공화국부터 최근까지 20여 년간 대학교수·재무부장관·부총리·총리·무역협회장 등을 지내며 우리나라 경제를 지도해 온 분이기 때문이다.

남 박사는 시장경제의 우월성을 열렬히 옹호한 다음 오늘날 경제난의 원인을 정부의 잘못으로 돌리면서 경제의 주역인 기업이 자유롭게 활동할 수 있도록 각종 규제를 과감히 풀어야 한다고 주장했다. 한편 당면 과제로 중소기업 중심의 부품산업 육성을 내세우고 기업의 내·외부 환경을 개선하기 위해 기업인의 지도자적 역할이 중요하다고 강조했다.

그러나 그 자신이 이른바 어셈블리 라인식 산업 구조를 만든 주역이므로 그의 부품산업 육성 논리는 설득력이 없으며, 그의 경제 질서관은 받아들이기 힘든 면이 많다.

남 박사는 오늘날 한국 경제, 더 나아가 한국 사회 전체가 안고 있는 '총체적 난국'의 원인을 대부분 정부가 불합리하고 자의적으로 경제에 개입한 데 돌리고 있다. 누가 보아도 현재 정부의 경제정책은 경기회복이나 구조 개혁에 적합한 형태로 운용되고 있지 않는 면이 많다.

그러나 문제의 근본 원인을 정부의 간섭으로만 돌리는 것은 잘못이다. 경제에 대한 정부의 개입과 이에 따른 부담이 경제의 어려움을 가중시킨 것은 사실이나, 어려움의 보다 근본 원인은 우리나라의 경제 구조와 운행 원리에서 찾아야 한다.

오늘날 한국 기업의 경쟁력을 제약하는 것은 정부가 정상적인 경제 활동을 제약하기 때문이라기보다는 기업의 비정상적인 경제 활동을 제재하는 원칙이 확립되어 있지 않기 때문이다. 지난날 한국의 대기업은 경제성장을 위해 국가로부터 가능한 모든 지원을 받았으며 양적 팽창은 모든 위험 요소, 특히 파산 위험에서 보호받는 안전판이었다. 이것이 경제 효율을 저해함은 물론 형평을 깨뜨리는 요인이었음은 다 아는 사실이다.

그러나 1980년대 후반 이후 여러 가지 의미에서의 불균형을 더 이상 방치해서는 체제를 유지하기 어렵다는 우려 속에서 일련의 대기업 규제 조치들이 취해졌다. 이것이 부분적으로나마 기업의 행동을 제약하자, 공룡처럼 커진 대기업들은 노골적으로 불만을 표시하며 한국 경제를 볼모로 하여 한편으로는 여론을 동원해 정부에 대항하는가 하면 더러는 정치판에 직접 뛰어든 사람도 있다.

정상적인 기업이 자유롭게 활동하도록 제도 개선이 이루어져야 한다는 데 동의하지 않을 사람은 없다. 그러나 그 개선은 상과 벌의 원칙이 시장 기구를 통해 기업에 명확히 인식되는 방향으로 이루어져야 한다. 대기업이라도 경영 성과가 나쁠 때는 도산할 수 있다는 인식이 확립되지 않은 상태에서 기업에 무제한적 행동의 자유를 인정해야 한다고 주장하는 것은 질서에 대한 인식 결여에서 온 것이며, 오늘날의 대·중소 기업 간의 불균형을 더욱 확대하자는 것과 다름없다.

기업은 남을 탓할 것이 아니라 홀로서기에 힘써야 하며, 정부는 오직 경쟁력에 따라 기업의 성장과 존립이 좌우되는 경제 질서를 확립해야 한다. 또한 기업인의 지도자적 역할과 관련해 기업인, 특히 대기업 집단

소유주들이 사회 지도자적 역할을 자임하는 것은 좋으나 그보다 먼저 각고의 자기반성과 희생이 있어야 함을 잊지 말아야 한다.

　노 대통령은 앞으로 남은 1년의 임기 동안 갖가지 사업을 벌이기보다는 기업 활동을 포함한 경제 활동의 원칙을 확고히 하는 데 역점을 두어야 한다. 우리 경제의 장래를 위해 때를 놓쳐선 안 된다.

_ 동아일보, 1992. 2. 29

한양과 개혁 의지

새 정부의 경제 개혁 의지가 다시 시험대에 올랐다. 단기적 경기부양에 집착하느라 장기적인 체질개선을 소홀히 해온 경제팀이 (주)한양 처리로 도전을 받은 것이다.*

'한양' 하면 압구정동이 연상될 정도로, 한양은 한때 현대와 함께 고급 아파트로 명성을 날렸다. 그러나 오늘날의 한양은 다르다. 신도시에서의 각종 부실 공사로 새로 짓는 아파트 입주 예정자들이 중도금 납부를 미룰 정도다.

왜 그렇게 되었을까? 한양도 다른 대부분의 한국 기업들처럼 고질병인 '규모확대증'에 걸렸기 때문이다. 적당한 영업 규모에서 좋은 아파트를 지어 팔겠다고 생각하기보다는 어떻게 하면 규모를 늘릴까에만 골몰했다. 한양은 급속도로 성장해 왔다. 그러나 무리하게 규모를 늘리자니 정치권과 결탁하지 않을 수 없었다. 그 결과 가운데 하나가 바로 가락동의 민자당 연수원 사건이었음은 세상이 다 아는 사실이다. 또한 한양은 경영진 퇴진을 요구하는 노사분규로 시달려 왔다. 무리한 규모 확대, 정경유착, 노사분규 등의 문제를 안고 있는 기업이 양질의 물건을 만들어 낼 리 없다. 기업 부실이 세상에 알려지자 현금흐름이 나빠지고 채권자들은 너도 나도 먼저 빚을 받아내려고 애썼다. 한양은 부도 위기에 몰렸고, 한양의 주거래 은행인 상업은행은 사태가 심상치 않자 재빠른 행보로 한양의 법정관리를 신청했다.

정부도 코너에 몰렸다. 한창 경기를 챙기고 있는 마당에 도산을 허용하자니 가뜩이나 침체된 기업 의욕이 얼어붙을 것이 두려웠고 또 1만 8천 세대의 아파트 입주 예정자, 5천여 개의 하청업체, 그리고 2만 명의 종업원(이 가운데 1만 8천 명은 일용노동자)들이 가만히 있을 리 없었다. 그리고 한양을 일반 건설업체에 떠맡기자니 과거의 예로 보아 특혜 시비가 일 것이 뻔했다. 궁여지책으로 정부는 주택공사가 한양을 인수토록 했다.

나는 기회 있을 때마다 한국에서 자본주의가 정착되려면 기업의 진입의 자유가 허용되고, 또 크기에 관계없이 퇴출의 엄정성이 지켜져야 한다고 주장해 왔다. 이번에도 마찬가지다. 부실 기업은 도태되어야 한다. 따라서 한양은 청산되어야 한다. 한양은 건설 장비와 부동산이 많다. 이것들을 팔아 부채를 해결하고 한양은 정리되어야 한다. 원매자가 없으면 정부가 사들여서라도 부채 해결을 도와야 한다. 그리고 한양이 짓던 아파트는 건설공제조합이나 민간 건설업자들이 나누어서 완성케 하면 된다. 또한 하청업자들은 한양에서 받을 돈은 받고 다른 건설업체와 거래토록 하며, 한양의 정규 직원 역시 체불된 임금과 퇴직금을 받은 뒤 다른 일터를 찾도록 해야 한다. 일용노동자도 다른 건설업체에 가서 일할 수 있을 것이다.

만약 어렵다면 정부가 나서서 도와주도록 하자. 그 과정에서 고통이 따른다는 것을 모르는 바 아니다. 그러나 이러한 고통도 없이 한국 경제가 체질을 개선할 수 있는 방법은 없다. 주택공사의 한양 인수는 단지 고통을 잠시 유보하는 것이지 고통을 없애는 것은 아니다. 언젠가 치를 비용이라면 빨리 치르는 것이 좋다.

상업은행은 한양에 대한 미련을 버려야 한다. 한양은 이미 7년 전에 한국은행 특융을 재원으로 한 산업합리화 자금을 받고도 무리한 확장 끝에 벼랑에 다다른 것이다. 그 원인은 1차적으로 한양의 방만한 경영에 있다.

그러나 부실 경영의 적신호를 일찍 파악하지 못했거나 파악했더라도 이런저런 이유로 방관하면서 1조 원의 여신을 제공한 상업은행도 책임이 크다. 상업은행은 눈앞의 문제를 호도할 것이 아니라 대손상각을 하는 한이 있더라도 정공법으로 나서야 한다. 그것만이 현재 은행 가운데서 가장 부실한 상업은행이 스스로 경영합리화의 길을 찾아 나서도록 하는 자극제가 될 것이다.

한편 주공이 한양을 인수하는 데도 문제가 많다. 주공 자체가 주택·토지 등의 미분양 상태로 자금 사정이 좋지 않을 뿐 아니라 주공의 경영진이 한양을 인수한다고 해서 한양의 경영 사태가 나아질 리 없다. 공기업 경영에 익숙해 있는 인사들이 자기보다도 덩치가 큰 한양을 운영하기란 여간 어려운 일이 아닐 것이다. 한양이 좋아지기는커녕 주공마저 부실해질 것이 걱정된다. 또한 주공은 공공 부문에 속하고 서민 주택 전문 공급 기관인데, 대형 민간 주택 공급 회사를 자회사로 둔다는 것도 명분이 없다.

정부의 태도도 문제다. 한양의 도산은 일시적으로 경제에 충격을 줄 것이다. 그러나 장기적으로는 잘하는 기업은 보상을 받되 못하는 기업은 페널티를 지불하는 '원칙'을 확립하는 것이 경제 개혁의 지름길이고, 또 경제 개혁을 통해서만 체질개선을 할 수 있음을 잊어선 안 된다.

상업은행과 주공은 이미 한양 인수를 위해 가계약을 맺었다고 한다. 그러나 정식 계약은 아직 멀었다. 지금이라도 늦지 않았으니 한양은 정리되어야 한다. 진입의 자유와 퇴출의 엄정성이 보장되지 않으면 제2, 제3의 한양이 계속 나올 것이다. 지금 호미로 막을 수 있는 흠을, 삽이나 불도저로도 막기 어려운 상황이 벌어질까 봐 두렵다.**

역대 정권이 한 번도 제대로 해결하지 못한 부실 기업 문제를 김영삼 정부가 현명하게 처리함으로써 개혁 의지를 보여 주기 바란다.

_ 한국일보, 1993. 6. 10

* 한양은 6공화국의 대표적 부실 기업으로 꼽혀 오다가 1993년 초, 총 2조 9천억 원의 빚을 지고 도산 위기에 몰렸다.

** 결국 1994년 9월 16일 (주)한양을 비롯해 한양목재·한양공업·한양산업의 4개 계열사가 파격적 세제 지원을 받는 산업합리화 대상 업체로 지정되었다. 한양은 1986년에도 산업합리화 업체로 지정받은 일이 있다. 부실 기업의 과감한 정리는 끝내 이루어지지 않았고, 따라서 1996~1997년에 걸친 대기업 집단 부도 위기는 이미 예견된 것이었다.

좁은 문으로 들어가라

한국 경제가 중화학공업 부문의 중복과 잉투자로 홍역을 앓던 1979년, 일단의 경제(경영)학자와 경제인들이 『중장기 개발 전략에 관한 연구』란 책자를 펴냈다. 발간은 12월에 되었지만 연구는 주로 여름에 했다. 이름을 드러낸 연구진뿐 아니라 여러 방면에서 초청된 익명의 전문가들도 삼복더위에서 여러 차례 세미나를 통해 한국 경제가 지녀야 할 철학과 또 나아가야 할 방향에 관해 의견을 수렴하고자 노력했다. 세미나 참석자들은 한결같이 한국 경제가 일대 전환기에 놓여 있다고 진단했다. 그들은 1960년대와 1970년대에는 풍부한 유휴노동력이 존재하여 외자 도입을 통한 생산시설 확충만으로도 수출 신장과 고용 증대를 동시에 달성할 수 있었다고 보았다.

그러나 1980년대의 문턱에서 점차 격해지는 국가 간의 경쟁과 국내의 노동력 상황을 고려할 때 유휴 생산요소 동원을 통한 외연적 성장 전략으로는 한국 경제의 발전을 지탱할 수 없다고 판단했다. 따라서 앞으로의 정책 기조는 노동과 자본의 생산성 향상을 통한 내연적 성장을 유도하는 방향으로 재정립되어야 한다는 것이었다.

연구 보고서는 계속해서 우리는 경제를 새로이 그리고 냉철히 보아야 한다고 지적하고 나서 내연적 성장을 위해서는 인적 투자의 확충, 창의성의 창달, 경쟁 원리의 도입, 인플레이션의 억제, 경제정책 목표의 일관성 유지, 정부의 신뢰 회복 등이 필요하다고 역설했다. 또 각 경제 주체들에 대한 조언도 잊지 않았다. 정부는 할 일과 하지 말아야 할 일을 잘 구분하여 민간의 창의성 발휘를 극대화할 수 있는 환경 조성에 노력해야 하고, 기업은 슘페터적 이노베이션이 필요하며, 일반인은 경제하려는 의지를 되찾아야 한다는 것이다.

그로부터 14년이 흐른 오늘날, 우리는 한국 경제에 거의 똑같은 진단과 처방을 내리고 있다. 왜 그렇게 되었을까. 그것은 지난 14년간 우리 경제가 양적으로는 성장했을지 몰라도 질적으로는 변화한 것이 별로 없기 때문이다. 이는 곧 지난 세월 동안 한국 경제가 내연적 성장을 위한 준비를 게을리했다는 증거이기도 하다.

제5공화국은 대외적으로는 원유와 원자재 가격의 하락, 대내적으로는 긴축적 재정·금융 정책 그리고 강압적 가격지도 덕분에 물가안정을 이루었다. 그러나 무리한 (물가)지수 정책의 결과 생긴 억압형 인플레이션은 다음 정권에 심각한 부담만을 안겨 주었다. 억압형 인플레이션은 항상 개방형 인플레이션으로 변하기 때문이다. 또한 물가를 잡기 위해 전력투구하는 과정에서 설비투자나 사회간접자본 투자 등 장기적인 성장 기반을 마련하는 일을 등한시했다.

게다가 3저로 인한 거시경제지표(성장률·물가상승률·국제수지)의 호전은 정권 담당자에게 '하면 된다'는 신념을 심어 주어 상명하복식의 경직적 경제 정책을 부추겼다. 그러한 상황에서 어렵고 외로운 체질개선을 주장하는 소수의 목소리는 공허한 메아리가 되고 말았다.

노태우 정부는 5공 정권의 화려한 경제지표 속에 감추어진, 허약해진 경제 체질을 물려받아야만 했다. 다른 무엇보다도 지난 4반세기 동안 공룡처럼 커진 재벌 문제와 함께 고비용·거품* 경제 때문에 경제를 정상적으로 운영하기 힘들 정도였다.

이에 일련의 개혁파들이 형평성 제고와 공정한 경제 질서 수립을 위한 정책 대안을 들고 일어섰다. 그들은 한편으로는 토지공개념과 금융실명제를 내걸었고, 다른 한편으로는 5·8 대책 등으로 재벌의 이상 비대화를 막으려고 안간힘을 썼다. 국제경쟁력 강화를 위해 이른바 업종전문화**를 시도한 것도 이때였다.

그러나 재벌과 언론의 결탁과 대통령의 우유부단은 개혁파의 이상을 좌절시켰고 급기야 이들은 일선에서 중도하차했다.

6공화국 2기는 어떤가? 김영삼 정부는 체질개선에 유리한 조건을 갖고 출발했다. 역대 정권에 꼬리표처럼 붙어 다니던 정통성 시비에 말릴 부담이 적어 단기적인 성과보다는 장기적인 안목으로 국정을 운영할 수 있을 것으로 기대되었다. 사회 전체에 만연한 부정과 부패의 고리를 차단하고 각종 제도를 개혁하기만 한다면 단기에 울고 웃는 거시경제 지표에 병적으로 집착할 필요가 없었다.

그러나 새 정부는 반짝 경기를 목표로 한 신경제 100일 계획으로 집권 초기를 낭비했다. 현재 경제 상황이 어려운 것은 지난 2, 3년간의 긴축 때문이 아니라 성장잠재력이 부족하기 때문이며, 이러한 문제는 100일이라는 단기간에 해결될 수 있는 성질의 것이 아닌데도 말이다.***

새 정부가 뒤늦게나마 경기부양에 연연하지 않고 실명제, 금리자유화, 국제화 등 제도 개혁에 착수한 것은 환영할 만하다. 그러나 아직도 문제는 많이 남아 있다. 그 중 하나가 재벌이 효율적으로 재편(리스트럭처링)될 수 있도록 당근과 채찍을 적절히 제공하는 것이다. 좋든 싫든 전체 경제가 재벌 위주로 움직이는 상황에서 이들의 구조 개선 없이는 내연적 성장을 아예 기대할 수 없기 때문이다. 따라서 최근 확정된 재벌의 업종전문화 정책이 채찍은 생략한 채 당근만을 주는 것으로 변질되어서는 안 된다.

이에 보태서 한 번 더 강조하고 싶은 것은 '경기 규칙'의 확립이다. 유정호 박사(KDI, 「경기 규칙과 개혁의 방향」)의 말을 빌리지 않더라도 사람이 부·권력·명예를 좇는 것을 인생 경기에 비유한다면, 그것을 어떻게 얻는가를 지배하는 법·제도 및 그 운용과 사회 관행 등은 '경기 규칙'이라 할 수 있다. 그런데 주목해야 할 것은 바로 경제 주체와 경기 규칙 두 요소가 경제를 만들며, 경제 주체의 경제 하려는 의지와 공명정대한 경기 규칙 없이 내연적 성장을 이룬 나라는 없다는 사실이다.

정부는 어렵고 외롭더라도 국민의 '경제 하려는 의지'를 고취시키는 것과 함께 공명정대한 경기 규칙을 확립하는 데 힘써야 한다. 이에 쉬운 길을 버리고 "좁은 문으로 들어가라" 보다 더 적절한 표현은 없을 듯하다.

_ 한국일보, 1993. 11. 11

＊거품이란 실체가 없는데도 가격이 상승하기 시작하면 많은 사람들의 투기를 유발해 가격이 더 한층 상승하게 되는 현상을 가리킨다. 최초의 거품은 1630년대 네덜란드에서 채권도 부동산도 아닌 튤립을 대상으로 일어났다. 튤립은 지중해 동안 지역에서 자생하던 화초로 1562년 네덜란드에 전해졌다. 당시 튤립에 대한 관심과 동경은 대단한 것이었다. 가장 유별나고 기발한 형태의 튤립을 소유하고, 또 이를 남들에게 보여 주려는 열망이 만연했다. 당연히 희귀하고 아름다운 튤립일수록 값을 매길 수 없을 정도가 됐다. 사람들에게 알려지지 않은 새로운 종류의 튤립 한 송이가 '두 마리 회색 말이 끄는 가장 완벽한 마차' 와 같은 값에 팔리는 실정이었다. 당연히 튤립은 소유주가 바뀔 때마다 더 비싼 가격으로 거래되어 값이 천정부지로 치솟았다. 이러한 현상은 우리나라 주택 경기에서 자주 볼 수 있다.

＊＊업종전문화란 전조업의 경쟁력 강화와 재벌의 문어발식 기업 경영을 근절하기 위해 1991년도에 노태우 정권에서 김종인 경제수석이 주도한 재벌

정책을 말한다. 이 정책은 재벌 그룹별로 각각 2~3개의 주력 업종과 주력 기업을 선정하면, 이들에 대해서는 공정거래법상의 출자규제와 여신관리 규정상의 은행 대출 규제에 예외를 허용해 주었다. 그러나 안타깝게도 재벌들의 끈질긴 요구와 로비로 이 정책은 노태우 정권에서 빛을 보지 못했다. 그 이후 한국 경제는 재벌의 뜻대로 또다시 중복투자·과잉시설 등 악순환의 길을 걷게 되었다. 만약 1991년도에 재벌들의 업종전문화 정책이 실효를 거두었더라면 IMF 감시 국가가 아니라 OECD 주요 국가가 되어 있었을 것이라고 말하는 학자들도 많다.

*** 신경제 100일 계획이 끝난 7월 초까지도 경기가 회복되는 조짐은 보이지 않았다. 결국 목표를 달성하지 못한 채 신경제 5개년 계획 실행에 들어갔다. 이 책 6장에 실린 글 가운데 '겉치레 없애고 내실 기하자'는 신경제 100일 계획의 결과에 대해 논했다.

김영삼 경제의 선택

이제 1주일 남짓 지나면 김영삼 정부가 출범 1주년을 맞는다. '문민정부', '신한국', '신경제'* 등 수많은 신조어를 창출하며 중단 없는 개혁을 내세운 김영삼 정부는 과연 어떤 일을 했는가. 현 정권의 지난 1년을 경제 면에서 평가해 보고 앞으로 나아가야 할 방향을 점검해 보기로 하자.

외연적 성장의 단계를 지난 한국 경제가 지향해야 할 바는 빈부간, 도농간, 그리고 대기업과 중소기업 간의 균형을 유지시키는 경제 구조 조정과 병행하여 자생적 성장을 위한 잠재력을 배양하는 것이다. 그런데 균형과 성장잠재력의 배양이라는 측면에서 볼때 6공 2기 정부는 해놓은 것이 별로 없다.

우선 균형이라는 측면에서 현 정권은 형평이라는 말조차 쓰지 않을 정도로 무관심 일변도였다. 성장 문제가 너무나 심각해서 형평 문제에는 신경을 쓸 겨를이 없었다고 변명할지도 모른다. 그러나 형평의 기반 없는 성장은 더 이상 가능하지 않다는 사실을 직시했어야 했다. 중소기업이나 중산층의 건실한 발전 없이 경제를 이끌어 가려는 시도는 모래 위에 누각을 지으려는 시도와 다름없기 때문이다.

그러면 성장잠재력 배양 면에서는 어떤가. 우선 신경제 100일 계획은 김영삼 대통령의 핵심 추종자들조차 인정하는 실패작이다. 경기부양에 눈이 어두워 인위적으로 낮춘 이자율과 방만하게 풀린 돈은 경기 부양은커녕 연말·연초의 인플레이션으로 이어졌다. 보다 더 심각한 것은 100일 계획에 바빠 개혁 아이디어(예를 들면 이자율 자유화와 금융실명제)의 실천을 수개월 지연시킨 것이다. 뉴질랜드의 R. 더글러스 전 재무장관도 말했듯이, 무릇 개혁은 집권 초기에 그리고 광범위하게 하지 않으면 성공할 수 없는데도 말이다(*Wall Street Journal*, 1990. 1. 19).

100일 계획 아이디어는 어디서 나왔는가? 비록 출처는 분명치 않지만 갖가지 정황으로 미루어 볼 때 대통령 당선을 도운 일부 재벌의 머리에서 나온 것이 아닌가 추측된다. 개혁과는 거리가 먼 이들은 백지나 다름없는 대통령의 경제 교과서에, 만약 경기부양책을 쓰지 않으면 1993년의 성장률이 마이너스를 기록하게 되어 대통령이 추구하는 개혁은 물론 모든 것이 죽도 밥도 안 된다고 위협성 조언을 했을 가능성이 높다. 그것이 사실이라면 김영삼 정부는 집권 초부터 재벌의 영향권에서 벗어나지 못했던 것임에 틀림없다.

금융실명제는 어떤가? 투명한 사회를 만들자는 금융실명제는 대다수 국민의 축복 속에 출발했다. 그러나 도저히 지키기 힘들 정도로 초강성을 띠고 출발한 실명제는 시간이 흐름에 따라 변질·퇴색하여 종이호랑이가 되어 버렸다. 그 결과 가명은 차명으로, 또 먼 사람의 차명이 가까운 사람의 차명이 되는 형식적 변화로 끝났다. 정부는 실명제가 부작용 없이 정착되어 간다고 큰소리치지만 부작용이 없는 것이야말로 실명(實名)제가 실명(失明)되었다는 증거나 다름없다. 수술을 제대로 했다면 환자가 통증을 못 느낄 수 있겠는가. 실명제는 선언적 의미는 있었을지 몰라도 일반 대중만 조금 불편하게 만든 채 큰손은 아직도 가면을 쓰고 금융시장을 활보할 수 있는 여지를 만들어 놓았다.

그러면 우루과이라운드 타결 이후 급속도로 진행중인 규제완화는 어떤가. 국제화를 '국시'로 내건 정부는 국제화가 곧 탈규제인 것처럼, 그리고 규제만 풀면 모든 경제 문제가 해결될 것처럼 '기업, 특히 재벌이 만족할 때까지' 규제를 풀 태세다.

무원칙적인 규제완화를 보면서 혹시 이를 통해 부차적 효과를 노리고 있는 게 아니냐는 의구심마저 든다. 경기부양과 국제화에 도움이 될 것이라는 표면적인 이유 말고도 미국과 대기업들의 로비를 동시에 들어주기 위한 제스처가 아닐까 하는 것이다.

현 정부의 대기업중심주의는 민자당이 대표적 재벌의 하나인 삼성에 당원 교육을 맡기면서 절정에 달했다. 정치권도 기업을 배워야 한다는 의도는 좋았을지 몰라도 정당은 정당이 할 고유의 일이 있고 또 정당, 특히 집권당 내에는 유능한 인사도 많을 텐데 당원 교육을 전적으로 기업에게 맡겨 민자당을 삼성화하려는 것은 아무리 잘 봐주려 해도 이해가 안 간다. 또한 정부도 정부 고유의 업무가 있는데 총무처, 내무부 그리고 심지어는 일부 국립대학의 주요 공무원들조차 삼성에게 교육을 받았거나 받을 계획이라니 한심하기 짝이 없다.

대기업중심주의는 대기업과 중소기업 간의 불균형을 심화시킬 것이다. 뿐만 아니라 대기업 종사자와 다른 사람들과의 불균형도 심화시킬 것이다. 이것은 김영삼 대통령이 지난 30여 년간 쌓아 올린 민주화 업적에 치명타를 가할 수도 있는 위험한 것이다. 형평 없는 민주주의란 상상할 수 없기 때문이다.

최근 구미의 많은 지식층들은 미국의 경기회복 과정에서 나타난 저테크놀로지 노동자의 저임화 현상을 보면서(*Time*, 1994. 2. 7), 과연 이런 상황에서 민주주의가 지탱될 수 있을 것인가라는 의구심을 표명하며 형평 제고를 위한 정책 대안 수립에 골몰하고 있다고 한다.

나는 김 대통령이 지금이라도 늦지 않았으니 눈앞의 경기보다는 성장 잠재력 배양과 함께 형평성 제고에 눈을 돌릴 것을 촉구한다. 그러자면 우선 재벌을 필두로 한 대기업중심주의를 포기하는 것은 물론 실질적인 개혁 조치들을 중단없이 시행해 나가야 한다. _한국일보, 1994. 2. 17

* 김영삼 대통령 집권 마지막 해에 들어서자, YS 정부가 출범 직후 제시했던 '신경제 5개년 계획'에 대한 혹독한 평가가 여기저기서 튀어나왔다. 1997년 현재 우리 경제는 체질개선은 말할 것도 없고 단기 거시경제지표도 좋지 않은 상황이다. 기업 부실화 현상이 만연하고, 총 외채는 1천억 달러를 넘어섰으며, 실업률은 3%대에 육박한다. 경제정책에 일관성과 안정성이 없는 반짝쇼가 계속되었기 때문이다. 4년여 동안 다섯 명의 경제부총리가 정치 기류에 휩쓸려 질질 끌려 다녔다. 또한 YS 정부는 집권 초기부터 들려온 우려의 목소리들을 외면했다. '문민독재'라는 단어가 이를 웅변해 주지 않는가. 경제를 살리기 위해서는 이제 어떤 식의 독재에서든지 벗어나야 한다.

말과 행동이 다른 정책

몇 년 후면 20세기를 마감하고 21세기를 맞이할 한국 경제가 풀어야 할 시대적 과제는 자유경쟁 질서의 확립이다. 자유경쟁 질서는 자유방임도, 무조건적 탈규제도, 그리고 정부의 역할이 축소되는 것도 아니다. 그러나 과거와 같은 가부장적 개입이나 지원은 더 이상 존속해서도 안 되고, 또 존속할 수도 없다. 이것을 어렴풋이나마 깨달은 김영삼 정부는 신경제 5개년 계획을 통해 과거의 지시와 통제를 지양하고 자율과 경쟁을 유도하겠다고 천명했다.

그러나 최근의 물가정책이나 한양과 관련한 산업합리화 조치는 김영삼 정부의 경제정책이 말과 행동이 다른 것임을 만천하에 드러냈다.

여기서 한양과 관련한 산업합리화 조치를 다시 논할 겨를은 없다(앞의 글 '한양과 개혁 의지' 참조). 물가정책만 따져 보기로 하자.

정부는 금년도 소비자물가 상승률을 6%로 묶겠다고 장담했다. 그러나 8월에 연말 목표선이 무너지자 모든 가능한 수단을 동원하여 물가를 관리하려고 안간힘을 썼다. 대통령이 공공연히 물가를 걱정하자 경제기획원의 고위 관리가 13개 고급 백화점의 기획실장들을 불러 추석 상품값을 동결·인하토록 종용했으며, 농수축협은 농수축산물값을 내리겠다고 발표했다. 뿐만 아니라 구청 직원들이 남대문시장 등 재래시장을 찾아 일일이 물건값을 물어 보며 "얼마 이상 받지 마라. 어기면 사업자등록증을 빼앗겠다"는 등 으름장을 놓았다. 얼마 전 발간된 IMD 보고서(*World Competitiveness Year Book*, IMD Foundation) 가운데 '정부의 가격통제 정도' 항목에서 우리나라가 전체 41개국 중에서 41위를 기록한 것은 결코 우연이 아니다.

과거의 경험으로 볼 때 물가지수정책은 미봉책에 지나지 않고 가격구조만 왜곡시킬 것이라는 걸 어느 누구보다도 정부가 잘 알면서 왜 구태의연한 지시와 통제를 일삼는지 답답하기 짝이 없다.

물론 한국 경제가 미시적 구조조정과 함께 거시적 안정이 어느 때보다 필요한 시점에서 물가를 걱정하는 것은 십분 이해한다. 그러나 물가 상승률 6.0%와 6.1%의 차이가 국민 생활에 어떤 차이를 주는가. 또한 0.1% 차이에 경제 각료의 진퇴가 걸려 있는 듯 온 나라가 떠들썩한 것은 무엇 때문인가.

그것은 정부가 여론 정치를 하기 때문이다. 정책 수립자들이 경제에 관해 확고한 철학과 방향이 없으므로 경제정책은 자연히 여론에 따라 춤을 출 수밖에 없다. 그 결과 모든 경제 문제가 실제보다 더 커보이고, 급기야는 사태를 악화시키기도 한다.

이제 대통령도, 장관도, 그리고 고위 관료도 여론을 따르기보다는 건전하고 확고한 경제관에 입각한 경제정책을 펴야 한다. 그렇지 않고서는 지시와 통제가 없는 자유경쟁 질서를 확립할 수 없다. 물가정책은 당연히 지수 관리보다는 인플레이션의 원인을 찾아내 완화 또는 퇴치하는 것이어야 한다.

최근의 인플레이션은 농수산물 수급의 일시적 괴리를 빼놓고는 신경제 100일 계획과 실명제 정착 등으로 풀린 돈 때문이다. 화폐 증가율이 과거보다는 못할지 몰라도 워낙 덩치가 크다 보니 절대 증가액은 천문학적이었다. 그렇다고 돈을 급격히 줄일 수는 없다. 그것은 금융시장에 혼란을 초래함은 물론 이 나라 경제를 스태그플레이션으로 몰아 갈지도 모른다. 따라서 점진적이고도 일관된 안정 정책이 필요하다.

나는 현재 정부가 하고 있는 소비자물가 조사를 생산자물가 조사처럼 한국은행으로 이관하여 지수 관리의 유혹을 불식하고 물가 문제는 개별 품목 위주가 아닌 화폐금융·재정 정책 중심으로 다루는 것이 합리적이라고 생각한다. 단, 중저소득층의 지출 대상이 되는 의식주 안정을 위한 물량 공급은 정부가 책임져야 하지만 말이다.

인플레이션의 근본 원인은 구조적인 데 있다. 왜냐하면 한국의 인플레이선은 거품경제의 창출자인 재벌의 행태에 크게 기인하기 때문이다. 오늘날 수십 개의 기업 선단을 거느린 재벌들은 공룡처럼 비대해져 도산 위험에서 해방되었다. 따라서 은행 돈을 쉽게 얻는다. 그리고 꾼 돈으로 무리한 팽창을 계속한다. 이것이 다시 도산에서 해방되는 것을 더욱 공고히 해준다. 이때 재벌이 행하는 방만한 투자는 인플레이션의 가장 커다란 원인이다. 따라서 재벌의 행태를 고치지 않고서는 인플레이션을 치유하기가 어렵다.

현재의 인플레이션 논쟁이 한국 경제의 구조 개혁이라는 근본적인 과제를 뒷전으로 돌린 채 근시안적 대증요법을 둘러싼 논란에 매몰되어서는 안 된다.

나는 재벌이 지금처럼 집단으로 활동할 것이 아니라 개별 기업 단위로 경쟁할 것을 제안한다. 그렇게만 되면 개별 기업이 파산을 우려해 방만한 투자를 삼가면서 인플레이션 문제가 비교적 쉽게 해결되고, 자유로운 진입과 창조적인 도태 속에서 자유경쟁 질서가 비교적 쉽게 확립될 것이다. 정부건 재벌이건 너무 크고 강하면 자유경쟁 질서를 저해할 수밖에 없다.

_ 한국일보, 1994. 9. 22

올바른 '역사 바로 세우기'

조금은 역설적으로 들릴지 몰라도, 김영삼 대통령이 연두기자회견을 취소(또는 연기)한다는 소식은 아쉬움보다는 안도감을 가져다 주었다. 그 이유는 간단하다. 가뜩이나 말솜씨 없는 분이 기자들의 날카로운 질문에 말려들어 실언이라도 하는 날이면, 그렇지 않아도 불확실성으로 가득 찬 세상이 더욱더 혼돈의 늪으로 빠져들지 않을까 우려해서이다.

그 대신 심사숙고 끝에 나온 아이디어가 세련된 국정연설문으로 나타나 국가의 과거와 현재를 그림처럼 보여 주고 나라가 나아가야 할 방향도 분명히 제시해 주기만을 바랐다. 그러나 결과는 기대에 훨씬 못 미쳤다. 정치자금에 관한 초라한 변명, 구체성이 결여된 현실 묘사, 그리고 추상화 같은 미래상은 많은 사람을 실망시키기에 충분했다.

 한국 경제 아직 늦지 않았다 | 일치기 정치에 멍드는 경제

경제 면을 보더라도 이 나라 최대 관심사인 재벌에 대해서는 한마디 언급도 없었다. 섣부른 재벌 정책이 투자를 위축시킬까 겁냈는지도 모른다. 그러나 재벌을 위해 경기부양도 마다 않고 각종 규제도 무분별하게 해제해 준 가운데 나타난 중소기업 사장들의 연쇄 자살에 대해서는 반성과 함께 앞으로 정부가 이 문제를 어떻게 다룰 것인가를 분명히 했어야 마땅하다. 예를 들면 앞으로는 기업의 대·중·소를 막론하고 동일한 룰을 공정하게 집행하겠다는 의지 표명이나, 흑자 도산하는 기업에 대해서는 긴급자금을 수혈하겠다는 정도의 약속은 했어야 했다. 중소기업청 설립은 그 후의 일이다.

여기서 연설 내용을 하나하나 평가할 겨를은 없다. 그러나 대통령이 연설 도중 가장 목청 높여 역설한 '역사 바로 세우기'*에 대해서만은 한마디 하지 않을 수 없다.

'신한국'·'신경제'·'국제화'·'세계화' 등 김영삼 정부가 내세운 구호들이 모두 그랬듯이, '역사 바로 세우기'도 뜻이 분명치 않은 개념이다. 역사는 이미 흘러간 과거인데 그것을 어떻게 바로 세우겠다는 말인가. 굳이 대통령의 해석을 따르자면 '역사 바로 세우기'는 잘못된 과거를 바로잡아 미래를 바로 세우려는 것이다.

좋은 착상이다. 그러나 과거를 바로잡으려면 과거를 철저히 밝혀야 한다. 그리고 윗물이 맑아야 아랫물도 맑듯이 대통령부터 자신의 과거를 있는 그대로 고백해야 다른 사람의 과거를 파헤치는 것이 정당화된다. 그런데 김 대통령은 어두웠던 시절 야당 생활에서 '조금' 받은 선거 자금만 언급하고 나서, 그 적은 돈을 준 사람들이 여러 가지 고초를 겪었다며 과거의 정치자금 대목을 얼렁뚱땅 넘겨 버리려 했다.

이것은 틀린 방법이다. 김 대통령 특유의 정면돌파를 꾀했어야 옳다. 그는 먼저 통일민주당 총재로서 민정당의 노태우 대통령과 민주공화당의 김종필 총재와 만나 민주자유당을 만든 경위를 밝혀야 한다. 당시에는 호랑이를 잡으러 호랑이굴에 들어갔다고 변명했으나, 노태우 대통령이 천문학적 규모의 비자금을 모아 축재했으며 12·12 사태와 5·18 민주항쟁 탄압에서도 주도적 역할을 한 것이 드러난 이상 3당통합에 대해 사과하지 않으면 안 된다.

뿐만 아니라 3당 야합 후 여당 총재로서, 그리고 여당 대통령 후보로서 얼마나 많은 돈을 어떻게 조성해 어디다 썼는지 있는 그대로 공개해야 한다. 자기 과거는 숨겨 둔 채 남의 과거만을 들춰내는 것은 과거 바로잡기에 걸림돌이 될 수밖에 없다.

과거를 밝힌 후 사법처리 과정에서는 몇 가지 원칙을 지켜야 한다. 하나는 옥석을 가려야 한다는 것이다. 별 잘못도 없는데 괘씸죄를 물어 처벌해서는 안 된다. 그리고 과거는 철저히 밝히되 죄를 지은 사람을 무죄라고 하는 것도 곤란하지만, 죄를 짓지 않은 사람을 유죄라고 하는 것도 대단히 위험한 일임을 기억해야 한다. 한 번의 잘못된 판결이 무고한 개인의 인격과 장래를 무참히 짓밟는 것임을 알지 못하는가. 이것은 대통령과 검찰 · 사법부에 모두 해당하는 말이다.

과거를 밝히고 잘못에 대한 벌을 주는 동시에 미래를 바로 세우는 작업을 해야 한다. 그것은 10년, 50년, 아니 100년 동안 우리나라를 이끌어 갈 원칙을 세우는 것이어야 한다. 눈앞에 다가온 15대 총선이나 차기 대통령선거를 겨냥하거나, 대통령 퇴임 후만을 생각해서는 안 된다. 그런 의미에서 18세기 미국 건국의 아버지들, 19세기 일본의 메이지 유신, 그리고 2차대전 후 유럽의 지도자들에게서 배울 것이 많다.

이러한 것을 무시한 '역사 바로 세우기'는 정치적 쇼 이상 아무것도 아닐 것이다.

▶ 이 글은 1996년 초 김영삼 대통령이 '역사 바로 세우기' 운동을 주창한 후 써둔 것이다.

* 김영삼 대통령의 '역사 바로 세우기'는 내용 없는 '이미지 정치'에 지나지 않는다. 특히 옛 조선총독부 건물 철거 과정은 굿판과 다름없어 국민들의 이성적 눈을 멀게 하고 감성적 흥분 상태로만 몰고 갔다. 옛 조선총독부 건물의 위치는 확실히 문제다. 그러나 일제가 민족정기를 끊으려 설립했다는 건물을 철거한다고 해서 민족정기가 회복되는가. 민족정기의 회복은 착실한 국력 배양을 기반으로 하여 자주 외교를 실천해 갈 때 진정으로 이루어지는 것이다. 더구나 그 건물은 우리 역사의 일부분(일본의 항복 문서를 건네받은 자리이며, 대한민국 정부 수립 선포식이 거행되었고 이후 중앙청으로 쓰여 왔다)이며 국립중앙박물관으로 훌륭히 전용하여 잘 사용해 왔다. 김영삼 대통령은 철거 추진 과정에서 다른 모든 것에 대한 고려는 생략한 채 오직 그

의 이미지 제고와 3당 야합으로 흐려진 정통성을 확보하고, 나아가 정권 재창출을 위해 소중한 역사적 건물을 굿판을 벌이면서 파괴해 버렸다. 중앙박물관에 유치했던 유물들은 경복궁 내 조선 왕궁 역사박물관 자리로 이전되었다(1997년 5월에는 이 건물에 비가 새 박물관 직원들이 황급히 유물들을 옮기는 소동이 벌어졌다). 민족정기를 드높인다면서 우리의 유물들을 훼손시키는 이 정부의 행태를 어떻게 받아들여야 할까.

경제가 표류하는 까닭

경제가 심상치 않다. 영세 자영업자들이 장사가 안 된다고 아우성인 가운데 중소기업체 사장들이 잇달아 자살하더니 마침내는 30대 재벌그룹 중 하나인 우성건설마저 부도를 냈다. 이를 두고 평가가 분분하다.

경기론자들에 따르면 최근의 사태는 경기순환 과정에서 나타나는 일시적 현상이다. 하루에 낮과 밤이 번갈아 있고 1년에는 사계절이 있듯이, 자본주의 경제에도 특유의 순환으로 호황과 불황이 교차한다는 것이다. 따라서 지난 3년간 호황을 누린 한국 경제가 현재 불황을 겪는 것은 어쩔 수 없는 것으로 받아들여야 한다는 것이다.

한편 시장 신봉자들은 기업이 수지를 못 맞춰 문을 닫는 것은 규모와 관계없이 한계기업 정리의 일환으로 이해해야 한다고 주장한다. 그리고 그것은 오히려 바람직한 것이라고 말한다. 왜냐하면 정리된 기업에 속했던 인적·물적 자원이 보다 생산적인 곳으로 흘러가면 나라 전체의 자원 배분이 보다 효율적으로 되기 때문이라는 것이다.

그러나 문제는 그리 간단치 않다. 최근에 일어난 일련의 사태는 경기 순환론이나 효율성 이론만으로는 설명할 수 없는 측면이 많다. 나는 한국 경제가 현재 심각한 어려움에 처해 있으며, 그 원인의 많은 부분은 불확실한 정치 상황과 방향 감각을 잃은 경제정책에 있다고 생각한다.

새삼 강조할 필요도 없이 정치가 불안하면 경제가 잘 될 수 없다. 그런데 우리의 정치 사회는 불확실성으로 가득하다. 그렇다면 정치적 불확실성의 원인은 어디에 있는가? 여·야 할 것 없이 총선 승리에 도움이 될 성싶으면 새 인사를 영입하고 어제의 적이 오늘의 동지가 되며, 또 오늘의 동지가 내일의 적이 되어 우리 모두를 어리둥절케 하는 정치판 행태가 한몫 한 것은 물론이다.

그러나 근본 원인은 대통령의 정치 스타일에 있다. 김영삼 정부는 '신한국', '신경제', '국제화', '세계화' 등 개념도 모호한 구호를 많이 내걸었다. 하지만 '신한국' 한다면서 정치는 과거보다 더 강압적이고, '신경제' 한다면서 경제정책은 과거보다 더 재벌 옹호적이며, '국제화' 한다면서 국가 간의 약속은 안 지키기 일쑤였고, '세계화' 한다면서 외국이나 외국인에게 더 배타적인 느낌마저 준다. 게다가 결과가 만족스럽지 못하고 또 언론이 시큰둥하기라도 할라치면 수많은 구호들은 아무도 모르는 사이에 슬그머니 자취를 감춰 버리곤 했다.

사람들은 이 정부가 정말 어떤 일을 하려는 것인지, 아니면 정치적 목적으로 제스처만 쓰는 것인지 몰라 우왕좌왕하며 미래에 대한 계획을 세우지 못하고 있는 실정이다. 이런 상황에서 경제가 잘 되기를 바라는 건 무리다.

경제정책의 표류는 무분별한 규제완화와 우성건설의 부도 처리 과정에서 여실히 드러난다. 규제완화를 반대할 이유는 없다. 오히려 풀어야 할 규제가 아직도 많이 남아 있다. 그러나 무분별한 규제완화는 큰 기업만 잘 되고 작은 기업은 어렵게 만들었다. 왜냐하면 아무런 사전 준비 없이 규제만 푸는 것은 마치 일부 선수들(대규모 재벌기업)은 50미터 선상에 있고 다른 선수들(중소기업)은 출발점에 있는 상황에서 100미터 지점을 향해 마음대로 경주(경쟁)를 하라는 것과 다름없기 때문이다. 공평한 경쟁을 전제하지 않은 무분별한 규제완화의 폐해, 특히 사회경제적 혼란은 앞으로도 계속 가시화될 것이 분명하다. 정부는 커다란 밑그림을 갖고 일관성 있게 풀 규제는 풀고, 묶을 것은 단단히 묶어야 한다. 그리고 어떤 방향으로 가든 부작용을 최소화할 준비를 해야 한다.

한편 우성건설처럼 실력도 없으면서 문어발식 확장을 계속해 온 건설업체에게 자본주의의 기본 원리인 적자생존의 원리를 적용하여 부도를 허용한 것은 일단 옳았다. 그러나 덕산·유원 부도 이후 아무리 재벌이라지만 우성같이 비교적 소규모 건설회사의 도산은 불 보듯 뻔히 예상된 것이었다. 땅값이 안정되어 건설회사의 주 수입원이 봉쇄되고, 큰 재벌들이 집도 잘 지어 주고, (특히 삼풍 사고 이후) 유사시 보상도 잘 해 준다고 사람들이 생각하여 그들의 아파트를 선호하는 상황에서 상대적으로 소규모인 건설회사는 살아남기 어렵다. 따라서 그에 대한 대비책을 미리 강구했어야 했다.

또한 일단 부도 낸 기업은 기업 시장에서 매매하도록 놔두어야지, 사건이 터진 후 총선이 걱정되어 허둥지둥 이 모습 저 모습으로 특혜를 주어 부실 기업을 실질적으로 살리려고 노력한다면 그것은 결코 일관성 있는 올바른 정책이 아니다. 그럴 바에야 차라리 부도를 미리 막아 주는 것이 사회적 파장을 줄이는 길이었는지도 모른다.*

우리는 하루빨리 정치적 제스처용 구호를 포기하는 동시에 앞이 내다보이는 정치를 펴고 공평한 경쟁을 보장하는 경제틀을 짜서 일관성 있는 경제정책을 세워야 한다. 그것은 한국 경제가 지속적으로 성장할 수 있는 최소한의 필요조건이다. _조선일보, 1996. 1. 29

---

*이 글은 오해의 소지가 있어 해명하고자 한다. 나는 여기서 부도를 미리 막아 주는 데 찬성한 것이 아니다. 단지 부도 낸 기업을 사후에 살리려고 우왕 좌왕하는 정부를 비판하기 위해 냉소적으로 썼을 뿐이다.

선거용 선심 정책

총선이 가까워 오자 정부는 각종 선심 정책을 남발하고 있다. 청와대가 필승 전략을 짜기 무섭게 세종로와 과천에 포진한 '개혁 전도사'들은 남에게 뒤질세라 앞다투어 전국 방방곡곡을 누비며 '개혁 복음'을 전파한다.

땅부자들을 위해서는 토지거래허가제를 사후신고제로 변경한단다. 중소기업에게는 두 가지 선물이 한꺼번에 주어졌다. 하나는 중소기업청을 만들어 종전과는 달리 실질적인 중소기업 육성책을 쓰겠다는 것이고, 다른 하나는 신용 대출 비율을 은행의 평가에 참작함으로써 기업이 담보 없이도 쉽게 융자받을 수 있게 한다는 것이다. 뿐만 아니라 숙박업·요식업·목욕업 등 비제조업에 대한 여신 규제도 푼다고 한다. 선거용 선심 정책은 너무 많아서 이루 언급할 수 없을 정도다.

이런 것들을 보노라면 김영삼 정부의 경제정책이 얼마나 비현실적이고, 또 얼마나 철학이 없는지 쉽게 알 수 있다. 이를 일일이 다 논할 수는 없으나 두 가지만 살펴보기로 하자.

정부는 금융실명제와 부동산실명제로 부동산 투기가 원천적으로 불가능해졌다고 하지만 사실은 그렇지 않다. 허가제가 풀리면 그나마 1990년의 5·8 대책과 그 후의 노력으로 모처럼 이루어 놓은 부동산 가격 안정이 깨질 것이다. 그렇지 않아도 비싼 임대료가 아직도 고비용 경제를 지속시키는 원인의 하나인데, 충분한 사전 준비도 없이 토지거래 허가제를 푸는 것은 부동산 투기를 조장할 것이 불 보듯 뻔하다.

중소기업 지원 정책도 재고의 여지가 있다. 유망한 중소기업을 돕는데에 원칙적으로 반론을 제기할 사람은 없을 것이다. 그러나 중소기업에 대한 무담보 대출 발상은 은행이 무엇인지조차 모르는 데서 나온 것이다. 은행은 기본적으로 돈장사를 하는 곳이다. 돈을 떼일지도 모르면 담보를 잡는 것은 당연하다. 경제 사회가 더 투명해져 은행이 기업을 더 잘 알게 되고 신용보증기금이 지금보다 훨씬 튼튼한 상황이라면 몰라도 현재 상황에서 신용 대출을 강요하는 것은 무리다.

지난날 고도성장 과정에서 정부가 은행더러 이래라저래라 지시하는 관행 때문에 오늘날과 같이 부실 채권*을 많이 안은 부실 은행들을 양산한 것을 기억하지 못하는가. 몇 번의 실패를 더 겪어야 비로소 역사에서 교훈을 얻을 수 있게 될 것인지 답답하기만 하다. 금융이 정상화되지 않고서는 결코 자본주의가 성숙할 수 없기에 하는 말이다.

오히려 우리 경제에는 정부가 추진하는 것과는 다른, 꼭 해야 할 일들이 많다. 예를 하나 들면 사회간접자본 구축이다. 포항에서 서울까지의 물류 비용이 포항~LA 간 물류 비용보다 높은 실정인데도 정부는 사회간접자본 구축에 게으르다. 6공 1기 때만 해도 5공 때 물가를 잡는답시고 거의 무시해 버린 간접자본 투자를 상당히 이루었다. 그러나 이 정부 들어서서는 당치도 않게 민자 유치를 통한 간접자본 구축을 외치더니 요새는 아예 그것마저도 뜨뜻미지근해졌다.

정부가 해야 할 일과 하지 말아야 할 일, 그리고 빨리 해야 할 일과 천천히 해도 되는 일을 구별할 수 있는 식견과 안목이 요즘처럼 아쉬운 때가 일찍이 없었다. 선심 정책의 비현실성과 철학 부재는 차치하고라도, 나는 선심 정책이 선거에 커다란 영향을 미치지는 못할 것으로 생각한다. 왜냐하면 우리 국민이 선심 정책에 좌우되어 투표할 정도로 우둔하지는 않기 때문이다.

만약 각종 정부 홍보물이 말하듯 김영삼 정부가 지난 3년간 '변화와 개혁'을 잘 했다면 선거에서 충분히 이기고도 남을 것이다. 따라서 선심 정책은 필요하지 않을 것이다. 그리고 사회 명망가의 대거 영입은 더욱 필요없을 것이다. 그런데도 대규모 선심 정책과 정치인 영입을 시도하는 것은 정부의 자신감 부족으로밖에 보이지 않는다.

설혹 정부가 선심 정책으로 의석을 더 얻어 기선을 잡고 그 여세를 몰아 대통령의 낙점을 받은 사람이 차기 대통령 선거에서 승리한들 무엇하겠는가. 노태우 대통령이 그를 전적으로 밀어 준 전두환 대통령을 백담사로 보내고, 또 김영삼 대통령은 자신을 무리하게 지명하다시피 한 노태우 대통령을 감옥에 보내지 않았는가.

대통령은 출마할 때 공약한 것을 이행하고 재임 기간의 성과로만 평가받으면 된다. 성숙한 자본주의 사회와 민주 사회를 건설하기 위해 무리한 선심 정책은 빨리 거두어야 한다. _ 조선일보, 1996. 3. 11

---

* 금융기관의 대출금 중 기업의 부도 등으로 회수가 어려워 사실상 떼이게 된 돈을 부실 채권이라고 한다. 금융감독원은 건전성 정도에 따라 금융기관의 여신을 '정상', '요주의', '고정', '회수의문', '추정손실' 등 다섯 가지로 분류하는데, '회수의문'과 '추정손실'을 합쳐 '부실 채권'이라고 규정한다. 또한 '부실 여신'에다 '고정'까지 합쳐 '무수익 여신'이라고 한다.

1997년 IMF를 거치면서 금융기관마다 부실 여신 분류가 대폭 강화되었다. 예전에는 3개월 이상 이자가 연체되면 '요주의', 6개월 이상이면 '고정'으로 분류했고, '회수의문'은 손실 발생이 거의 예상되는 채권을, 그리고 '추정손실'은 회수 불가능한 채권을 뜻했다. 그러나 IMF 이후에는 1개월 이상 이자가 연체되면 '요주의', 3개월 이상은 '고정', 6개월 이상은 '회수의문'으로 새롭게 분류되었다. 부실 채권이 발생했다는 것은 대차대조표 상에서 자산 측면에 문제가 생겼음을 뜻한다. 그러므로 금융감독원은 부채 측면에 대손충당금을 적립하도록 규정하고 있다. '요주의'는 2%, '고정'은 20%, '회수의문'은 75%, '추정손실'은 100%의 대손충당금을 적립해야 한다.

경제위기설과 최근의 경제정책

경기와 일기는 공통점이 많다. 둘 다 손에 잘 잡히지 않는 것을 놓고 왈가왈부한다. 호황이니 불황이니 하는 말이나 맑다 흐리다는 말이나, 모두 엄밀하지 못할뿐더러 잘못 예측하면 사람들을 혼란에 빠뜨린다는 점에서도 똑같다.

김영삼 정부는 집권 초기에 '경제가 이기'(위기의 잘못된 발음)라고 하더니, 중기에는 경제 업적으로 평가받겠다고 호들갑을 떨다가, 이제 말기에 와서는 다시 경제가 위기라고 외쳐 댄다. '경제위기설'이 옳건 그르건 일단 경제가 위기라고 판단했다면 그럴듯한 대책이 있어야 한다. 그런데 경쟁력을 높인다고 이 정부가 내놓은 처방들을 보면 대책은 고사하고 우리 경제의 실상을 제대로 파악하고 있는지조차 의심스럽다.

'경제위기설'*은 정부와 재계의 공동 모의에서 나왔다. 고비용에 시달려 온 재계는 경제가 위기라고 엄살을 떤 후 임금 동결을 위한 총액임금제를 비롯하여 기업주에게 유리한 아이디어를 내놓았고, 내년 대선에 즈음해 보수 세력을 끌어안아야만 하는 정부는 경제위기 때문에 각종 개혁을 후일로 미룰 수밖에 없다는 핑계를 대는 것이다.

확실히 한국 경제의 성적표는 과거보다 못하다. 단기 거시경제지표만 보아도 성장률이 7~8%에서 6~7%로, 인플레이션도 5~6%에서 6~7%로 악화되고 있고, 국제수지 적자 역시 200억 달러(이는 GNP의 4~5%로 안정선으로 알려진 3%를 훨씬 초과하는 수치)에 육박할 것이 틀림없다고 한다.

하지만 지표의 1~2% 차이가 경제를 위기로 몰아가지는 않는다. 오히려 경제 체질 개선에 도움만 된다면 저성장도 감내해야 한다. 한국 경제는 이제 덩치가 커져서 예전과 같이 높은 성장을 계속 구가할 수 없으며 기대하는 것도 무리다. 인플레이션도 한 자리 숫자로 묶을 수만 있다면 디플레이션보다는 더 낫지 않겠는가?

우리 경제가 어려운 것은 허약한 경제 체질 때문이다. 거시지표가 좋건 나쁘건 경제 체질을 놓고 볼 때 우리 경제가 심각한 상태에 이른 것은 이미 오래전부터다. 우리나라 제조업의 효율성을 종합적으로 보여 주는 부가가치율을 보면 경제가 괜찮았다는 1994년에도 일본에 비해 8.2%포인트나 뒤지고 있는데, 1980년의 6.2% 포인트, 1985년의 8.1% 포인트 차이에 비해 조금도 그 격차를 좁히지 못하고 있다. 설비투자 효율도 1995년에 68.5%로 일본의 78%대에 훨씬 못 미칠뿐더러 1991년의 68.1%에 비해서도 별로 나아진 게 없다.

　이처럼 경제가 어려움에서 빠져나오지 못하는 것은 김영삼 정부의 재벌 중심 경제정책과 그 틈을 탄 무분별한 사업 확장으로, 제조업의 기술 개발에 투입되어야 할 투자 재원이 설비 확장으로만 흘러들어가고 있는 현실에 기인한다.

　이런 상황에서 정부는 느닷없이 '고비용 구조의 해소'와 '경쟁력 10% 높이기'**를 외치기 시작했다. 하지만 경제 체질의 구조적 허약함을 외면한 채 임기응변적인 가격조작 정책으로 국가 경쟁력을 높이려 하니 제대로 될 리 없다. 정부는 총액임금제 등 단기적인 가격조작 정책과 개혁 중단으로 경제의 어려움을 풀려고 해서는 안 된다. 장기적 관점에서 뚜렷한 원칙을 가지고 경제구조 개선과 체질 강화에 신경을 써야만 고비용과 저효율, 거품과 불균형으로 인한 어려움에서 탈출할 수 있다.

　그러기 위해서는 우선 정부 주도로 SOC를 꾸준히 구축하는 계획이 필요하다. 동시에 금융기관이 누구에게 얼마를, 어떤 조건으로 꾸어 줄까를 스스로 결정하도록 하는 금융 정상화 여건을 확립하여 자금이 효율적으로 배분될 수 있도록 해야 한다. 또 재벌의 거품을 걷어내고 기업이 기술개발에 힘쓰도록 온갖 지혜를 짜내야 한다.

　다른 무엇보다도 강자생존·대자생존이 아닌 '적자생존의 원칙', 다시 말해 '자본주의의 원칙'이 지켜지도록 해야 한다. 이것 말고는 따로 할 일이 없다. 그리고 해서도 안 된다.　_서울대학신문, 1996.11.11

* 1997년 들어서도 경제위기설은 계속 유포되었다. 경상수지 적자 추세와 환율 오름세가 지속되자, '제2의 멕시코'가 되는 것 아니냐는 우려도 여기저기서 터져 나왔다. 누구든 적절한 대책도 제시하지 못하면서 위기설을 확산시키는 것은 옳지 않다. 특히 정부는 '위기설'에 적절히 대응해 저성장 시기에 체질개선을 추진하든지, 국민들의 심리를 안정시켜 자신감을 회복시키고 경제 하려는 의지를 고취시켜야지, 막연히 국민들을 불안하게 하는 데 앞장서서는 안 된다. 경제가 조금만 잘 되면 얼마 안 있어 G7 국가가 될 것이라는 등 호들갑을 떨고 조금만 나빠져도 위기라고 목청을 높이는 것은 정부의 신뢰도에 커다란 해를 끼칠 것이다.

** '경쟁력 10% 높이기' 운동의 일환으로 국립대학 예산이 10% 감축되었다. 가뜩이나 재원이 부족해 부실한 대학 교육 기반을 완전히 허물어 놓겠다는 의지 표명이나 다름없다. 대학 예산을 깎는다고 경쟁력이 높아지는가? 졸속 정책도 이런 졸속이 다시 없을 것이다.

정치 비전의 빈곤

지난 5월 영국이 선택한 정치적 변화는 참으로 용기 있는 것이었다. 18년 집권의 보수당 대신 노동당에 정권을 쥐어 준 것이다. 용기는 지혜를 바탕으로 한다. 영국인들에게는 보수당의 공과를 꿰뚫어보는 혜안이 있었다. 메이저 총리의 영국 경제는 표면상 실업률이 낮아지고 인플레이션도 진정됐으며 국제수지도 나쁘지 않아 대처리즘이 승리한 듯이 보였다. 하지만 안으로는 문제가 많았다. 제조업이 약화되면서 경제 기반이 부실해졌고 소득 불균형은 사회의 조화를 해쳤다. 또한 대학 예산의 대폭 절감은 인적 자원 배양을 더디게 해 미래의 생산 능력을 위축시켰다.

이런 현실을 직시하고 영국이 가야 할 새로운 방향을 제시한 토니 블레어가 선택됐고, 그는 집권하자마자 오랫동안 구상해 온 금융 개혁, 교육 개혁, 지역주의 타파를 의욕적으로 추진하기 시작했다.

한국의 정치상은 어떤가. 7룡이라는 이들은 신한국당 후보가 바로 대통령인 듯 경선 승리를 위해 특정 지역 영구집권론 제기, 박정희·전두환·노태우 찬양 등 온갖 수단을 동원하고 있다. 어처구니없는 일이다. 지난 4년여 동안 사회와 경제 기반을 송두리째 흔들어 놓은 여당의 정권 재창출이란 상식에 비춰 납득하기 어렵다. YS 대통령 만들기에 앞장섰거나 김영삼 정부에서 요직을 지낸 이들은 4년여의 어두운 시대에 대해 직·간접적 책임을 통감한다는 반성문이라도 쓰고 출사표를 던져야 하지 않았을까.

야당도 부끄러움이 없는지 되돌아봐야 한다. 실명(實名)제는 실명(失明)돼 투명한 사회 건설에 실패했을 뿐 아니라, 사채 시장을 억눌러 중소 상공인들을 극심한 어려움에 빠뜨렸고, 국제경쟁력은 추락한 가운데 재벌그룹 기업과 여타 기업 간의 골이 깊어 가는 상황에서 어떤 대안을 내놓았는가.

여야를 막론하고 우뚝 솟은 지도자 없이 도토리 키재기식 정치 게임이 벌어지는 이유는 정치가들에게 비전이 없기 때문이다. 나라가 나아가야 할 방향에 대한 감각이 없다는 말이다.

솔로몬은 구약 잠언서에서 지도자가 비전을 제시하지 못하는 민족은 망한다고 경고했다. 이 경구가 요즘처럼 가슴에 와닿은 적이 없었다. 산산조각난 사회를 재건하고 구렁텅이로 빠져든 경제를 소생시킬 비전과 그것을 토대로 한 통치 능력이 아쉽다.

비전 확립에는 건전한 정치 철학도 필요하지만, 무엇보다 철저한 현실 파악이 선행돼야 한다. 경제를 예로 들어 보자. 최근 대기업 집단 몇 개가 부도를 냈고, 크고 작은 기업들이 어려움을 겪어 왔다. 이것이 경기 순환 문제가 아니라 구조적 문제라는 데는 이미 의견의 일치를 보았다.

그런데도 정부는 부도를 유예하거나 막는 데만 골몰하고 있다. 개별 기업의 입장에서 보면 안타깝기 그지없지만, 냉철히 볼 때 부실한 기업은 망할 수 있게 해줘야 한다. 단지 망하지 않을 기업이 다른 사건의 여파로 쓰러지지 않게 하는 것이 중요할 뿐이다.

이왕 겪고 있는 어려움은 있는 그대로 감내해야 한다. 독일은 극도의 하이퍼 인플레이션을 인플레이션 치유의 교훈으로 삼지 않았는가. 이제는 "3/4분기 이후에 경기가 회복될 것"이라는 등의 막연한 낙관론에 취하지 말자. 지금 우리는 일시적 경기회복에 안도할 것이 아니라 구조적 문제가 무엇인지 잘 점검해야 한다.

이런 관점에서 정부는 정권 말기에 현실과 동떨어진 개혁 프로그램을 짜기보다 현실을 냉철히 파악하기 위해 노력해야 한다. 그것은 정치인들의 비전 형성에 많은 도움을 줄 것이다. _동아일보. 1997. 7. 17

김대중 경제의 중간 성적

김대중 대통령이 취임한 지 6개월이
훨씬 지났다. 그가 당선자의 이름으로 실질적으로 대통령 역할을 시작한
것은 8개월 반이 되었다. 이 정도면 구제금융 상황을 극복하기 위해 우리
가 그동안 무엇을 했는지 일단 점검해 보기에 충분한 시간이다. 내 계산으
로는 잃은 것이 미래에 대한 희망이라면, 얻은 것은 현실에 대한 위기감뿐
이다. 살인적인 고금리로 부자들은 더욱 부유해져 "이대로 영원히!"를 외
쳐 대는 반면, 중산층은 사라지고 하층민의 한숨과 주름살은 늘어만 가고
있다. 또한 중소기업은 무너지는 가운데 재벌, 특히 빚더미 속의 5대 재벌
은 아직도 기아 인수 등 덩치 키우기에 여념이 없다. 너나 할 것 없이 '개
혁' 구호를 외쳐 대지만 '가죽을 바꾸는 일'은 잘 되지 않고 있다. 개혁은
빨리, 간단히, 그리고 강하게 해야 함에도 불구하고 새 정부가 그 시기를

놓쳤기 때문이다.

최근 정부는 자신에게 부여된 역사적 소명인 개혁은 뒷전으로 밀어두고 대대적인 경기부양 쪽으로 방향을 선회하고 있다. 경기가 급강하는 시점에서 정치가들이 경기부양을 서두르는 것은 이해할 만하다.

하지만 경기부양은 개혁을 지체시킨다. 뿐만 아니라 국제신인도를 떨어뜨리고 제2의 외환위기를 초래할지도 모른다. 더구나 경기부양의 효과가 중소기업과 실업자들에게 돌아가는 것이 아니라 재벌, 특히 5대 재벌에 집중된다면 그것은 개혁의 포기나 다름이 없다.

누가 뭐래도 한국 경제 문제의 본질은 과잉 생산 설비다. 이 문제를 해결하느냐 못하느냐가 한국 경제의 미래를 좌우하는 관건이다. 정부는 더 이상 시간을 낭비하지 말고 늦은 감이 있지만 지금이라도 부실 기업을 가려내 퇴출시키되, 살아남은 기업에게는 오히려 넉넉한 지원을 해주어 새로운 경제 질서를 세워야 한다. 그 과정에서 겪게 될 최소한의 부작용은 인내해야 하며, 이것을 국민에게 설득하기 위해 정치적 지도력을 발휘해야 한다.

그 대신 한편으로는 퇴출 기업 노동자들이 최소한의 생활을 할 수 있도록 사회안전망을 구축해야 하고, 다른 한편으로는 대규모 사회간접자본 투자와 같은 공공 사업은 축소하기보다 확대하는 방향으로 나가야 한다. 민간 부문이 정상을 회복하고 활성화되어 고용을 늘릴 수 있을 때까지는 정부가 실업·고용 대책을 책임질 수밖에 없지 않은가.

나의 기업 퇴출론은 빅딜과는 다르다. 한 유력 일간지는 지난 6월 내가 쓰지도 않은 빅딜 찬성론을 내 이름으로 게재하여 내가 마치 빅딜 찬성론자인 것처럼 오해받게 했다.

그러나 빅딜은 아무것도 안 하는 것보다는 나을지 몰라도 최선의 정책은 아니다. 그보다는 부채 비율 등 공명정대한 기준을 만들어 A그룹은 자동차, B그룹은 반도체, C그룹은 석유화학, D그룹은 조선 등 각 그룹의 계열 기업을 하나 둘 퇴출시키되 그 생산 설비를 뜯어 팔든 아니면 고철로 만들어 버리든 스스로 판단하도록 하는 것이 낫다.

새 정부가 들어선 지 6개월이 훨씬 지난 지금, 이 정책을 수행하기는 쉽지 않을 것이다. 그러나 이번에도 과잉 생산 설비 문제를 해결하지 못하면 효율 기업과 비효율 기업이 뒤엉켜서 결국 한국 경제는 더 붕괴될 것이다. 어떤 이는 물을지 모른다. 부실 대기업이 퇴출되기만 하면 모든 문제가 해결되느냐고. 그렇지 않을 수도 있다. 그러나 부실 대기업, 특히 5대 재벌 소속 부실 기업의 퇴출 없이는 모두 다 망할 수밖에 없다.

아직도 '신관치 경제' 운운하면서 정부를 비판하는 사람들이 많다. 러시아의 경제위기도, 고액 과외 문제도 시장에 충실하지 못한 탓이라고 둘러대면서 말이다. 물론 나도 지금 정부를 비판하고 있다. 그러나 나의 비판은 완벽하지 않은 시장에 문제 해결을 미루면서 문제 자체를 방치하는 것을 경계하는 것이다. 정부가 적극적으로 하되, 지금처럼 엉터리로 해서는 안 된다. 동시에 정부는 앞으로 시장이 제대로 기능할 수 있는 여건을 만들어 내야 한다.

이 어려운 일들은 아무나 해내기 힘들다. 문제의 본질을 파악하고 있을 뿐만 아니라, 재벌로부터 자유롭고* 방향 감각이 확실하며 추진력이 있는 사람들로 개혁 추진 세력을 바꾸어 개혁을 다시 시작하자. 얼마 남지 않은 시간이 아까워서 던지는 고언이다.   _ 한겨레, 1998. 9. 2

---

* 재벌들의 로비는 강력하고 치밀하다. 이들이 목표로 삼은 대상은 그 타깃에서 벗어나기 힘들다. 각종 인맥을 철저히 동원하고, 물질적인 유혹과 미래에 대한 보장 등을 앞세우는 로비는 유명하다. 특히 정책 결정 과정에 참여하는 고급 공무원에서부터 하급 공무원까지가 로비의 대상이 된다. 대표적인 미래 보장형 로비는 삼성자동차 사업 승인 과정에 참여했던 상당수 경제 부처 공무원들이 삼성으로 자리를 옮긴 것에서 볼 수 있다. 따라서 이러한 로비에서 벗어나려면 투철한 국가관과 도덕적이고 강한 자부심이 요구된다.

다시 기로에 선 한국 경제

오랫동안 쉬쉬해 온 대우그룹의 파산 상태가 1999년 7월 19일 세상에 알려지자, 한국 경제에 다시 어두운 그림자가 드리워지기 시작했다. 제2의 외환위기를 맞을지도 모른다는 우려의 목소리가 나오는 가운데, 발빠른 외국 신용평가회사(S&P)는 대우의 신용 등급을 B 등급에서 채무불이행을 시사하는 C 등급으로 하향 조정했다.

대우는 다른 대부분의 재벌들이 그랬듯이 수익성도 따지지 않은 채 사업을 끊임없이 벌여 왔다. 그러고는 경쟁력 부족으로 손실을 볼라치면 계열사 가운데 비교적 잘 나가는 기업의 돈으로 메우거나 신규 차입으로 충당해 왔다. 그 결과 팔아서 돈이 될 만한 자산이나 사업체가 많지 않을 뿐만 아니라 그나마 상대적으로 사정이 괜찮은 계열사들도 상호지급보증으로 인해 불량 계열사에 단단히 묶여 있다. 총수 1인의 독단적 의사결정, 선단식 경영 구조, 부채에 의한 확장제일주의 등 대우가 안고 있는 문제는 우리나라 재벌 체제가 보유한 경제적 모순의 집합체다.

지금 한국 경제는 기로에 서 있다. 대우 문제를 어떻게 처리하느냐에 따라 한국 경제의 앞날이 좌우될 것이다. 대우 문제 처리는 대내적으로는 재벌 체제가 보유한 경제적 모순을 치유한다는 면에서, 그리고 대외적으로는 한국 경제의 신인도를 가늠하는 척도라는 점에서 엄청난 상징성을 갖는다.

대우 문제는 어떻게 풀어야 하는가? 어려운 문제일수록 원칙에 충실히 풀어야 한다. 대우 문제도 마찬가지다. 부실한 기업은 퇴출시키고 책임질 사람에게는 책임을 묻되 부작용은 최소화해야 한다.

우선 대우의 부실한 계열 기업 처리 방안을 제시하고 대우그룹 청산에 따른 은행권의 손실 예상 규모를 투명하게 공개해야 한다. 김우중 회장은 물러나야 한다. 그리고 개인 재산을 처분하여 대우의 부채 문제를 해결하는 데 조금이라도 도움을 주어야 한다.

그렇다면 대우 구조조정의 조타수는 누가 되어야 하는가. 책임을 져야 할 대우인들이 해서는 안 된다. 할 수도 없을 것이다. 지금까지 부실 경영을 제대로 통제하지 못하고 대출을 계속해 온 채권단이 스스로 대우를 제대로 실사할 수 있을지도 의문이다.

현재 많은 채권 은행의 주인은 정부다. 따라서 정부가 구조조정을 맡을 수밖에 없다. 그리고 창구는 정부 하나로 통일되어야 한다. 다만 정부는 채권단, 중립적 전문가, 그리고 대우 실무자로 구성하고 대통령의 힘이 실린 대우 개혁 전담반을 만들어 구조조정을 주도하는 것이 바람직하다고 생각한다.

1998년 김대중 정부 초기, 한국 경제는 구조를 건전하게 만들 수 있는 기회가 있었다. 그러나 재벌의 완고한 저항과 현실 인식이 부족한 관료들로 체질개선 작업은 뒷걸음질쳤다. 삼성자동차 처리 과정에서 이미 명료하게 드러났듯이, 정부는 잘못된 결정을 내려 국민경제에 엄청난 부담을 준 재벌 총수가 스스로 그에 대해 책임지는 환경을 만들지 못했다.

정부는 지금부터라도 대우 사태를 거울로 삼아 구조조정에 더욱 박차를 가해야 한다. 계속 저항하는 재벌들은 민·형사 책임을 포함해 강력한 제재를 가해서라도 구조 개혁에 동참하도록 해야 한다.

총선을 불과 8개월 앞둔 김 대통령에게는 이것이 정치적 모험일 수 있다. 재벌들이 달려들어 김 대통령과 집권당을 괴롭힐 수 있기 때문이다.

그러나 이 정도도 하지 않는다면 많은 사람들을 실망시켜 내년 총선에서 여당이 패배할 확률이 높다. 확률이 높은 패배를 택할지, 아니면 불확실성이 있기는 하지만 이길 수도 있는 모험을 택할 것인지는 대통령의 몫이다. 진정으로 용기 있는 결단과 강력한 추진력이 필요한 때다.

_조선일보, 1999. 8. 8

공기업 민영화 신중히

대우 사태 이후 정부가 재벌 개혁의 불씨를 다시 살리고 있다. 늦기도 했고 다소 미진하기는 하지만 이번만은 일관성 있는 추진을 바라면서, 재벌 개혁과 관련해 논의가 뜸한 쟁점을 하나 던지려고 한다. 나는 한국 경제의 특수성을 고려할 때 공기업 민영화는 결코 만병통치약이 될 수 없다고 생각한다. 그러나 이미 민영화의 주사위는 던져졌다.

정부는 지난해 7월 공기업 민영화 계획을 발표하면서 주인 있는 책임 경영 실현을 원칙으로 내세웠다. 또 매각 수입을 최대한 높이겠다는 의지도 밝혔다. 국가 재정과 외환보유고* 확충이 한국 경제의 최대 과제였던 당시의 위기 상황을 고려하면 수긍이 가는 측면도 없지 않다.

그러나 이런 원칙만을 고수하면 민영화하는 대형 공기업들이 재벌의 손으로 넘어가게 될 것은 불 보듯 뻔하다. 포항제철·한국가스공사와 같은 대형 공기업의 민영화를 앞두고 재벌들이 공기업을 인수하기 위해 물밑 경쟁을 벌이고 있다는 언론 보도가 심심찮게 나오고 있는 상황에서 공기업 민영화의 열쇠를 쥐고 있는 정부는 민영화할 공기업의 소유 지배 구조에 대한 원칙을 분명하게 제시해야 한다.

주인 있는 책임경영 확보와 매각 수입 극대화를 위해서는 현실적으로 인수 능력을 갖춘 재벌에게 경영권 프리미엄까지 얹어 파는 것이 가장 좋은 방법이다. 그러나 민영화 대상 공기업들이 국가의 기간산업을 담당하고 있고 대부분 시장에서 독점적 지위를 누리고 있음을 고려할 때, 이 기업들을 재벌이 소유할 때 상상할 수 있는 폐해는 실로 엄청나다.

현재 정부는 공기업의 주식을 국내외 증시에 분산 매각한다든지 최대 주주의 지분 소유를 일정 기간 제한함으로써 재벌이나 외국인이 이 기업들을 당장 사들이는 것을 차단하고 있다. 그러나 기업의 소유 지배 구조에 대한 장기적 청사진은 없는 상태다.

예컨대 포항제철의 경우 올해 말까지 정부 지분을 완전히 매각하되 2001년 말까지 현재 3%인 1인당 소유 한도를 유지하기로 했다. 하지만 이런 규제는 불확실한 면이 없지 않다. 과거 정부는 재벌의 힘에 밀려 지분 매각을 원활히 한다는 등의 이유로 소유 한도를 완화하곤 했다. 2001년 이후 재벌의 인수 위험에 어떻게 대응할지도 불확실하다.

또 지분 소유 제한 규제의 실효성에도 의문이 제기되고 있다. 현실적으로 재벌은 이미 재벌 영향권 아래 있는 투자신탁회사와 같은 계열 금융기관을 통해 3% 한도를 초과해 지분을 취득할 수가 있기 때문이다.

공기업 민영화는 단순히 정부 지분을 민간으로 넘기는 것만을 의미하지 않는다. 정부는 공기업의 실제 주인인 국민을 대신해 공기업을 매각하는 것이다. 따라서 공기업 민영화는 국민경제에 미치는 파급 효과를 충분히 고려한 뒤 추진해야 한다.

또 앞으로 우리나라 기업들이 갖춰야 할 바람직한 소유 지배 구조도 고려해야 한다. 재벌 문제의 핵심이 총수 전횡이라는 기업 소유 지배 구조의 후진성에 있다면 공기업을 재벌에게 팔아넘겨 또 다른 부실 덩어리를 만들 수는 없지 않은가.

주인이 있어야 효율적인 경영을 할 수 있다는 주장은 강력한 주인이 경영해 온 재벌이 개혁의 도마에 오른 지금 더 이상 설득력이 없다. 이제는 우리나라도 능력과 리더십을 갖춘 전문경영자가 책임지고 경영하는 선진국형 소유 지배 구조가 자리잡아야 한다.

물론 전문경영인의 기업 경영도 문제점이 있을 수 있다. 그러나 내부적으로 독립성이 보장된 이사회를 설립하고 외부적으로 기관투자가가 주축이 되어 경영진을 효과적으로 견제·감시하는 제도를 확립한다면 이러한 문제를 보완할 수 있다. 이것이 선진적인 기업 소유 지배 구조의 큰 흐름이다. 재벌기업과 공기업의 민영화는 수레바퀴의 양축처럼 연결돼 있음을 잊지 말아야 한다.

_한겨레, 1999.10.22

＊ 외환보유고란 한 나라가 대외 채무를 갚을 수 있는 능력을 나타내는 척도로서, 정부가 가지고 있는 금과 외환 채권들의 합계치를 말한다. 여기에서 정부가 국내 금융기관 해외 점포에 예치한 외화 자산을 뺀 것이 가용외환보유고다. 외환보유고의 가장 큰 기능은 유사시 즉시 현금화하여 대외 채무를 해결하는 것인데, 국내 금융기관의 해외 점포에 예치한 외화 자산은 일종의 대출이기 때문에 즉시 현금화할 수 없다. 그래서 '가용' 외환보유고에서 제외한다.

제2의 위기 막으려면

새해 새 아침을 맞았으나 희망보다는 걱정이 앞선다. 한국 경제의 앞날이 그리 밝지 않기 때문이다. IMF를 졸업하고 새로운 도약을 앞둔 마당에 무슨 뚱딴지 같은 소리냐고 물을지도 모른다. 일단 외환위기는 극복되었고, 성장률·물가상승률·국제수지·외환보유고 등 각종 거시경제지표가 대부분 A 학점이니 말이다.

그러나 장기적 성장잠재력을 회복하기 위한 구조조정은 아직도 멀었다. 아니, 오히려 무리한 팽창 정책으로 일구어 낸 일시적 경기회복이 기업의 구조조정을 게을리하도록 만들고 있다. 외국인들이 우리나라 경기회복에 찬사를 보내면서도 예외없이 지속적인 구조조정 노력을 주문하는 것은 바로 이 때문이다.

먼저 금융 부문을 살펴보자. 조그만 은행 다섯 개와 소생 불가능한 종합금융회사들이 문을 닫았고 은행 합병도 이루어졌으며 수많은 은행원이 직장을 떠났지만, 은행을 비롯한 금융기관의 부실 채권은 아직도 수십조 원에 달하고 일그러진 금융 관행은 그다지 개선되지 않았다.

실물 부문은 더하다. 이자 비용이 유난히 높던 1998년 기준이기는 하지만 영업이익으로 이자 비용도 지불하지 못하는 기업체가 5대 재벌 계열사의 20%에 육박했다. 하지만 이들은 계속 적자를 내면서도 버젓이 가동되고 있다. 적자생존이라는 가장 기본적인 시장 원리의 적용이 아직도 요원하다는 뜻이다. 6대 이하 재벌의 사정은 훨씬 더 나쁘다.

이 와중에 재정경제부 장관이 느닷없이 나서서 금융지주회사법을 제정하여 재벌의 은행 소유를 허용하겠다니 개탄하지 않을 수 없다. 설상가상으로 외환위기 극복 과정에서 루이스(W. Arthur Lewis) 교수가 말한 '경제 하려는 의지'가 크게 저하되었다. 지난 40년간 한국 경제를 견인해 온 '경제 하려는 의지'는 잘살아 보려는 의욕이다. 이를 낮은 차원에서는 '돈벌려는 욕심'으로 비하할 수도 있겠으나, 높은 차원에서는 개인적으로 보다 합리적인 의사결정을 통해 사회 전체적으로 자생적 성장을 꾀하는 것이라고 볼 수 있다. 그러나 심화되는 소득 격차와 돈 놓고 돈 먹는 카지노 자본주의는 저소득층의 근로 의욕을 무참히 꺾어 버리고 있다.

왜 구조조정은 더디고 경제 하려는 의지는 떨어지는가. 다른 이유도 많겠지만 무엇보다 정부의 현실 인식이 너무 안이하다는 사실을 지적하지 않을 수 없다. 지난해 터진 일련의 사건 처리 과정에서 정부가 보여 준 안이한 현실 인식은 수평적 정권교체와 외환위기 극복을 이루어 낸 데 대해 박수갈채를 보내던 국민들의 애정을 차갑게 하고 신뢰를 한꺼번에 잃어버리기에 충분했다.

이제 대통령은 초심으로 돌아가서 차가운 현실을 직시하고 다른 일은 제쳐놓더라도 착실한 구조조정과 '경제 하려는 의지'의 복원에 온 힘을 쏟아야 한다. 그러자면 원군이 필요하다. 그 원군은 국민회의도, 신당도, 가신도, 국회의원도 아니다. 오직 국민만이 원군이 될 수 있다.

잃기는 쉬워도 얻기는 힘든 국민의 신뢰를 회복하려면 획기적 조치가 필요하다. 대통령은 총선에 신경쓰기보다는 '죽으면 살리라'는 마음가짐으로 당보다는 국익을 위해 일하는 모습을 보여 줘야 한다. TV 회견으로 생산적 복지를 말하는 시혜자의 모습이 아니라 민생 현장에서 국민의 목소리를 직접 들으려는 겸허한 모습을 보여 줘야 한다. 그리고 측근 참모들을 개혁적 인사로 일신해야 한다.

그러면 다시 국민은 대통령 편이 되고, 경제 정상화는 본궤도에 오를 수 있을 것이다. 기득권층의 온갖 저항을 국민이 막아 줄 것이기 때문이다. 그렇지 않으면 제2의 위기가 오지 말란 보장이 없다. 대통령의 결단을 기대한다. _조선일보, 2000. 1. 10

현대 문제, 정도正道로 풀자

현대그룹의 시간벌기 작전이 계속되고 있다. 소떼를 몰고 북한에 다녀온 정몽헌씨는 해주 대신 개성을 공업단지로 만들고 관광단지도 조성하겠다고 발표했다. 하루하루를 힘겹게 연명하고 있는 부실 재벌의 실질적 지배 주주가 그동안의 사업 확장도 모자라 불확실하기 짝이 없는 대북 사업에 힘을 쏟겠다니 말문이 막힐 뿐이다.

현대그룹은 지금 심각한 위기에 처해 있다. 단순한 일시적 유동성 위기가 아니다. 창업자인 정주영씨 일가와 이른바 가신 그룹이 환경 변화를 무시한 채 가부장적 독단 경영을 계속해서 생겨난 구조적인 문제들로 그룹 전체가 흔들리고 있는 것이다.

특히 현대건설은 막대한 규모의 악성 공사 미수금의 누적으로 영업 활동에서 발생하는 현금흐름이 마이너스다. 정부의 도움 없이는 금융 시장에서 더 이상 신규 차입을 하기 어렵게 됐다. 또 대출금이나 회사채의 만기가 갱신될 가능성도 희박하다. 세계적 수준의 토목 · 건축 시공 능력과 뛰어난 엔지니어링 기술을 보유하고서도, 채산성을 무시한 공사 덤핑과 차입금에 의존한 현대상선 등 계열사 지분의 계속 보유로 돌이킬 수 없는 화를 자초한 셈이다. 참으로 안타깝다.

현대중공업 · 현대자동차 · 현대상선 · 현대전자 등 현대그룹의 핵심 계열 기업들도 재무 상태가 나쁘기는 마찬가지다. 하지만 다행히도 영업 활동에서는 상당한 현금흐름을 창출하고 있다. 이 기업들이 현대건설에 지원을 아꼈더라면, 그리고 금융시장이 현대건설을 우량 기업으로 착각하고 돈을 퍼붓지 않았더라면 현대건설은 일찌감치 문을 닫아야만 했을 것이다.

이제 우리는 좋든 싫든 현대 문제와 정면으로 부딪쳐야 할 때가 왔다. 그런데도 현대그룹의 장래를 시장과 채권단에 맡기겠다던 새 경제 팀은 시장을 더 혼란에 빠뜨렸다.

대통령의 질책을 받고 나서 현대, 채권단, 그리고 공정거래위원회가 급조해 어제 발표한 현대 사태 타결안(자구 계획+계열 분리)도 실효성이 없을 뿐 아니라 현대에 버틸 시간만 제공하고 있다.

시장에만 맡기면 현대건설은 당장 파산한다. 또 현대호라는 거대한 난파선에 동승한 은행과 투신사들 대부분이 한꺼번에 위기 상황으로 내몰리면서 금융시장은 걷잡을 수 없는 공황 상태를 맞을 것이다.

채권단은 믿을 만한 자구책을 강구하면 계속 자금을 대주겠다고 했다. 그러나 현대건설이 내놓을 수 있는 자구책은 별로 없다. 이미 10년 이상 회수 못한 이라크 공사 대금 미수금을 국제 금융시장에서 어떻게 할인할지 의심스럽고, 현대상선 등 계열사 지분을 교환 사채로 매각해도 2천억~3천억 원을 조달할 수 있을 뿐이다.

지난 6개월 동안 현대건설이 부동산과 유가증권 처분으로 구한 자금은 겨우 1500억 원 정도다. 주채권 은행인 외환은행의 요구대로 차입금 규모를 현재 5조 4천억 원 정도에서 연말까지 4조 원대로 감축하는 데 필요한 1조 4천억 원의 자금을 구하기란 거의 불가능하다.

현대 문제 해결은 은행 관리 말고는 뾰족한 방법이 없어 보인다. 우선 정부의 개입 없이 시장규율에만 맡기면 현대그룹과 같은 거대 재벌의 붕괴는 곧바로 금융시장 붕괴로 이어진다.

게다가 1997년의 위기 이후 경험으로 볼 때, 이해 당사자가 너무 많아 통제가 어렵고 도덕적 해이가 심각해 실효성이 크지 못한 워크아웃 방식으로 현대 문제를 해결하기도 어렵다.

정부는 직접 나서 정씨 일가와 가신 그룹을 경영에서 퇴진시킨 후 계열사 가운데 포기할 것은 포기하고 회생 가능한 기업들만 골라 은행이 관리하되, 기업별로 차단벽을 쌓고 정부와 채권단이 직접 챙겨 회생시켜야 한다.

이를 위해서는 물론 채권 은행의 자본 확충이 전제돼야 한다. 이 방법은 50년 역사를 자랑하는 한국 굴지의 재벌인 현대의 일부라도 확실히 살리기 위해서다.

현대는 대우와는 다른 점이 많다. 그러나 그것은 어디까지나 부실 정도의 차이일 뿐, 현재 금융시장에서 진행되는 붕괴 과정은 그때와 별로 다르지 않다. 정부는 하루빨리 현대 문제를 정면 돌파해야 한다.

부작용이 두려워 정면 돌파를 피하고 시간을 끌면 제2의 경제위기가 엄습할 것이다. 김대중 대통령의 신속한 결단을 촉구한다.

_ 중앙일보, 2000. 8. 14

정부가 할 일과 하지 말 일

개혁 의지가 부족하다는 평을 받아서
인가, 아니면 스스로 개혁의 필요성을 절실하게 느껴서인가.

새로 임명된 경제장관들이 '개혁'을 위해 무척이나 부산하게 움직이
고 있다. 이들은 첫 경제정책 조정회의를 통해 9월에 은행 평가 기구를
만들어 은행을 실사하고 그 결과에 따라 공적 자금 투입 은행을 독자 생
존케 하거나, 합병시키거나, 아니면 은행지주회사로 묶고 내년 2월까지
는 모든 금융 구조조정을 마치겠다고 발표했다.

또한 내년 말까지 기업 구조조정을 끝내고, 대통령 임기가 거의 끝나
는 2002년 말에는 노동 개혁과 정부 개혁도 완수하겠다고 한다. 지난 주
말 열린 회의에서는 한 걸음 더 나아가 아예 월별 실천 계획까지 확정지
었다.

이 모든 계획이 다 이뤄지면 오죽 좋겠는가. 그러나 시장은 냉혹하다. 학생들이 의욕에 넘쳐 작성한 기말시험 공부 계획을 액면 그대로 믿을 사람이 없듯이, 얼렁뚱땅 소나기 퍼붓듯 내놓은 개혁 스케줄을 시장이 신뢰할 리 만무하다. 또한 계획이 실현되지 않았을 때의 낭패감은 어떻겠는가. 걱정이 앞선다.

한편 이들은 재벌의 이익을 대변하는 전경련 임원들과 화기애애한 분위기 속에서 식사를 한 뒤 그동안의 기업 구조조정 성과와 애로를 9월 말까지 알려 달라고 부탁했다. 아마도 그것을 토대로 이번에는 재벌 문제를 어떻게든 마무리짓겠다는 뜻으로 풀이된다.

새 경제팀의 모습을 보고 있노라면 개발 연대의 망령이 되살아날까 걱정된다. 사라질 듯하면서도 부활하는 이 망령의 생명력은 참으로 끈질기기도 하다.

개발 연대의 망령이란 무엇인가. 하나는 정부가 장밋빛 목표를 정해 일단 발표하고 목표 달성 과정에서 발생하는 부작용 따위는 무시하는 것이고, 다른 하나는 정부의 진두 지휘 아래 모든 경제 단위가 한 배를 타고 항해하는 것이다.

춥고 배고프던 1960~1970년대에 우리는 경제성장에 도움이 되는 것이라면 무엇이든 다 했다. 정부는 목표 성장률을 설정하고, 성장에 필요한 투자와 수출 목표량을 대기업에 할당한 다음 필요한 은행 자금을 직접 배분했다.

마치 한국 경제는 정부부·기업부·은행부로 이뤄진 한국주식회사 (Korea Inc.)와도 같았다. 때로는 정부의 기획으로, 때로는 기업의 아이디어로 사업을 벌이면 은행은 출혈을 감수하면서 무제한으로 자금을 공급해 고도성장을 이끌었다. 그 결과 은행이 문 닫을 지경에 처해도 정부가 도와줘 연명한 것은 물론이다.

하지만 세상은 바뀌었다. 이제 과거의 방식은 바람직하지 않다. 나는 정부의 역할을 중시한다. 그러나 정부가 일사불란하게 모든 것을 계획·실천해 한국 경제의 규모가 너무 커져 버렸다.

정부가 그만둬야 할 일은 무엇이고 해야 할 일은 무엇인가.

먼저, 어느 해 어느 달까지 무슨무슨 일을 끝내겠다는 공허한 발표는 이제 그만 하자. 지난 2년여 동안 국민의 정부는 시장을 여러 번 어리둥절하게 만들지 않았는가.

1998년 7월 정·재계 간담회에서 재벌들에게 구조조정을 자율적으로 하라고 '면죄부'를 주었고, 이리저리 수박 겉핥기 개혁을 추진하다가는 드디어 1999년 12월 3일 외국 사람들을 불러 놓고 'IMF 졸업식'을 해버렸다.

그런 마당에 무슨 개혁을 또 하느냐고 정부를 비아냥거리는 시장의 목소리가 예사롭지 않다. 진정한 개혁에 필요한 것은 요란한 개혁 스케줄이 아니라 꾸준하고 일관된 실천이 아니겠는가.

그리고 지난 40년간 끈끈했던 정부·기업·은행 간 고리를 이제는 정리하자. 그것이 바로 개혁이다. 그런데 고리를 끊을 수 있는 것은 정부 뿐이다. 이익은 자기가 챙기고 손해는 국민에게 떠넘겨 온 기업이나, 방만하게 경영해도 결코 망하지 않았던 은행이 정부와의 고리를 스스로 놓을 리 없기 때문이다.

진정으로 확고한 개혁 의지가 있다면 정부는 개혁의 대상과 머리를 맞대고 협의하는 장면을 보여서는 안 된다. 혹시 확고한 소신을 갖추었더라도 재벌과 은행을 자꾸 만나 이런저런 고충을 듣다 보면 원칙보다는 예외가 많아지기 때문이다. _ 중앙일보, 2000. 9. 4

진념과 강봉균

아니나 다를까, 우려했던 일이 현실로 나타났다. 관·연 유착이 시작된 것이다.

강봉균 한국개발연구원(KDI) 원장은 어느 조찬 강연회에서 경기부양론을 펴며 한국은행을 비판하고 나섰다. "미국 경제는 경착륙 가능성이 높고, 일본 경제는 장기적 침체가 계속되는 상황에서 한국 경제의 성장률은 작년의 8.8%에서 금년에는 4%대로 떨어질 것이다. 따라서 경기부양이 필요하다. 그러나 한국은행은 물가안정에만 신경을 쓰고 있으니 한심하다"는 것이다. 며칠 전에 진념 재경부장관 겸 부총리가 올해의 예상 경제성장률을 다시 한 번 낮춰 잡으며 경기부양을 암시한 것과 맥을 같이한다. 진 부총리의 북소리에 맞춰 강 원장이 장구를 친 셈이다.

강 원장은 KDI 원장 공개 모집 소견 발표장에서 자신이 원장이 되면

'진념 선배님'과 힘을 모아 연구원을 훌륭하게 만들어 보겠노라 약속했다. 같은 지역(전북) 출신에 같은 대학(서울대 상대)을 나왔고, 같은 직장(경제기획원)에서 오랫동안 함께 일했으며, 같은 대학에서 나란히 박사(한양대)까지 받았으니, 두 사람 간의 팀워크가 얼마나 잘 맞을지는 미루어 짐작된다.

하지만 이러한 팀워크가 잘못된 방향으로 가는 것은 아닌지 우려된다. 경제정책의 최고 결정 부서인 재경부가 혹시라도 부적절한 결정을 할 때, 이를 견제해야 할 KDI가 비판은커녕 한 수 더 떠 이를 뒷받침하는 논리 개발에 앞장선다면 어찌될 것인가?

경제 관계 국책 연구소의 예산·인사를 관장하는 경제사회연구회의 일부 이사들이 강봉균 전 재경부장관의 원장 선출을 안타깝게 생각한 것은 바로 이 때문이다. 지난 3년간의 경제 개혁은 낙제점을 면키 어려운데, 개혁 추진의 중심(정책기획수석·경제수석·재경부장관)에 있던 이가 KDI의 수장이 되려는 발상에 대한 비난은 제쳐놓고서라도 말이다.

구조조정의 페달을 더욱 세게 밟아도 시원치 않은 판에, 정부가 경기부양을 주장해도 이를 견제해야 할 KDI가 앞장서 경기부양을 주장하니 참으로 한심한 일이다. 또한 강 원장 취임 전인 지난 2월까지도 KDI는 경기부양을 경계했는데, 갑작스레 현실 인식과 정책 처방이 바뀌었으니 이것은 또 무슨 조화인가? 지금까지는 그나마 연구원들이 언론을 통해 정부 정책을 비판·견제했는데, 지난 몇 주 동안 그러한 목소리는 사라지고 원장이 정부

정책 홍보에 앞장서고 있다. 관과 연구소가 발전적 경쟁 관계를 저버린다면, 관과 재벌의 야합처럼 한국 경제를 더욱 어렵게 만들 텐데 말이다.

지금 한국 경제에 필요한 것은 구조조정이다. 구조조정의 핵심은 투명성 확보와 적자생존이다. 기업을 투명하게 하고 부실 기업은 퇴출돼야 한다. 이것이 발전의 충분조건은 아닐지 모른다. 그러나 최소한의 필요조건이다. 이 사실을 망각하고 단기적인 경기부양을 추구한다면, 한국 경제가 영영 돌아올 수 없는 나락으로 빠질까 봐 걱정된다.

일본을 보라. 지난 10년간 구조조정은 저버린 채 경기부양에 매달려 계속 재정 지출을 늘리고 제로(0) 이자율 정책을 실시한 결과, 10년을 잃어버렸다고 하지 않는가? 오죽하면 '일본의 자존심' 미야자와 재무상이 일본 재정의 파탄을 우려했겠는가.

그동안 과도하게 풀린 돈이 증시 침체로 여의도를 이탈하여 이리저리 돌아다니면 고유가·고환율과 함께 물가를 자극할 것이 틀림없다. 이자율은 사상 최저인 가운데 통화량은 총통화(M_2) 기준으로 1998년 가을 이래 연 30% 가까이 증가했다. IMF 구제금융 시기 이전인 1990년대 중반에는 15~18%였으니, 한국은행이 물가상승을 우려하는 것도 당연하다. 이런 상황에서 경제 구조조정보다 경기부양을 앞세우면 그 종착역은 거품경제와 고인플레이션에 따른 경제 전반의 퇴보일 뿐이다.

구조조정이 선행되지 않은 경기부양은 금물이다. 나아가 상호 경쟁 관계가 사라진 관·연 유착은 더욱 경계해야 한다. _조선일보, 2001. 4. 1

우리를 슬프게 하는 것

제2차 기업 구조조정의 앞날이 어두워졌다. 무성했던 소문대로 회생 가능성도 없는 부실 기업을 퇴출시키기는커녕 구출하고 보자는 쪽으로 정책의 초점이 맞춰지고 있기 때문이다. 한 예로 현대건설은 올해 들어서만 세 차례나 자구계획안을 주채권 은행에 제출하고 채무 상환 기간을 연장받아 하루하루를 간신히 연명해 왔다.

그런데 지난 8월에 발표한 제3차 자구책 약속의 절반도 지키지 못한 채 미덥지 못한 내용의 제4차 자구계획안을 제출하고 또다시 지원 약속을 받아냈다.

현대그룹의 입장에서는 다행일지 몰라도 한국 경제 전체로 보면 오히려 심히 걱정스런 일이다. 현대건설 문제를 어떻게 처리하는지는 한국 정부가 진정으로 기업 구조조정을 단행할 의지가 있느냐 없느냐를 판가름할 중요한 잣대가 돼버렸다.

그런데도 채권 은행들과 그 배후에 있는 정부가 현대그룹에 계속해 끌려다니는 듯한 인상을 주고 있지 않은가.

이번 자구계획안이 마지막이기를 간절히 바란다. 그러나 지금까지의 현대건설 행태로 볼 때 제5차, 제6차 자구계획이 나올 가능성도 배제할 수 없다.

그때는 현대건설 문제가 단지 현대건설의 문제로 끝나지 않고, 1997년 당시 한보철강과 기아자동차처럼 한국 경제 전체를 또다시 패닉 상황에 빠뜨릴 수도 있다. 진념 경제팀은 원칙 없이 한보와 기아에 끌려다니다가 경제위기를 촉발시킨 강경식 경제팀의 전철을 밟으면 안 된다. 더 이상 현대건설에 끌려다니지 말라는 말이다.

한국 경제는 장기간의 구조조정 지연으로 심각한 신뢰 위기에 빠졌다. 과감한 구조조정을 통해 시장의 신뢰를 회복하는 것이 무엇보다 시급한 과제다.

하지만 말로만 구조조정을 추진하겠다고 해서는 시장의 신뢰가 회복되지 않는다. 적어도 더 이상 회생 가능성이 없다고 판단되는 대기업 몇 개쯤은 시장에서 퇴출되도록 하고, 은행 역시 부실 은행 하나 정도는 완전히 문을 닫게 만들어야 한다.

그때에야 비로소 시장의 신뢰를 회복할 수 있을 것이다. 지금이라도 읍참마속(泣斬馬謖)의 심정으로 과감한 조치를 취해야 국내외 시장 참여자들이 한국 정부의 구조조정에 대한 의지를 인정해 주게 될 것이라는 말이다.

분명한 해결책이 있는데도 구조조정이 잘 안 되는 이유는 무엇일까. 그것은 미래지향적으로 이뤄져야 할 구조조정이 과거지향적으로 진행되고 있기 때문이다.

구조조정이란 과거의 부실을 정리하는 것만이 아니라 더 이상 부실이 발생하지 않도록 체질을 바꾸는 것이다.

그런데 우리는 밑 빠진 독의 수리는 뒷전으로 제쳐두고 그 독에 물을 퍼붓는 데에만 온 힘을 쏟아 왔다. 오랫동안 기업과 생사고락을 같이한 은행은 한편으로는 정리(情理) 때문에, 다른 한편으로는 재벌기업의 몰락이 은행과 은행 경영진의 몰락을 초래할까 두려워 부실한 재벌기업을 퇴출시키는 데 소극적이다.

이를 바로잡아야 할 정부도 막후에서는 온갖 간섭과 개입을 일삼으면서 '금융자율화'란 명분으로 나중에 어떤 형태로든 책임질지 모르는 구조조정에는 소극적이다.

하기는 오랫동안 현재 한국 경제가 안고 있는 문제의 많은 부분에 대해 원인을 제공했으니, 적극적으로 문제를 풀기도 어려울 것이다.

그러나 이제는 시간이 별로 없다. 밑 빠진 독에 부은 물이 다 빠져나가기 전에 정부가 앞장서 책임지고 엄정하고 신속하게 퇴출 은행과 퇴출 기업을 결정해야 한다.

물론 회생 가능한 기업과 은행을 정상화하도록 최선을 다해야 한다. 그것은 이 비상 시기에 정부가 수행해야 할 최소한의 의무다. 그 대신 과거의 잘못은 덮어 주고 구조조정 과정에서의 사소한 실책은 눈감아 주기로 하자. 더 이상 주저한다면 현 정부는 한국 경제에 영영 씻을 수 없는 원죄를 짓게 될 것이다.

이 가을 우리를 슬프게 하는 것은, 부진한 구조조정을 놓고 "이제 개혁은 물건너갔다. 앞으로 한국 경제가 걸어가야 할 길은 무엇인가" 자조하며 술잔을 기울이는 경제학자들이 늘어나고 있다는 사실이다.

_ 중앙일보, 2000.10.23

우리가 어리석어 꿈속에 사네

내가 존경하는 인문학자 한 분이 송년회 초대장을 보내왔다. 그 초대장에 적혀 있는, 작가 미상이라는 시 한 수를 혼자 읽기 아까워 소개한다.

묵은 해니 새 해니 구별할 것 없네
겨울 가고 봄 오니 해 바뀐 듯하지만
여보게 저 하늘이 달라졌는가
우리가 어리석어 꿈속에 사네

국제통화기금(IMF) 구제금융을 받은 지 3년이 지난 지금, 3년 전과 달라진 것이 무엇이냐고 묻는 사람들이 많다. 치솟는 환율에 불안정한 주가, 거시경제지표를 들먹이며 펀더멘털은 걱정없다던 경제 관료에 이르기까지 정말로 달라진 것이 별로 없다.

그나마 위안거리라면 몇십억 달러였던 외환보유액이 9백억 달러 이상으로 늘어나 당장 외환위기는 닥치지 않으리란 것 정도다.

반대로 당시에 상대적으로 건전했던 재정이 취약해져 또 한 번 위기를 맞으면 극복할 여력이 없다는 점은 걱정거리다.

무엇보다도 3년 전 합심해 경제를 살려 보자는 온 국민의 뜨거운 꿈이 이제 깨졌으니 앞으로의 전망은 어둡기만 하다.

사실 김대중 대통령은 역대 대통령들에 비해 유리한 여건에서 출발했다. 치열한 좌우익 갈등에 둘러싸였던 이승만 대통령이나, 집권 내내 정통성 시비에 시달렸던 박정희 · 전두환 · 노태우 대통령, 그리고 개혁 저항 세력에 자의반 타의반 발목을 잡혔던 김영삼 대통령을 생각해 보라.

김대중 대통령이 경제위기 극복에 전력하고 국민들이 '금모으기'에 한창이던 집권 초기에는 대통령이 팥으로 메주를 쑨다고 해도 따랐을지 모른다. 그러나 지금은 콩으로 메주를 쑨다고 해도 믿지 않는다.

어쩌다 이 지경이 되었는가. 적어도 두 가지 이유를 꼽을 수 있다.

첫 번째는 무리한 목표를 달성하려는 정부의 욕심이다. 기업 · 금융 · 노동 · 공공 부문의 4대 개혁을 2001년 2월까지 모두 마치는 것은 애당초 불가능한 일이다. 4차 연립방정식을 푸는 것도 복잡한데 빡빡한 시한까지 못박았으니, 개혁 주체는 손쉬운 부분도 해결하지 못해 우왕좌왕하고, 개혁 저항 세력은 내년 2월까지만 버텨 보자고 한다. 이러다 보니 문제의 본질에는 접근도 못하고 단기적이고 가시적인 성과에만 집착하는 우를 되풀이하게 됐다. 이것은 자리 유지에 급급한 고위 관료들이 경제의 상세한 것까지 알 리 없는 대통령을 장밋빛 그림으로 오도했기 때문이다.

그러나 결국 책임은 인사에 실패한 대통령에게 돌아간다. 자유당 말기 혼란의 한가운데에 이기붕씨가 서 있었지만, 역사는 이승만 대통령에게 모든 책임을 묻고 있지 않은가.

정부는 지금이라도 과욕을 버리고 좀 더 현실적인 목표를 세워 착실하게 실천하는 겸허한 자세를 보여야 한다.

한 가지 예만 들어 보자. 정부가 금융개혁 연내 매듭을 위해 사활을 걸고 다급하게 추진하는 은행 합병이나 금융지주회사 설립은 실상 시급한 문제가 아니며 그 효과도 회의적이다. 오히려 장기적으로 생존 가능성이 충분하지만 자금 시장 기능 마비로 채무 상환이 곤란해 조만간 흑자 부도 상태에 직면할 우려가 있는 기업들을 구해 내는 정책이 시급하다.

경제가 어려워진 두 번째 이유로는 합리적 예측을 불가능하게 하는 불투명성을 정부가 부추기는 것을 꼽을 수 있다.

정부는 은행 감자를 단행하려면 그것이 왜 필요한지, 기존 소액 주주에게 지주회사 주식 인수권을 부여한다면 왜 그래야 하는지, 그리고 내년 하반기부터 경기가 회복된다고 믿는다면 그 근거가 무엇인지를 설명해야 한다.

하지만 정부는 이러한 설명은 생략한 채 정책에 대한 반발이 조금 불거지면 곧 원칙을 버리고 미봉책을 마련하는 데 급급하다. 허겁지겁 계속되는 악수(惡手)가 경제의 불확실성을 가중시키고 정부의 신뢰성을 떨어뜨리고 있다. 터무니없는 목표 설정과 무원칙한 정책 추진으로 인한 불투명성의 증대가 우리 사회에 만연한 불신을 부채질하고 우리들에게 희망을 앗아 가고 있다.

무엇보다 중요한 것은 정부의 신뢰 회복이다. '어리석게도 속고 속아서 오리무중 속에 사는 것 같은' 국민들의 마음을 달래 줄 결단의 시간은 그리 많이 남아 있지 않다.

모든 것을 잃어버린 우리들의 텅 빈 가슴이 쓸쓸하기 짝이 없다. 달라지지 않는 하늘에 희망이 보이는가.

_중앙일보, 2000.12.25

chapter 2.
도그마로부터의 탈출

통화량이냐 이자율이냐

우리나라는 지금 민주화 과정을 밟고 있다. 어떤 이는 속도가 느리다고 조바심이고, 다른 이는 비용이 너무 든다고 안타까워하며, 또 다른 이들은 민주화가 두려워 판을 깨려고 발버둥치고 있기도 하다. 그러나 민주화는 이 시대의 거역할 수 없는 물결이다. 실제로 우리나라에서는 비록 서서히나마 정치·경제·사회·문화 등 모든 분야에서 변화가 일어나고 있다.

화폐금융 부문도 예외는 아니다. 지금까지는 화폐금융 당국이 통화량과 이자율을 모두 통제해 왔다. 그런데 최근 한국은행은 연말 총통화 증가율을 18%로 고수하겠다고 발표함으로써 통화량을 계속 통제하려는 의지를 표명했다. 하지만 재무부는 금융자율화의 일환으로 이자율을 전면적으로 자유화하겠다고 나섰다. 자유주의적 견해로 보자면 통화량과 이자율을 모두 통제하는 것보다는 한 변수나마 자유화하는 것이 바람직할지도 모른다.

그러나 나는 이와 관련하여 두 가지 문제를 제기하고 싶다. 하나는 '통화량-한국은행/이자율-재무부의 업무 분쟁은 바람직한가'이고, 다른 하나는 '통화량을 통제하고 이자율을 자유화하는 것이 최상의 선택인가'이다.

여기서는 두 번째 문제, 즉 통제의 대상은 무엇이어야 하는가만을 생각해 보기로 하자. 이 문제를 생각할 때 고려해야 할 사항은, 첫째로 '통화량 또는 이자율이 통제 가능한가'이고, 둘째로 '이 변수들이 경제에 어떤 영향을 미치는가'이다.

먼저 이 변수들의 통제 가능성부터 살펴보기로 하자.

장기적으로 볼 때 중앙은행은 통화량을 대략적으로는 통제할 수 있다. 그러나 통화량은 중앙은행뿐만 아니라 일반 은행과 비은행 금융기관, 그리고 민간의 행태 영향도 받으므로 통화량을 미세한 정도까지 통제할 수는 없다. 굿하트 법칙(Goodhart's law)*에 따르면 통화량을 어떻게 정의하든 간에 통화량은 통제하기 시작하자마자 그것을 통제하기 전까지 움직이던 패턴과는 전혀 다르게 변동하므로 통화량을 통제하는 것은 불가능하다.

이자율은 어떤가. 일정 범위 내에서 단기적으로 단기 이자율을 통제할 수는 있어도, 단기에서조차 장기 이자율은 크게 변동시킬 수 없다. 그리고 장기적으로는 단기 이자율도 장기 이자율도 직접 통제할 수 없다.

어느 나라를 막론하고 (넓은 의미의) 정부는 통화량과 이자율에 모두 관심을 갖는다. 그러나 통화량은 통제하기 힘드므로 대략적 범위만 설

정해 놓고 통화량이 그 범위 내에서 움직이도록 유도하는 한편, 화폐시
장에서 이자율을 통제하는 것이 일반적이다. 하지만 이자율을 장기간
일정하게 유지하면 경제 전체의 불안정성이 유발될 수 있으므로 중앙
은행은 화폐시장 상황에 따라 이자율을 신축적으로 조정한다.

통제 대상을 선택할 때 두 번째로 살펴볼 것은 통화량 또는 이자율이
경제에 어떻게 영향을 미치는가이다.

이론적으로는 경제의 실물 부문과 화폐 부문의 불확실성 정도에 따
라 실물 부문이 화폐 부문에 비해 더 불확실하면 통화량을, 그리고 반대
의 경우에는 이자율을 통제의 대상으로 삼는 것이 좋다고 알려져 있
다.** 그러나 실물 부문과 화폐 부문 가운데 어느 쪽이 더 불확실한지
판단하기는 힘들다. 따라서 이 문제는 보다 구체적인 예를 통해 해결할
수밖에 없다.

먼저 통화량을 통제의 대상으로 삼자는 주장을 평가해 보기로 하자.

우리나라의 1988년도 국제수지 흑자를 낮게 잡아 100억 달러로 보고
대미(對美) 환율을 평균 700원으로 낮게 잡아도 해외 부문에서만 연간 7조
원의 유동성이 경제에 투입되는 셈이다. 이러한 상황에서 총통화량(1987
년 말 약 40조 원) 증가율을 18%(약 7조 원)로 고정시키려는 것은 일이 안 될
줄 뻔히 알면서도 이를 맹목적으로 추구하는 시지프스의 노동과 다름없어
보인다.

물론 국제수지 흑자의 상당 부분을 외채 상환에 돌린다면 사정은 달

라질 것이다. 그러나 현재와 같은 금융 상황, 즉 국내 이자율이 높고 원화가 계속 평가절상되리라는 기대가 팽배해 있는 상황에서는 기업이 외채 상환을 할 이유가 없다.

따라서 경직적인 통화량 통제는 수출을 많이 해서 비교적 자금 여유가 있는 대기업 집단에는 별로 영향을 미치지 않을지 몰라도 내수 중심의 중소기업에는 이만저만한 타격이 아닐 수 없다. 대기업 집단과 중소기업 간의 불균형이 과거 어느 때보다 심각해진 오늘날, 상대적으로 대기업 집단에 유리하고 중소기업에 불리한 경직적 통화 정책은 불균형을 더욱 심화시킬 것이므로 통화 정책은 보다 신축적이어야 한다.

나는 화폐수량설론자는 아니지만 신축적인 통화 정책의 결과 통화량이 많이 증가하면 물가가 영향을 받을 가능성을 배제할 수 없다. 그러나 우리나라의 물가는 대체로 통화량보다는 수입 물가, 부동산 경기, 그 밖의 비통화적 요인에 더 많이 좌우된다고 생각한다. 따라서 이러한 비통화적 요인만 잘 다스리면 신축적 통화 정책이 물가에 미칠 영향을 지나치게 걱정할 필요는 없다.

다음으로 이자율 자유화론을 평가해 보기로 하자.

이자율 자유화론자들은 이자율 자유화가 금융자율화의 필요조건인 것처럼 생각한다. 그러나 아직도 개발도상에 있는 우리나라에서는 이자율 자유화보다 금융기관의 대출 과정에서 2차적 심사 기능을 원활하게 하는 것이 급선무로 보인다. 또한 이자율 자유화의 결과 이자율이 올라가기라도 하면 금리생활자는 덕을 보지만 기업의 금융 비용이 오름에 따라 임금으로 쓸 수 있는 자금이 줄어들어 노동자가 손해를 보게 될 것이다. 그러므로 이자율 자유화는 그렇지 않아도 불공평한 소득 분배를 더욱 악화시킬 우려가 있다.

결론적으로 나는 통화량의 경직적 통제와 이자율의 자유화가 바람직하지 않다고 생각한다. 그보다는 오히려 통화량은 보다 신축적으로 움직이도록 허용해야 하고 이자율 자유화는 뒤로 미뤄야 한다.

_매일경제신문, 1988. 10. 3

* 통화량을 어떻게 정의하든 간에, 통화량은 규제되기 시작하자마자 그것을 규제하기 전까지 움직이던 패턴과는 전혀 다르게 변동하기 때문에 중앙은행의 통화량 통제는 사실상 불가능하다는 주장이다.

피셔 방정식에 따르면 물가는 통화량에 의해 결정되기 때문에, 한국은행은 통화량을 조절함으로써 물가를 안정시키려고 할 것이다. 그런데 굿하트에 따르면 이것은 불가능하다. 예를 들어 한국은행이 M_1을 통화량으로 규정하고 규제할 경우, 사람들은 요구불예금에서 저축성예금으로 전환함으로써 규제를 회피할 수 있다. 한국은행이 M_2를 통화량으로 규정하고 규제할 경우, 사람들은 저축성예금을 CD로 전환함으로써 규제를 회피할 수 있다. 즉 한국은행은 마음대로 통화량을 조절할 수 없게 되고, 결국 물가도 마음대로 조절할 수 없게 된다는 법칙이다.

** William Poole, "Optimal Choice of Monetary Policy Instruments in a Simple Stochastic Macro Model", *Quarterly Journal of Economics*, 1970. 5.

경제위기론의 허실

최근 우리나라에서는 경제 현황에 대해 두 가지 위기론이 대두되고 있다. 하나는 경기침체와 관련된 것이고, 다른 하나는 구조적 불균형과 관련된 것이다.

먼저 경기적 위기론을 살펴보기로 하자.

한국 경제는 오랫동안 10% 이상의 고도성장을 구가하다가 이제 내리막길로 들어섰고, 지난 몇 년간의 물가안정 기조가 흔들리기 시작했으며, 수출 증가는 둔화된 반면 수입 증가는 확대되어 3년 동안 누려 오던 큰 폭의 국제수지 흑자는 더 이상 지속되기 어려울 것으로 보인다. 뿐만 아니라 기업의 투자 심리마저 위축되어 내년에도 경기 호전은 기대하기 힘들게 되었다.

이에 언론과 경제학자들은 재빠르게 한국의 경제 상황을 위기로 진단하고, 위기 극복을 위해 정부는 수출 및 투자 지원책을 과감히 써야 하며 노동자는 지나친 자기 주장을 삼가 노임 상승으로 인한 국제경쟁력 약화를 막아야 한다고 처방했다.

1960년대와 1970년대는 성장 일변도, 그리고 1980년대는 안정 일변도 경제 운영에 익숙해 있던 이들이 현재의 상황을 위기로 규정하는 것은 이해할 수 있다.

그러나 한국개발연구원(KDI)이 예측한 대로 우리나라 경제가 7.5%의 성장, 8%의 인플레이션, 80억 달러의 국제수지 흑자를 달성하기만 하면, 그 자체로서 좋은 성과일 뿐만 아니라 외국과 비교할 때도 매우 양호한 것이다. 그리고 투자 심리는 정치적 안정에 크게 좌우되는 것이므로 정부가 5공 청산 등 민주화 일정을 진전시키기만 하면 쉽게 회복될 것이다. 우리가 언제부터 이만한 상황을 위기로 불러 왔던가?

뿐만 아니라 과거 몇 년 동안의 고도성장은 이른바 '3저'*라는 대외적 요인이 가져다 준 불건전한 성격의 것이었다. 즉, 기술 개발과 설비 확장을 통해 경제의 자생적 성장 요인을 보육하면서 성장하기보다는 기존의 생산 시설을 쓰며 저임금·장시간 노동에 기초한 수출을 통해 이루어진 불균형적 팽창이었다.

또한 지난 3년 동안의 성장은 올림픽 특수로 말미암아 미래의 성장이 앞당겨 이루어진 면이 많다. 따라서 앞으로 2~3년간 상대적 침체를 겪는 것은 어떤 의미에서는 불가피하다.

물가도 마찬가지다. 과거의 안정은 국제 원자재 가격의 하락과 정부의 무리한 가격지도 때문이었다. 이제 원자재 가격이 상승하고 또 오랫동안 억제해 왔던 정부 지도 가격을 현실화할 수밖에 없는 상황에서 5% 이내의 물가안정을 기대할 수는 없다. 국제수지 면에서도 계속 확대되는 내수 시장을 감안할 때 수출 시장이 다소 부진하다고 경제가 크게 흔들리지는 않을 것이다.

이렇게 볼 때 나는 경기적 위기론에 따를 수 없다. 오히려 상대적 저성장 속에서 슬기롭게 살아가는 지혜를 터득해야지, 경제의 흐름을 무리하게 바꿔 놓으려 해서는 안 된다고 생각한다.

이제 한국 경제의 진정한 위기를 낳고 있는 구조적 문제를 살펴보자. 지난 20여 년간의 불균형 성장 속에서 심화된 계층간·지역간·산업간 부와 소득 분배의 불균형은 한국 경제를 위기로 몰아넣었다.

여기서 불균형의 실상을 상세히 논할 겨를은 없다. 그러나 노동쟁의나 부동산 가격의 앙등으로 인한 민심 동요 등은 경제의 여러 부문 간 불균형이 낳은 문제들이 한꺼번에 드러난 것이다. 경제는 협조 체제 속에서 제대로 움직이는 것이므로 현재의 갈등 체제가 지속되는 한 지속적 성장을 기대하기는 어렵다. 따라서 한국 경제의 불균형은 반드시 빠른 시일 안에 시정되어야 한다.

불균형의 시정은 어떻게 이룰 수 있는가? 지난 20여 년간의 한국 경제는 '정부' 와 '가진 자' 라는 두 개의 축을 중심으로 성장해 왔다. 따라서 성장 과정에서 생겨난 불균형 문제를 해결하기 위해 정부는 결자해지의 자세로 가진 자와 못 가진 자의 불균형을 해소하도록 노력하고 가진 자들은 성장 과정에서 획득한 부를 과감히 정리하고 못 가진 자들에게 대폭 양보해야 한다.

더 구체적으로 기업은 노동자들을 더 이상 백안시하거나 좌경 세력 또는 불순 세력으로만 보지 말고 생산의 동반자로 생각해야 한다. 그리고 생산의 이익을 골고루 나누어 갖도록 하되, 노동자들의 요구가 지나치다고 생각되면 기업의 장부를 공개하여 그들을 설득해야 한다. 정부는 기업가에게 관대하고 노동자만 탄압한다는 인상을 주어서는 안 되며, 동시에 다방면에 걸쳐 분배상의 개혁을 해야 한다. 소외 계층의 요구를 충족시키지 않고 지속적 경제성장을 도모하는 것은 불가능하다.

한편 부동산(토지 및 주택)에 대해서는 보유세를 중과하는(1~5%) 동시에 양도세도 중과해야(60~70%) 하며, 과표를 일원화하는 동시에 현실화해야 한다. 이렇게 걷힌 세금을 주택 문제를 해결하기 위해 쓰면 주택 문제와 빈부간 갈등이 동시에 풀릴 것이다. 정부와 가진 자들이 이 정도의 노력도 마다한다면 불균형 시정을 위해 혁명적 방법이 동원될 가능성이 높으므로 이를 인식하고 현명한 선택을 해야 한다.

나는 경기적 위기론이 구조적 위기를 감추기 위한 잔꾀가 아니기를 바란다.

_ 한겨레, 1989. 8. 22

* '3저' 현상은 원유 가격 하락, 국제 금리 하락, 그리고 원화의 절하 현상을 가리킨다. 낮은 원화 가치, 즉 높은 대미 달러화 환율은 일반적으로 경상수지 개선을 가져오며, 저유가와 저금리는 기업의 비용을 줄인다. 따라서 3저 현상은 우리 경제에 '호의적'인 상황이라고 할 수 있다.

그러나 정운영 전 경기대 교수는 1987년 당시 다음과 같이 3저가 불균형 성장을 유발할 수 있음을 지적했다(『광대의 경제학』, 도서출판 까치, Part 5의 '3저의 기능과 역기능').

첫째, 원유 가격의 지나친 하락으로 우리나라 건설업체의 주고객이던 중동 지역의 소득이 감소하여 우리의 해외 건설 수입이 갑자기 떨어졌다. 만약 이 때문에 부실화된 건설 기업에 구제금융이라도 한다면 그것은 곧 국민 전체의 부담으로 이어진다. 둘째, 국제 금리의 하락은 국내 금리가 높은 상황에서 '차익 거래'를 유발할 수 있다. 즉, 싼 이자의 외국 빚을 얻어 국내에서 높은 이자를 받으며 돈을 굴릴 유인이 생긴다. 또한 외채에 의존한 자본 축적의 끝은 분명하다. 어디까지나 갚아야 할 '남의 나라 돈'에 의한 성장이기 때문이다. 셋째, 원화의 낮은 가치는 당시 엔고 상태에서 우리 상품이 미국 시장에서 일본 상품에 대해 가격경쟁력을 가지도록 했다. 그러나 우리 경제의 일본 예속은 심각하다. 자본재나 수출 상품의 원자재·부분품을 상당 부분 일본에서 수입한다. 그렇다면 엔고는 우리에게 무조건 호의적인 환경이 아니다. 정운영 교수는 이러한 논거에서 3저에 의한 경제성장의 혜택이 온 국민에게 골고루 돌아가지 않을 수 있다고 주장했다. 원화 평가절하는 수출 기업에, 낮은 국제 금리는 차관 기업에, 저유가는 가계보다는 기업에 유리한 조건이다. 또한 3저 현상은 우리가 경제체질을 개선하는 데 무심하게끔 만들기도 했다. 아니나다를까, 3저 현상이 사라지자 우리 경제는 허약 체질을 그대로 노출시켜 비틀거리기 시작했다.

토지공개념과 자유시장 경제제도

우리나라는 땅값이 터무니없이 비싸서 신생 기업들이 공장 부지를 구하기 힘들고, 또 땅값 상승에 따라 집값도 올라 서민들이 주거 문제를 해결할 방도를 찾지 못하고 있으며, 더 나아가 자신의 노동의 대가로 사는 대부분의 노동자들은 토지소유자들의 엄청난 불로소득을 보며 커다란 위화감을 느끼고 있다.

이에 정부는 토지공개념 도입을 서두르고 있다. 그러나 현 상황은 토지공개념이 구체적으로 무엇을 의미하는지 모호할 뿐 아니라 잘못하다가는 '공(公)개념'이 '공(空)개념'으로 되어 버릴 가능성마저 있을 만큼 기득권자들의 심한 반발을 야기하고 있는 실정이다. 특히 토지공개념 도입과 관련하여 대두되는 문제는 토지공개념이 자유시장 경제제도의 구축을 위해 필수불가결한 것인가이다.

인간은 자연에서 생존에 필요한 물질을 획득한다. 그러나 자연 자체가 인류 전체의 생존에 필요한 만큼 충분히 주어져 있더라도 이를 어떻게 나누어 가질 것인가는 인간 사회가 해결해야 할 중요한 문제다. 바로 이와 같은 문제를 해결하기 위해 도입된 개념이 노동이다. 즉, 인간은 자연에 자신의 노동을 부가하여 자연의 산물을 소유하는 것이다. 노동을 기반으로 하는 사적 소유권은 근대 시민사회를 구성하는 원칙 가운데 가장 핵심적인 것이다. 근대 시민사회 형성 과정에서 가장 중요한 소유의 대상은 토지였다. 당시의 기본적 생활 기반이 농업임을 고려할 때 토지의 중요성은 쉽게 인지할 수 있다.

그러나 근대 시민사회가 산업혁명을 겪으면서 생산력이 고도로 발전하고 토지 공급의 유한성이 절실히 인식됨과 동시에 자유시장경제 이념이 확산됨에 따라 토지에 관한 생각도 차츰 변화하기 시작했다.

자유시장경제 원리는 19세기 말에 왈라스(L. Walras)가 창안한 '일반균형이론'이라는 정교한 분석틀을 갖고 있다. 일반균형이론에 따르면 자유경쟁이 지배하는 시장경제에서는 생산에 참여한 모든 생산요소는 자신이 생산에 기여한 만큼의 대가(한계생산성)를 받으며, 이와 같은 경제 상태가 형평의 관점에서도 가장 공정하다는 것이다.

현대 산업사회에서도 개인의 노동에 근거한 사적 소유권이라는 시민사회의 기본 정신이 계속 유효함은 물론이다. 그러나 왈라스의 체계에서는 토지가 더 이상 생산요소로 등장하지 않는다. 즉, 자유시장 경제제도에서 소유권은 근본적으로 노동과 자본을 중심으로 성립된다. 왈라스의 표현을 직접 빌리자면 "인류는 토지를 영구히 소유하지만, 현 세대는 다만 토지의 사용자일 따름이다."

그에 따르면 희소한 토지는 당세대에서만 임대료를 지불하여 사용하되, 사용 후에는 모두 국가에 반납해야 한다. 이런 의미에서 토지공개념은 자유시장 경제제도와 배타적이기보다는 오히려 왈라스가 설정한 자유시장 경제제도의 전제조건이라고 생각된다.

토지 소유가 자기 노동에 기초한 대가의 획득이기보다는 불로소득의 원천인 우리나라의 현실에서는 더더욱 그러하다.

_ 신평비지니스, 1989. 10. 16

물가, 올바른 인식과 대책

최근 언론은 일제히 포문을 열어 인플레이션이 이미 연말 억제 목표선 5%를 초과하여 연말까지는 7%에 육박할 것으로 보인다느니, 인플레이션이 단순한 인플레이션에 그치지 않고 경기 침체와 병행하여 나타나는 스태그플레이션으로 비화될 조짐이 보인다느니 하며 정책 당국의 인플레이션 불감증을 비난하고 나섰다.

이러한 보도를 보고 느낀 점을 몇 가지 정리해 보려고 한다.

첫째는, 화폐경제의 신뢰성을 유지하고 생산과 고용의 심각한 기복을 막기 위해 물가안정이 중요하다는 것은 아무도 부인할 수 없다. 그러나 인플레이션은 정도가 지나치지 않고 순탄하기만 하면 기업의 투자 의욕을 자극하고, 나아가 성장을 촉진하는 데 도움이 될 수도 있다.*

따라서 문제는 인플레이션의 수치 자체에 있는 것이 아니라 그것이 한국 경제의 안정과 성장을 저해할 만한 수준에 도달했나 하는 것이다.

나는 5~6%의 인플레이션은 그렇게 걱정스러운 것이 아니라고 본다. 1980년대 중반 소비자물가 상승률이 2~4%에 머물렀던 적은 있으나 지난 30년간 한국 경제는 줄곧 10% 안팎의 인플레이션을 경험했다. 특히 1974, 1975, 1980, 1981년에는 인플레이션이 20%를 훨씬 넘었다. 우리가 언제부터 5~6%의 인플레이션을 심각하게 생각했던가.

둘째, 만일 현재의 인플레이션이 심각한 수준이라면 그 근본 요인은 무엇인가? 한마디로 그것은 한국 경제 전반의 구조적 문제에 기인한다. 1980년대 중반의 물가안정은 대외적으로는 국제 원유가 하락, 대내적으로는 정부의 광범위한, 그리고 강압적인 가격지도에 힘입은 바 컸다. 그러나 현재 국제 원자재 가격은 상승했고 오랫동안 억제해 왔던 정부 지도 가격도 현실화할 수밖에 없는 상황에 도달했다.

뿐만 아니라 지난 2, 3년간의 국제수지 흑자, 그리고 양대 선거에서 풀린 막대한 돈이 투기 심리를 부추김에 따라 문제는 더욱 심각해지고 있다. 게다가 기업은 노동쟁의를 해결하기 위해 노임을 올려준 후 임금 인상분을 제품 가격에 전가하고 있다.

한마디로 현재의 인플레이션은 불가항력적인 면이 많다. 이런 상황에서도 인플레이션이 5%에 머물렀다는 것은 불행 중 다행이다. 문제는 정부가 5%를 마지노선으로 지키겠다고 호언장담한 것이 잘못이라면 잘못이지, 5~6%의 인플레이션은 그래도 좋은 성과라고 생각한다.

셋째, 스태그플레이션은 실업과 인플레이션이 각각 10% 정도 되는 상황을 말하는데, 현재 우리 경제는 실업률이 잘 해야 3%(물론 이 통계가 전적으로 수긍할 만한 것은 아니다), 인플레이션은 5~6%로 스태그플레이션과는 거리가 멀다.

문제는 인플레이션율 자체보다는 그 내용이다. 인플레이션은 제품 가격 상승률의 가중평균치인데 만약 서민층의 생활필수품 가격, 특히 그 중에서도 주택 가격과 임대료가 다른 것보다 더 올랐다면 이는 확실히 심각한 문제다. 따라서 이에 대한 대책으로 서민층이 쓰는 생활필수품 가격과 주택 가격을 안정시키도록 정책을 강구하고, 만일 그것이 어렵다면 서민들에게 보조금을 주어서라도 이들의 생활이 인플레이션으로 인해 상대적인 피해를 받지 말도록 해야 한다.

확실히 인플레이션은 경시할 수 없는 문제다. 그러나 5~6% 인플레이션을 호들갑스럽게 보도하는 것이, 가진 자들이 형평을 위한 사회 지출을 견제하기 위해 펼치는 연극이 아니었으면 좋겠다. 또한 정부가 5%를 인위적으로 지키기 위해 진정한 물가 정책은 내동댕이치고 어거지 지수 정책을 쓰지 않을까도 걱정이다. 물가 정책이란 물가상승 압력을 제거하는 것이지 물가를 통제하는 것은 아니다.

실효성이 의심스러운 물가 통제보다는 차라리 모든 것을 현실화하고 나서 새로운 기분으로 물가 정책을 수립·집행하는 것이 바람직하지 않을까.

_ 신평비지니스, 1989. 11. 16

* 1972년에 예일대학교의 제임스 토빈 교수가 한 주장을 그대로 옮겨 보자. "A bit of inflation helps 'grease the wheels' of the economy" ("Inflation and Unemployment", *American Economic Review*, 1972. 3).

이 주장의 근거는 노동자들이 화폐 환상(money illusion)을 지니고 있다는 데 있다. 왜냐하면 기업이 변화하는 시장 환경에 적응할 때, 명목임금의 상대 가격 구조조정을 함으로써 큰 비용을 들이지 않을 수 있으며, 근로자들이 설사 자신의 실질임금이 오르지 않았더라도 명목임금이 증가한 데 힘입어 근로 의욕을 높일 수 있기 때문이다. 만약 인플레이션이 제로인 경우라면 노동자들이 명목임금의 상대 가격 구조 변동에 격렬히 저항할 것이고, 이때의 노동시장 조정 비용은 엄청날 것이다.

인플레이션 논쟁 유감

8월 말 현재 인플레이션율이 작년 연말 대비 8%를 상회하고 무역수지 적자가 수십억 달러에 달하자, 언론은 일제히 포문을 열어 정부의 경제정책을 비난했다.

그러나 요란한 말의 잔치 속에 담긴 처방은 비현실적이거나 무책임한 것이 대부분이었다. 인플레이션과 관련된 처방만 살펴보면, 국민 각자가 선진 국민이 된 것처럼 착각하지 말자는 구호성 처방에서부터 통화량 증가율을 낮추자, 재정 팽창을 억제하자, 심지어는 6공은 이제 형평·사회간접자본 확충·생산설비 투자 등은 다음 정권에 넘기고 오직 (국제수지와) 물가만 잡도록 하라는 주문까지 실로 다양했다.

인플레이션은 확실히 심각한 경제 문제다. 돌이켜보면 우리나라에서는 1980년대 중반 소비자물가 상승률이 2~4%에 머문 적은 있으나 지난

30년간 줄곧 10% 안팎의 인플레이션율을 경험해 왔다. 특히 1974, 1975, 1980, 1981년에는 인플레이션율이 20%를 훨씬 넘었다. 한국 경제는 이런 인플레이션도 잘 견뎌 냈지만 그 폐해가 얼마나 심각한 것인지도 절감했다.

그러나 인플레이션을 거시적 경제변수만의 문제로 파악하고 대중요법적인 고식적 처방으로 대응하는 것은 문제를 오히려 더욱 악화시킬 뿐이다. 현대의 인플레이션은 단기적인 대중요법으로 간단히 처리하기 어려운 불가항력적인 면이 많기 때문이다.

세계사적으로 보아도 19세기의 가족자본주의와 달리 금세기의 법인자본주의에서는 기업이 천문학적 부채를 안고 있다. 따라서 이들은 한편으로는 부채의 실질 가치를 줄이려는 노력을 계속하며, 다른 한편으로는 외부 자금의 추가 지원 없이는 기업 경영이 불가능한 상황도 벌어진다. 이때 은행 대출의 증가와 그에 따른 통화량의 증가는 외면할 수 없게 된다. 이러한 현실을 무시하고 무리하게 긴축을 하면 인플레이션은 조금 완화될지 몰라도 경제는 심각한 슬럼프에 빠질 가능성이 높다. 우리는 은행의 철저한 대출 심사를 통해 돈이 생산적인 곳으로만 흐르도록 해야 한다. 그러나 금융의 자연스러운 팽창 그 자체를 막으려는 시도는 가능하지도, 또 바람직하지도 않다.

그럼에도 불구하고 현재의 인플레이션은 더 이상 악화되지 않도록 노력해야 한다. 그러자면 과거의 '성공적이었다' 는 인플레이션 정책을 살펴볼 필요가 있다. 사실 5공화국의 물가안정은 이례적이고 인위적인 것이었다. 그것은 원유를 비롯한 국제 원자재 가격의 하락(이것에 힘입어 일본과 대만은 당시 마이너스의 물가상승까지 보여 주었다)과 무리한 금융 긴축, 지나친 재정 축소, 그리고 권위주의에 입각한 강력한 가격지도에 힘입은 바 크다.

이제 유리한 국제 환경은 사라졌고 무리한 금융 긴축으로 인한 민간의 생산설비 투자 위축, 지나친 재정 축소로 인한 사회간접자본과 공공서비스 공급의 부족은 물가상승 압박 요인으로 작용하고 있으며 강제로 억눌렀던 가격, 특히 전기료를 비롯한 공공 요금은 올려 주지 않을 수 없는 상황에 이르렀다. '하면 된다'는 발상에서 나온 물가안정정책이 오늘날 물가 문제를 어렵게 만든 것이다.

현재 우리가 해야 할 일은 공급 애로 요인을 제거하기 위한 사회간접자본과 설비투자 확충이다. 재정이나 금융 면에서의 무리한 긴축은 현재는 물론이려니와 미래의 인플레이션 요인을 배양시켜 주는 결과를 초래할 뿐이다.

한국의 인플레이션은 대기업 집단 형태에도 크게 기인한다. 오늘날 대기업 집단은 공룡처럼 비대해져 도산의 위험에서 해방되어 있다. 도산으로부터 해방된 대기업 집단은 무리하게 팽창을 한다. 또 이것이 도산으로부터의 해방을 더욱 공고하게 해준다. 땅도 많이 사두고, 수지맞건 안 맞건 이 일 저 일에 달려들어 모든 면에서 선두주자가 되려고 한다. 이러한 대기업 집단의 막강한 경제력의 수혜자들인 그 집단의 소유자, 종사자들 및 그들과 공생 관계에 있는 언론·정부·군대의 종사자 등 이른바 사회 지도자들의 무절제가 바로 이완된 사회 분위기를 만든 주된 요인이라고 할 수밖에 없다.

이런 상황에서 중소기업과 거기에 종사하는 사람들이 대기업 흉내를 내는 것을 나무랄 수는 없다. 그리고 이런 분위기가 인플레이션으로 연결되는 것은 당연하다. 대기업 집단의 행동 패턴이 바뀌지 않는 한 한국의 인플레이션은 치유될 수 없다.

따라서 우리는 대기업 집단이 스스로 정리하여 전문 업종에 종사하도록 유도하고 영업 실적이 나쁘면 과감히 도산시켜야 한다. 그때에야 비로소 과소비를 비롯한 모든 경제악의 근원인 부동산 투기도 막을 수 있을 것이다. 현재의 인플레이션 논쟁이 전환기에 처한 한국 경제의 구조 개혁이라는 근본적 과제를 뒷전으로 돌린 채, 근시안적 대증요법을 둘러싼 논란에 매몰되어서는 안 될 것이다.

_ 시사저널, 1991. 10. 17

개혁, 구호론 안 된다

6공화국 2기 대통령이 선출된 지도 벌써 석 달이 지났다. 그동안 김영삼 대통령과 그 주변 인사들은 요란스럽게 개혁을 부르짖었다. 부정부패를 척결하고 경제를 활성화시키며 사회 기강을 확립하겠다는 것이다. 이러한 신한국 건설의 구호는 국민의 가슴을 설레게 하기에 충분했다. 물론 과거에도 새 정부가 들어서면 으레 비슷한 구호를 외쳐 댔지만, 이번만은 이른바 문민정부가 하는 일이니만큼 한번 기대를 걸어 보자는 모습이 역력하다. 그러나 개혁의 방향은 어디며, 누가 개혁을 추진하고, 또 그 내용이 무엇인가 분명치 않아 기대보다는 걱정이 앞서는 것은 세상물정 모르는 대학교수의 노파심 때문인가.

사실 어떻게 보면 개혁은 별것이 아니다. 우리나라를 움직일 게임 룰을 정착시킴으로써 사회 각 부문의 비정상 상태를 정상 상태로 만들자는 것이다. 그러나 개혁은 단지 구호만으로는 안 된다. 지금 우리나라는 정치를 비롯해 경제 · 사회 · 문화 모두 비정상이다. 이러한 총체적 비정상 상태를 정상 상태로 만들기 위해서는 단기에 결판을 내려 하기보다는 장기적인 안목을 갖고 추진해야만 한다.

한편 개혁은 사람이 하는 것이고, 우리나라의 경우 개혁은 위에서부터 할 수밖에 없다. 그런데 김 대통령이 개혁을 맡기겠다고 지명한 사람들 가운데는 비도덕적이고 비윤리적인 사람들이 많았다. 정직하고 솔직하며 전문 분야를 잘 알 뿐 아니라 나라가 나아가야 할 방향에 대하여 신선한 감각을 가진 사람은 많지 않았다. 여론의 비난이 빗발치자, 부분적으로 땜질은 했지만 아직도 부적격자가 많이 남아 있다.

김 대통령은 지금이라도 늦지 않았으니 빠른 시일 내에 팀을 다시 짜야 한다. 선의든 악의든 오이밭에서 신발 끈을 고쳐 맨 사람들을 데리고는 개혁 의지가 빛도 보지 못한 채 시들어 버릴 것이다. 사실 3당 통합후 재벌과 구기득권층을 발판으로 출발한 김영삼 정부의 개혁 아이디어를 믿는 사람은 별로 없지만 말이다.

또 하나 걱정은 개혁 아이디어가 구호만 요란하지, 내용이 추상적이어서 실체가 없다는 점이다. 한국병이 과연 무엇이며, 신한국의 구체적인 모습은 어떤 것인지 도무지 감이 잡히지 않는다. 신경제는 아마 규제완화를 통한 경제 활성화를 의미하는 것이려니 짐작되지만, 그것만으로는 충분치 않다.

이런 가운데 정부는 신경제 100일 계획, 신경제 5개년 계획 등을 추진한다고 한다. 이러한 발상은 경제를 잘 아는 사람에게서 나왔다고 보기는 힘들다. 지금 우리나라 경제는 경기부양책을 써봤자 장기적으로는 물론이려니와 단기적으로도 별로 효과가 있을 리 없다. 돈은 이미 많이 풀렸으며 경제 체질이 약해서 더 이상 성장하기 힘들기 때문이다. 그럼에도 불구하고 이러한 조치들이 나온 것을 보면, 6공 2기는 적어도 경제정책 면에서는 3공화국으로 회귀할 모양이다.

경제학자들이 지난 10여 년간 그렇게도 열심히 목표 달성 위주의 경제정책에서 탈피하고자 역설한 것은 무엇 때문인가? 그것은 목표 달성 위주의 경제정책이 낳는 부작용이 너무 크다는 것을 경험으로부터 절실히 배웠기 때문이다.

나는 규제완화를 충심으로 환영한다. 그러나 그것이 성공하려면 전제조건이 필요하다. 그동안 한국 경제는 적자생존의 게임 룰에 따라 움직여 왔다기보다는 자의적으로 그때그때 편의에 따라 움직여 왔고 각종 불균형을 낳았다. 그 가운데서도 대기업과 중소기업 간의 불균형은 형평성 차원에서는 물론이려니와 효율성 차원에서도 심각한 문제를 야기하고 있다.

이런 상황에서 무조건 규제를 완화한다면 그것은 재벌그룹의 대기업을 살찌울지는 몰라도 중소기업에 돌아가는 혜택은 별로 없을 것이다. 왜냐하면 규제완화는 결국 시장 기구를 통해 자원 배분이 이루어지도록 하는 것을 목적으로 하는데, 한국의 재벌그룹은 공룡처럼 커져 시장

기구의 작동을 왜곡시킬 수 있는 힘을 갖고 있기 때문이다.

따라서 규제완화의 전제조건으로 기업이 크건 작건 간에 잘하면 보상을 받되 잘못하면 가차없이 문을 닫는 원칙이 지켜져야 한다. 그러자면 어떤 형태로든 적자생존의 원칙이 적용될 수 있을 정도까지는 재벌 그룹의 힘을 약화시켜야 한다. 그 방법은 재벌 해체, 재벌 분할, 상호지급보증 금지 등 여러 가지가 있겠으나, 국민적 합의를 바탕으로 빨리 시행해야 한다. 나는 이것이 한국 경제의 아킬레스건이라고 믿는다.

이번 개혁이 실패로 끝난다면 김 대통령은 그에 대한 책임은 물론이려니와 3당 통합에 대한 책임도 동시에 져야 한다. 따라서 김 대통령은 개혁을 제대로 추진할 수 있는 사람들을 빠른 시일 안에 다시 뽑되, 단기적인 경기부양책을 쓰기보다는 비정상적인 경제를 정상적으로 만들겠다는 비장한 각오로 개혁 아이디어를 구체화하고 재벌 길들이기를 통한 규제완화의 전제조건 마련에 총력을 경주해야 한다.

_한국일보, 1993. 3. 16

* 김영삼 대통령은 성공적인 개혁의 추진이, '벤하와 개혁'을 목청 높여 외치고 칼국수만 먹으면 되리라고 '학실히' 착각해 온 것이 틀림없다. 그리고 처참하게 실패한 개혁 추진의 결과마저도 성공했다고 착각하고 있음이, 그가 『하버드 인터내셔널 리뷰』 1997년 여름호에 기고한 글 「한국의 민주주의 투쟁—결실을 거두다」에서도 드러났다. 그는 재임 기간에 경제발전과 민주주의의 실현을 모두 달성했다고 자화자찬했다. 외국의 유수 주간지가 자신

의 아들을 "Prodigal Son(돌아온 탕아)" 이라고 쓰는 상황에서 YS의 이러한 자평이 국제적으로 어떤 뒷얘기를 남길 것인지 못내 궁금하다.

규제완화의 ABC

새해 새 아침을 맞이하여 정부와 언론은 일제히 포문을 열어 탈규제·국제화 시대가 도래했음을 선언했다. 각종 규제를 풀고 나라 문을 활짝 열기만 하면 금방 제2의 도약이라도 이룰 것 같이 말이다. 그러나 규제완화는 왜 하며, 또 어떻게 해야 할 것인지에 대한 차분한 논의는 어디서도 찾아보기 힘들다.

규제완화는 왜 필요한가? 그것은 경제에 창조적 활력을 불어넣기 위해 우선적으로 요청되기 때문이다. 모든 창조적 활동은 자유로운 상황에서나 가능하다. 존 스튜어트 밀도 확실하고 영속적인 개혁의 원천은 자유라고 하지 않았던가. 따라서 창조적 경제 환경을 조성하기 위해 규제완화를 논의하는 것은 당연하다.

한편 한국 경제는 구조조정이 절실히 필요한데, 구조조정을 위해서는 새로이 회사를 만들기도 해야 하고 없애기도 해야 하며 때로는 인원을 늘리거나 감축하기도 해야 한다. 이때 많은 규제는 구조조정의 커다란 걸림돌이므로 구조조정을 쉽게 하기 위해서, 다시 말해 경제에 신축성을 부여하기 위해서도 규제완화는 필요하다.

그런데 이러한 분위기에 편승하여 일부 재벌 총수들과 극단적 시장 신봉자들은 모든 규제를 완전히 철폐하라고 아우성이다. 마치 규제가 모든 경제 문제의 원인이었던 것처럼 목청을 높이고 있다. 그러나 규제완화는 필요하지만 한국 경제가 안고 있는 모든 문제점을 규제완화로 풀려는 것은 지나치게 단순한 발상이다.

나는 오히려 최근 논의되는 탈규제의 제반 조치들이 위의 목적과는 상관없이 재벌의 이익만을 반영하도록 전개되지 않을까 우려한다. 산업 구조조정에 대한 구체적인 청사진 없이 자유방임적 정책을 시행한다면 그렇지 않아도 비대한 재벌에 경제력 집중을 심화시킬 위험이 있기 때문이다. 그동안 정권과 유착된 재벌이 보여 준 문어발 확장과 불공정거래 행위, 비생산적 투기 등의 행태는 모방은 있되 창의성이 실종된 경제구조를 낳았으며, 대기업과 중소기업 간의 불균형을 심화시켜 왔다. 이 과정에서 재벌의 중소기업 지배 체제가 완성되었음은 잘 알려진 사실이다. 예를 들면 재벌들은 중소기업이 독자적 기술 개발이나 연구에 주력하도록 지원하기보다는 불안정한 하청 관계를 이용하여 중소기업들 간의 제살깎아먹기식 경쟁을 부추겼고, 결국 그들을 아사 상태로 몰아넣었다.

그러나 튼튼한 중소기업 없이는 건실한 경제성장을 기대하기 어렵다. 특히 개방이 가속화되면서 갖가지 수입품이 우리 시장을 공략해 올텐데, 이때 중소기업에 유리한 다품종 소량생산 체제가 뒷받침되어야 국제경쟁력을 높일 수 있다. 따라서 중소기업의 발전은 시급하다. 재벌과 중소기업 간의 불균형 문제는 그동안 정부의 대기업 우선주의 정책에서 크게 기인하므로 결자해지의 차원에서 정부가 산업 구조조정 정책을 통해 해결해야 한다.

규제완화와 관련된 문제는 금융 부문에도 산적해 있다. 한국의 금융 기관은 너무도 허약하다. 이는 과거 정부 정책의 산물인 부실 여신에서 기인한다. 그런데 부실 여신 문제 역시 규제를 푼다고 해결될 성질의 것이 아니다. 이 문제는 이미 금융 부문에서 자체적으로 해결하기에는 규모가 너무 커지고 말았다. 1993년 6월 말 현재 시중의 14개 은행 여신 중 21.6%가 비정상 여신(추정손실+회수의문+고정+요주의)*이다.

이러한 상황에서 은행의 금융 중개 기능이 제대로 발휘될 리 만무하다. 부실 기업과 운명을 같이할 수밖에 없는 은행은 기업이 도산하는 것을 막기 위해 다시 대출을 해주고, 이것이 부실 채권을 더욱 증가시키는 악순환이 계속되어 왔다. 따라서 부실 여신의 족쇄를 어떤 식으로든 해결해야 규제완화가 금융산업의 경쟁력을 높이는 데 일조할 것이다.

다시 한 번 강조하거니와 규제완화가 필요하다는 데는 재론의 여지가 없다. 집 한 채를 짓기 위해 도장을 수십 번 또는 그 이상 찍어야 하는 국가가 어떻게 능률적으로 움직일 수 있겠는가. 그러나 규제완화가 결코 자유방임과 혼동되어서는 안 된다. 불필요한 서류들은 없애야 하지만 건축 기준까지 없앨 수는 없는 일이다.

따라서 과거에 성행했던 미주알고주알식 간섭은 배제하더라도 독일·일본식 산업 정책은 유지해야 한다. 그동안 사회주의 유형에 가까운 통제에서 갑자기 민간에게 전부 맡겨 버리는 영·미형 유형으로 전환한다면 중복투자(지난 몇 년간의 석유화학 투자와 앞으로 예상되는 자동차 산업 투자)가 발생하는 등 비효율성이 초래될 가능성이 높다.**

최근 정부는 규제완화 문제를 관장할 새로운 기구를 창설했다. 그리고 이를 통해 규제완화 문제를 일사천리식으로 해결할 기세다. 그러나 번갯불에 콩 볶아 먹는 식의 성급한 탈규제는 전시효과는 있을지언정 우리 경제에 득보다는 실을 초래할 것이다. 정부는 비록 어렵고 시간이 드는 일이지만 산업 구조조정을 위한 구체적인 청사진을 먼저 제시해야 한다. 그리고 규제완화는 그 큰 틀 속에서 논의되어야 한다. 동태적 효율성에 입각하여 비교우위를 신중히 고려하고 적절한 산업 정책을 세우는 것이 과거 어느 때보다도 절실히 요구되는 것이다.

그러자면 경제 현황 파악(fact finding)부터 해야 한다. 공연히 시끄럽게 탈규제·국제화를 떠들 것이 아니라 냉정히 한국 경제의 재고 조사부터 하자는 말이다. _한국일보, 1994. 1. 13

* '요주의'는 3개월 이상 연체된 것이며, '고정'은 신용 상태가 나빠 구체적 회수 조치가 필요한 것이고, '회수의문'은 손실 발생이 예상되는 것을 가리키고, '추정손실'은 회수 불가능으로 추정되는 것이다. 우리나라 은행감독원은 부실 여신에 회수의문과 추정손실만 포함시키지만 미국은 고정·요주의까지 부실 여신으로 본다. 실질적인 부실 여신 비율을 보려면 네 가지 모두 고려해야 한다.

** 1986년에 발간된 윌 휴턴(Will Hutton)의 *The Revolution That Never Was*에서는 부여받은 조건을 비교해 볼 때, 아무런 간섭 없이 경제를 시장에 맡겨 버린 영국·미국에 비해 일본·독일·프랑스 정부가 적절한 산업 정책을 실행하여 더 좋은 성과를 거두었다고 분석했다.

간접자본 민간 이양 **안 된다**

한국 경제는 대내적으로는 대기업 중심의 경제정책, 대외적으로는 선진국의 경기회복과 엔고 현상에 힘입어 중화학제품 수출이 활기를 띠면서 상승 국면에 들어섰다. 경제 상황의 특별한 변화가 없는 한 고율의 성장은 당분간 계속될 것으로 보인다. 그럼에도 불구하고 앞날에 대한 희망보다는 걱정이 앞서는 이유는 무엇인가.

최근의 성장은 기업의 이노베이션이나 구조조정에 기초하기보다는 무분별한 확장 때문이었다. 또 성장률이 높아지면서 국제수지, 특히 대일 무역수지 적자 폭이 커지고 있다. 중요한 것은 단기적 성장률이 아니라 중장기적 성장잠재력의 배양이다. 고성장은 오히려 구조조정을 더디게 할 가능성이 크다.

그동안 기회 있을 때마다 강조했지만 중장기적 성장잠재력은 효율과 형평의 적절한 조화에서만 나올 수 있다. 그런데 지난 1년여의 경제정책은 누가 뭐래도 형평과는 거리가 먼 대기업 중심 정책이었다. 대기업의 이익단체인 전경련회장단 회의가 마치 경제장관 회의처럼 된 지 오래다. 무분별한 규제완화 바람이 재계의 위상을 격상시키더니 정부가 제2이동통신 사업자 선정 작업을 전경련에 맡겨 버린 후부터는 굵직하고 핵심적인 정부 정책을 재계 총수들이 많이 다루게 되었다. 입법부·행정부·사법부의 삼권분립은 옛말이고 이제는 정부·재계·언부(言府)의 신삼권분립 시대가 도래한 느낌이다.

엎친 데 덮친 격으로 정부는 국제경쟁력 강화를 명분으로 고유 업무 가운데 하나인 사회간접자본(SOC) 구축을 민간에게 넘겨 버리는 무모한 계획을 강력히 추진하고 있다. 그러나 사회간접자본의 민간 이양은 경쟁력을 강화시키기는커녕 재벌과 중소기업 간의 양극화 현상만 부채질할 것이다.

정부가 SOC 민자 유치를 주장하며 내세우는 논리는 두 가지다. 하나는 민간 자본의 효율성을 공공 부문에 도입하겠다는 것이고, 또 하나는 부족한 공공 투자 재원의 보충이다. 그러나 그 어느 것도 설득력이 없다.

첫 번째 문제부터 살펴보자. 민간은 정부가 하는 것보다 더 싸게 SOC를 건설하겠다고 나설 것이다. 그러나 속을 들여다보면 민간이 더 효율적이라는 논리는 받아들일 수 없다.*

그동안 재벌이 전 국토를 투기장으로 만든 것은 이미 잘 알려진 사실이다. 그런데도 이들에게 길을 닦고, 항만을 만들고, 다리를 놓으라고 허용하는 것은 다시 한 번 땅투기의 호기를 주는 것이다.

사실 SOC는 초기 투자비가 과다하고 자본 회임 기간이 길어 설사 수익성이 높은 경우라 하더라도 자본 회수에 10~20년이 걸린다. 따라서 정부는 재벌에게 사업 참여 유인을 주기 위해 기본 시설 사업 시행자에게 부대 사업을 허용하려고 한다. 이 경우 재벌은 부대 사업을 위해 길·항만·다리 등의 위치나 방향을 바꾸어 대한민국 지도를 다시 그릴 뿐 아니라 주위의 땅을 사들이는 데 혈안이 될 것이다. 그 과정에서 땅값은 천정부지로 오를 것이고, 우리나라는 또다시 땅투기라는 망국병을 앓게 될 것이다.

물론 정부는 부대 사업 허용 조건을 투자비 보전과 정상적 운영을 도모하기 위한 경우로 한정한다고 하나 애매모호하게 들린다. 또 재벌은 투자비 회수가 곤란하다고 느낄 경우 시설 사용료를 올릴 것이다. 이것은 SOC의 기본 취지에 어긋나며 물류 비용의 상승을 초래할 것이다.

다음으로 투자 재원 문제를 살펴보자. 재벌들이 길 닦는 데 쓸 자본은 어디서 나오는가? 현재 재벌들이 돈은 많은데 투자 기회가 없어 걱정한다면 몰라도 재벌은 어제도 그랬고, 오늘도 그러하며, 앞으로도 그러할 것이지만 항상 돈타령이다. 그렇다고 채권시장이나 주식시장에서 자금 조달이 용이한 것도 아니다.

따라서 이들에게 사회간접자본 구축을 맡기려면 은행 돈을 꾸어 주도록 하든지, 아니면 외자를 유치해야 한다. 그러나 이 같은 자금 차입은 정부가 사업 주체가 될 경우에도 역시 가능한 방식이다. 그렇다면 정부가 자본이 부족하여 민자를 유치한다는 것은 설득력이 없다.

현재 재벌은 사회간접자본을 위한 민자 유치에 비교적 소극적으로 보인다. 그것은 정부에게서 조금이라도 좋은 조건을 따내기 위한 제스처다. 정부가 서두르면 서두를수록 그들은 더 소극적이 될 것이며, 그 과정에서 더 많은 양보를 얻어낼 것이다.

이 법이 통과되어 재벌이 사회간접자본 확충에 본격적으로 참여하는 날이면 재부(財府)가 정부(政府)는 물론 언부(言府)까지 통괄하게 될 것이며, 재벌의 이상 비대화로 인한 경제의 양극화는 한국 경제의 성장잠재력을 마손할 것이다. 국회의원들이 이 나라의 앞날을 진지하게 걱정한다면 민자유치법안에 반대표를 던져야 한다.

그 대신 정부는 정직하고 유능한 인사들을 뽑아 정부 주도의 사회간접자본 확충에 박차를 가해야 한다. 공공은 무조건 비효율적이고 민간은 무조건 효율적이라는 도식적 사고는 위험하다. 필요한 재원은 세금을 걷든지 외자를 동원하든지 정부가 판단할 문제다.

_ 한국일보, 1994. 5. 5

* 공공 부문에 효율성을 도입하는 것은 무조건 바람직한가? 어떤 조직의 목표 달성 평가 기준으로는 효과성(effectiveness)과 효율성(efficiency) 두 가지를 생각해 볼 수 있다. 효율성이 output/input으로 '투입 단위당 산출'을 그 평가 기준으로 보는 데 비해, 효과성은 산출 그 자체에 무게를 둔다. 공공 부문이 수행할 임무는 성과 그 자체가 정당성을 지니는 것이 대부분이다.

따라서 효율성 기준으로만 임무를 수행한다면서 꼭 이루어야 할 성과가 목표에서 탈락하는 일이 생긴다면 공공 부문의 존재 이유에 반하는 결과가 되고 만다. 효과성 측면에서 볼 때, SOC 민자 유치가 행여 정부 임무의 방기를 낳지 않을까 우려된다.

사회간접자본 민자 유치 재론

지난번 논단(5월 5일자)을 통해 사회간접
자본 사업에 민자를 유치하려는 정부의 계획을 비판했다. 많은 사람들이 내
의견에 공감한다며 격려 편지 또는 전화를 해왔다. 그러나 반론 또한 만만치
않았다. 오늘은 지난번에 우려했던 땅투기와 경제력 집중 심화 가능성에 더
하여 몇 가지 문제를 더 지적함으로써 반론에 대응코자 한다.

정부가 SOC 건설에 민자 유치를 적극 주장하는 논리는 간단하다.
"사회간접자본 부족이 물류 비용을 높이고 결과적으로 국제경쟁력 약
화를 가져왔다. 그런데 불행히도 정부는 민간에 비해 비효율적이며, 또
돈도 없으니 민간이 사회간접자본에 투자하도록 유도하자"는 것이다.

이 논리는 지금까지 우리나라 기업의 경쟁력 강화를 위해 먼저 필요
한 것이 무엇인가에 대한 고찰을 결여하고 있다. 마치 모든 문제가 SOC

부족에서 비롯된 것처럼 주장함으로써 문제의 초점을 흐리게 한다.

물론 SOC 부족이 경쟁력 약화의 한 요인임에는 틀림없다. 그러나 전부는 아니다. 더욱이 이것을 해결하기 위해 민자를 유치할 경우 오히려 문제는 더 악화될 것이다.

우리 기업의 대외 경쟁력이 약한 것은 기업 외부 요인과 기업 내부 요인으로 나누어 생각해 볼 수 있다. SOC 부족에 따른 물류 비용 상승은 기업 외부 요인 가운데 하나다. 한편 기업 내부 요인 가운데 가장 큰 것은 연구 와 신기술·신제품 개발에 인색했던 기업의 투자 행태다. 그동안 재벌은 연구 개발에 대한 투자보다는 재테크나 부동산에 열중하면서 눈앞의 이익을 챙기기에 급급했다. 그 결과 고임금 시대를 맞이하면서 더 이상 가격 과 품질 경쟁을 할 수 없게 되었다.

이와 같은 상황에서 정부가 해야 할 일은 무엇이고, 기업이 해야 할 일은 무엇인가? 정부는 기업 외적 장애 요인을 제거하기 위해 SOC 건설을 맡고, 기업은 신기술 개발을 통해 국제경쟁력 강화에 힘써야 한다. 정부와 민간의 효율적 분업이 어느 때보다도 필요한 것이다.

그럼에도 불구하고 투자 재원 부족을 내세워 민자를 유치한다고 하면 연구 개발에 충당되어 기업의 실질적 경쟁력을 강화하는 데 쓰일 돈이 SOC 건설로 돌려질 것이다. 재벌들은 불확실하고 어려운 기술 개발보다는 비록 회임 기간이 길지 몰라도 정부가 확실하게 수익을 보장하는 SOC 사업에 끼어들려고 할 것이기 때문이다. 나는 정부가 왜 이들의 기술 개발을 독려하지는 못할망정 정도(正道)에서 벗어날 유인을 제공하는지 이해할 수 없다. 정부의 책임 회피라고밖에 볼 수 없다. 제조업으로 자원이 흐르는 것이 상대적으로 점점 줄고 있는 현실을 생각할 때 참으로 안타까운 일이다.

다음으로 자금 조달 방식을 생각해 보기로 하자. 어떤 이들은 민간 기업이 부족 자금을 주식·채권 시장을 통해 조달하면 된다고 주장한다. 그러나 본격적인 대외 개방을 앞두고 있는 시점에서 대규모의 채권·주식 발행이 발행 기업은 물론 금융시장에 미칠 파급 효과에 대해서는 아무 말도 하지 않고 있다.

우선 주식시장을 통한 자금 조달 방식에 대해 생각해 보자. 민자 유치 규모는 실로 어마어마하다. 따라서 필요 자금을 과연 주식시장을 통해 조달할 수 있는지 의문시된다.

둘째로 설사 자금 조달에 성공한다 하더라도 앞으로 국제적 자본 이동이 자유화될 경우 추가적 문제에 봉착하게 된다. 해외 자본의 탄력적 유출입은 아무런 완충 장치 없이 그대로 주식시장에 영향을 미칠 것이며, 이는 곧 기업 가치의 변화와 연결될 것이다. 우리 기업의 허약한 재무 구조로 볼 때 이러한 금융 부문의 불안정은 곧 실물 부문의 불안정으로 파급될 가능성이 크다.

다음으로 채권시장에서의 자금 조달에 관하여 생각해 보자. 정부가 국채를 발행하건 민간 기업이 회사채를 발행하건 일시적 금리 상승을 피할 수 없다는 점에서는 같다. 그러나 양자가 구별되는 측면도 있다. 우선 국채는 회사채에 비해 위험도가 훨씬 낮은 우량 증권이어서 설사 만기가 긴 장기채의 형태로 발행되더라도 훨씬 더 쉽게 채권시장에서 소화될 가능성이 크다.

그러나 국채 발행이 갖는 보다 근본적인 장점은, 그것이 통화의 간접 관리를 가능케 하는 전제조건이 된다는 것이다. 우리는 이제까지 통화정책 개선을 운위하면서 공개시장 조작의 당위성만 주장했지 그 전제조건에 대해서는 소홀했다.

그런데 이제까지 공개시장 조작이 원활히 이루어질 수 없었던 가장 중요한 요인은 국채시장의 허약성 때문이었다. 참고로 일본은 1970년대 중·후반 증가하는 재정 지출을 국채 발행으로 충당했다. 1970년대 중반에서 1980년대 초에 일본의 국채 발행은 8배 이상 증가하여 GNP 대비 국채의 비중이 7%에서 32%까지 상승했다. 이러한 국채 발행 급증에 따라 채권시장이 활성화되고 금융자율화가 촉진되었던 것이다.

1980년대 초반의 무리한 안정화 정책이 가져온 사회간접자본 부족은 아무리 강조해도 지나치지 않는다. 그러나 사회간접자본을 위해 민자를 유치하는 것은 또 하나의 무리수다. SOC에 대한 민자 유치 계획은 포기되어야 한다.

_ 한국일보, 1994. 6. 2

＊ 이후 3년여간 민자 유치로 이루어진 사회간접자본 투자는 곳곳에서 부실 시공으로 국민들의 우려를 자아냈다. 뿐만 아니라 1997년 초에는 민자 유치 SOC 사업에 참가하는 민간 기업들이 국고 지원을 늘려 달라는 요청을 하기에 이르렀다. 경인운하사업, 대구~대동 간 고속도로사업, 가덕 신항만 건설 등에 참여하는 업체들이 국고 지원을 요청했고, 국고 지원이 없으면 SOC 이용 요금을 상향 조정하겠다는 입장을 밝혔다. 이는 "민자 유치 SOC 사업 시행자가 정부에 필요한 행정·재정 지원을 요구할 수 있다"는 민자유치촉진법에 따른 것이라고 한다. 앞 글에서 밝힌, 정부가 SOC에 민간 자본을 유치하는 데 내세운 두 가지 큰 이유는 설득 논리를 잃어버린 셈이다.

통일 준비와 냉전 사고 탈출

김일성 사후 북한과 남한에서 벌어진 어처구니없는 일들은 통일에의 길이 멀고도 험함을 다시 한 번 일깨워 주었다. 조선조의 인산(因山)을 연상시킨 북한인의 조문 행렬과 오열하는 통곡 장면은 자발적인 것이건 동원된 것이건 간에 북한 사회가 얼마나 오랫동안 폐쇄되었는지를 단적으로 보여 준 것이었다. 또한 아직 완성되지는 않았다고 하나 김일성에서 김정일로의 권력 세습은 북한이 근대 민주주의 사회와는 매우 거리가 멀다는 것을 보여 준다.

그런데 남한에서도 예기치 않은 일들이 벌어졌다. 우선 김일성 사망 후 정부가 보여 준 우유부단한 태도는 혼란을 야기했다. 급기야 일부 야당 의원들의 조문 관련 발언이 파문을 일으켰고, 이를 십분 이용하려는 여권과 언론은 냉전 사고의 불씨를 살리려고 안간힘을 쓰는 듯했다. 특히 일각에서는 시위는 물론이려니와 학원 전체가 주사파 학생들에 의해 좌우되는 것처럼 보이게 했다.

여기서 언론이 보도하는 것보다는 대학이 매우 건전하다는 것을 설득할 겨를은 없다. 그러나 주사파가 학생운동을 대변하는 세력은 아니다. 또한 거의 모든 학생들은 맹목적인 주체사상 신봉론자들의 고루한 주장이나 경찰서 습격, 열차 정지 등의 행태에서 나타난 비이성적 행위를 소리 높여 비판한다.

어떻든 남한과 북한은 오랫동안 서로 다른 체제를 유지해 왔기 때문에 화해의 제스처를 교환해도 당장 통일되기 힘들다. 그런데 화해는커녕 반목을 부추기는 사회 분위기는 통일에 걸림돌이 될 수밖에 없다.

지금 나라 밖 사정은 급속도로 변하고 있다. 세계는 이미 냉전 사고를 극복했고, 한 걸음 더 나아가 국익을 위해 미소를 팔고 다니는 장사꾼의 판이 되어 버렸다. 아시아에 국한해 보더라도 지난 5월 미국은 베트남과 연락사무소 조기 설치에 합의한 데 이어 일본과는 종전의 수치 목표를 내세운 무역 압력을 포기하고 포괄경제협의를 재개했으며, 중국에 대해서는 무역최혜국대우(MFN) 연장을 볼모로 한 인권 개선 요구를 철회했다. 또한 6월 들어서는 카터 전 대통령을 북한에 보내 핵문제와 북-미 관계 개선을 함께 타결짓는 일괄 협상에 합의했다.

과거의 냉전적 대결과는 전혀 다른 양상으로 국익을 추구하는 것이다. 이제 미국은 북한과 더욱 가까워질 것이다. 중국은 북한도 놓치지 않으려 하지만 경제제일주의 때문에 미국과도 밀착할 것으로 보인다. 일본도 북한과의 수교를 서두를 것이 뻔하다. 이런 판국에 우리만 냉전의 고도에 머물러서는 안 된다.

한편 한국산업은행 조사부가 연구한 바에 따르면 남북한간의 1인당 GNP는 1970년대 초반까지는 북한이 앞섰지만 중반부터는 남한이 앞서기 시작하여 1993년 현재 남한이 북한에 비하여 8.3배에 이르렀다. 인구를 남 대 북 2대1로 잡으면 남한의 경제 규모가 적어도 북한의 15배는 된다는 이야기다. 이런 상황에서 우리가 강자의 관용을 베풀기는커녕 10년 또는 그 이전의 냉전 이데올로기로 북한을 옥죄는 것은 통일을 위해 바람직하지 않다.

나는 통일지상주의자가 아니다. 과거 성장제일주의가 여러 가지 불균형을 낳았듯이 통일지상주의도 틀림없이 갖가지 부작용을 낳을 것이다. 통일은 목표라기보다는 수단이어야 한다. 그것은 남북한 사람들의 물질적 생활과 기본권을 증진시키는 것이어야 가치가 있다. 따라서 무리하게 통일을 서둘러서는 안 된다.

그러나 통일을 위한 준비는 서둘러야 한다. 옛 서독은 브란트의 동방정책 이후 오랫동안 통일 준비를 해왔을 뿐 아니라 막강한 경제력을 활용해 변화하는 국제정세 속에서 통일을 사들이다시피 했다. 옛 소련에게서 샀다고 할 수도 있고 고르바초프, KGB, 동독의 관리, 동독의 비밀경찰 등에게서 샀다고 해도 과언이 아니다. 어쨌건 그들은 차분히 실력을 배양하고 있다가 기회를 포착한 것이다. 물론 통일 직후에는 여러 가지 혼란을 겪었으나 현재는 독일 경제의 앞날을 낙관해도 좋게 되었다.

우리가 독일의 지난 경험을 그대로 되풀이할 필요는 없다. 그러나 한 가지 확실한 것은 통일하려는 의지와 경제적 기반 조성은 통일의 필요조건이고, 기회 포착은 충분조건이라는 사실이다.* 그리고 이러한 모든 조건을 구비하자면 경직적인 냉전 사고에서 벗어나야만 한다. 구태의연한 냉전 사고로는 유동적인 국제 환경에 신축적으로 대응할 수 없을 뿐더러 자칫 국가의 실익을 놓쳐 버릴 수도 있다.

지금 우리나라에는 1970년대식 냉전 분위기가 일고 있다. 이 분위기 때문에 개혁이나 국제경쟁력과 같은 현안들이 밀리고 있다. 그러나 이러한 분위기는 득보다 실을 초래할 것이다. 진정한 통일 준비는 감정보다는 이성에 호소하는 것이어야 하고 명분보다는 실리를 앞세우는 것이어야 한다.

우리는 지금부터라도 소모적인 논쟁보다는 경제 사회의 건전한 틀을 정착하고 각종 불균형을 제거해서 우리 경제의 내실을 기하는 데 더욱 관심을 가져야 한다. 이것이야말로 언제가 될지 모를 통일 시대를 준비하는 우리에게 최우선적으로 요청되는 과제다.

_ 한국일보, 1994. 7. 28

* 1995년 기준으로 남한 인구는 북한의 약 두 배에 이르고 1인당 GNP는 남대 북이 10대1의 비율을 보였다(1989년 당시 서독 대 동독의 인구비는 약 4대1이었고 1인당 GDP 비율도 4대1이었다). "German Lessons For Korea: The Economics of Unification" (Institute for International Economics, Working Paper 96-3, 1996)과 "Some Unpleasant Arithmetic Concerning Unification" (Working Paper 96-13, 1996) 두 논문은 독일이 통일 과정에서 겪은 어려운 경험을 소개하고, 인구와 경제발전 정도를 비교해 볼 때 한반도의 통일은 독일보다 엄청난 비용이 더 들어가는 험난한 과정을 거칠 것이라고 지적했다. 현재 통일 후에 들어갈 조정 비용 조달 방안을 1991년부터 연구하고 있다고는 하지만, 그 개념 설정이나 구체적 기금 조성 방안에 대해서는 정부가 결론을 내지 못하고 있다. 또한 통일 후 북한의 노동자 상당수가 실업 상태에 놓일 것이라는 연구 결과(「북한의 인구 센서스 결과 분석」, 한국보건사회연구원, 노용환, 1997)도 나와 있어 이에 대한 대비책도 절실히 요구된다.

도그마로부터의 해방

　　　　　　　　　　베이컨(F. BACON, 1561~1626)은 당대인
들에게 '동굴의 우상'에서 헤어나라고 가르쳤다. 나는 그의 가르침이 오늘
날에도 타당하다고 생각한다. 자기 시각만이 옳다고 생각하는 사람들이 우
리 사회를 오도하고 있기 때문이다. 내가 지난번 이 논단(7월 28일)에서 냉
전 사고에서 탈출을 제안한 것도 우리의 사고를 편협한 동굴의 시각에서
벗어나게 하려는 노력의 일환이었다.

　지금 우리 사회가 갇혀 있는 동굴은 비단 냉전 이데올로기뿐만이 아니
다. 이밖에도 경제 또는 비경제 부문에 극복해야 할 도그마가 아주 많다.

　그 중 가장 심각한 것은 '규모의 경제'에 대한 신념이다. 기업의 규모
를 늘리면 단위당 생산비가 절감되므로 경제적이라는 아이디어를 많은
사람들이 신봉한다. 그러나 실제로는 통하는 데도 있고 통하지 않는 데

도 있다. 오죽하면 한 외국 경제학자가 야구장 여럿을 만들 수 있는 부지에 세운 어떤 공장 건물을 보고 "그 기업은 세계에서 가장 사치스러운 창고"라고까지 묘사했겠는가.*

그런데 기업들은 왜 끊임없이 규모를 확장하려 하는가. 그것은 지난날 정부가 중소기업에는 적자생존의 원리를 적용하면서도 일단 대기업만 되면 면파산부(免破産符)를 부여했기 때문이다.

최근에는 규모 늘리기에서 한 걸음 더 나아가 사업 범위를 넓히면 경제적이라는 '범위의 경제'를 내세워 너도 나도 사업다각화에 혈안이다. 사업다각화의 극치는 문어발식 경영이다. 문어발식 경영은 개별 재벌에게는 이로운 것이다. 몇 개의 계열 기업이 어려움을 겪더라도 다른 기업들이 수지를 맞추기만 하면 그룹 전체로는 오래오래 수명을 유지할 수 있다. 게다가 규모마저 크면 정부가 보호해 준다. 언론까지 거느리고 있으면 더욱 튼튼해진다.

그러나 경제 전체로 보면 문어발식 경영은 득보다는 실이 크다. 창조적으로 도태되어야 할 기업이 퇴출되지 않고 희소한 실물 자원과 금융 자원을 낭비하면서 자원 배분을 왜곡시키지 않는가. 그렇다고 재벌더러 자발적으로 문어발을 포기하라고 권유해야 소용없다. 룰을 만들어서 유도해야 한다. 그런 의미에서 공정거래위원회가 추진 중인 출자총액상한의 하향 조정은 관철되어야 한다.

'규모의 경제'만큼이나 심각한 것은 '인플레이션은 화폐적 현상'이라는

인식이다. 돈이 풀리면 틀림없이 인플레이션이 생기고 역으로 인플레이션
의 출현은 돈이 풀린 증거라는, 경직된 화폐수량설**적 사고 말이다. 화폐수
량설적 사고는 민심 수습을 위해 물가안정을 최고 목표로 삼았던 제5공화
국 정권에서 정점을 이루었다. 당시 정부는 물가안정을 위해 가장 손쉬운
수단으로 물가를 직접 통제하고 통화량을 조였다. 그러나 단순한 발상이 가
져온 부작용은 컸다. 다른 무엇보다도 사회간접자본 부족 등 생산기반 구축
의 부진은 오늘날까지 성장잠재력 배양의 애로 요인으로 작용해 왔다.

실제로 1970년대에 겪은 두 차례의 오일 쇼크와 끊임없는 신금융 상품
의 등장으로 통화량과 물가 간의 고리는 끊어진 지 오래다. 금융시장이 발
달할수록 화폐수량설의 존립 근거가 약해진다는 사실은 많은 경제학자들
이 이미 지적했다. 그럼에도 불구하고 금년도 물가지수 목표가 걱정되자
느닷없이 RP*** 규제 강화를 통해 통화량을 규제하려는 화폐금융 당국의
발상은 진부했다. 그들은 은행의 과도한 주식 투자에 대해 일찍부터 경고
를 하든지 개인 대출 규모의 확장을 삼가라고 지도했어야 했다. 비록 통화
량 조정으로 물가를 안정시키더라도 그 과정에서 금융시장이 겪은 대혼
란과 중소기업의 자금난은 정책 성과의 빛을 바래게 할 것이다.

경쟁은 언제 어디서나 좋다는 믿음도 문제다. 옛 소련 및 동유럽에서의
사회주의 실험 실패는 시장 메커니즘을 전면으로 부상시켰고, 경쟁은 선
이요 비경쟁은 악이라는 인식을 널리 보급시켰다.

그러나 경쟁은 대학·언론·법조계 등에는 바람직하지 않을 수도 있

다. 대학과 관련된 면 두 가지만 살펴보자. 최근 교육부는 국·공립대학의 연구비를 올려 주되 연구 성과에 따라 차등 지급하겠다고 공표했다. 예를 들어 정교수에게는 과거에 비해 월평균 14만 원을 더 주되 한 사람에 7만 원부터 21만 원까지 범위 내에서 분배하겠다는 것이다. 대학 사회에도 경쟁을 도입하겠다는 것이다.

이것은 의도는 좋을지 몰라도 소탐대실(小貪大失)의 결과를 가져올 수 있다. 평생 아리스토텔레스를 열심히 연구했으나 완벽주의자여서 아직 책 한 권 안 낸 사람은 7만 원을 받고, 관변(官邊)이나 산변(産邊)에서 프로젝트를 받아 끄적끄적 용역 보고서를 써낸 사람은 21만 원을 받을 가능성이 높다. 사실 공부가 좋아 모인 교수 사회에서는 알게 모르게 자체 평가가 이루어져 오지 않았던가.

재임명 제도도 마찬가지다. 이 제도는 미국처럼 다원화된 사회에서는 몰라도 한국 사회에는 적용하기 어렵다. 또 정해진 기간 안에 재임명을 받기 위해 쓰는 논문은, 양은 많아질지 몰라도 질이 문제될 수 있다. 따라서 학문의 왜소성을 부채질하기 십상이다.

지금 우리 사회는 이밖에도 여러 가지 도그마의 지배를 받고 있다. 그런데 도그마에서 탈출할 것을 주장하는 사람들의 목소리는 약하다. 그러나 한 가지 분명한 사실은 경직적 사고가 만연한 사회는 결코 동태적 발전을 할 수 없다는 것이다. 우리 자신을 갖가지 도그마에서 해방시키자.

_한국일보, 1994.8.25

* 이 건물이 바로 '한국중공업' 공장이다. 이 건물은 박정희 대통령이 "세계에서 가장 큰 공장 부지 면적을 조사해서 그보다 가로 20m, 세로 20m 더 늘려서 지으라"고 명령하여 탄생한 것이다. 우리가 알게 모르게 지니고 있는 '세계 최고', '세계 최대'에 대한 강박관념을 잘 보여 주는 일화다.

** 화폐수량설은 MV=PT, 즉 (통화량 M)×(화폐사용 횟수 V)=(물가 P)×(거래량 T). 물가는 통화량에 의해 결정된다는 이론이다. 이것을 방정식화한 것을 피셔 방정식이라고 한다.

예를 들어 현재 시중에 유통되는 통화량이 100이고 1년 동안 화폐가 10번씩 쓰인다고 하자. 이때 거래량이 500원어치면 100×10=물가×500이므로, 물가는 2가 된다. 만약 통화량이 200으로 늘어나면 200×10=물가×500이므로, 물가는 4가 된다. 즉 화폐가 1년 동안 쓰이는 횟수와 거래량이 일정할 때, 물가는 통화량에 의해 결정된다. 돈을 많이 찍어내면 물가가 오르고, 돈을 적게 찍어내면 물가가 내린다는 학설이다.

*** RP(repurchase agreement, 환매조건부채권)는 발행한 측에서 일정 기간이 지난 후 다시 매입하기로 약속하고 발행한 채권으로, 단기자금을 조달하는 금융 거래 방식의 하나다. 발행 목적에 따라 다양한 형태를 띠는데, 대표적인 것은 한국은행이 통화조절 수단으로 시중 은행에 판매하는 RP다. 한국은행은 자금 사정에 따라 RP 금리를 조절하고 있다. 시중에 돈이 너무 많다고 생각하면 한국은행은 통화관리채권을 발행해서 시중의 돈을 흡수하고, 시중에 돈이 부족하다고 판단하면 통화관리채권을 환수해서 시중에 돈을 공급한다.

어설픈 시장주의

김영삼 정부의 여섯 번째 경제팀이 시장주의의 기치를 내걸고 출범한 지 두 달이 되어 간다. 그러나 구조조정 3개년 계획의 아이디어가 튀어나온 이후 새 경제팀이 표방하는 시장주의에 의혹의 눈길을 보내는 사람이 많아졌다. 더구나 재벌그룹을 위해 '부실 징후 기업 정상화 촉진과 부실 채권의 효율적 정리를 위한 금융기관 협약*이란 실로 기발한 이름의 제도까지 만들어 기업의 진입·퇴출 과정에 기형적으로 개입하는 것을 보고는 과연 새 경제팀의 시장주의가 튼튼한 기초 위에 서 있는지 의문을 제기하지 않을 수 없다. 선무당이 사람 잡는다고 어설픈 시장주의가 가뜩이나 어려운 경제를 더욱 어렵게 할까 두려워 시장과 시장주의에 대해 몇 마디 적고자 한다.

시장주의는 정부의 지나친 규제가 기업 활동을 제약했고 그 결과 경쟁력이 약화되었으므로 과감한 규제완화로 경제의 활력을 되살리자는 것이다. 일리 있는 말이다. 정부는 과거에 무분별한 규제를 일삼아 온 것이 사실이고, 그동안 규제가 많이 풀렸다고는 하나 아직 풀어야 할 규제가 많은 것도 사실이다.

그러나 규제만 풀면 믿음직한 시장이 생겨날 것으로 착각해서는 안 된다. 시장은 어느 날 갑자기 하늘에서 떨어진 것이 아니라 사람들이 경제 거래를 하면서 필요에 따라 만들어 낸 사회 제도다.

그러므로 어떤 사람들이 어떤 규칙을 가지고 모이느냐에 따라 시장의 질서가 달라지고, 그 성과 역시 각양각색일 수밖에 없다. 이런 점에서 시장 질서는 자연의 섭리와는 구별된다. 누구도 거역할 수 없는 자연 질서와 달리, 시장 질서는 인간이 마음만 먹으면 거역할 수 있고, 또 거역해도 처벌받지 않을 수도 있다. 예를 들면 한국의 재벌은 시장 참여자이면서도 탈세·내부자거래·담합 등을 통해 시장 질서를 어겨 왔고, 때로는 시장 질서 형성에 부당한 영향력을 행사하기도 했다.

어떻게 보면 시장은 게임과 같다. 경기자들이 동등한 자격을 가지고 공정한 룰에 따라 최선을 다해 경쟁하고, 그 결과 가장 효율적인 사람이 가장 높은 보수를 얻을 때 시장은 훌륭한 모습을 갖추게 된다. 그러나 불행히도 현실적으로 볼 때 모든 게임의 룰이 항상 공정한 것만은 아니며 모든 경쟁이 사회적 효율성을 가져다 주는 것도 아니다.

불공정한 게임 룰의 대표적 예로 이번에 제정된 '부실 징후 기업에 대한 금융기관 협약'을 들 수 있다. 단지 여신 잔액 규모가 일정한 크기 이상이라는 이유만으로 재벌기업이 특별 대우를 받는다면 이미 공정한 게임이 아니다. 결국 불공정한 경쟁은 적자(適者)가 아닌 강자(强者)** 가 경쟁의 승자로 선택되기 때문에 자원의 효율적 배분이 어려워진다.

효율성을 저해하는 비생산적인 경쟁의 예도 얼마든지 있다. 대학 입시 경쟁, 촌지 경쟁, 뇌물 경쟁 등에서는 경쟁이 치열해질수록 자원 배분이 심하게 왜곡된다.

이처럼 시장은 언제 어디서나 훌륭히 작동하는 것은 아니다. 정부는 무턱대고 경제를 시장에 맡기자고 하기 전에 진정한 심판의 입장에서 룰을 만들고, 또 이를 어기는 자를 징계하는 시장 질서를 만들어야 한다. 그러자면 때로는 심판이 고질적으로 규칙을 지키지 않는 경기자를 과감히 퇴장시키는 일도 마다하지 않아야 한다. 그래야만 관중들은 그 경기에 박수 갈채를 보낼 것이다. 새 경제팀은 이 점을 꼭 기억해야 한다.

_ 동아일보, 1997. 4. 24

* 1997년 4월 3일에 발효된 이 협약은, 제2금융권이 부실 예상 기업체에 대한 대출금 회수 시기를 오히려 앞당기는 바람에 기업을 더욱 어렵게 하는 등의 부작용을 낳았다. 이에 자금 시장이 경색되어 금융시장 대란설이 지속적으로 떠돌고 기아그룹의 경영권 포기 문제가 갈등을 빚자, 정부는 8월 29일에 부도유예협약과 그 밖의 부실 기업 정리와 관련한 법·제도를 전면 재검

토하기로 했다. 부도유예협약은 애초부터 문제를 배태하고 있던 정책이었다. 애써 그것을 무시하고 저돌적으로 밀어붙였던 정부는 뒤늦게 뒤처리를 하느라 우왕좌왕하고 있다. 원칙 없는 시장주의의 당연한 귀결이다.

✱✱ 여기서의 '강자'는 단지 크기에 의존하여 힘을 발휘하는 자를 가리키는 것이지, 능력이라든지 효율성과 관련해 우위에 있다는 것을 말하는 것은 아니다. 즉, 대자(大者)라고 해석하면 된다.

대외채무에 대한 **국가지급보증**

재정경제원은 외환위기를 극복하기 위해 단기 외채를 중장기 외채로 전환하려는 대책을 마련하고 있다. 그 시나리오는 다음과 같다.

단기 외채의 만기가 연장되면 해외 은행들의 신규 여신이 재개되고 궁극적으로는 해외투자자들의 투자가 활발해져 현재의 외환위기가 극복된다는 것이다. 따라서 이 시나리오의 첫 번째 단추인 단기 외채의 만기를 연장하기 위해 정부는 사활을 걸고 총력을 기울이고 있는 형국이다. 정부는 국내 은행들의 단기 외채에 대하여 국가가 200억 달러를 지급 보증해 주겠다는 동의안을 국회에 내놓아 통과시킨 바 있고, 이밖에도 대외적으로 다각적인 협상을 진행중이라고 한다.

그러나 이러한 재경원의 대책은 우선 급한 불부터 끄고 보자는 것에 지나지 않는다. 대외채무에 대한 국가지급보증 같은 극단적인 단기 조치를 적용하는 데 따르는 구체적인 기준이나 시행 방안은 아직 마련하지 못했으며, 그 효과 또한 면밀히 검토하지 않은 것 같다.

사실 IMF와 선진국들의 자금 지원 선언 이후 급격한 외화 유출(external drain)은 어느 정도 진정되었다. 하지만 우리나라의 대외신인도*는 본질적으로 크게 개선된 것이 없으며, 외국 투자자들은 여전히 팔짱만 끼고 우리를 지켜보고 있는 실정이다.

근본을 변화시키려는 노력이 가시적으로 나타나지 않은 상황에서 여기저기 우후죽순처럼 급한 불이 피어오르는 것은 당연한 일이다. 이 불을 어떻게든 끄고자 노심초사하는 재경원의 고충이 이해되지 않는 것은 아니지만, 이 시점에서 위기 수습이 왜 지지부진한지, 그리고 국가지급보증 같은 단기적 대책에 별 문제는 없는지 곰곰이 짚고 넘어갈 필요가 있다.

지난 연말 재경원이 밝힌 우리나라의 대외지불부담 기준 총외채는 IBRD(국제부흥개발은행) 기준에 따른 총외채 1186억 달러에다 금융기관이 해외에서 빌린 344억 달러를 합해서 1530억 달러다. 이 중에서 상환 기간이 1년 미만인 단기 외채는 802억 달러로 약 52%에 달한다.

연말을 고비로 일단 외환 문제는 한 고비를 넘겼고, 외국 금융기관들의 우리나라에 대한 투자 분위기도 호전되어 해외 차입 만기 연장은 원활해지고 있다고 한다. 그러나 외국 금융기관들이 한국에 대한 단기 융자를 초단기로 재연장하고 있는 데 지나지 않는 것이 현실이다.

　7대 시중은행의 경우, 연말 29일부터 31일까지 3일간 외국 금융기관들이 회수하려던 외화 대출 총 4만 4350만 달러의 만기가 연장되었다고 한다. 그 중 약 80%가 넘는 3만 6450만 달러가 종전 1개월, 6개월에서 하루, 1개월짜리로 바뀌었다고 한다. 그 중 종전에 1개월마다 만기 연장 이후 하루짜리나 2주일짜리로 바뀐 것이 2만 4650만 달러로 전체의 55%에 달한다고 한다.

　이 같은 현실은 외국 투자자들이 아직도 한국의 금융 상황을 불안하게 바라보고 있으며, 나아가 한국 기업과 정부의 펀더멘털(fundamental)** 에 대한 개혁 의지를 믿지 못하고 있음을 반증한다. 이러한 상황에서 재경원이 구상하고 있는 단기 채무에 대한 정부의 지급보증 정책이 외국 투자자들에게 어떻게 비칠지 몹시 우려된다.

　이 조치를 보면 재경원이 여전히 구태의연한 사고방식을 버리지 못하고 있다는 의구심을 떨쳐 버릴 수 없다. 한마디로 재경원은 아직도 '한국주식회사'의 사장 노릇을 하려는 것 같다. 개별 금융기관들에 대한 국가지급보증은 정부가 모든 금융기관과 위험을 공유하겠다는 것이다. 쉽게 말하면 '죽어도 같이 죽고 살아도 같이 산다'는 눈물겨운 애국심(?)이 깔려 있는 것이다.

　그러나 정부의 지급보증으로 우선 국제 금융시장에서 한국의 은행들은 모두 정부의 대리인으로 취급되고, 우량 은행과 부실 은행을 선별하는 기능이 마비된다. 이 때문에 건전한 은행의 대외신인도마저 떨어지는 결과를 가져올 가능성이 크다. 즉, 우량 은행이 부실 은행으로 취급받아 같이 부실해질 우려가 있다. 또한 어차피 정부가 모든 위험을 떠안았으므로 국제 금융시장에서는 개별 은행의 위험보다 한국 정부의 위험이 더욱 중요하게 고려될 것이다. 한국 정부가 외국 투자자들에게 확고하게 신뢰를 받고 있는 상황이라면 모르겠지만, 그렇지 않은 상황에서 국가지급보증은 외국인 투자를 더욱 위축시킬 수도 있다.

아울러 정부의 지급보증은 개별 금융기관의 도덕적 해이를 초래할수 있다. 어차피 개별 은행의 위험이 국가위험***으로 전가된다면 개별 은행은 건전 경영보다는 위험하더라도 단기적 고수익을 추구할 유인이 있다. 또한 금싸라기 같은 정부의 한정된 재원을 부실 금융기관을 돕는데 쓰는 작금의 상황은 시장을 더욱 왜곡시킬 것이며, 부실 금융기관의 도태와 금융권의 구조조정이라는 절체절명의 과제 실현을 더욱 어렵게할 것이다.

결국 현재와 같은 국가 위기 상황에서 정부의 지급보증 선언은 우리가 구태를 답습하고 있다는 의구심을 불러일으키고, 몇 개 안 되는 우량 은행마저 불량해질 위험이 있으며, 또한 구조조정을 회피하려 한다는 오해를 살 수도 있다. 이는 우리의 개혁 의지와 위기 수습 능력에 대한 국제적 회의를 불러일으켜 대외신인도를 더욱 저하시킬 수 있다.

외국 투자자들은 그렇게 어리석지 않다. 단순한 시장 원리를 냉정하게 신봉하는 그들은 한국이 장기적으로 회생 가능할 것인지에 관심을 두고 있다. 만약 조금이라도 한국 경제가 회생 불가능하다고 판단하면, 조금 손해를 보더라도 더 물리기 전에 바로 지금 손을 털려고 할 것이다. 단기 외채의 만기 연장이 외국인의 국내 신규 투자를 자동적으로 불러오는 것처럼 상정하는 정부의 시나리오에 문제가 있다는 뜻이다. 만기 연장은 신규 투자의 필요조건이긴 하지만 충분조건은 아니기 때문이다. 만약 국가지급보증을 통한 만기 연장이 장기적으로 한국 경제를 더 위험한 지경으로 몰고 갈지도 모른다는 우려가 있다면 누가 신규 투자를 하겠는가. 그나마 이루어지고 있는 만기 연장도 오래가지 못할 것이다.

물론 외국 은행들 중 우리나라에 이미 많은 돈을 물린 곳, 특히 일본 은행들은 단기 채권을 연장하는 조건으로 정부와 한국은행의 지급보증을 요구하고 있다. 그들로서는 있을 수 있는 요구다.

하지만 더욱 중요한 것은 신규 여신과 신규 투자의 재개다. 이것은 기존 채무의 연장과는 다소 구분해서 생각해야 한다. 정부는 이미 돈을 물린 채권자들과 팔짱을 끼고 지켜보고 있는 잠재적 투자자들 사이에서 후자를 타깃으로 대책을 세워야 한다는 말이다. 이를 위해서는 정부의 지급보증과 같은 위험한 조치보다는 구조 개혁과 구조조정에 대한 명쾌한 비전을 보여 주고 이를 가시적으로 실행에 옮겨야 한다.

자본주의 경제에서 금융위기와 외환위기****는 수시로 있어 왔다. 그리고 경제위기는 두 가지 측면을 공유하고 있다. 경제위기는 한편으로는 축적된 경제구조의 모순이 일시에 드러나는 것이지만, 다른 한편으로는 경제구조를 개혁하고 새 출발을 할 수 있는 기회이기도 하다. 우리나라처럼 수십 년간 정부와 재벌 중심의 비정상적인 체제에서 성장해 온 경우, 최근의 경제위기는 새 출발을 할 수 있는 기회로서 그 의미가 크다고 하겠다.

오래전부터 화폐금융학자들은 금융위기에는 평상시 기준으로 볼 때 건전한 기관만을 도와줌으로써 위기를 부실 부문에 한정시켜야 한다고 했다. 그래야만 위기가 가지는 순기능은 살리고 부작용은 최소화할 수 있기 때문이다.

현 위기의 책임자이기도 한 정부는 이제 자신이 해야 할 일과 하지 말아야 할 일을 구별할 줄 아는 지혜를 가져야 한다. 정부가 해야 할 일은, 경제 구조조정에 대한 개혁 의지를 가시적 실천을 통해 보여 줌으로써 대외신인도를 회복하고 위기의 과도한 확산과 부작용을 막는 것일 뿐이다. 과거처럼 규모가 크다는 이유로 부실한 금융기관과 기업들을 억지로 살리려고 해서는 안 된다. 또 할 수도 없다.

지금의 위기는 자본주의의 기본 원리인 적자생존의 원칙을 지키지 않아 생긴 문제인 만큼, 이제는 이 원리를 지키도록 하자. 급한 불을 끄려다가 더 큰 불을 일으키지 않았으면 한다. _쌍용투자증권, 1998.1

* 곳곳에서 외환위기가 터지고 있다. 동남아시아에 이어 러시아·남미 등 대외채무 상환에 곤란을 겪는 위기국이 속출하고 있고, 심지어 모라토리엄을

선언하기까지 한다. 어디에 돈을 투자할지 몰라 우왕좌왕하는 국제 자본을 보고 총명한 사람이 번뜩이는 아이디어를 냈다. "국가의 대외채무 상환 능력에 대한 정보를 만들어 팔아먹으면 떼돈을 벌 수 있겠군!"

Stantard & Poor's와 Moody's가 앞장서고, Duff & Phelps, Inc., Thomson Bank Watch Inc., Fitch & IBCA, The Japan Bond Research Institute 등이 뒤를 따르고 있다. 그들은 정치·경제·사회 등 모든 분야를 총체적으로 분석한다. 이 평가 결과는 어떤 국가에, 얼마만큼의 가산금리를 붙여 꾸어 줄지에 대한 정보를 제공한다. IMF와 악연을 맺은 이후 한국의 국가신용등급 하락 과정을 살펴보면 가히 환상적이다. 1997년 10월 24일 S&P사는 장기 AA-에서 A+로 떨어뜨렸고, 1997년 11월 27일 A+에서 A-로 다시 두 단계 하향 조정했다. 1997년 12월 23일 Moody's사와 S&P사는 한국의 신용등급을 투기 등급인 Baa3에서 Ba1으로 떨어뜨렸다.

** 본래 거시경제변수를 뜻하는데, 여기서는 금융구조·산업구조 등의 경제적 기초(infra-structure)라는 의미로 쓰였다.

*** 자금을 차입하는 민간 기업이나 개인이 속한 나라의 자금 상환에 대한 위험도로서 특정 국가에 투자나 여신을 제공할 경우, 그 나라의 정치·경제·사회적 여건에서 발생할 수 있는 채권 회수상의 어려움을 나타낸다. 국가위험은 보통 채무국의 외채 상환 능력 부족, 전쟁이나 내란, 수출입 규제 등에서 비롯된다.

**** 금융위기는 금융 체계가 갑자기 불안정해지는 현상으로, 여러 은행에서 동시에 대량 인출 사태가 발생하는 경우가 대표적이다. 이에 반해 외환위기는 환율이 급격하게 상승하는(자국의 통화 가치가 갑자기 평가절하되는) 상황을 말한다. 한국은 사전적 의미에서 통화 가치가 급락하고 중앙은행의 달러 보유고가 급격히 낮아지는, 경제적으로 복합적인 외환위기 과정을 겪었다.

경기부양 안 된다

한국 경제, 더 나아가서 한국 사회는 어디로 갈 것인가. 대학 졸업자가 취직 걱정 안 해도 되고, 건실한 중소기업이 공룡 재벌에 주눅들지 않으며, 또한 효율과 형평이 병행하는 이상적인 경제를 이룰 수 있을까.

그러나 지금으로서는 이러한 미래상을 그려보는 것조차 사치라고 말할 수밖에 없다. 길고 긴 국제통화기금(IMF) 터널은 이제 막 시작일 뿐이며, 오아시스 하나 보이지 않는 막막한 사막이 우리 앞에 펼쳐져 있기 때문이다.

그런데도 우리는 지금 그 입구에서부터 갈팡질팡하고 있다. 최근 재정경제부가 거론하기 시작한 경기부양 아이디어*는 갈팡질팡하고 있는 한국 경제의 대표적인 사례다. 불행하게도 이것은 한국 정부가 IMF 구제금융**의 의미가 무엇인지도 모르고 있고, 또 그로부터 배울 의지도 전혀 없다는 것을 만천하에 보여 준 증거이기도 하다.

말할 것도 없이 IMF 터널의 주범은 거품이다. 그리고 그 거품은 한마디로 재벌, 특히 5대 재벌의 과잉투자로 인한 과잉시설이다. 과잉시설은 기업의 현금흐름을 어렵게 했고, 더 나아가 국가 전체의 외환위기로까지 비화되었다. 일단 환란을 당했으니 급한 불을 끄기 위해 외환을 확보하는 것이 급선무였다.

그러므로 위기 초기에 이 일을 무난히 처리해 낸 정부는 칭찬을 받아도 좋다. 그러나 급한 불을 껐다고 해서 만의 하나 흥청대던 과거로 돌아가도 된다고 생각한다면 이는 큰 오산이다. 문제의 불씨는 여전히 살아 있고 어려움은 이제 막 시작되었을 뿐이다.

정부는 구조조정을 시장에 맡긴다며 첫 몇 개월을 허송세월하더니 다행히도 6월 중순부터는 방향을 바꾸어 55개 기업, 5개 은행을 퇴출시켰다. 이 조치는 미진했지만 기업과 은행, 특히 큰 기업과 큰 은행의 추가 정리로 이어질 것이란 기대 속에 긍정적인 반응도 있었다.

그런 가운데 느닷없이 재경부는 기업의 퇴출보다 회생을 꾀하는 동시에 허리띠를 너무 졸라매다가는 제조업이 다 무너질까 봐 걱정된다며 경기부양을 고려하겠다고 나섰다.

퇴출되는 기업과 직장 잃은 노동자를 보고 가슴 아파하는 것은 너나 구별 없이 마찬가지다. 그러나 한국 경제의 최대 현안인 구조조정을 피와 땀을 수반하는 고통 없이 이룰 수 있다고 생각한다면 이는 큰 착각이다. 어렵다고 해서 정도를 걷지 않는다면 어떻게 터널을 통과할 것인가. 정부는 조금의 고통조차도 경기부양으로 피해 보려 하고, 5대 재벌들은 아직도 경쟁력 강화 대신 슈퍼뱅크 설립*** 등 살찌우기에만 열심이며, 상당수 국민들은 시간이 지나면 잘 되겠지 하는 막연한 환상에 빠져 있는 듯하다. 참으로 답답한 일이다.

나는 지난 몇 개월간 지지부진한 구조조정과 IMF의 가혹한 거시경제 정책을 동시에 비판해 왔다. 20% 전후의 고금리나 무리한 통화긴축은 비판받아 마땅하다. 그러나 지금은 금리가 IMF 이전 수준으로 돌아가고 있다. 이 마당에 경기부양을 하게 되면, 수지맞는 기업이나 사업을 제외하고 나머지는 정리하자는 구조조정의 본뜻이 퇴색하고 다시금 우리 경제의 고질병이었던 거품을 다시 불러일으키게 될 것이다.

이제는 옆도 뒤도 보지 말고 앞만 보며 구조조정에만 힘쓸 때다. 그리고 구조조정에 필요한 최소한의 돈은 풀어도 좋다. 예를 들어 구조조정 과정에서 한 은행이 퇴출되면 그 은행과 거래하던 이들이 뜻하지 않게 피해를 보게 된다. 이것을 막기 위해 돈을 쓰는 것은 피할 수 없다. 그러나 현재 기업들이 이런저런 이유로 어려움을 겪는다고 금리를 내려 준다거나 돈을 푸는 것은 바람직하지 않다. 그것은 퇴출되어야 할 기업을 살려 주어 경제 전체로 볼 때 필요없는 기업을 끌어안게 되는 결과를 낳을 수 있다.

구조조정을 사실상 포기하면서까지 경기부양에 돈을 풀어서는 안 된다. 그것은 김영삼 정부의 '신경제 100일 계획'****처럼 한국 경제를 파멸로 몰아넣을지도 모른다.

_ 한겨레, 1998. 7. 22

* 우량 기업에게 돈은 보약이다. 하지만 한계기업에게 흘러들어가는 돈은 시한폭탄이다. 더 큰 화를 품고 있기 때문이다. 아직 한계기업은 망하지 않았다. 경기부양은 시기상조다. 지금 돈을 풀면 IMF의 주범 재벌이 자금을 독식하고 현금 장사를 할 것이 뻔하다.

** 외환위기에 처하면 어떻게든 외부에서 외화를 들여와야 한다. 다행히 IMF 회원국은 IMF와 스탠바이 협약을 맺고 외화를 빌려 올 수 있다. 그러나 IMF의 채무국이 되면 국가의 위신은 물론이고 경제적으로 식민지나 다름없는 엄청난 제약이 가해진다. 외환 상태를 호전시키기 위해 모든 노력을 다하겠다는 맹세뿐만 아니라 심지어 경제정책 일반에 개입하기도 하며, 해당 국가에 강력한 구조조정을 요구하기도 한다.

IMF는 한꺼번에 돈을 빌려 주지 않는다. 스탠바이 협약 문서에는 돈을 건네주는 일정과 시기마다 준수해야 하는 엄격한 이행 기준이 포함되어 있다. 이행 기준을 지키지 않으면 IMF는 자금 지원을 중단할 수 있다. 충실하게 이행하면 때때로 재협상하여 조건을 완화해 준다. 정부는 제5차 의향서(1998. 5. 2)에서 재협상에 가까운 이행 조건 완화를 따냈다고 하지만, 문제를 보는 시각에 따라 그 해석도 여러 가지다.

*** 현대증권이 조흥은행을 합병한단다. 이미 삼성은 온갖 금융기관을 골고루 갖추고 One Stop Service를 제공하고 있다. 재벌치고 종금사나 증권사, 보험사 없는 데는 없다. 은행만 먹으면 재벌의 소원은 이루어진다. 돈 마음대로 주무르며 덩치를 더 키우려는 욕심이 현실로 전화되고 있다. IMF의 주범이 누구던가. 종금사와 재벌이 아니던가. 주범끼리 뭉쳐 더 큰 음모를 꾸

미고 있다

**** 1993년 3월 22일에 발표된 신경제 100일 계획은 YS가 경제전문가의 머리를 빌려 만든 첫 번째 작품이다. 재벌 체제와 금융 구조의 문제점을 언급하지 않은 채 수요 진작을 통한 경기 활성화, 중소기업 지원 강화, 행정 규제 완화 등의 내용이 나열되어 있다.

구조조정만이 경제 살린다

주가가 지난 한 달 반 동안 급락과 소폭의 반등을 거듭한 끝에 종합주가지수는 553.25, 코스닥지수는 76.46까지 떨어졌다. 새 경제팀이 들어선 이후 각각 20.9%와 38.3%가 빠진 셈이다. 한국 경제가 흔들리고 있는 것이다.

주가가 올라갈 때는 구조 개혁이 성공했기 때문이라고 주장하던 정부는 이번 주가 하락을 대외적 요인 탓으로 돌리기에 바쁘다. 유가 상승, 포드의 대우자동차 매수 포기, 미국 나스닥지수 하락 등 핑계도 많다. 궂은일에 대해서는 책임을 지지 않고 내 탓보다는 남의 탓으로 돌리는 정부의 행태는 어제나 오늘이나 변함없다.

대우자동차 매각 무산은 틀림없이 채권단 손실과 부품업체의 어려움을 가져오겠지만 주식시장을 공황 상태로 몰아넣을 만한 악재는 아니다. 그보다는 우리 정부의 취약한 문제 해결 능력이 국제 금융시장에 노출된 것이 큰 악재였다. 그동안의 대우자동차 매각 경위는 정부가 대우 그룹 문제를 포함해 크고 작은 문제를 제대로 처리할 수 있는 능력을 갖추었는지에 대해 투자자들이 의문을 품도록 하기에 충분했다.

우선 입찰 참가자들이 제시한 입찰 가격을 공개해 대규모 국제 거래에서 범해서는 안 될 상식 이하의 실수를 저질렀다. 응찰 가격이 공개되면 매수자나 매도자 모두 정치적으로 입장이 곤란해질 수 있다. 뿐만 아니라 최종 매매 가격이나 조건에 대한 당사자 간 협상의 여지도 좁아진다.

또한 현 경제팀은 매각 무산의 원인을 포드측의 불량 타이어 리콜 등 경영 악화에서 찾았다. 이것은 낡어부스럽이었다. 포드뿐만 아니라 잠재적 매수자인 GM도 협상 당사자와의 거래와 관련된 사항을 세상에 흘렸다며 반발하고 나섰다. 사실 물건을 사러 온 사람이 물건을 살펴보고 안 사겠다면 그만 아닌가.

더욱 가관인 것은 예상치 못한 상황에 당황한 정부가 대우자동차의 선(先)매각 후(後)정산을 제시하고 한 달 안에 모든 매각 작업을 마무리 짓겠다고 발표해 버린 것이다. 정부의 초조함을 보여 주는 황당하고 현실성 없는 발표였다. 금융시장이 불안할수록 정책 책임자들은 신중한 언행으로 지킬 수 있는 것만 약속해 시장의 신뢰를 회복해야만 하는데 말이다.

한마디로 최근 주식시장 불안의 단기적 원인은 정부의 상황 판단 능력과 위기 대처 능력의 부족이 외부에 드러났기 때문이다. 그러나 더 근본적인 원인은 구조조정 부진과 그에 따른 신뢰의 상실에 있다. 정부는 이제 가시적인 구조조정을 해야 한다. 회생 가능성이 희박한 부실 기업들, 한 예를 들자면 영업이익으로 이자 비용도 치르지 못하는 상황이 3년 이상 계속된 기업은 시장에서 퇴출시켜야 한다. 은행도 가장 부실한 것 한 개쯤은 문을 닫아야 한다. 잃은 신뢰를 회복하려면 이 정도의 고강도 조치는 필요하다.

30년 이상 정부에만 몸담아 온 공무원 출신 장관들이 이 정도나마 실천할 수 있을지 의문이다. 더구나 현 경제팀에는 김영삼 정부의 IMF 경제위기에 직·간접으로 책임이 있는 사람들이 있다. 자기가 만든 문제를 어떻게 스스로 풀 수 있겠는가.

또한 현 경제팀은 과거 개발독재 시대에 기획 사이드에서 일하던 사람들 중심으로 구성돼 섬세한 문제풀이에 약하다. 목표 달성 지상주의에 어설픈 시장주의와 섣부른 개방주의를 덧칠한 사람들로는 위기관리가 힘들지 않겠는가.

끝으로 현 경제팀에는 호남 출신이 너무 많다. 대통령 중심제에서 대통령이 편하게 느끼는 사람들과 함께 일해 책임정치를 구현하는 것은 바람직하다. 그러나 지금까지의 결과는 성공작과는 거리가 멀다. 책임을 물어야 한다.

지금 시장은 확실한 변화를 원한다. 대통령은 초심으로 돌아가서 경제팀 교체를 포함해 가능한 모든 수단을 동원한 면모 일신으로 시장에 구조조정에 대한 믿음을 심어 주어야 한다. 식견과 비전, 그리고 용기를 갖춘 이들이 오늘처럼 필요한 때도 없었다.

그리고 김대중 대통령이 직접 팔을 걷고 나서야 한다. 김 대통령이 '수평적 정권교체, 외환 유동성 위기 극복, 남북관계 개선 대통령'으로만 머물지 않기를 바라는 마음 간절하다. 사실 경제가 잘 안 되면 모든 것이 물거품이 될 수 있다. _중앙일보, 2000. 9. 24

chapter 3.

재벌, 우리 사회의 뜨거운 감자

재벌 잘 길들여야 경제 산다

요즈음 정신을 차릴 수 없을 정도로 나라 안팎이 급속히 변하고 있다. 밖에서는 북미자유무역기구(NAFTA)가 한국을 포함한 동아시아 국가들의 수출에 위협을 가할 것이며, EC는 바야흐로 환율 전쟁에 돌입한 듯하다. 눈길을 동북아시아로 돌리면 한·일 관계가 지난 30년간의 어느 때보다도 소원한 가운데 한·중 수교를 시기라도 하듯 일본은 중국에 추파를 던지고 있으며, 미국은 중국을 견제하기 위해 대만과의 관계를 개선하려 하고 있다. 미국은 또한 일본을 견제하기 위해 전후 최대의 통상 압력을 가하는 동시에 동아시아 지역의 경제블록 형성을 견제하고 있다.

이런 변화를 아는지 모르는지 국내 정치인들은 국민의 혐오감만 키워 주고 있다. 그 동기야 어떻든 노태우 대통령의 민자당 탈당과 공명선거를 위한 중립내각 구성은 약속대로 실천만 된다면 긍정적인 효과가 있을 것임에도 불구하고 이를 둘러싼 정당 지도자들의 행보는 우리를 실망시키기에 충분하다.

당의 단속이 어려워지자 노 대통령의 결심이 마치 자기와의 사전 협의에 의해 이루어진 것처럼 거짓말을 해대는 김영삼 후보 진영이나, 어제까지도 자치단체장 선거를 그렇게 외치더니 갑자기 이를 유보해도 좋다는 식의 반응을 보이는 김대중 후보 진영의 태도는 모두 나라의 장래를 생각하기는커녕 정직하지 못한, 그리고 대선에서의 승리만을 꿈꾸는 수준 이하의 정치 문화를 단적으로 보여 주는 것이 아닌가.

이 틈새를 놓칠세라 대기업들의 이해 집단인 전경련은 '경제계가 바라는 새 정부의 국가 경영 과제'를 통해 해묵은 과제인 금융실명제는 언제 실시해도 좋으니 깨끗한 정치를 하는 동시에 경제정책의 일관성을 유지해 달라는 주문을 내놓았다. 다 옳은 소리다. 그러나 이들의 주장은 커다란 실망과 함께 우려의 대상이 되지 않을 수 없다.

먼저 금융실명제에 대해 말하자면 6공화국 2기 내각 때 이것을 관철시키려던 정부의 의지를 갈기갈기 찢어 놓은 것은 다름아닌 재벌이었다. 1~2주 전까지만 해도 전경련의 입장은 금융실명제 반대 또는 유보가 아니었던가. 이번의 금융실명제 수용은 약삭빠른 재벌들이 어차피 시대의 흐름에 맡겨져야 할 운명인, 또는 어차피 이루어지지 않을지도 모를 금융실명제를 양보하는 척하는 대신, 재벌 내 기업간 상호지급보

중 규제의 법제화나 계열사 간 내부거래를 규제하려는 정부의 움직임에 쐐기를 박자는 의도로밖에 볼 수 없다. 또한 차기 정권에서 유리한 입지를 확보하려는 시도이기도 하다.

우리는 이 시점에서 재벌을 다시 한 번 생각해 보고 이들의 잔꾀나 횡포를 막을 장치를 마련해야 한다.

과거 대기업 위주의 경제성장 전략은 한국 경제가 소수 재벌에 의해 좌우되는 구조를 낳았다. 이들 재벌은 한국 사회의 모든 분야에 영향력을 행사하고 있으며, 최근에는 정치권에 직접 진출까지 했다. 이것은 재벌이 경제력 집중을 통해 한국 사회의 실질적인 지배자로 등장했음을 의미한다.

무엇보다 심각한 것은 재벌들이 정치 참여, 언론 지배, 교육연구기관 통제 등을 통해 그들의 정당함(?)을 이데올로기화하고 있다는 사실이다. 최근 재벌들은 소위 국제경쟁력 강화 또는 자유시장경제의 창달이라는 미명 아래 최소한의 개혁 조치에도 서슴지 않고 반대 입장을 표명해 왔다. 이번 전경련의 갖가지 주장과 최근 그들의 행태는, 정부가 게임 룰을 정하고 기업이 이를 지키는 대신에 정부는 허수아비요 재벌이 게임 룰까지 정하려는 의도를 적나라하게 알려 주는 신호로 보인다.

사실상 경제력 집중을 통한 재벌의 지배력은 한국 경제의 구조적 경직성을 야기하는 가장 중요한 요인이다. 재벌은 자원 배분의 방향을 주도함으로써 끊임없이 비생산적인 투기적 이익이 발생할 여지를 창출하고 있다. 그리고 그 이익의 대부분을 향유하고 있다.

이러한 재벌의 지배력을 약화시키기 위해서는 경제력 집중을 완화할 수 있는 제도적 조치들이 보다 강화되어야 한다. 그런 의미에서 거시적 산업 정책은 유지하되 미시적으로는 사전 대출 심사와 사후 여신관리를 철저히 하는 금융자율화, 재산세·상속세제 등의 강화 등 제도적 조치가 시급하다. 그러나 재벌들의 힘이 커질 대로 커진 현 상황에서 제도 변화만으로 실질적인 경제 민주화를 달성하기란 어렵다. 현대 자본주의에서의 이러한 제도적 조치의 효과는 그 한계가 명백하다. 재벌의 계열 기업 공개, 우리사주제 도입, 국민주 보급 등 현재까지 시행된 일부 조치들의 결과를 놓고 볼 때 재벌의 실질적 지배력에는 영향을 미치지 못한 채 경제 민주화가 이루어지고 있다는 환상만 심어 줄 가능성도 있다.

이러한 조치는 형식보다는 내용이 더 중요하다. 다시 말해서 이러한 제도는 궁극적으로 어느 최고통치자의 책임 아래 수립·집행되느냐에 따라 그 효과가 크게 달라질 수 있다.

따라서 나는 다음 대통령선거에서는 사회 공동체에 대한 인식을 바탕으로 재벌을 제대로 알고 있음은 물론이려니와 경제 전체에 대한 폭넓은 안목과 식견을 가진 개혁지향적 인물을 뽑자고 제안한다. 그러한 대통령이 '재벌 길들이기'에 성공할 때 비로소 한국 경제가 개혁다운 구조 개혁을 할 수 있다고 믿기 때문이다. 만약 지금까지 나타난 후보 중 그런 사람이 없다면 새로운 후보를 물색해서라도 밀어 주기로 하자.

_동아일보, 1992. 9. 26

프로와 아마 사이

가을이 무르익으면서 프로야구 포스트시즌 경기가 야구광들을 흥분의 도가니로 몰아넣고 있다. 그러나 프로야구가 프로답지 않으니 어찌된 일일까.

이 땅에 프로야구가 도입된 지도 벌써 10년이 지났다. 그러나 페넌트 레이스와 포스트시즌 경기들을 보면서 이들이 펼치는 경기가 프로급이라고 생각하는 사람은 많지 않을 것이다. 톰 시버와 같은 대투수가 없어서만은 아니다. 레지 잭슨 같은 대타자가 없어서만도 아니다. 보내기 번트나 스퀴즈 플레이를 탓하는 것은 더욱 아니다.

이유는 딴 데 있다. 감독이나 선수를 막론하고 투철한 '프로 근성'을 가진 사람을 찾기 힘들다. 끊임없이 자기 실력을 키우고, 또 혼신을 다해 자기 역량의 100%를 발휘하는 이를 찾기 힘들다는 말이다.

한국 사회는 야구만이 아니라 모든 것이 아마적이다. 단지 프로야구의 아마성은 TV나 라디오를 통해서 만천하에 알려졌다는 점에서만 차이가 있을 뿐이다. 그런데 사회 모든 분야가 아마성을 벗어나지 못하고서는 한국 사회가 더 이상 발전할 수 없으니 안타까울 뿐이다.

한국 사회의 아마성의 극치는 지난 2개월간 전국을 뒤흔들어 놓은 금융실명제의 전개 과정*에서 여실히 드러났다.

실명제는 처음에는 대통령이 뒤늦게나마 실속 없는 경기부양을 포기하고 제도 개혁의 기치를 올린 것으로 보이게 했다. 그러나 실명제는 두 번 변신을 하면서 죽도 밥도 아닌 것이 되어 버렸다. 그 중에서도 기명식 장기저리채권 발행은 돈 있는 이에게는 아무런 유인도 되지 못했고, 돈 없는 이들은 이를 정부의 개혁 의지 실종의 증거로 몰았다.

'금융' 실명제를 한다면서 재무부 이재국, 증권국 그리고 한국은행 등을 따돌리고 재무부 세제실과 KDI 박사들만이 작업에 참여했다는 것은 실명제의 아마성을 예고하는 것이었다.

그러나 최선과 차선에 커다란 차이가 없는 한 비록 차선책을 택했더라도 놓쳐 버린 최선책에 연연하지 말고 차선책을 끝까지 밀고 나가야 했다. 그렇지 않아도 불확실한 경제 사회에 더 큰 불확실성을 주어서는 안 된다는 말이다.

그럼에도 불구하고 민자당과 일부 돈 있는 이들의 주문도 받아 주고, 또 '실명'도 챙기려다 나온 기명식 장기저리채권 아이디어는 3선책 또는 4선책에도 미치지 못하는 졸속 대응으로 정부의 신뢰성을 크게 손상시켰다. 이른바 신경제가 그토록 강조했던 정책의 일관성 약속이 하루 아침에 물거품이 되어 버린 것이다.

금융실명제의 서커스는 여기서 그치지 않았다. 대통령은 금융실명제의 정착이 부진할 뿐 아니라 금융실명제 때문에 경기가 위축되었다고 판단했는지 재벌 총수들과 개별 면담을 통해 금융실명제 정착에 힘써주는 동시에 투자를 늘려 줄 것을 당부했다.

이에 화답이라도 하듯 재벌들은 전경련 모임을 통해 투자를 늘리자고 결의하는 한편, 국가경쟁력 강화를 통해 조만간 국제수지 100억 달러 흑자를 내겠다고 호언장담했다. 얼마 전까지도 투자 마인드가 부족하다고 아우성치던 재벌들이 갑자기 투자를 늘리겠다는 이유는 무엇이며, 세계 경제의 전반적 침체 속에서 국제수지 흑자의 근거는 무엇인지 아리송할 뿐이다. 지금까지는 사보타주를 했다는 것인가, 아니면 대통령에게서 무슨 약속이라도 받았다는 것인가.

과거에 많은 재벌의 생존 양식은 돈보따리를 권력의 핵심에 바치고 그 대가로 이권을 따내거나 또는 이런저런 잘못에 대한 면죄부를 받는 것이었다. 그런데 김 대통령이 돈을 받지 않겠다고 선언하자, 발빠른 재벌들이 이제는 그럴듯한 아이디어와 감언이설로 대통령을 움직이려고 한다. 이들의 아이디어와 말 가운데 옥석을 가려낼 수 있느냐 없느냐는 대통령의 프로성과 아마성을 구분짓는 바로미터가 될 것이 틀림없다.

어떤 이는 반문할지 모른다. 5대양 6대주를 뛰어다니며 경제발전을 위해 혼신의 노력을 하는 재벌 총수들이 추진하는 일이라면 규제를 하기는커녕 적극적으로 도와주어야 하지 않겠냐고. 그렇다. 이들이 재벌의 편에서 보나 국가 경제 전체의 편에서 보나 옳은 일을 한다면 적극적으로 도와주어야 한다.

그러나 개인적 이익이 전체의 이익과 상충할 때에는 막아야 한다. 그 이유는 간단하다. 지나치게 비대한 경제 주체의 그릇된 판단은 국가 경제 전체를 어려움으로 몰아넣을 수 있기 때문이다.

한 예만 들자면 1980년대 후반과 1990년대 초반에 걸쳐 수조 원을 들인 삼성과 현대의 석유화학단지 건설은 석유화학업계 자체는 물론이려니와 금융시장 전체를 뒤흔들어 오늘날의 경제난을 가중시켰음을 모르는 이가 별로 없다. 한국 경제를 되살리기 위해서는 공정한 경쟁 속에서 효율적인 기업만이 살아남도록 하는 적자생존의 원칙이 철저히 지켜져야 한다.

따라서 과거에 규모가 크다는 이유 하나만으로 과잉보호를 받아 온 재벌들이 공정한 경쟁 환경 속에서 행동하도록 유도·규제하는 것이 제도 개혁의 핵심이 되어야 한다. 반대로 정부가 재벌과 어떤 형태로든 결탁하면 적자생존의 원칙을 적용하기 힘들어지고 한국 경제는 효율성 제고는커녕 영영 회복할 수 없는 수렁으로 빠질지도 모른다.

대통령이 재벌과 일정한 거리를 둘 것을 다시 한 번 촉구한다. 일시

적인 경기부양을 위해 제도 개혁을 게을리하면 김 대통령은 아마추어

대통령으로밖에 기록되지 못할 것이다.　　　　_ 한국일보, 1993. 10. 14

* 이에 대해서는 4장 '금융실명제 이후'에서 언급했다.

삼성카드 사건의 교훈

삼성카드(위너스)가 몇 가지 파울플레이를 했다. 재무부에 따르면 삼성카드는 지난 연말 같은 삼성 계열 회사인 한국안전시스템(SECOM)과 공동으로 은행 대출금 1천 수백억 원을 들여 서울 강남의 도곡동에 위치한 노른자위 땅을 사들였다. 또 삼성카드는 지난 1992년 역시 계열사인 삼성중공업에 물건 거래 없이 작성한 가짜 전표를 근거로 160억 원을 빌려 주었다. 뿐만 아니라 동일인에게 자금을 빌려 줄 수 있는 한도(자기자본의 25%)를 초과하여 1991년 8월부터 지난해 8월까지 2년간 계열사 6개를 포함해서 11개 기업에 모두 3600억 원을 부당하게 대출했다.

은행 빚으로 땅을 사는 것은 지탄받아 마땅하다. 법이 정하는 한도를 초과하여 대출하는 행위도 용서받을 수 없다. 그런데 이번 삼성카드의 파울 중 가장 심각한 것은, 다른 무엇보다도 정직을 소중히 여겨야 할 신용카드 회사가 거짓 전표를 근거로 돈을 빌려 준 사실이다.

잘못된 것은 널리 알려 함께 고치도록 노력해야 한다. 그럼에도 불구하고 언론이 이와 같은 부당 행위를 제대로 보도하지 않는 이유를 알 수 없다. 다른 카드회사에도 이와 유사한 행태가 자주 있었으므로 삼성만 문제삼을 수 없다는 것인지, 삼성의 막강한 로비가 주효했음인지, 아니면 그 밖의 다른 이유가 있는지 궁금하다.

그 이유가 무엇이든 간에 이번 사건은 우리에게 두 가지 문제를 다시금 던져 주었다. 하나는 '한국에서 신용사회가 제대로 정착할 수 있겠는가'이고, 다른 하나는 '우리에게 재벌이란 무엇인가'이다.

아마도 세계에서 가장 발달한 신용사회는 영국일 것이다. 영국의 중앙은행인 영란은행 앞을 지나 스레드니들 가(Threadneedle Street)를 걸어 올라가면 런던의 옛 증권거래소 건물이 나온다. 고색창연한 벽에는 라틴어로 '딕툼 메움 팍툼(Dictum Meum Pactum)'이라고 음각되어 있다. 그것은 '나의 한마디는 곧 나의 문서(My word is my bond)'라는 뜻이다. 불문율의 장전이라고 할 만한 이 경구의 정신이 영국 사회를 지배해 왔고 아직도 지배한다. 이것이 오늘날 영국 금융을 세계 제일로 만들었다.

우리는 어떤가. 말로는 물론이려니와 문서로 한 약속도 안 지키기 일쑤다. 지도적 위치에 있는 사람도 그렇고 일반인들도 마찬가지다. 최근 우리나라가 우리 경제 실력에 비추어 볼 때 감당하기 벅찰 정도의 시장 개방 압력을 받아 온 것은 외국과 통상 협상에서 약속한 것을 지키지 않은 탓도 있다. 그럼에도 불구하고 지난날 통상 외교에 참여했던 인사들 가운데 서울과 워싱턴에서 상반된 발언을 하던 이들이 계속 정부나 관변에서 요직을 차지하고 있으니 한심하기 짝이 없다.

지금 카드업계에는 부도가 만연해 있다. 비록 액수는 크지 않을지 몰라도 건수로는 아주 많다.* 정직하고 약속을 잘 지키는 풍토가 조성되기도 전에 단순히 발행 실적을 올리기 위해 신용카드를 남발했기 때문이다. 어떤 이는 말할지 모른다. "신용카드 보급을 통해 신용사회를 확립하겠다"고. 그러나 신용사회가 정착되기 전에는 신용카드 회사가 발전하기 힘들다. 어떻든 이번 삼성카드의 파울은 한국의 신용사회를 한 걸음 후퇴시켰다.

나는 이번 사건의 가장 큰 원인은 재벌의 문어발식 확장에 있다고 생각한다. 재벌이 수십여 개의 기업을 문어발식으로 소유하는 것은 수익성보다는 규모 면에서 재계 선두 그룹의 일원을 고수하겠다는 욕심 때문이기도 하고, 이에 더해서 우리나라에서는 기업 또는 기업 집단의 규모가 크면 클수록 망하지 않는다는 경험 법칙을 터득했기 때문이기도 하다. 수십 개의 문어발 기업 가운데 일부가 어려움을 겪더라도 비교적 수지를 맞추는 다른 기업이 보조해 주는 장치를 통해 비록 개별 계열 기업이 잘못해도 재벌은 대대손손 계속될 수 있는 것이다.

이에 따라 재벌은 섬유·화학·전자·자동차·조선·항공 등 관여하지 않는 부문이 없다. 하다 하다 모자라서 이제는 언론사·병원까지 차리고, 심지어 김치까지 생산하려 한다.** 그리고 금융은 절대 놓치지 않으려고 한다. 가장 확실한 현금 박스이기 때문이다.

그러나 문어발식 경영은 개별 재벌에게는 좋을지 몰라도 국가 경제 전체의 발전을 저해할 수밖에 없다. 왜냐하면 문어발식 경영과 자본주의에 필수적인 효율성 테스트는 양립할 수 없기 때문이다. 효율적인 기업은 시장을 통해 보상받되 비효율적인 기업은 창조적 도태를 당해야 경제발전이 잘 되는데, 재벌 체제는 효율성 테스트를 불가능하게 만드는 것이다. 이번 삼성카드 사건도 이런 맥락에서 이해해야 한다.

재벌의 개편 및 제조업과 금융업의 분리가 어느 때보다 아쉽다. 정부가 재벌 중심 경제정책을 포기할 것을 다시 한 번 촉구한다.

_한겨레21, 1993. 4

* 1996년 말 현재 카드업계 불량 거래자는 무려 330만 명에 달한다. 신용카드 10장 중 3.3장 꼴로 이용 금액을 내지 않거나 자취를 감추는 일이 발생한 셈이라고 한다.
** 재벌들은 '사업다각화'를 불황 타개책, 더 나아가 전천후 경영 전략으로 인식하고 있는 듯하다. 그러나 경영학자 포터(M.E. Porter)는 다음과 같이 말했다. "당신의 기업이 지나칠 정도로 다각화하고 있다면 2류가 될 준비를 하십시오."

재벌 정책의 일관성

정부는 지난 1년여 동안 친재벌 정책을 써왔다. 친재벌 정책은 한편으로는 정부가 재벌을 앞세워 경기를 부양하려는 데서 나왔고, 다른 한편으로는 경제정책의 최종 책임자들이 주로 재벌 기업인들과 어울려 그들이 주입한 경제적 사고를 그대로 받아들인 데서 비롯되었다.

그런데 최근 경기가 되살아나고 여론이 친재벌 정책을 비판하자, 정부는 재벌과 일정한 거리를 두기 시작했다. 삼성의 승용차 시장 진출이 막혔고, 공기업의 민영화 방식*에 대한 반성이 일어났다. 또 대통령은 기업을 탄압하지도 않을 것이지만 특혜도 주지 않겠다고 약속했다.

뒤늦은 감은 있으나 일단은 환영할 만한 조치들이다. 누구나 인정하듯이 그동안 재벌은 공룡처럼 비대해져서 경제적 효율을 저해하고, 경

제력이 정치권력과 연결되어 각종 불균형을 낳았다. 이것은 한국 민주
주의의 장래를 위협하는 것이다. 따라서 재벌에 대한 적절한 규제와 조
정은 전향적 성장의 기반을 마련하기 위한 절실한 요구다.

그런데 문제가 생겼다. 친재벌 정책을 믿고 사업 확장을 계획했던 재
벌기업들은 투자를 일시나마 주춤하게 되었고, 신나게 민영화를 부르
짖던 관리들은 어느 장단에 맞춰야 할지 몰라 어리둥절해한다. 그리고
정작 기뻐해야 할 중소기업들은 정책 방향의 선회를 믿으려 하지 않는
다. 과거에도 이런 정도의 제스처는 얼마든지 있었다면서 말이다.

이와 같은 현실은 그동안 정부가 일관된 재벌 정책을 갖지 못한 결과
생긴 것이다. 공기업을 민영화하는 문제는 정부의 재벌 정책이 얼마나
즉흥적인 것이었나를 단적으로 보여 준다. 경영 효율화를 위해 민영화
를 시도한다면 그 대상은 당연히 부실한 기업이어야 함에도 불구하고
신경제팀이 제출한 민영화 대상 기업은 오히려 건실한 것이 많았다. 이
는 수평 팽창을 노리는 재벌에게는 더없는 호기였는데, 이 계획이 수포
로 돌아가자 오히려 정부가 투자 마인드를 저하시킨다고 불평이다. 이
러한 불평의 무마책인지는 몰라도 재벌의 이권을 보장하는 사회간접자
본의 민자유치법이 약간의 손질만을 거친 채 경과위를 통과했다.

정부가 방향을 잘못 잡은 것을 인식하고 바로잡으려는 시도는 좋았
으나 그 시도가 부분적이어서 효과는 축소되고 오히려 혼란만을 가중
시킨 결과가 되고 말았다. 과연 정부의 대재벌 정책이 무엇인지를 아무

도 자신있게 말할 수 없는 혼돈 상황이 계속되고 있다. 이러한 불확실성의 증가가 우리 경제에 부담을 지워 주는 것은 물론이다.

우리에게는 확고하고 일관성 있는 재벌 정책이 필요하다. 그러기 위해서는 재벌에 관한 탄탄한 연구가 선행되어야 한다. 그런데 불행히도 종래의 재벌에 관한 연구는 탁상공론에 그쳤거나 지나치게 재벌 옹호적이었다.

그런 의미에서 미국 노던일리노이대학 권진균 박사의 재벌에 대한 처방은 옳고 그름을 떠나 구체성이 돋보인다. 권 교수는 우선 공정거래위원회를 대통령 직속 부총리급의 재벌개편위원회로 대체해야 한다고 주장한다. 재벌 문제는 체제 문제이므로 단순한 공정거래 조치로는 해결할 수 없다는 것이다.

그는 소유집중, 그리고 소유와 경영의 결합을 한국 재벌 체제의 기본 문제로 지적했다. 특히 소유집중을 가장 큰 문제로 삼고 재벌에 대한 조치는 소유분산에서 시작해야 한다며 구체적 대안을 제시했다. 대표적으로 재벌기업들이 은행에 지고 있는 부채의 과반수를 주식으로 전환하는 방법이 있다. 은행들은 새로 전환된 주식을 재벌개편위원회에 위탁하여 단계적으로 판매케 한다. 처분 방법은 금융기관이 주식을 보유하거나, 종업원에게 유상으로 분배하는 등 여러 가지가 있다.

이 작업을 통해 환수된 자금은 재벌 개편 시책이 야기할 수 있는 경제적 부작용을 방지하는 작업에 투입할 수도 있고, 나아가서는 국제경쟁력을 높이기 위한 기술개발 자금으로 쓸 수도 있다.

이러한 정책은 단기적인 경기부양 정책에 비해 인플레이션을 야기하지 않으며 효율적으로 자금을 동원할 수 있는 장점이 있다. 추가적인 통화 증발에 의해서가 아니라 기존 자금 이용의 효율성을 높이는 것이기 때문이다.

그 밖에도 권 교수는 여러 가지 소유분산책을 제시했다. 그의 의견에는 공감이 가는 부분도 많으나 받아들이기 힘든 이상론도 많다. 그러나 재벌 문제의 심각성을 직시하고 구체적인 처방을 내린 것은 앞으로의 논의를 위한 초석을 놓은 것으로서 충분한 가치가 있다. 누가 무어라 해도 한 가지 확실한 대전제는 재벌이 현재보다 비대해져서는 안 된다는 것이다. 그리고 확고한 재벌 정책이 수립되기 전이라도 재벌에게 가는 각종 특혜를 불식하고 과거에 진 빚을 제대로 갚게 함과 동시에 꾸준하게 공정한 게임 룰을 적용하면 재벌 산하의 많은 기업들이 창조적 도태를 할 것이다. 이것은 효율성을 높임과 동시에 재벌의 문어발을 제거하여 경제력 집중을 해소시켜 줄 것이며 중소기업과 대기업 간의 효율적 분업 체계를 정립하는 데도 일조할 것이다.

재벌 정책은 다른 경제 정책과 마찬가지로 일관성 있게 추진해야 한다. 좋은 것 따라 이리저리 헤매 다니다 보면 아무것도 챙길 수 없다. 일관된 재벌 정책이 아쉽다.

_한국일보, 1994. 6. 30

* 애초 정부가 공기업 민영화에 대해 세운 대원칙은 '일반 공개 경쟁 입찰' 이었다(그러나 민영화 과정에서 이동통신은 재계 자율에 맡기고 데이콤에는 금융기관의 입찰을 제한하는 등 일반적 원칙 없이 우왕좌왕하는 난맥상을 보였다). 따라서 자금력 있는 재벌 그룹이 아닌 기업들이 공기업을 인수하기란 사실상 불가능했다. 한국중공업·가스공사 등 일부 공기업들의 자본금 규모는 엄청나기 때문에 규모 확장을 노리는 재벌기업들에게는 놓칠 수 없는 '대어'였다. 이 때문에 경제력 집중 심화에 대한 우려가 끊이지 않고 터져 나왔고, 정부는 1994년 7월 들어 공기업 민영화가 유발할 수 있는 경제력 집중 문제에 대한 보완책을 제시했다.

잘 나가던 기업들

5·18사태에 대한 검찰의 불기소 조치에 국민의 분노가 충천하는 가운데 노태우 전 대통령의 불법 비자금 조성이 사회를 뒤흔들고 있다. 노 전 대통령은 대국민 사과를 통해 "내가 모든 책임을 질 테니 다른 사람이나 불철주야 국제경쟁력 강화를 위해 뛰는 기업들은 무사하게 해달라"고 애원했다.

노 전 대통령은 자신의 행위에 상응하는 벌을 반드시 받아야 한다. 그러나 우리는 이 기회에 돈을 받은 이만 나쁘고, 돈을 준 이들은 떳떳한가를 가릴 필요가 있다. 이를 위해 노 전 대통령에게 돈을 건넸다는 기업, 특히 재벌기업의 생리와 성장 과정을 잘 보여 주는 일화를 하나 소개한다.

지난 1980년 초여름이었다. 신군부가 광주사태를 반성하고 수많은 희생자를 어루만져 줄 생각은커녕, 책임을 엉뚱한 데로 돌리는 한편 하루속히 정권을 탈취할 음모만 꾸미고 있을 때다.

　한 재벌 총수가 젊은 대학교수를 찾았다. 총수는 교수에게 두 가지 부탁이 있다고 했다. 그 중 하나는 한국 경제를 잘 설명할 수 있는 모형을 만들어 달라는 것이었고, 다른 하나는 현재의 경제 현안을 열거하고 그에 대한 단기적 해결책을 제시해 달라는 것이었다. 총수는 교수에게 시간을 많이 끌어서는 안 되니 2주일 내에 일을 마쳐 달라고 했다. 교수는 그것을 무엇에 쓰려느냐고 물었다. 총수는 천연덕스럽게 대답했다. 신군부 총책이 경제에 관한 견해를 확립하기 전에 좋은 아이디어로 그의 머리를 채우면 앞으로 한국 경제가 잘 될 것이라고. 그 교수는 이 제안을 애국심의 발로라고 받아들일 수 없었다. 오히려 그 제안은 좋은 아이디어건 나쁜 것이건 이를 미끼로 실력자에게 접근해 각종 이권을 따내려는 재벌의 술책으로 비쳐졌다. 결국 교수는 난색을 표했다. 그 이유는 간단하다. 2주일 안에 한국 경제의 장기 분석과 단기 처방을 동시에 가능케 하는 아이디어를 만드는 작업은 아예 불가능하다. 설혹 가능하다 할지라도 신군부 총책에게 자기 아이디어를 제공하는 것은 도저히 상상도 할 수 없는 일이었다. 그는 그해 서울의 봄에 일어났던 일련의 상황을 너무나 잘 알고 있었기 때문이다.

　이 재벌은 5공, 6공 내내 아주 잘 나갔다. 그런데 이 재벌뿐만 아니라 거대 재벌 거의 모두 지난 15년간, 아니 30년간 이와 비슷한 방법으로 성장했다. 그 결과 재벌들은 이제 그 덩치가 너무 비대해져 정부조차 어쩌지 못하는 존재가 되어 버렸다.

재벌은 경제계는 물론이고 정부와 대학 등 그들에게 잠재적으로 적대적일 수 있는 모든 기관을 실질적으로 장악했다. 언론 역시 직접적인 자본 소유나 광고라는 간접적 미끼에 의해 길들여진 지 오래다. 재벌이 지배하는 한국 사회의 미래상은 암울한 차원을 넘어 위기에 가깝다. 이 공룡들이 어떤 실수를 할지, 또 어떤 심술을 부릴지 조마조마하다. 어떤 경우든 한국 경제는 위태롭게 될 것이다. 김영삼 정부가 집권한 후 재벌의 횡포는 두고 볼 수 없을 정도다. 기록적인 중소기업의 부도와 도산 속에서도 재벌 소유 기업들이 최대 호황을 누리는 것은 재벌 옹호 정책과 관련 있다.

조금 늦은 감은 있으나 지금이라도 재벌의 무제한적 성장을 견제할 필요가 있다. 여러 가지 방법이 있겠으나, 한 가지 꼭 해야 할 것은 재벌이 대통령이나 정부 관리와 야합하여 성장하는 것을 막는 것이다. 그러자면 노전 대통령에게 돈을 준 이들도 어떤 형태로든 처벌해야 한다. 강압에 못 이겨 마지못해 돈을 건넨 경우도 없지는 않겠으나, 그보다는 반대급부를 기대한 자금 제공이 대부분일 것이기 때문이다. 재벌들은 불순한 동기를 가지고 자금을 제공한 이상, 그에 상응하는 사법적 단죄를 받아 마땅하다. 그것이 김영삼 정부가 추구해야 하는 정의로운 사회의 모습이다. 이것은 재벌이 더 이상 비대해지는 것을 막는 최소한의 필요조건이기도 하다. 국제 경쟁력 향상은 비자금 조성 메커니즘의 연결고리를 끊을 때 오히려 더 쉬워질 것이다. 정부의 태도를 주시한다.

_조선일보, 1995. 11. 1

정부의 신재벌 정책

　　총선 이후 몇 주일 동안 이른바 '신재벌
정책'으로 온 나라가 떠들썩했다. 경제부총리가 대기업 경영의 투명성 제
고 방침으로 포문을 연 후 공정거래위원회는 상호지급보증 해소 방침으로,
KDI는 지배 주주 횡포 견제 방안으로, 그리고 조세연구원은 경영권 상속에
대한 중과세 방안으로 맞장구를 쳤다. 우후죽순처럼 쏟아져 나온 이 구상
들은 체계적으로 준비된 것으로 보이지는 않았으나, 정부의 신재벌 정책이
모양새를 갖추고 가동되는 것 같은 착각을 일으키기에 충분했다.

　　이에 재벌들은 전경련 회장단 회의를 통해 정면으로 반박하고 나섰
다. 선진국에도 없는 규제를 가함으로써 재벌을 죽이려 하느냐, 국제화
시대에 될 법이나 한 이야기냐면서 대담한 반격을 시작한 것이다.

　　그러자 부총리는 통산부장관, 공정거래위원장, 청와대 경제수석과

모임을 갖고 신재벌 정책의 기본 방향을 계속 고수하겠다고 선언했다. 그러나 이 모임은 상호지급보증 폐지와 같은 핵심적 사안에 대해서는 '여론 수렴을 거쳐 손질'하기로 함으로써 재벌의 반격에 슬쩍 꼬리를 내리고 말았다. 막강한 재벌의 위력이 다시 한 번 확인된 셈이다.

이제 나라 경제를 이끌어 간다는 정부도 더 이상 재벌을 견제하기에는 무기력해진 것 같다. 그러나 이러한 일련의 사태를 주의 깊게 살펴보면 정부가 과연 재벌을 견제하려는 의도를 가지고 있는지조차 의심스럽다.

'신재벌 정책'이라는 것도 알고 보면 경제력 집중은 눈감은 채 재벌 총수의 횡포만을 다스려 보겠다는 이야기다. 그러나 과연 경제력 집중과 재벌의 비대화를 내버려두고 대주주를 견제하는 것이 자본주의 사회에서 실질적으로 가능하겠는지 의문을 가지지 않을 수 없다.

정부의 재벌 정책이 표류하는 것은 무엇보다도 재벌에 대한 올바른 시각이 없기 때문이다. 언론 보도에 따르면 정부의 한 고위 당국자는 "우리 재벌은 국가 경제의 중추이면서도 국민들에게 백안시당하고 질시를 받고 있다"면서 재벌에 대한 규제완화를 역설했다고 한다. 최근의 사태로 미루어 바로 이것이 대다수 정부 당국자들의 재벌관이라고 해도 지나치지 않을 것이다.

나는 재벌이 경제의 중추라는 시각이야말로 우리 경제의 발전 방향에 대한 철학이 결여된, 매우 위험한 발상이라고 생각한다. 우리나라가 후진국에서 탈피하기 위해 고도성장을 구가할 때는 몇몇 재벌을 집중 지원하여 외연적 경제 규모 확대를 꾀하는 것이 유효한 전략이었는지도 모른다.

그러나 지금과 같이 경제가 커지고 복잡해져 기업가의 혁신과 창의성에 기초한 내연적 성장이 요구되는 단계에서는 '공룡'과 같은 재벌*은 오히려 걸림돌이 된다. 물론 단기적으로 거시경제의 성과를 올리는 데는 재벌을 지원하는 것이 보다 효과적일 것이다. 특히 높은 경제성장을 유지하고 수출을 촉진하려면 더더욱 그럴 것이다.

어쩌면 거시경제의 성적표에 얽매인 관료들이 그들의 숨통을 쥐고 있는 재벌을 견제할 수 없는 것은 운명적인 것인지도 모른다. 거기에다 재벌이 망하면 나라가 망한다는 협박까지 곁들이면 정부는 괘씸죄를 묻기도 전에 움츠러들 수밖에 없을 것이다.

그러나 단기적 성과에 집착하여 장기적 방향을 그르칠 수는 없다. 나라를 새로 만들어야 하는 시점에서 경제의 근간이 되는 제도를 탄탄히 하기 위해서는 단기적인 고통은 감내해야 한다. 이제는 재벌과 중소기업 간의 불균형을 바로잡고, 그동안 왜곡되어 왔던 경제구조를 바로잡아 건전한 시장 질서를 회복해야 한다.

재벌은 정부의 재정 정책을 항상 자유시장 질서를 파괴하는 주범이라고 생각한다. 그러나 나는 재벌이야말로 자유시장 질서를 파괴하는 주범이라고 생각한다. 재벌은 상호지급보증과 같은 끈으로 모든 계열사들을 묶음으로써 계열사를 파산에서 자유롭게 만드는 결과를 낳았다.** 왜냐하면 한 계열사의 파산은 연쇄 파산을 일으킬 수 있는데 재벌로서는 이를 좌시할 수 없기 때문이다. 망할 기업은 망하는 것이 시장

질서의 기본 원리라고 할 때 재벌은 그 거대한 몸집으로 국가 경제를 볼

모로 삼아 질서를 파괴하고 있는 것이다.

정부가 진정으로 재벌 문제를 해결할 의사가 있다면 우선 재벌에 대

한 시각부터 바꾸어야 한다. 그리고 단기적 성과에 급급하지 말고 장기

적 관점에서 일관성을 가지고 부처 간에 힘을 모아 적극적으로 나서야

한다. '신재벌 정책'과 같이 당근을 주되 채찍은 빼앗긴다면 재벌 살찌

우기라는 평가를 면할 수 없을 것이다.

_ 서울대학신문, 1996. 5. 27

* 공정거래위원회가 1997년 3월 31일 발표한 '97년 30대 기업 집단'의 내용
은 10대 재벌들의 경제력 집중이 심화되고 있음을 보여 준다. 30대 기업 집
단 전체의 총자산 규모가 급증(50조 2천억 증가)했고, 재벌 계열사 증가 숫자
는 기업 집단 지정 이후 최대였다. 이것은 김영삼 정부의 재벌 억제 정책이
실효성 없었음을 여실히 보여 준다.

** 1996년 12월 결산 상장회사들의 연결재무제표를 작성한 결과, 순이익 규
모가 작성 전보다 평균 36%나 급감했다. 연결재무제표를 제출한 267개사 중
174개사의 당기순이익이 감소했다. 또한 10대 재벌의 주력 기업들이 자회사
들에 거액의 빚보증을 서서 발생한, 숨겨진 부채 규모도 엄청나다는 사실도
밝혀졌다. 한 예로 한 재벌그룹의 공식 부채는 1996년 말 현재 약 7조 4천억
원이지만, 자회사와 해외 현지법인의 부채를 포함한 후의 부채 규모는 무려
205%나 증가했다. 이에 따라 대다수의 기업들이 계열 회사 간 내부거래를 통
해 이익 규모를 부풀려 부실한 기업 경영 상태에 흑막을 쳐왔음이 드러났다.

재벌과 은행

연초 한 재벌그룹의 명예회장을 위원장으로, 또 다수의 재벌 계열사 사장들을 위원으로 참가시킨 금융개혁위원회가 출범, 그동안 많은 개혁안을 내놓았다.

이 금융개혁위원회는 최근 은행의 동일인 소유 지분 한도를 현행 4%에서 10%로 올려야 한다고 제안했다. 그러나 정부는 지난 6월 24일 소유 지분 한도를 현행대로 유지한다는 최종안을 발표했다. 그 대신 은행의 비상임이사회 대주주 구성비를 종전 50%에서 70%로 확대하고, 5대 재벌에게도 주주 대표 자격으로 비상임이사회 참여를 허용할 예정이다. 은행의 책임경영을 확보하려는 취지란다.

그러나 이것은 은행의 책임경영을 확보하기보다는 오히려 재벌이 은행을 소유하는 길로 가는 가교 역할을 할 것이 틀림없다.

지난 30여 년간 재벌은 문어발식 기업 확장 속에서 은행 돈을 물 쓰듯이 써왔다. 그 결과 은행은 부실 여신으로 만신창이가 되어 은행과 기업이 난파선에 동승한 꼴이 되어 버렸다. 이런 상황에서 은행의 거대 채무자들인 재벌들이 은행을 소유할 수 있도록 허용한다니 어불성설도 이만저만이 아니다.

부실한 은행의 경쟁력 회복 방안으로 '은행의 주인 찾기', 즉 재벌의 은행산업 진출을 허용하자는 주장의 논거는 무엇인가.

이윤 극대화를 최우선시하는 은행의 책임경영자는 외부로부터의 대출 청탁과 압력에 흔들리지 않기 때문에 은행의 생산성 향상이나 경쟁력 제고를 꾀할 수 있다는 것이다. 또한 금융시장에 '시장 규율(market discipline)'이 적용된다면 재벌이 은행을 소유해도 은행의 사금고화는 한낱 기우일 뿐이라고 주장한다.

그들이 말하는 '시장 규율'이란, 재벌기업이 자신의 계열사만을 위한 특혜 대출 등으로 은행을 부실화시키면 예금자들이 재벌 은행을 기피할 것이므로 재벌이 그런 무모한 행동을 할 리 없다는 것이다.

그러나 재벌이 은행을 실질적으로 소유하게 되었을 때, 과연 시장 규율이 위에서 말한 대로 작동할 것인가?

현실은 그렇게 아름답지만은 않다. 재벌계 은행이 계열사에 특혜 대출을 일삼았다고 해서 예금주들이 언제나 재벌 은행을 기피하는 것은 아니다. 과거 국내 은행들이 어려운 상황에 직면했을 때, 예금주들은 은행 뒤에 있는 한국은행과 우리 정부를 믿고 크게 걱정하지 않았다. 마찬가지로 재벌 은행 뒤에 존재하는 내로라 하는 재벌의 다른 계열사들은 재벌 은행의 신뢰도 향상에 상당한 힘이 될 것이다.

그러나 문제는 바로 여기에 있다. 만약 재벌그룹을 뒷받침하던 핵심 계열사가 장기적 불황 또는 급격한 시장 변화에 직면하게 되면, 재벌 은행의 예금주들은 크게 동요하여 지체없이 자신의 예금을 보호하기 위한 행동을 하게 되고, 이는 금융시장을 불안정하게 만든다.

그뿐만이 아니다. 재벌 은행은 각종 대출 과정에서 다른 기업의 고급 정보를 상당 수준 획득하여 같은 업종의 계열사에 유출할 가능성이 크다. 이 때문에 고급 정보를 내포한 투자안을 가진 중소 투자자들은 재벌 은행에 대출 신청을 꺼리게 된다. 이것은 재벌의 은행 산업 진출로 인하여 다른 경제 주체가 불필요하게 감수해야 하는 금융시장의 왜곡이다.

나아가 은행을 소유한 재벌의 계열사는 각종 투자안을 결정하고 단기 운전자금 운용 계획을 수립할 때 방만하게 행동할 가능성이 크다. 은행을 소유하지 않았을 경우와 비교해서 단기 운용 자금이 급할 때 자금 조달이 한결 수월할 것이라고 기대하기 때문이다. 이 같은 계열사들의 부지불식간의 방만한 행동으로 이른바 도덕적 해이가 발생하는 것이다.

결국 위와 같은 상황들이 함께 나타나면, 재벌 은행은 재벌의 사금고로 전락할 수밖에 없다. 그 결과 불공정한 경쟁이 시장을 지배하며, 금융 부문의 안정성은 위협받게 된다.

경제 대국들인 G₁₀(선진 10개국) 국가 가운데 산업자본의 은행 소유가 자유롭게 허용된 나라는 어디에도 찾아볼 수 없다. 은행 주식 소유에 대한 공식적인 제한이 없는 일본이나 독일에서도 대형 은행의 주식은 광범위하게 분산되어 있고 책임경영이 이뤄지고 있다.

그런데 굳이 우리나라에서만 산업자본의 금융자본 지배를 허용하자는 이유는 무엇인가.

이제 부질없는 논쟁은 끝내고 우리보다 자본주의를 먼저 경험한 나라들이 오랫동안 지켜 온 원칙, 즉 금융과 산업의 분리 원칙을 받아들이기로 하자.

_ 조선일보, 1997. 7. 2

나라와 재벌이 같이 사는 길

뉴욕 협상이 타결되어 200억 달러 이상의 단기 부채가 중기 부채로 전환될 전망이다.* 정부 지급보증의 타당성 여부와 높은 가산금리**를 놓고 왈가왈부하는 가운데서도 외환위기의 아슬아슬한 고비는 일단 넘겼으니 다행이랄 수밖에 없다.

그러나 아직도 위기에서 탈출구를 찾으려는 진지한 노력이 엿보이지 않으니 안타깝기 짝이 없다.

오늘의 위기는 가까이는 한국 경제의 대외신인도 하락에서 출발했지만 근본적으로는 금융기관 부실과 이와 표리 관계에 있는 재벌의 과잉투자에서 비롯되었다. 따라서 위기 탈출을 위해 재벌 개혁보다 더 시급한 과제는 없다.

그러나 최근 몇 주간 재벌 개혁을 놓고 새 정권 인수팀과 재벌들 간에 벌어진 줄다리기를 보면 "사재를 내놓아라"와 "자본주의 사회에서 어떻게 사유재산을 침범하느냐", "빅딜식 개혁을 해라"와 "기업 기밀상 구조조정의 구체적 계획은 밝힐 수 없다" 등 사사건건 갈등이 심각하다.

되돌아보면 지난날에도 정권이 바뀔 때마다 정권 초기에는 재벌의 사회적 책임론이 대두되곤 했다. 그러나 1, 2년만 지나면 서슬 퍼렇던 재벌 개혁론은 슬며시 꼬리를 감추지 않았던가.

이것은 5·16과 5·17 쿠데타 때도 그랬고, '보통 사람의 정권' 때도 그랬으며, '문민정부' 때도 마찬가지였다. 따라서 김대중 정부도 지난 정권의 전철을 밟지 않을까 우려하는 이들이 많다.

그러나 이번만은 달라져야 한다. 과거 정권은 정치적 약점을 숨기고 눈에 보이는 경제 성과를 올리기 위해 재벌의 도움이 필요했을지 모른다. 그러나 건국 후 처음으로 정권교체를 이룬 이번 정권은 훨씬 강인한 모습을 보여야 한다. 또한 IMF 등 외국 기관도 경제성 없고 국제 상거래 질서를 교란시키는 과잉투자를 일삼아 온 한국 재벌을 예의주시하고 있지 않은가.

최근 노동자들은 고통분담에 동참하려는 자세를 보이고 있다. 이 마당에 재벌 총수들이 그 획득 과정의 정당성이야 어찌 되었건, 그리고 실현 가능성은 차치하고라도 사재를 내놓는다니 반가운 소식이다. 그러나 사재 출연은 재벌 개혁의 핵심이 아니다.

더 중요한 것은 각 재벌이 한계 기업을 가지 치고 우량 기업을 팔아 차입금을 줄이는 동시에 다른 재벌과 제휴해서라도 중복과잉투자를 해소하는 구조조정이다. 그러나 과거 자기 제어 능력을 못 보였고, 또 협력보다는 규모를 키우기 위한 과당 경쟁에 익숙한 재벌들이 자기 환부에 스스로 메스를 대기란 굉장히 어려울 것이다. 따라서 새 정부는 안이하게 재벌 개혁을 재벌에게만 맡길 것이 아니라 직접 교통정리에 나서야 한다.

고통은 대단할 것이다. 그러나 그것만이 재벌도 살고 나라도 사는 길이다. 보다 구체적으로는 특별법을 만들어서라도 재벌의 속성을 잘 알고 경제 이론에 밝으며 행정 경험과 추진력을 갖추었을 뿐 아니라 재벌에 발목 잡히지 않을 인사들로 구성된 '재벌개편위원회(가칭)'가 재벌 문제 해결의 청사진을 마련토록 하자. 그 시한은 정권 초 3개월 이내여야 한다. 한국 경제가 죽느냐 사느냐는 이것의 성공 여부에 달려 있다고 해도 과언이 아니다.

이 같은 단기 작업이 끝나는 대로 본격적인 구조조정을 추진함과 동시에, 중장기적으로는 상호지급보증과 상호출자를 해소하고 결합재무제표***를 작성하도록 해야 한다.

시장경제에 웬 '재벌개편위원회'냐고 반문할지도 모른다. 그러나 우리는 아직 진정한 시장경제를 가져 보지 못했다. 시장경제에 진입하는데 가장 큰 걸림돌이 되는 재벌 문제를 이 기회에 반드시 해결해야 한다. 케인스도 말하지 않았는가, 자본주의를 살리기 위해서는 비자본주의적 방법도 불사해야 한다고. 또한 대한민국 헌법 119조 2항에는 "국가는 경제의 민주화를 위하여 경제에 관한 규제와 조정을 할 수 있다"

고 적혀 있다. 정부는 경제 민주화를 위해서도 재벌 개혁에 보다 적극적
이어야 한다.
_ 조선일보, 1998.1.31

＊ 외환위기 이후 환율이 급상승하고 외채 상환이 어렵게 되자, 정부는 채권
단 및 미 정부 관료 등과의 접촉을 위해 뉴욕으로 유종근(김대중 대통령 경제
고문) 지사를 비롯한 대표단을 파견했다. 미국 정부와 여론의 호의적인 태도
에 힘입어 1998년 1월 28일 단기 외채의 만기를 연장하는 데 합의했다. 주요
합의 사항은 1998년 중에 만기가 돌아오는 금융기관의 1년 미만 단기 차입
금(1997년 12월 말 기준 약 240억 달러)을 1년, 2년, 3년 만기로 연장하고, 정
부가 이를 지급보증한다는 것이다.
＊＊ 국제 거래에서 기준이 되는 런던은행 간 금리(LIBOR)와 실제 금리와의 차
이를 가산금리라고 한다. 융자 계약 당시의 LIBOR가 연 8.5%인데 실제 지불
금리가 연 9.5%라면, 가산금리는 1.0% 포인트가 된다. 융자 계약은 일반적으
로 LIBOR에 몇 % 가산해 주는 형태로 결정되기 때문에 가산금리라고 부른
다. 가산금리는 융자 대상국이나 기업의 위험 평가 및 국제 금융시장의 자금
사정을 반영하는 것이므로 일반적으로 개발도상국에 대한 융자는 가산금리
가 높다.
＊＊＊ 재벌 소속 모든 계열사의 개별 재무제표에서 내부거래를 정리해 수평적
으로 결합한 재무제표를 말한다. 현재 시행중인 연결재무제표는 법인 소유
지분이 30% 이상인 기업끼리만 작성하도록 되어 있어 재벌 재무구조와 경
영 상황을 파악하는 데 불충분하다는 지적을 IMF측으로부터 받았다. 현재
재벌들은 30% 미만의 지분으로 실질적인 지배권을 행사하고 있기 때문이
다. 그래서 재벌 그룹들에게는 1999년부터 결합재무제표의 작성을 의무무
화하였다. 결합재무제표 작성을 의무화할 경우 매출액·순이익 등이 현재의

대외적인 발표보다 10~30% 가량 감소하게 되어 기업의 대외신인도가 저하되고 기업 활동이 위축되는 등 부작용이 예상된다. 그러나 투자자나 은행이 의사결정을 하는 데 기업의 투명성이 절대적으로 요구되는 상황이고 또한 무모한 기업 경영을 억제하는 효과도 발휘할 수 있다.

재벌들의 '물귀신 작전'

오늘은 내가 10년 전에도, 5년 전에도, 작년에도, 그리고 지난 5월 말에도 한 이야기를 또 하려고 한다. 이 이야기는 나뿐만 아니라 일부이기는 하나 동료 경제학자, 외국의 전문가, 또한 양식 있는 언론인들이 한 이야기이기도 하다.

요즈음 우리 사회에는 근거 없는 낙관론이 팽배해 있다. 좀더 솔직히 말하자면 이것은 고통스런 현실을 외면하고픈 자기 기만일 수도 있다. 일반 국민들은 1년 가량만 지나면 모든 게 원상회복될 것으로 기대해서인지 구조조정의 성공 가능성이 얼마나 낮은지 생각조차 하지 않으려고 한다.

현재 구조조정은 매우 지지부진하다. 정부는 목표 의식도 불분명하고 일관성도 없는 정책을 남발해 왔고, 기업과 금융기관은 눈앞의 이해관계에만 급급해 근본적인 개혁에 대해서는 애써 눈을 감았다. 재벌들은 정권은 유한하나 재벌은 영원하다는 종래의 믿음으로, 그리고 금융 기관들은 신용 경색이 날로 심화되는 상황에서는 금융부터 살릴 수밖에 없지 않겠느냐는 막연한 희망으로 구조조정의 고통을 무사히 피해 갈 것으로 낙관하는 듯하다.

구조조정의 핵심은 비효율성에 찌든 우리 기업을 건전한 토대 위에 세우는 것이다. 그러나 이미 부실의 대명사가 된 우리의 재벌들은 계륵(鷄肋)이 된 부실 기업을 선뜻 정리하지 못한 채 '공동 파멸'을 무기로 은행을 협박하는 물귀신 작전을 펴왔다.

자동차업계를 예로 들어 보자. 자동차업계는 국제시장에서 당당하게 경쟁할 수 있도록 기업 구조와 산업 구조를 재편해야 한다. 그러나 현대·대우·삼성 등의 자동차업체는 엄청난 과잉 생산설비의 부담 속에서 남이 어서 죽기만을 기다리고 있다. 엄청나게 높은 부채 비율과 고금리로 가격경쟁력에서, 그리고 연구 부족으로 기술경쟁력에서 외국 기업과 경쟁할 수 없다고 판단되면, 과감하게 자동차 업종을 포기하고 다른 계열 기업을 살리는 구조조정 노력을 스스로 해야 한다. 그러나 이들은 대신 누가 더 오래 버틸 수 있는가 내기를 하고 있다. 이와 같은 상황이 계속되면 결국 자동차업체뿐만 아니라 소속 재벌그룹, 나아가 나라 경제 전체가 도탄에 빠질 것이다.

한편 은행을 비롯한 금융기관은 기업 구조조정을 주도적으로 추진해야 함에도 불구하고, 부실 기업의 과감한 정리가 곧 부실 채권이라는 부

메랑이 되어 자신의 숨통을 향해 되돌아올 것을 염려하여 아무런 긍정적
인 역할도 하지 못하고 있다. 여신 심사 기능의 강화, 리스크 관리 체제*
의 구축 등 경영혁신을 위한 조치도 구두선(口頭禪)에 불과하다.

　물론 자본주의는 각자가 자신의 이기적 목표를 추구하는 것이 보장
된 경제 체제다. 따라서 적어도 잘 나가는 자본주의 경제는 기업이나 은
행들보고 이래라저래라 할 필요가 없고 또 해서도 안 된다.

　그러나 한국에서는 재벌과 금융기관의 이기심이 아담 스미스가 말한
'보이지 않는 손(the invisible hand)'에 의해 조정되지 못하고 경제 전체
를 붕괴시키는 방향으로 작용해 왔다. 진정한 의미의 시장을 경험한 적
도 없고, 따라서 시장에서 생존할 능력도 갖추지 못한 한국의 재벌이나
금융기관으로서는 당연한 귀결이다.

　재벌이나 금융기관이 시장 원리에 따라 스스로 구조조정할 능력도
의사도 없다면 정부가 보다 강도 높은 개입을 통해 개혁을 서둘러 한국
경제가 소생할 기틀을 마련해야 한다.

　정부는 무엇을 해야 하는가? 우선 재원을 마련해야 한다. 가장 바람
직한 것은 정부가 외국에서 돈을 빌려 오는 것이다. 그것이 여의치 않으
면 이 방법, 저 방법으로 국내에서라도 조달해야 한다. 어떤 방법으로든
지 돈이 마련되면 그 돈을 유인 체계로 하여 구조조정에 적극적인 기업
이나 은행에는 지원을 아끼지 말고 소극적인 부분은 머뭇거리지 말고
도태시켜야 한다. 미끼나 협박이 없으면 민간 부문에서 자발적인 구조

조정이 절대 이루어지지 않는다는 것을 정부는 똑똑히 인식해야 한다.

　물론 정부는 이 모든 과정을 투명하게 공개함으로써 국민에게 책임을 져야 한다. 내가 이 이야기를 또다시 꺼내는 것은 우리가 갈 길이 뻔한데도 딴전부리는 이들이 아직도 너무 많기 때문이다.

_ 한겨레, 1998. 6. 10

*1990년대 들어 금리·주가·환율 등의 변동 허용 폭이 지속적으로 확대되는 추세를 보이고 있다. 이에 따라 신용 위험, 금리 위험, 가격 및 환율 변동 위험 및 유동성 위험 등 기업의 주요 금융 위험이 증대됨으로써 기업이 떠안는 위험이 전반적으로 높아질 가능성이 커졌다. 이러한 위험 관리에 대해서 은행들이 가장 먼저 관심을 보였다. 은행은 소액 예금을 모아 거액 투자를 가능케 하는 자산 변형자로서 신용 위험 관리 능력을, 결제 서비스 제공자로서 유동성 관리 능력을, 단기 예금을 장기 대출로 전환하는 등 만기 구조 변형자로서 금리 위험 및 유동성 위험 관리 능력을 각각 키워 왔다. 따라서 위험 관리 능력은 은행 이익 창출의 근원이라고 볼 수 있다. 국내 은행들의 경우 선진 금융권에 비해 이러한 능력이 다소 부족한 경우도 있으나, 최근 들어 ALM(Asset-Liability Management) 시스템 구축 등을 통해 적극적으로 위험관리 능력 배양에 나서고 있다.

'빅딜' 정부 개입 논쟁

요즈음 우리 사회에 근거 없는 낙관론이 확산되고 있다. 앞으로 1~2년간 어떻게든 시간만 잘 끌면 고통의 기간이 끝날 것이라는 막연한 기대감이다.

낙관론과는 달리 우리 경제는 갈수록 더욱 어려워지는 느낌이다. 만약 우리가 구조조정에 실패하면 아파트 엘리베이터가 움직이지 않고, 자동차 기름을 넣지 못할 만큼 살기 어려운 시기를 맞을지 모른다.

구조조정의 핵심은 비효율성에 찌든 우리 기업을 건전한 토대 위에 세우는 것이다. 그러나 부실의 대명사인 재벌들은 부실 기업을 선뜻 정리하지 못한 채 은행을 협박하고 있다. 예컨대 자동차 업계는 국제 시장에서 당당하게 경쟁할 수 있도록 기업 구조를 재편해야 한다. 그러나 현대·대우·삼성 등 자동차 업체는 구조조정에 적극 나서지 않고 경쟁 업체들이 어서

죽기만을 기다리고 있는 듯하다.

이런 상황이 지속되면 결국 자동차 업체뿐 아니라 소속 재벌 그룹, 더 나아가 나라 경제 전체가 도탄에 빠질 것이다. 재벌이 스스로 구조조정할 의사가 없다면 정부가 더 강도 높게 개입하여 개혁을 해야 한다.

최근 거론되고 있는 재벌들 간의 사업 교환은 이러한 측면에서 볼 때 외국 사람들의 신뢰도를 높여 주고 과잉시설 문제를 해소하는 데 도움이 되는 한 사례라고 생각한다.

물론 은행이 실사를 통해 기업들을 조종하고, 정부는 은행을 감독함으로써 기업 구조조정을 이뤄 가는 것이 바람직하다. 하지만 지금은 정부와 재벌의 역학 관계가 '재벌 우위'인 시대다.

재벌들끼리 시장 원리에 따라 자발적으로 빅딜(big deal)*을 하게 되면 가장 좋지만, 이렇게 중요한 일을 재벌들에만 맡겨서 제대로 이뤄질 것 같지는 않다. 지금 우리 경제는 대단한 위기 상황인데도 사람들은 현실을 너무 안이하게 인식하고 있는 것 같다.

우리는 지난 몇 개월간 최선의 방법만을 논의하느라 시간을 허비했다. 김대중 대통령 당선 직후 한 번의 기회가 있었고, 취임 직후 또 한 번의 기회가 있었다. 그러나 모두 놓치고 이제는 너무 늦은 상황이다. 이번에 김대통령이 미국에서 성과를 얻고 왔으니 또 한 번의 기회가 왔다.

재벌들의 빅딜은 가격을 따질 때가 아니다. 외환위기가 재발하지 않기 위해서는 구조 개혁에 관한 과감한 행동을 보여야 한다. 대표적인 행동은 빅딜이든지, 재벌들이 특정 사업의 포기를 선언하는 것이 될 것이다. 외국 사람들이 보기에는 대단한 일이다. 우리 경제의 과잉시설을 해소하고 효율성을 높이는 일이기도 하다. 과잉 설비 제거 등 구조조정을 하는 작업에 정부가 직접 나서서 문제를 풀어야 한다.

'재벌개편위원회'라는 특별위원회를 만들어서라도 재벌 개혁을 과감하게 추진하는 방법도 생각해 볼 수 있다. 우리나라 헌법 119조에 이미 근거 규정이 마련되어 있다.

최근의 빅딜 논의는 기업들이 채산성을 생각하지 않고 마구잡이로 사업을 확장했기 때문에 발생한 것이다. 따라서 기업의 채산성을 높이는 방향으로 교통정리할 필요성이 생겼다.

문제는 빅딜을 성사시키는 방법이다. 빅딜을 이루는 방법으로는 ① 정부·정치권이 직접 개입하거나 ② 은행이 빅딜 대상 기업체에 돈을 빌려 주지 않음으로써 자연도태시키는 방법이 있다.

정부는 현재 ①의 방법을 통해 빅딜을 추진하고 있는 것 같다. 이 방법은 빠른 시간 안에 빅딜을 성사시키고 기업 및 산업 구조조정을 이룰 수 있다는 시간상의 장점을 갖고 있다. 하지만 위험한 측면이 너무 많다.

첫째, 정치권이나 정부가 구조조정 대상 기업을 짧은 시간 내에 속속들이 파악하기 어렵기 때문에 부작용이 많이 생길 수 있다. 잘 알지도 못하는 기업들을 떼어내 다른 재벌에 떠맡기면 반드시 좋은 결과가 나온다고 장담하기 어렵다.

둘째, 기업마다 문화가 다르기 때문에 빅딜 성공을 확신하기가 어렵다. 서로 다른 문화와 전통 속에서 일해 온 근로자들이 받는 문화적 충격 때문에 기업이 효율적으로 작동할 수 있을지 불투명하다.

셋째, 공정하고 명백한 빅딜 기준을 만들기 어렵다는 점도 있다. 국제경쟁력 강화나 재무구조 개선처럼 모호한 기준을 제시하게 되면 빅딜을 흥정하는 과정에서 결국 정치권력이 개입, 정경유착에 빠질 가능성이 있다.

넷째, 정치권이나 정부는 구조 개혁을 서두르고 가시적인 성과를 내기 위해 시한을 정해 놓고 일을 추진할 것이다. 그러나 이렇게 시간을 정해 놓고 무리하게 일을 추진하는 것은 상당한 부작용을 낳게 된다.

물론 정부 입장에서는 경제위기가 날로 심각해지고 있는 상황에서 외환위기 재발 방지를 위해서도 외국 투자자들의 신뢰를 회복하는 일이 시급할 것이다. 재벌의 과감한 구조 개혁이 신뢰도 회복의 중요한 수단이 되리라는 것은 말할 필요도 없다.

하지만 한두 달 안에 부실한 계열사들을 빅딜을 통해 정리하라는 것은 무리라고 생각한다. 시장경제에서 문제는 항상 당사자들이 주체가 되어 해결해야 한다. 빅딜의 시한을 정하는 문제는 특히 그렇다.

예컨대 현대자동차가 삼성자동차를 인수할 경우, 경영이 건실한 현대자동차마저 부실해질 가능성이 있다. 이런 결과가 예상된다면 정부에서 인수하라고 한다고 해서 어느 기업이 마음 내켜 하겠는가.

사전에 이런 부작용에 대한 충분한 연구가 기업과 정부 차원에서 있어야 한다. 그렇지 않고 딜(deal)만 강요했을 경우 나타날 부작용을 나중에 누가 책임지겠는가.

　필요하면 정부나 정치권, 외국인 전문가가 참여하는 적극적이고 충분한 토론 과정을 거쳐야 한다. 정부도 결과 분석과 예측을 통해 감을 잡고 빅딜을 추진해야지, 지금처럼 무조건 밀어붙이기식으로 하는 것은 곤란하다.

_ 조선일보, 1998. 6. 16

* 김대중 정부는 재벌들의 무분별한 중복투자 때문에 IMF가 왔다고 판단하고, 5대 재벌을 중심으로 빅딜을 요구했다. 과잉투자를 해소하기 위해서는 경쟁력이 떨어지는 기업을 퇴출시키는 것이 원칙이지만, 정부는 차선책으로 빅딜을 추진했다. 진정한 빅딜이란 산업 경쟁력을 높이고 중복과잉투자를 해소하기 위해 대그룹 간 사업 부문을 맞바꾸는 것으로, 특정 분야에서 경쟁력이 있는 그룹에 해당 산업을 자율적으로 집중시키는 방식이다. 이러한 평범한 기준에 따르더라도 우리 현실에서 여기에 적합한 대기업 빅딜이 실행되었는지는 의문이다.

재벌 개혁 끝났는가

경제학자 J. M. 케인스는 25세 또는 30세 이후에 경제나 정치 철학이 바뀌는 사람은 별로 없다고 했다. 그는 또 실무가든 관료든 개인의 철학이나 사상은 한번 형성되면 쉽게 바뀌지 않아서, 새로운 생각보다는 오히려 낡은 아이디어가 현실에서 더 큰 힘을 발휘한다고 개탄했다.

위기에 처한 1998년 한국 경제도 마찬가지다. 최근 김우중 전경련 회장대행이 한 일련의 발언을 듣자면 케인스의 지적이 무색할 정도다. 그는 개인의 소신을 피력했든 재벌을 대표했든 부당내부거래 조사가 부당하다고 비판했고, 수출 드라이브에 의한 시설 가동률 제고만이 살 길이라고 주장했다. 한 술 더 떠 한국에는 재벌 체제가 꼭 필요할 뿐만 아니라 이에 대한 국민적 합의까지 이루어 내겠다고 나섰다.

IMF 구제금융이라는 국가적 위기도 재벌을 가르치기에는 턱없이 부족할 뿐이라는 허탈감을 느낀다. 행여 이러한 목소리가 재벌 개혁을 늦추거나 무산시키는 빌미를 제공할까 봐 걱정스럽기도 하다.

부당내부거래를 조사하는 것이 부당하다면 재벌은 도대체 기업 활동의 기본 룰마저 지키지 않겠다는 것인가. 재벌 입장에서는 조사받는 것이 짜증나겠지만, 바로 이 순간에도 불공정거래로 인해 수많은 중소기업과 노동자들이 알게 모르게 도산과 실직으로 내몰리고 있다는 것을 생각한다면 정부의 조사는 아무리 철저해도 지나치지 않다. 그나마 이 정도라도 룰을 적용할 수 있을 때에 과거의 경영 관행을 뿌리뽑지 못한다면 우리의 시장이 어떻게 약육강식의 정글을 벗어날 수 있겠는가.

수출 드라이브로 시설 가동률을 높이자는 것도 재벌 총수가 떳떳이 할 수 있는 이야기는 아니다. 재벌은 생산설비 가동률이 낮은 근본 이유를 똑바로 알아야 한다. 덩치만 키우면 된다는 생각에 돌려 봤자 수지도 맞지 않는 설비에 무리하게 중복과잉투자를 일삼아 놓고는 이제 와서 가동률 운운하는 것은 어불성설이다. 여기저기서 돈을 끌어다가 과잉 설비에 투자하기로 결정을 내린 것이 바로 재벌 총수들 아니고 누구인가. 부채 비율도 그렇다. 잘못된 투자에 흥청망청 남의 돈을 쏟아 넣을 때는 언제고, 이제는 왜 선진국 기준을 들이대냐고 하니 건전한 상식으로는 도무지 이해하지 못할 일이다. 물론 이들을 제어하지 못한 금융기관과 정부에도 일단의 책임이 있다.

그러나 재벌 경제 체제에서 총수들의 책임이 가장 크다는 것은 누구도 부인할 수 없다. 총수들은 자신의 결정에 대해서 도의적으로나 실질적으로 책임을 지지는 못할망정, 그리고 잘못된 투자를 이제라도 바로잡자는 구조 조정에 앞장서지는 못할망정, 예나 지금이나 지원만을 바라고 있으니 기업가 정신의 실종도 이만저만이 아니다.

개발 시대에 젊음을 보내고 사업 확장에 잔뼈가 굵은 이들이 구태의연한 발언을 계속하는 것은 어쩌면 자연스러운 일일지도 모른다. 그러나 IMF 구제금융을 맞아 그 한계가 백일천하에 드러난 현재의 재벌 체제를 앞으로도 유지시켜야 자본주의가 발전한다는 말에는 전율마저 느껴진다. 재벌이야말로 자본주의의 기본 질서인 적자생존 원리를 무시해 온 주범들이 아닌가. 이들은 한 걸음 더 나아가 자기들이 재벌 체제가 아니라 대기업 체제라고 주장하지만, 총수 지배가 계속되고 개별 기업 단위가 아닌 그룹 단위로 경쟁이 벌어지며 계열 기업 간의 부당내부거래가 온존하는 대기업 체제는 그저 재벌 체제일 뿐이다.

김우중씨의 주장은 노태우 정부에서 정주영씨가 펼친 지도자 자질론이나 김영삼 정부에서 이건희씨가 행한 북경 발언과 일맥상통한다. 정부의 반응을 떠보자는 것이다. 하지만 그때나 지금이나 정부는 한마디 대꾸도 없으니 한국 정부는 국민의 정부인지 재벌의 정부인지 의심스럽다.

지금까지 5대 재벌은 개혁을 '성공적으로' 회피해 왔다. 최근 들어 특히 7월 26일의 '정부·재계 대타협'* 이후에는 재벌 개혁이 이미 물건너갔다고 생각하는 사람이 많아졌다. 정부는 재벌이 당장 아픈 소리 하고 경제와 산업을 볼모로 협박한다고 해서 개혁 속도를 늦추거나 룰을 비껴 가서는 안 된다. 보다 확고한 재벌 정책을 보이고 그것을 과감하게 집행해야 한다. 새로운 아이디어로 경제의 틀을 다시 짜고 죽을 각오로 개혁을 서둘러야 경제가 산다는 것을 왜들 모르는가.

_한겨레, 1998.8.5

＊비밀스럽게 이루어진 7월 26일 정부와 재계의 간담회는 김대중 정부가 재벌 옹호 정책으로 급선회하는 전기가 된 회의였던 것으로 전해진다. 이날 참석한 사람들은 정부측에서는 이규성 재경부장관, 이기호 노동부장관, 박태영 산업자원부장관, 진념 기획예산위원장, 전윤철 공정거래위원장, 이헌재 금융감독위원장, 강봉균 청와대 경제수석 등이었다. 재계측에서는 김우중 전경련 회장과 삼성 이건희, 현대 정몽구, LG 구본무 회장, 손병두 전경련 상근부회장이 참석했고, 이밖에도 전경련 자문위원들인 서울대학교의 조동성·곽수일·송병락, 서강대학교의 김병주, 연세대학교의 박진근 교수 등이 참석해 빅딜을 자체적으로 하고, 정리해고를 자제해 준다는 대타협(?)을 이루었다. 전경련 회장단과 전경련 자문위원은 이날 특히 IMF를 타개하기 위해서는 재벌들에게 무역 금융을 확대해 줄 것을 강력히 요구하면서 그것만이 최선의 방법이라는 논리를 전개했다고 한다.

재벌의 은행 소유 안 된다

가을은 깊어 가나 경제 개혁은 부진한 가운데 재경부장관은 이달 초 워싱턴 방문 중 은행법을 개정하여 은행 주식에 대한 1인당 소유지분한도를 확대하겠다고 나섰다. 한마디로 말해서 재벌의 은행 소유를 허용하겠다는 것이다. 재벌들이 쌍수를 들고 환영하면서 은행 인수 준비에 여념이 없음은 물론이다.

경제위기 극복을 위한 개혁 작업에 매진해야 할 다급한 이 순간에 총풍·국감·세풍 등에 가려 세인의 주목을 받지 못하는 틈을 타 은행법을 반개혁적으로 개정하려는 시도는 어떻게 해석해야 하는가. 재벌 개혁과 금융 개혁은 한국 경제의 생존을 좌우할 절체절명의 과제다. 과다한 차입금에 의존하여 과잉중복투자를 일삼는 재벌 구조, 그리고 천문학적 부실 채권에 대한 부담을 국민에게 전가하는 금융 구조를 개혁하지 않

한국 경제 아직 늦지 않았다 | 재벌, 우리 사회의 뜨거운 감자

고서는 한국 경제에 희망이 없기 때문이다. 그런데 재벌이 은행을 소유토록 허용하는 것은 한편으로는 재벌을 핵심 개혁 대상으로 삼으면서도, 다른 한편으로는 금융 개혁의 주체 역할을 맡긴다는 것을 의미한다.

이번 은행법 개정은 정부의 개혁 의지를 판별하는 리트머스 시험지라고 생각한다. 만약 정부가 재벌의 은행 소유를 허용한다면, 그것은 정부가 재벌 개혁을 스스로 포기한 것이든지 아니면 재벌의 저항에 굴복한 것이라고 볼 수밖에 없다.

은행 부실의 원인을 주인이 없는 탓이라고 돌리는 이들이 많다. 잘못된 생각이다. 은행의 부실은 표면상 부실 채권으로 나타나지만 부실 채권의 근본 원인은 재벌의 부실에 있다. 그런데 재벌은 주인이 있다. 이것은 경영 성과와 주인의 유무와는 상관이 없다는 증거다. 미국의 일류 은행들은 눈에 띄는 주인이 없는데도 잘들 하고 있지 않은가.

정부는 대주주에 대한 여신 한도를 강화함으로써 재벌이 은행을 사금고로 만드는 것을 방지할 수 있다고 주장한다. 은행 계정에만 적용되는 현행 여신 한도를 신탁 계정*으로까지 확대하고, 또 그 비율을 은행 자기자본의 45%에서 25%로 축소하는 것은 대주주만이 아니라 모든 여신 기업에 적용해야 할 당연한 조처다. 그리고 이미 국제통화기금과의 협의를 통해 동일인 및 동일계열기업군 여신한도**를 이러한 방향으로 개선하기로 결정하지 않았는가. 결국 정부는 우리나라의 낙후한 금융 감독 시스템을 일부나마 개선하는 데 필요한 최소한의 조처를, 마치 재벌의 은행 소유를 허용했을 때 생길 수 있는 문제의 해결책인 것처럼 과대 포장하고 있다.

가장 건전한 금융감독 시스템을 갖고 있다는 미국에서도 은행이 도산하는 일이 비일비재하다. 그 원인은 도산한 은행 자체의 부실보다는 그 대주주인 은행 지주회사***의 부실인 경우가 더 많다. 완벽한 금융감독 시스템이라는 것은 존재할 수 없다. 규제가 있으면 그것을 회피할 수 있는 수단도 고안되는 것이며, 특히 경영 부실에 직면한 대주주는 산하 은행을 악용하려는 유혹을 강하게 받게 마련이다. 부실 재벌의 자회사로 있던 종금사들이 모기업 기업어음(CP)을 대상으로 이중 판매, 신용등급 조작 등의 불법을 저지르며 과잉투자를 부추기고 퇴출해야 할 기업을 연명시켜 준 사례들이 과거의 일로만 치부될 수는 없다.

또한 은행은 돈을 빌려 주는 일만 하는 것이 아니다. 돈을 적재적소에 빌려 주기 위해서는 먼저 해당 기업의 경영 상황에 대한 상세한 정보를 취득·분석해야 한다. 따라서 은행은 방대한 기업 정보를 축적하고 있는 '정보기관'이다. 우리나라는 현재 자금 운용도 감독 시스템도 미비하지만, 정보 운용에 대한 감독 시스템은 없는 것이나 마찬가지다. 기업 정보의 저수지인 은행을 재벌에게 맡긴다는 것은 공룡에게 날개를 달아 주는 꼴이 될 것이다. 재벌의 은행 소유를 허용하는 순간 재벌 개혁은 물거품이 되고, 한국 경제는 천 길 나락으로 굴러떨어질지도 모른다. 정부의 현명한, 아니 상식적인 판단을 기대한다. _한겨레, 1998.10.29

* 금전 · 부동산 · 유가증권 등을 가진 사람이 자산 운용을 신탁회사에 맡기고 그 운용 수익을 받는 제도다. 한국에는 신탁 업무를 전업으로 하는 신탁회사가 없으며 은행이 신탁업을 겸하고 있다. 투자신탁회사의 경우 신탁의 일종인 증권 투자신탁 업무를 맡고 있다. 은행이 취급하고 있는 각종 신탁 업무를 통틀어 은행 신탁계정이라 한다.

** 대기업에 대한 여신 편중 현상을 억제하고 재무 구조를 개선하기 위해 1974년 정부는 '여신관리제도(credit management system)'를 도입했다. 이 제도는 ① 대출금 기준 10대 재벌에 대하여 그룹별로 여신한도를 관리하는 여신 바스켓 관리, ② 기존 영위 업종과 관계없는 기업의 신규 투자 및 부동산 매입시 주거래 은행의 승인을 받도록 하는 신규 투자 및 부동산 취득 사전승인제, ③ 대상 기업이 투자 또는 부동산을 취득하는 경우 자구 노력에 의한 자금 조달 의무, ④ 비업무용 부동산과 부동산 취득 억제 조치 등을 포함하고 있다.

1998년에 금융감독위원회가 출범한 이래 동일인 동일계열 거액 여신한도 등 여신한도 관리제도도 개편 · 강화되었다. 한도 산정의 기준이 되는 자본금이 자기자본에서 총자본(자기자본+보완자본)으로 변경되었으며, 대상 여신은 대출과 지급보증만을 관리하던 것에서 여신 성격의 부외자산까지로 확대되었다. 2000년 1월부터는 동일인 여신한도가 강화된다. 대출과 지급보증은 각각 자기자본의 15% 및 30%까지 가능했지만 2000년 1월부터는 여신 합계액이 총자본의 15% 이내로 제한된다. 동일계열 여신한도도 자기자본의 45% 이내에서 총자본의 25% 이내로 변경된다.

*** 산하에 있는 종속회사(자회사)의 주식을 전부 또는 지배가능한도까지 매수하고 이것을 자사의 주식으로 대체시켜 기업 합병에 의하지 않고도 실제로 회사를 지배하는 것으로, 지배회사 혹은 모회사라고도 한다. 예를 들면 (주)선경이 선경그룹 대부분 계열사의 주식을 대량으로 소유하고 있는 경우를 말한다.

chapter 4.

번영의 대전제, 금융개혁

대출 심사 기능 강화 시급

　　　　　　　　　　　　　우리나라에서와 같이 기업이나 정부가
그들이 가지고 있는 정보를 움켜쥐고 공개하지 않는 체제에서, 한 치 앞을
내다보기란 매우 어려운 일이다. 그러나 김만제 재무부장관을 비롯한 정부
관계 인사들의 발언을 미루어 볼 때, 금년에도 긴축 기조는 계속되어 총통
화증가율은 10% 내외에 머물 것이고 금융제도는 큰 변혁을 맞이할 것으로
보인다. 금융자율화의 노력이 계속될 것이고 금융시장은 국제화의 길을 치
달을 것이며, 금융기관 간의 업무 영역 조정을 둘러싸고 커다란 진통이 예
상된다.

　　먼저 긴축 기조와 이에 따른 총통화증가율 억제폭에 대해 생각해 보
기로 하자. 정부는 국제수지를 개선하고 물가안정을 유지하기 위하여
총통화증가율은 10% 선에서 억제할 것이라고 전해진다. 이러한 정부의

계획은 일견 수긍할 수 있을 뿐만 아니라 환영할 만하다. 국제수지를 개선하고 물가안정을 도모하려는 정부의 의지를 누군들 꺾을 수 있겠는가. 그러나 곰곰이 생각해 보면 이 계획에는 문제점이 없지 않다.

금년은 선거가 있는 해다. 집권당은 행정부와 사전 협의도 없이 여러 가지 공약을 남발하고 있다고 한다. 정부는 아무리 허황된 공약이라 할지라도 일단 발표된 공약은 이를 실천하기 위해 최소한의 노력을 경주해야 한다. 이러한 상황에서 총통화증가율을 10%에서 억제하려는 계획은, 계획으로서는 좋을지 몰라도 실현 불가능한 것이라고 볼 수밖에 없다.

또한 국제수지나 물가안정을 위해서 총통화증가율을 인위적으로 억제하는 계획도 쉽게 받아들일 수 없다. 원초적인 화폐수량설에 따르면 통화량 증가는 자동적으로 물가상승과 국제수지 악화를 초래하지만, 현실은 반드시 그렇지가 않다. 통화량 증가가 물가상승 대신 생산 증가를 가져다 줄 수도 있고, 이것이 수출을 증대시켜 국제수지를 오히려 개선시킬 수 있음에 유의할 필요가 있다.

문제는 여기서 그치지 않는다. 우리나라의 외채가 천문학적 숫자에 달한다는 사실을 감안할 때 국제수지를 개선하기 위해 최선을 다해야 한다는 국민적 합의를 얻기에 충분하다. 그러나 물가안정 목표를 신화처럼 생각할 필요는 없다. 인플레이션이 체질화된 경제에서 인플레이션에 시달리며 몇십 년을 살아온 우리가 인플레이션을 경원시하고 이를 퇴치하려고 노력하는 것은 매우 당연한 일이지만, 그렇다고 해서 물가

상승률이 무조건 낮다고 좋은 일은 아니라는 점에 유의할 필요가 있다.

인플레이션이 가져다 주는 폐해보다는 디플레이션이 훨씬 더 가공할 만한 것이라고 지적한 케인스를 인용할 필요도 없이, 자본주의 사회를 지탱하기 위해서는 지나친 인플레이션도 경계해야 하지만 오래 지속되는 물가의 정체와 그에 따른 투자 위축을 더욱 경계해야 한다는 점에 사려 깊은 경제학자들은 쉽게 동의할 것이다.

금융 개혁은 어떻게 진행되고 있는가?

최근 몇 년 동안 정부가 역점을 두었던 금융자율화는 비록 부분적으로 몇 가지 통제가 해제되기는 했으나 기본적으로는 하등 진전이 없다.

진정한 금융자율화는 금융기관이 융자를 해줄 때 대출 심사를 철저히 하여 외부의 간섭을 받지 않고 대출 결정을 내리는 것이다. 그러나 정부는 대기업이 도산하면 그 자체로 여러 가지 사회 · 경제적 혼란이 생길 뿐만 아니라 금융기관이 부실해져 큰 혼란을 가져올 것이라는 판단 아래 대기업이 도산 위기에 처할 때마다 이를 구제하기 위한 특별금융을 제공해 왔다. 이와 같이 도산이 허용되지 않는 기업 풍토에서 금융기관의 대출 심사 기능을 기대하기란 불가능하다.

정부는 금융기관으로 하여금 이른바 국민경제적 차원에서가 아닌, 개별 금융기관 차원에서 독자적으로 대출금 상환 기간 연장이나 이자 지불 유예를 결정케 함으로써, 기업들이 기업 운영을 잘못하면 도산할 수밖에 없다는 것을 엄연한 사실로 받아들이도록 해야 한다. 이를 달성하기 위해서는 두 가지 전제조건이 필요하다. 하나는 정부가 이른바 물량 목표 달성 위주의 경제정책을 포기해야 한다는 것이고, 또 하나는 금융기관의 운영을 정상화하는 것이다.

부실 채권을 많이 안고 있는 금융기관이 대출 심사 기능을 발휘하려고 해도, 특정 기업에 대한 대출 거부가 금융기관의 부실 대출을 현재화시켰고 이것이 금융기관 자체의 도산마저 가져올지 모른다는 우려가 있다면 대출 심사 기능이 제대로 이루어질 수 없다.

그런데 우리나라 금융기관은 부실 채권을 많이 안고 있다. 이것은 상당 부분 지난 20여 년간 경제개발계획을 수행하는 과정에서 정부가 금융기관의 대출 심사를 무시하고 대출을 지시했기 때문에 나타난 것이다. 따라서 정부는 이것을 찾아내어 인수·관리함으로써 금융기관의 정상화를 촉진해야 한다.

어떤 이는 이자율 자유화가 금융자율화의 알파요, 오메가라는 생각을 한다. 이것은 잘못된 생각이다. 임금, 지대, 환율 및 제품 가격은 규제하면서 오직 이자율만 자유화하는 것은 경제를 위해서 반드시 좋다고 말하기 힘들다. 다른 모든 것이 경쟁 상태에서 결정되는데 이자율만 규제되고 있다면 이자율 자유화가 절실한 문제가 될 수 있겠지만, 다른 모든 것이 규제된 상황에서 이자율만 자유화하는 것은 부분적인 최선을 위해 전체적인 차선을 포기하는 것과 같다.

한국 기업은 재무구조상 부채가 많고, 따라서 원리금 상환과 관련된 부도를 막기 위해 날마다 급전을 구해야 하는 실정이어서 고금리가 형성되지만, 이것이 높은 자본수익률을 반영하는 것은 아니다.

금리를 자유화 또는 현실화하는 것보다는 대출 심사 기능을 잘 발휘하여 자금이 가장 긴요한 곳으로 흐르도록 하는 것이 중요하다.

금융자율화가 지지부진한 반면 금융의 국제화는 어지러울 정도로 빨리 진전되고 있다. 정부는 외국 은행 국내 지점을 국내 은행과 동등하게 대우한다는 기본 방침을 가지고 있다. 외국 은행은 국내 은행에 비해 여러 가지 특혜도 받았지만 동시에 차별적 규제도 받았는데, 이러한 차별적 규제를 철폐하여 금년부터는 외국 은행도 단기 수출 신용 목적으로 한국은행 재할인 창구를 이용할 수 있게 되었고 신탁 업무도 취급할 수 있게 되었다. 이러한 일련의 조치는 한편으로는 금융을 개방하여 국내 금융기관의 경쟁 의식을 높이고 금융제도의 체질을 개선하기 위한 것이라고 하지만, 다른 한편으로는 한국 경제의 대외의존도가 지나치게 높아지고 대외 채무가 많이 축적된 결과 외국의 개방 압력을 받아 나타난 것이기도 하다.

우리나라의 금융기관이 외국 은행과 맞붙어 경쟁을 하게 되면 그 면모가 일신되고 효율적으로 될 것이라고 생각하는 것은 큰 잘못이다.* 그동안 대출 심사 기능을 박탈당해 허약해질 대로 허약해진 우리나라 금융기관은 정부의 특별한 보호를 받지 않고서는 그 존립조차 어렵게 되어 있다.

그러나 금융은 국가의 기간산업이므로 이를 잘 키워 줄 필요가 있을 뿐만 아니라, 우리나라의 금융은 조금만 도와주면 충분히 소생할 능력을 가지고 있는 것으로 판단된다. 유치산업 보호론을 들먹이지 않더라도 금융 개방은 당분간 보류하는 것이 좋다. 뿐만 아니라 무릇 외국 은행의 국내 활동은 최소한 국내 은행의 외국 활동과 실질적으로 동일한 조건 아래서 허용되어야 하는데, 우리나라 금융기관의 외국 활동 상황과 외국 금융기관의 국내 활동 상황에는 커다란 괴리가 있음을 잊어선 안 된다.

외국 은행의 비중이 현재보다 커지면 통화신용정책의 효율성이 떨어질 뿐만 아니라 무엇보다도 중요한 국가 경제의 독립성이 위협받을 수 있다는 점에도 유의할 필요가 있다. 따라서 금융의 국제화는 서둘러서도 안 되고, 또 외국의 개방 압력도 최대한 물리칠 자세를 갖춰야 한다고 생각한다.

금융기관의 업무 영역 조정에 대해서는 정부가 아직 이렇다 할 카드를 내놓은 것이 없다. 다만 투자금융회사와 증권회사를 통합한다는 계획이 있는 듯하나 이는 받아들이기 힘들다. 금융기관이 현재 담당하고 있는 업무를 제대로 소화하고 이를 개선하기도 전에 다른 업무를 도입하여 금융 업무를 다양화하고, 새로 도입된 업무를 채 소화하기도 전에 또 다른 금융 업무를 영위한다는 것은 바람직하지 못하다. 이보다는 현재 수행하고 있는 업무의 내실을 기하고 그 과정에서 주변 업무의 필요성이 자연스럽게 생기면 이를 신축성 있게 허용해 주어야 한다.

기본적으로 금융기관 간의 분업 체계는 은행을 중심으로 한 신축성 있는 분업주의가 타당하다고 생각한다. 이렇게 해야 진정한 금융의 효율을 기할 수 있고 겸업주의가 가져다 줄지도 모르는 금융의 불안정성을 예방할 수 있다. 언제 어디서나 보수주의보다는 진보주의가 매력적으로 보이지만 금융 문제에서만은 보수주의의 중요성을 크게 강조해도 괜찮다고 생각한다.

_ 매일경제신문, 1985. 1. 11

* 1996년 은행감독원이 발표한 「국내 외국 은행 지점의 수지 상황」에 따르면, 우리나라에 진출한 35개 외국 은행 지점의 순익이 1995년 대비 62%나 증가하여 3125억 원이라 한다. 이에 반해 국내 은행들은 국내외 할 것 없이 경영난에 봉착하여 당기순이익이 1995년 17.2%, 1996년에는 2.4%가 줄어들었다. 기본 여건이 제대로 형성되어 있지 않은 상태에서 외국 은행과 경쟁하는 것이 효율성을 높이지 못한다는 것을 보여 준다.

한은 독립과 금융감독 체계

지난 여름은 별로 더운 줄 모르고 지낼 수 있었다. 30년 만의 불볕더위가 수없이 많은 밤을 잠 못 이루게 한 건 사실이다. 그러나 금융 민주화, 특히 한국은행 독립에 관한 논의는 더위보다 더 뜨겁게 전개되어 이를 지켜보는 이들을 시원하게 해주었다.* 그야말로 이열치열이었다고나 할까.

하기야 한국은행 독립에 대한 논의는 어제 오늘의 일이 아니다. 한국은행법이 제정된 1950년 이후 줄곧 보아 온 터다. 그러나 내 기억으로 이번처럼 모든 한은맨들이 위아래 할 것 없이 직접 나서 '독립운동'을 한 적은 없다. 자기 앞을 자기가 챙기고 자기 이익을 자기가 지키려는 태도야말로 민주화로 가는 지름길이 아니고 무엇이겠는가.

그러나 한 가지 안타까운 것은 논의가 열을 띠면 띨수록 논리적 근거에 기초한 건전한 제안보다는 시류에 편승한 주장이 난무했고, 또 좋은 뜻으로 행해진 여러 가지 진술들을 단지 자기 의견과 다르다는 이유만으로 배척하는 경우가 허다했다는 점이다.

현재 우리 사회는 한국은행에 독립성을 부여해야 한다는 원칙에는 합의했다. 이를 문제삼을 사람은 아무도 없을 것이다. 그런데 한국은행은 이 기회를 이용하여 가능한 한 많은 것을 얻으려 하는 데 반해 재무부는 될 수 있는 대로 적게, 그리고 천천히 양보하려 한다. 이들 한은법 개정의 양 당사자들은 사회 각계각층에 파고들어 자기들의 주장을 납득시키려고 노력해 왔다.

여기에 금융통화운영위원회·민정당·야3당까지 끼어들어 한은법 개정 논의는 결과가 어떻게 될지 예측을 불허한다. 자칫하면 정치권에서 독립하는 것을 목적으로 하는 한은법 개정이 정치적 홍정의 대상이 될 가능성도 없지 않다.

한은법 개정은 국가 경제의 장래를 좌우할 만한 중요한 것이므로 이를 이해 당사자, 언론 그리고 정치인들에게만 맡길 것이 아니라 양식 있는 금융 전문가들이 모여 허심탄회하게 논의를 한 후 보고서를 작성케 함으로써 국회가 한은법 개정 전에 이를 검토할 기회를 갖도록 하는 것이 필요하다.

다만 이 작업은 가능한 한 빠른 시일 내에 이루어져야 한다. 왜냐하면 한국은행은 너무나 오랫동안 한은법 개정을 기다려 왔을 뿐 아니라 각 정당들도 지난 양대 선거에서 이를 공약으로 내세웠으므로, 그 시기가 늦어질 경우 여러 가지 억측과 오해만 살 소지가 있기 때문이다.

나는 여기서 두 가지 생각을 개진코자 한다. 하나는 한은 독립의 정도와 관련되는 것이고, 다른 하나는 금융감독 체계의 개편과 관련된 것이다.

우선 한은 독립의 정도에 대해 금융통화운영위원회가 통화 신용에 관한 룰을 외부의 간섭 없이 정하게 하고 그 위원을 상근시킴으로써 금통위의 권한을 대폭 강화해야 한다. 또한 한국은행은 일반 은행의 업무뿐만 아니라 특수 은행이나 비은행 금융기관의 업무라 할지라도 일반은행 업무와 유사한 업무는 모두 관여할 수 있어야 한다. 그렇게 될 때야 비로소 한국은행이 통화신용정책을 유감 없이 진행함으로써 통화가치의 안정과 금융자원 배분의 효율성을 도모할 수 있게 될 것이다.

그러나 한국은행이 절대적인 독립을 누릴 수는 없다. 한국은행에 통화신용정책상의 독립성을 부여하되 정부가 한국은행에 정부의 의견을 전달·반영시킬 수 있는 장치가 마련되어야 한다. 그렇게 될 때야 비로소 통화신용정책과 정부의 다른 경제정책 사이에 조화를 이룰 수 있고, 또 정부 내의 견제와 균형도 기대할 수 있다.

금융감독 체계와 관련해서도 상호 견제와 균형의 원칙은 지켜져야 한다. 또한 최근의 금융 전개, 즉 금융 겸업 추세에 따라 금융감독은 기관별로 할 것이 아니라 기능별로 이루어져야 한다.

넓은 의미의 금융감독은 사전적 규제와 사후적 감독으로 나누어 볼 수 있다. 사전적 규제는 설립·인가권, 활동규제권을 통해 행사되며 사후적 감독은 업무검사권과 규정 위반에 대한 제재권을 통해 행사된다.

우리나라에서는 지금까지 한국은행·은행감독원이 사전적 규제와 사후적 감독을 모두 맡아 왔으나 통제적 금융 운영의 관행상 사전적 규제는 지나치게 엄격히 행사된 반면, 사후적 감독은 유명무실했다. 따라서 금융자율화의 일환으로 사전적 규제는 완화하고 사후적 감독은 강화하는 것이 바람직하다.

그런데 통화신용에 관한 룰을 제정하고 정책을 집행하는 한국은행에 사후적 금융감독 업무까지 귀속시키는 것은 견제와 균형의 원칙에 합당치 않다. 나는 사후적 금융감독을 총괄할 금융감독위원회를 한국은행과 독립적으로 설치하고 이 기관이 은행·보험 및 증권 업무를 기능별로 사후 감독케 할 것을 제안한다. 이 제안에 따르면 사전적 규제, 즉 인허가 업무·여신관리 등 현재 은행감독원의 감독기획국·여신관리국의 업무는 한국은행이 계속 맡되 사후적 감독, 즉 검사 업무, 금융기관에 대한 종합경영평가, 제재 업무 등 현재 은행감독원의 검사통합국, 검사 1~6국, 금융개선국의 업무는 금융감독위원회에 넘겨야 한다.

_ 매일경제신문, 1988. 8. 29

* 1988년 7월 말 여소야대 정국에서 야3당이 한국은행의 독립성을 강하게 보장한 한국은행법 개정안을 단일안으로 내놓자, 많은 논란이 발생했다. 한은측이 적극적 여론 공세와 로비 활동으로 야3당을 설득하여 유리한 고지를

선점했으나, 재무부가 이에 강력히 반발하여 국회에서 정면 공방전이 벌어지기도 했다. 8월 10일에는 한국은행의 부장·국장급 간부들이 "중앙은행의 독립은 피할 수 없는 시대적 요청"이라며 한은법 개정 논의와 관련하여 성명을 발표했다. 한국은행 간부들이 한은법 개정과 관련하여 소신을 밝히기는 한국은행 역사상 처음 있는 일이었다.

증권시장 왜 흔들리나

걷잡을 수 없이 곤두박질치던 주가가 이른바 심리적 '마지노선'인 지수 600선까지 무너뜨렸다가 반등세로 돌아섰다. 그러나 하늘 높이 치솟던 모래성이 지수 1007까지 기록했던 작년 봄에 비하면 주가는 40% 이상 빠졌다.*

주가지수가 1000이 넘은들 무슨 소용이 있고 또 500 이하로 떨어진들 걱정할 게 무어냐고 할 수도 있을 것이다. 주가가 치솟을 때에는 금융 자율화·개방화를 외치던 사람들이 주가가 곤두박질치자 '당국의 강력한 개입'을 요구하는 것을 보면, 가장 자본주의다워야 할 증권시장마저 자본주의적 운행 원리와는 거리가 먼 우리 경제의 현실이 안타깝기만 하다.

그러나 증시는 이제 몇몇 사람의 전유물이 아니다. 수백만 국민이 주식시장에 뛰어들어 국민개주(國民皆株) 현상을 보이고 있는 마당에 증시 침체에 따른 중산층의 궁핍화를 그대로 방치할 수만은 없다. 심리적 마지노선이 무너졌을 때 투신사와 증권사는 도산 또는 이와 유사한 상황의 도래를 걱정했고, 통화긴축까지 겹쳐 나타난 제조업의 자금난은 한국 경제를 파탄으로 몰아갈지도 모른다는 우려가 팽배했다.

급속한 주가 하락의 원인은 어디에 있는가? 단적으로 말해 지난 2, 3년간 쏟아져 나온 과다 주식 물량과 높은 주가를 지탱할 여력이 없기 때문이며, 경제의 각종 불균형이 해소되지 않은 채 새로운 3고의 충격에 휩싸임으로써 모든 경제지표가 크게 악화된 데 기인한 것이다.

은행을 비롯한 상장 기업들이 신규 공개와 증자를 통해 많은 자금을 끌어들이면서 물량이 과다 공급됐으며 정부는 증권 붐을 조성하면서 국민주를 대대적으로 발행, 증시 침체를 몰아 왔다.

사실 은행의 증자는 부실 은행을 소생시키기 위한 인위적인 것이었다. 일반 기업의 대규모 신규 공개 및 증자와 국민주 보급도 정부가 점중하는 중산층의 형평 요구를 들어주기 힘들게 되자, 이들에게 증권시장에 참여하여 재주껏 돈벌어 스스로 문제를 해결하라고 채택한 증권시장 유인책이었다고 볼 수 있다.

이에 반해 큰손들은 금융실명제가 두려워서 비실명으로 가지고 있던 주식을 팔아 돈을 챙긴 후 다른 투자 대상, 예를 들면 서화나 골동품 등을 찾아다니고 있다. 이런 상황에서 주식값이 떨어지는 것은 어쩌면 너무나 당연한 일인지도 모른다.

그러나 공황을 연상시킬 만큼 증권시장이 급속도로 냉각되었던 상황의 이면에는 수요·공급 이외의 요인이 크게 작용하고 있다.

주가는 경제는 물론이려니와 정치·행정 등 사회의 모습을 총체적으로 나타내 주는 바로미터다. 사회의 현재나 미래에 대해 낙관이 지배하면 주가는 춤을 추게 되고, 비관이 지배하면 증시는 냉각될 수밖에 없다. 따라서 주가가 반등세로 돌아섰지만 정부는 이번의 마지노선이 붕괴됐던 사실을 겸허한 자세로 받아들여야 한다. 왜냐하면 사회에 대한 낙관이나 비관은 기본적으로 정부에 대한 신뢰에 달려 있기 때문이다.

현재 우리나라에는 악재가 가득하다. 여야간의 파행 정국은 말할 것도 없고 건설부의 항명 파동, 농어촌 후계자들의 집단 항의, 교착 상태에 있는 남북 교류 등에 보태서 페르시아만 사태까지 주가를 끌어내렸던 것이다. 페르시아만 사태야 우리가 어쩔 수 없는 일이지만, 나머지는 모두 일반인의 상식과는 어긋나는 것들로서 정부·여당의 독선과 무능으로 인해 빚어졌다. 이것들은 국민이 정부 여당에 대해 갖고 있는 불신의 원인이 되고 있다.

그 중에서도 여야간의 파행 정국은 가장 큰 문제다. 여소야대라는 국민의 뜻을 저버린 3당 통합, 그리고 그것의 비민주적 성격을 여실히 드러낸 26개 법안 날치기 통과 등은 국민에게 정치 부재에 대한 불신감을 뿌리 깊게 심어 놓았다. 따라서 정부·여당은 지난날 그들이 내세웠던 모든 명분을 솔직히 재평가하고 수정함으로써 국민의 신뢰를 회복해야 한다. 그렇지 않고서는 증시를 포함한 모든 경제 문제의 해결, 더 나아가 사회 발전 자체가 저해될 것이다.

정치의 정상화는 상당한 시간을 요구할 것이므로 정부는 최단기 과제로서, 우선 마지노선이 지켜질 수 있도록 대책을 강구해야 한다. 물론 그것은 통화량 증가를 수반하여 가뜩이나 불안한 인플레 압력을 가중시킬 위험이 없지 않다.

우리는 경제사를 통해 실물 부문에 비해 비정상적으로 팽창되었던 금융 부문(특히 증권시장)이 급속도로 붕괴함으로써 야기되었던 금융 공황의 폐해를 익히 알고 있다. 우리가 이러한 역사의 전철을 밟지 말라는 법은 없다. 또한 정부는 증시를 빠져 나간 대주주의 자금을 다시 끌어들이는 정책을 써야 한다. 그러기 위해서는 창업주의 경영권에 대한 과잉 보호를 포기해야 한다. 증권시장을 통한 기업의 취득이 불가능한 현재의 제도에서 기존의 창업주-대주주는 타인 명의로 되어 있는 자신의 주식 거래를 통하여 커다란 부를 축적해 나가고 있다. 이것은 실질적인 내부자거래로서 이번 주식시장 침체의 주범은 대주주의 비실명 주식 대량 매각이었음에 주목해야 한다.

만약 현재의 기업을 더 효과적으로 운영할 사람이 그 기업을 자유롭게 취득하는 것이 가능하다면, 현 경영진은 자신의 경영 지배권을 보호하기 위해서도 자신의 주식을 대량 매각하는 일에 신중할 수밖에 없을 것이다. 이것은 앞으로 다가올 자본 자유화에 대비해서도 꼭 필요하다. 물밀듯이 밀려올 미국이나 일본 그리고 EC의 기업 인수·합병에 대한 대응을 미리 연습해 보아야 한다.

증권시장은 자본주의의 꽃이다. 증권시장은 가장 자본주의적으로 운영되어야 한다. 따라서 증시 침체 때마다 정부가 개입해야 할 필요도 없고, 또 그래서도 안 된다.

그러나 다른 한편, 현재 우리나라의 증권시장은 우리 사회의 제반 모순이 응축되어 표출되는 활화산의 하나다. 모순을 근원적으로 해소하려는 장기적인 노력과 함께 일단 화산의 불을 끄는 대책이 필요하다. 마지노선은 지켜져야 한다.

_동아일보, 1990. 8. 28

* 1989년 4월 1일 종합주가지수가 1007.7 포인트를 기록했다. 이에 대형 증권사 산하 연구소들은 1990년 말에는 주가지수가 1000~1200선에 이르리라는 낙관론을 펼치기도 했다. 그러나 1990년 1월 중순을 지나며 이상 기류가 나타났고, '한국의 검은 월요일'이라 불리는 4월 30일에는 주가지수가 688.8까지 떨어지는 투매 현상을 보였다. 이날 투자자들이 폭력 시위를 벌이는 바람에 수십 개의 증권사 영업점이 셔터문을 내려야 했고, 이후로는 막대한 손실을 본 투자자들의 비관 자살이 이어졌다. 주가지수는 '증권시장안정기금'이란 기구가 결성되고 5·8 대책이 발표된 후 한때 회복되었으나, 1990년 12월 26일 지수 700선을 끝내 넘기지 못한 채 696.11을 기록하며 한 해의 장을 마감했다.

대출 금리 운용 원칙 확립하라

한국 사회는 한 치 앞을 내다보기 힘들 만큼 불확실성으로 꽉 차 있다. 그 까닭은 모든 사람이 지키기로 합의한 규칙이 없거나, 제정된 규칙이 때와 장소에 따라 달리 적용되는 경우가 허다하기 때문이다.

먼저 정치권을 살펴보면 3·24 총선을 통해 드러난 국민의 여망, 즉 세대교체를 진정 겸허하게 받아들일 자세를 갖춘 정치인을 찾아보기 어렵다. 또한 재벌 총수까지 정치에 뛰어들어 기업으로부터 많은 인적·물적 자원을 끌어다 썼다.

경제도 사정은 비슷하다. 자본주의를 내세우면서도 자본주의 원칙이 제대로 적용되는 것은 개인의 재산권을 인정하고 있는 '소유' 뿐이다. 경영 측면에서 경쟁력 있는 기업만이 살아남는다는 원리는 중소기업에만 적용된다.

일단 규모를 키우기만 하면 도산에서 해방된다는 경험 법칙은 문어발식 확장을 재촉했으며, 바로 이것이 형평은 말할 것도 없고 효율마저 떨어뜨려 한국 경제를 허약한 체질로 만들어 버렸다.

이제 우리 경제는 새로 출발해야 한다. 그러기 위해서는 각 경제 주체의 경제 활동 성격과 범위, 예를 들면 어떤 활동을 장려하고 또 어떤 활동을 금할 것인가를 결정하는 제도를 빨리 마련해야 한다. 무릇 제도를 확립하는 것이야말로 나라를 제대로 세우는 지름길이 아니겠는가.

가장 시급히 해결해야 할 문제는 금융 원칙을 똑바로 세우는 것이다. 과거 우리나라에서는 금융기관이 경제성장에 필요한 자금을 배분하는 과정에서 필요한 사전심사를 소홀히 하여 천문학적 부실 채권을 안게 만들었다.

사후관리도 마찬가지다. 대기업 집단의 총수들은 일반 국민이 상상도 할 수 없는 규모의 돈을 가지급금 형태로 회사에서 빼돌려 재테크에 집어넣는 데 열심이며, 회사 내에서는 은행에서 대출받은 돈을 규정과 용도와 다르게 쓰고도 이를 전혀 부끄럽게 여기지 않는다. 이러한 관행을 은행과 은행감독원이 이미 다 알고 있으면서도 지금까지 묵인해 준 이유가 어디 있는지 궁금하기 짝이 없다.

앞으로 대출 과정에서 사전심사를 철저히 하고 사후관리를 엄격히 하지 않는 한, 한국 경제는 더 이상 발전할 수 없다.

거시적으로는 경직적 통화관리에서 벗어나 규제금리는 몰라도 자유금리는 상승과 하락을 유도하고 규제하지 말아야 한다.

이와 관련하여 시기상조론을 뿌리치고 금리자유화를 주도해 온 재무부가 최근 콜시장에서 15% 이상의 금리로는 거래하지 못하도록 못박은 것은 이해하기 힘들다.

콜시장은 금융기관의 일시적 자금 과잉 또는 자금 부족을 해결하기 위해 금융기관 간에 금전 대차가 이루어지는 곳이다. 따라서 콜금리*는 시중의 자금 사정을 가장 잘 반영해 주는 지표다. 그러므로 콜금리를 묶는 것은 시중의 자금 사정을 제대로 관찰하여 금융정책을 바람직한 방향으로 이끌어 갈 의지가 없음을 나타낸다.

앞으로 두고 볼 일이지만, 실세 콜금리가 15%를 웃도는 수준인데도 최고 이자율을 15%로 묶어 놓으면 대여자가 기꺼이 돈을 꾸어 주려 하지 않거나 아예 중단할 수도 있을 것이다.

또한 콜시장에서 자금을 구하지 못한 잠재적 차입자들이 사채 시장에 의존하기 시작하면 사채 이자율이 천정부지로 올라 콜금리를 묶은 재무부의 의도가 실효를 거둘 수 없게 된다. 뿐만 아니라 거래 당사자 간에 담함이 이루어져 콜금리 상한을 유명무실하게 만들 수도 있다.

나는 낮은 이자율을 옹호한다. 왜냐하면 동서고금을 막론하고 높은 금리가 적용되는 사회가 경제적으로 발전한 예를 찾아보기 힘들기 때문이다. 따라서 오늘날과 같은 고금리 시대에 콜시장 금리나마 15% 수준으로 묶어 두어야겠다는 심정을 이해하지 못하는 바는 아니다.

그러나 금리란 인위적으로 낮춰서는 안 된다. 고금리가 걱정스러우면 그 원인을 제거해야지 인위적 규제를 통한 문제 해결은 실패할 수밖에 없다.

고금리의 원인은 무엇인가? 부분적으로는 경직적 통화관리도 한 원인일 수 있겠으나 근본 원인은 인플레이션이다.

재무부는 실효성이 의심스러운 콜금리 상한을 폐지하는 동시에, 현재 우리가 가지고 있는 금융에 관한 모든 규칙이 잘 지켜지도록 만전을 기해야 한다. 그것은 한국 사회의 불확실성을 줄이는 데 큰 몫을 할 것이다.

_시사저널, 1992. 4. 23

* 금융기관끼리 남거나 모자라는 자금을 서로 주고받을 때 적용되는 금리로, 주로 하루짜리 콜자금에 붙는 금리를 일컫는다. 콜금리는 금융시장의 수급 사정에 따라 민감하게 변동하기 때문에 시중의 자금 사정을 반영하고 다른 금리들의 변동을 예측하는 지표 역할을 한다. 콜시장은 보통 오전 9시 반에서 밤 9시까지 열리고 콜금리는 환율과 유사하게 시시각각 변한다.

CD 사건의 교훈

일반인들은 물론이거니와 경제학자들조차도 콤팩트 디스크 정도로나 인식하기 십상인 CD(양도성 예금증서)*가 금융시장을 강타했다. 가짜 CD가 기승을 부리더니 급기야는 공(空) CD가 은행 지점장의 자살까지 몰고 왔다.

이번 사건은 한국의 금융, 더 나아가서는 한국 경제의 앞날에 불안한 그림자를 크게 던져 주기에 충분하다. 왜냐하면 이번에 나타난 일련의 현상은 지엽적이 아니라 구조적이며, 또 일시적인 것이 아니라 오래전부터 배태되어 왔기 때문이다. 언제 어디서 제2, 제3의 이희도(李希道) 씨가 나타날지 아무도 모른다. 더구나 이것이 실물 부문에 미칠 악영향은 대단할 것이다. 이미 CD 시장이 마비되었고 내려가던 실세 금리가 오르고 있다.

말할 것도 없이 이번 사건은 한국 금융의 구조적 모순이 가져다 준 필연적 결과다. 우선 은행의 대차대조표를 보면 자산 사이드가 부실 채권으로 가득하다. 따라서 수익 상태가 좋을 리 없다. 정부의 공식적 규제, 비공식적 간섭에 의하여, 또는 은행 자체가 대출 심사를 소홀히 한 결과 은행의 부실 채권은 눈덩이처럼 불어났고 이제는 그 규모가 너무 커서 아예 채권자인 은행이 채무자인 기업, 특히 재벌기업에 꼭 쥐여 사는 신세가 돼버렸다.

부실 대출금을 상환받기 위해서는 기업을 살려야 하고, 이를 위해서는 계속해서 대출을 해주어야 하므로 부실 대출의 악순환이 계속되고 있는 것이다. 말할 것도 없이 계속적인 대출은 계속적인 자금 유입을 필요로 한다.

은행은 지난 30년간 대출 심사에는 손이 묶여 있었으나 예금 유치에는 유능한 인사를 수없이 배출했다. 그런데 제2금융권에 비해 은행의 시장점유율이 계속 낮아지고 있고, 또 다수의 신설 은행이 새로 참여함에 따라 한정된 예금 시장을 놓고 은행들이 각축하는 과정에서 온갖 비리가 저질러진 것은 세상에 잘 알려진 사실이다. 은행에서의 승진이 대출 심사에 관심을 갖는 사람보다는 예금 유치를 잘 하는 사람의 몫인 풍토에서는 어쩌면 너무나 자연스런 현상이었는지도 모른다.

이번에 사건이 터진 상업은행의 경우 1991년 말 현재 부실 여신(추정 손실+회수의문)은 총 여신의 3%를 훨씬 넘을 뿐 아니라 불건전 여신(부실 여신+고정+요주의)은 대규모 은행 증가가 이루어졌던 1989년 말 현재에도(은행감독원은 그 후 숫자를 공개하지 않는다) 20%를 상회하고 있다.

부실 채권이 현금흐름을 악화시키고 또한 경제의 거품이 제거되는 과정에서 예금 유치는 과거보다 훨씬 더 절실한 과제가 되었다. 또한 지난 몇 달간 이자율이 급격히 하락하자 은행 수지는 악화되고, 따라서 자금 압박은 더욱 심해졌다. 이때 필요 이상으로 정력적인 인사들이 주요 지점장 자리에 앉으면 거의 예외없이 사고를 내게 마련이다.

이번 사건은 금융자율화라고 해서 외국에서 개발된 금융상품을, 그것도 정부 주도로 무분별하게 도입하는 경우 문제가 생길 수 있음을 단적으로 보여 준다. CD와 같이 은행권에서 태어난 금융상품을 제2금융권에서 유통시키는 것은 근대적 금융 관행이 고도로 발달하여 '약속한 것은 천금같이 생각하는 풍토(My word is my bond)'에서나 가능한 것이다. 그리고 금융 사고는 자금이 지나치게 집중되거나 정보가 차단되었을 때 일어나는 것인데, CD 시장이야말로 다른 어느 시장보다도 금융 사고가 일어나기 쉬운 곳이다. 따라서 미국이나 일본에서는 발행고 제한 등 세심한 감독이 이루어지고 있다. 그러나 우리나라는 사전준비 없이 CD를 도입했다.

원래 CD는 1961년 미국 씨티은행(당시는 FNCB)의 리스턴 은행장이 이자율 상한을 규정한 법규(Regulation Q)를 돌파하고 단기 직접금융 시장과의 경쟁에서 충분한 자금을 확보하기 위해 시작한 부채 관리의 일환으로 태어났다.

우리나라에서는 1974년에서 1977년까지, 그리고 1978년부터 1981년까지 두 차례에 걸쳐 은행에서 CD를 발행한 일이 있다. 그러나 여러 가지 여건 미비로 취급 실정이 저조했다. 또한 무기명이므로 정치자금을 동원하기 위해 도입했다는 비난을 면치 못했다.

그러다가 1984년 세 번째로 등장한 CD는 경직적 통화관리 체제 아래서 은행과 사채업자에게 모두 유용한 상품이었다. 은행은 대출시 CD를 이용하여 꺾기를 했으며, 울며 겨자 먹기식으로 CD를 인수한 기업은 이를 싼값으로라도 팔아야 했는데, 이 틈새를 사채업자들이 파고들어 금융기관을 끼고는 대규모 이익을 챙겼던 것이다. 이 과정에서 기업만 멍들었을 것은 뻔하다.

금융계는 금융상품 개발을 좀 더 우리 실정에 맞게 해야 한다. 또한 금융상품의 다양화를 금융 근대화로 착각해서도 안 된다. 일본과 독일은 미국에 비해 금융상품이 빈약하지만 아무도 이들 국가가 미국에 비해 경제 운용이 잘못되었다고 하지는 않는다.

어쨌든 금융감독 당국은 이번 사건을 미온적으로 넘기지 말고 철저히 조사하여 관계 인사들을 엄중 문책해야 한다. 금융자율화는 금융방종화가 아니다. 사전적 규제를 푸는 대신 사후적 감독은 더 엄격하게 해야 하는 것이다. 금융산업에 대한 규제 완화는 경쟁과 효율성을 증진시키는 긍정적 효과를 가져올 수 있지만, 또한 반대급부로 금융의 불안정성을 높일 위험성도 안고 있음을 인식해야 한다. 신용질서를 유지하는 금융감독 당국의 노력이 어느 때보다 요청되는 시점이다.

그리고 은행의 대출 심사권이 확보되지 않는 한 이번 사건과 유사한 사건은 계속 일어날 것이다. 그렇지만 부실 채권을 안고는 대출 심사권을 행사할 수 없다. 따라서 어떤 형태로든 은행의 부실 채권 문제가 해결되어 은행이 재벌기업의 속박에서 벗어나도록 도와주어야 한다. 비용 분담 문제에 대한 국민적 합의를 통한 부실 채권의 해소, 그리고 이에 기초한 은행 대출 심사권의 자율성 확보, 이것이 금융자율화의 요체다.

_ 서울경제신문, 1992. 11. 26

* CD(양도성예금증서)는 1992년 11월 15일 이희도 상업은행 명동지점장이 자살한 사건을 통해 국민들에게 많이 알려지게 되었다. 수사 당국이 자살 동기를 캐는 과정에서 이 지점장이 878억원의 CD를 이중으로 유통시키는 등 사금고를 운영하다 자금 압박 끝에 자살한 것으로 드러나 금융권에 엄청난 혼란을 일으켰다.

채권 주식 전환, 득보다 실

정부는 5월 17일 청와대에서 '신경제 100일 계획 50일 중간 추진 상황 보고대회'란 긴 이름을 가진 모임을 열었다. 이 자리에서 이경식 부총리는 한국 경제가 움직이는 분위기는 잡았으나 경제 활성화 효과는 100일 계획이 끝난 금년 하반기에나 나타날 것이란 아리송한 보고를 했다고 들린다.

무엇을 위한 중간 점검이었던가. 아마도 이른바 신경제 주체들이 100일 계획 발표시 50일 이내에 무엇인가 이룰 수 있으리라는 자신감에서 중간 점검을 하겠다고 한 약속 때문이리라. 경제는 몇 가지 정책을 썼다고 하루아침에 좋아질 리 없는데도 말이다.

설사 거시경제지표가 일시적으로 조금 나아진들 무엇하겠는가. 한국 경제는 현재 엔고와 미국 경기회복, 중국 특수 등으로 인해 조금 기지개를 펴고는 있으나 물가가 심상치 않고 또 기업 의욕이 살아나려면 아직도 멀었다. 이런 상황에서는 경기부양보다는 체질개선이 훨씬 더 중요하다.

물론 체질개선 노력은 비용도 많이 들고 그 성과가 더디게 나타날 것이다. 그러나 정치권의 각종 개혁이 계속 국민을 어루만져 줄 수만 있다면 경제개혁의 부작용이 다소 나타나고, 또 체질개선 효과가 다소 더디게 나타나더라도 국민은 이를 충분히 받아들일 수 있을 것이다. 지난날 권위주의 시대에는 비민주적 정치에 불만인 국민을 무마하기 위해 무리수를 써가면서 가시적 경제 성과를 추구했으나 지금과 같은 정치 민주화 과정에서는 경제 면에서 어느 정도의 단기적 고통을 참을 준비가 되어 있기 때문이다.

체질개선이 어느 때보다 아쉬운 시점에서 최근 이경식 부총리는 은행의 부실 채권 문제를 해결하기 위해 은행이 부실 채권을 포기하는 대신 기업이 주식을 은행에 인도하라고 제안했다.* 나는 이 방안에 찬성하지 않는다. 그러나 경제 담당 부총리가 한국 금융의 핵심 과제 가운데 하나인 부실 채권 문제 해결의 중요성을 인식하고 이것을 공론에 부친 것은 참으로 잘한 일이다.

우리나라 은행은 정부 규제와 고도성장 정책의 부산물로 천문학적 규모의 부실 채권을 안고 있다. 은행은 정부가 명령하는 대로 대출해 주고 문제가 생기면 정부가 해결해 주기를 기대했다. 뿐만 아니라 부실 기업과 운명을 같이할 수밖에 없는 은행은 기업이 망하는 것을 막기 위해 계속 대출해 주어야 하는 악순환이 되풀이되어 왔다.

경제 체질을 개선하기 위해서 '부실 기업(그것이 대기업이라고 할지라도)은 도태된다'는 원칙을 확립해야 한다. 물론 이것은 은행이 자율적으로 대출 심사를 할 수 있을 때 가능한 일이다. 그런데 은행이 대출 심사를 제대로 하려면 무엇보다 먼저 부실 채권 문제가 해결되어야 한다.

이를 위한 방안을 몇 가지 생각해 보면, 우선 특수 은행을 설립하여 기존의 부실 채권을 인수하게 하고 각 시중 은행은 새로이 출발하는 방안이 있다. 문제는 이 특수 은행을 어떻게 설립하느냐인데, 부실 채권의 원인이 주로 정책금융**에 있었으므로 정부가 책임을 진다는 의미에서 정부 지원 아래 공채를 발행해 설립하는 것이 바람직하다. 그리고 한국은행의 특융도 생각해 볼 수 있다. 이로 인한 인플레이션도 우려되고, 또 은행에 대한 특혜로 비쳐질 수도 있다. 그러나 한국은행의 최종 대부자 기능을 기대하는 사람이 많은 것도 사실이다. 또 다른 방안은 은행의 예금 이자율을 묶고 대출 이자율을 인상하여 은행 수지를 개선하는 방법이다. 그러나 이 경우 그나마 높은 대출 이자율을 더욱 높이는 결과를 가져올 수 있다. 마지막으로 이 부총리의 제안대로 스와프거래의 형식으로 은행이 채권을 포기하고 기업이 주식을 은행에 인도하는 방법도 고려해 볼 수 있다.

아마도 채권 주식 전환은 부실 채권 문제와 대기업 소유분산의 문제를 동시에 해결하려는 일석이조의 아이디어인 것으로 보인다. 또한 은행이 기업의 사정을 잘 알아서 경영 지도를 하기를 바라는 것 같다. 그러나 우리나라 은행은 적어도 현재로서는 기업을 잘 지도할 정도로 기업 상황을 잘 알지 못한다.

또한 채권 주식 전환은 효율성을 증진시키는 데 오히려 나쁜 영향을 미칠 가능성이 크다. 왜냐하면 은행이 기업의 주식을 소유하면 기업에 방만한 대출을 해줄 뿐만 아니라 기업의 성과가 나빠도 계속 돈을 꿔주어서 기업이 도태되는 것을 막을 수 있기 때문이다. 이것은 부실 채권 해소가 금융 정상화의 전제조건이고 금융 정상화는 기업의 진입·퇴출을 용이하게 하는 데 목적이 있음을 기억하면 문제가 아닐 수 없다.

그리고 소유분산을 꾀하는 채권 주식 전환은 경제 민주화에도 어긋날 수 있다. 경제 민주화는 경제적 힘의 분산이 요체다. 그러나 은행이 기업 주식을 소유하면 결국 은행이 기업을, 또는 기업이 은행을 흡수하여 커다란 힘을 행사할 것이다. 단순히 큰 것을 비난하는 것이 아니다. 크면 힘을 바람직하지 않은 방향으로 쓸 가능성이 높고, 그렇게 되면 민주화에 어긋난다는 것이다.

결론적으로 부실 채권 문제는 국민적 합의를 통해 빨리 해결해야 한다. 그러나 채권 주식 전환은 부작용이 너무 클 것이라고 생각한다.

_ 한국일보, 1993. 5. 19

한국 경제 아직 늦지 않았다 | 번영의 대전제, 금융개혁

* 1996년과 1997년에 걸쳐 대기업 집단의 연쇄부도 위기가 닥치면서 대출 은행들의 부실이 심해지자, 1997년 4월 정부가 부실 은행 살리기에 나섰다. 기존의 성업공사를 부실 채권 전담 기구로 확대 개편하기로 한 것이다. 성업 공사는 부실 기업이 소생할 수 있는지 여부를 가늠하여 소생이 불가능하다 고 판단되면 부도를 낸 후 부실 채권을 조기 회수하여 채권을 정리하는 데 지원을 해주고, 소생 가능하다고 판단되면 기업의 자구 노력을 지원한다. 그 러나 이에 필요한 막대한 초기 재원을 어떻게 마련하느냐의 문제와, 과연 성 업공사가 그런 역할을 제대로 할 수 있는가에 대한 우려가 뒤따르고 있다.

** 뚜렷한 목적을 정해 놓지 않고 무차별적으로 지원하는 일반 자금 대출과 는 달리, 어떤 특정한 정책적 목적을 가지고 특정 부문에 지원하는 대출을 말한다. 정책금융에는 무역금융 · 주택자금 · 산업합리화자금 등이 있다. 경 제개발 초기 단계에서는 성장을 위해 긴요한 부문에 정책금융을 집중시킴 으로써 경제개발을 촉진하는 효과가 있었으나, 최근에는 자금 배분을 왜곡 시키는 등의 폐해가 부각되어 이 같은 정책금융은 점차 줄어들고 있다.

금융실명제 이후

지난 몇 년간 나는 다방면에 걸친 경제
개혁을 주장해 왔다. 그러나 금융실명제에 대해서만은 그리 적극적이 아니
었다. 그 이유는 간단하다. 기업의 진입·퇴출 자유 허용, 은행의 대출 심사
권 확보, 토지공개념 등의 개혁적 처방이 자생적 경제성장 기반을 확보하
기 위해 우선적으로 해결되어야 할 문제였기 때문이다. 특히 은행 경영의
자율성 확립과 금리자유화와 같은 금융 개혁이 이루어지지 않은 상태에서
금융실명제를 즉각 실시하라는 것은 예상되는 큰 부작용을 고려할 때 무책
임하다고 생각했다.

물론 금융실명제는 장기적으로 보면 우리의 경제 생활뿐 아니라 도
덕 의식을 투명하게 만들어 정직한 사회의 기반을 이룰 것이 틀림없다.
또한 금융실명제 실시는 대통령의 쓸데없는 '선 경기회복, 후 제도개

한국 경제 아직 늦지 않았다 | 번영의 대전제, 금융개혁

혁' 주장을 포기하고 제도 개혁을 경제 운용의 우선 과제로 삼았다는 점
에서 크게 환영할 만한 것이기도 하다.

그러나 경제 논리와 개혁의 순서를 무시하고 정치 논리에 따라 추진
된 금융실명제가 경제에 큰 주름살을 지게 할 것이라는 우려가 증폭되
고 있는 점은 간과할 수 없다.

하지만 이제 주사위는 던져졌고, 이 시점에서 우리가 풀어야 하는 최
우선 과제는 어떻게 하면 실명제의 충격을 완화하고 경제의 체질을 개
선해 자생적인 성장 기반을 이룰 수 있는가이다.

다행히도 증시 폭락, 사채시장 붕괴에 따른 중소기업의 자금난, 채권시
장의 위축, 일부 투신사에서의 자금 인출 사태 등 초기에 나타났던 충격
적 현상이 극복됐거나 상당히 진정되었다. 그러나 아직도 거액의 '검은
돈'들은 전혀 움직이지 않고 있다. 그리고 실명 전환 시한인 10월 12일 이
후 이들이 어떠한 행동을 취할 것인지도 불분명하다. 또한 무자료로 거
래해 온 영세 및 중소기업, 특히 유통업체의 도·소매상들은 거래 양성
화의 움직임을 보이지 않고 있다. 이들 자금의 향방이 앞으로 금융실명
제의 성패를 좌우한다고 해도 과언이 아니다.

이와 같은 인식에서 출발하여 언론이나 학계에서는 금융실명제의 충
격을 완화한다는 명분을 내걸어 예금의 순인출액이 3천만 원이 넘더라도
5천만 원까지는 보고 의무를 면제해 줄 것과 가명 계좌를 실명화할 때
그 금액이 5천만 원이 넘더라도 1억 원 이하면 국세청 통보와 자금 출처

조사를 면제해 줄 것을 제안했다. 또한 '검은 돈'의 산업 자금화를 위해 정부가 장기 저리 무기명 채권을 발행해야 한다는 주장도 있었다.

초강성 실명제의 충격을 완화하자는 이들의 취지는 이해할 수 있다. 그러나 한번 정한 규칙을 다시 바꾸면 실명제로 인한 불확실성이 더욱 증폭되고 또 다른 변화가 올 것이란 기대 속에 자금 흐름이 더욱 왜곡될 수 있다. 또한 정부 주도의 무기명 채권 발행으로 문제를 해결하려는 의도는 실명제의 취지와 정면으로 상치된다.

나는 이 기회에 금리자유화를 포함하여 완전한 금융자율화를 즉각 시행할 것을 제안한다. 문제가 어려울수록 정면 돌파로 푸는 것이 바람직하다고 생각하기 때문이다.

그동안 금융기관의 경영자들은 예금 시장에서 많은 노력과 연구를 통해 수신 기반을 강화할 방안을 마련하기보다는, 예를 들면 큰손들과 손잡고 그들의 비밀을 유지해 주는 것이 더 유리하다는 것을 잘 알고 있었다. 따라서 이들의 경영 능력은 정치적 로비 능력에 의해 평가받는 경우가 많았다. 이제는 혁신가적 기업가 정신을 가진 경영주가 은행 산업에서도 배출되어야 한다. 따라서 경영진을 선정하는 데 어떠한 외압도 작용해서는 안 된다.

이렇듯 금융시장의 체질을 개선하려면 금리는 이들의 분석과 판단에 따라 자율적으로 결정되도록 해야 한다. 주지하다시피 우리나라에서는 이자율 상한이 기업의 금융 비용을 절감하기 위한 수단으로 쓰여 왔다.

그러나 이자율 상한은 '꺾기'*나 커미션 등으로 실효성이 없었고 오히려 만성적인 자금의 초과 수요를 초래해 은행이 선호하는 대기업은 득을 보고 중소기업은 손해보게 했다. 이러한 왜곡은 시정되어야 한다. 뿐만 아니라 금리자유화는 위축될 대로 위축된 공금융 시장과 사금융 시장을 활성화하는 계기가 될 것이다. 실명제 때문에 움츠러든 깨끗한 돈과 '검은 돈'을 모두 양지로 끌어내는 동기가 된다는 것이다.

그러나 금리자유화가 금리의 자유방임은 아니다. 금리자유화 시대에도 정책 당국은 수신과 여신 면에서 적정한 이자율 수준이 유지되도록 이자율의 추이를 주시하여 금리가 너무 오르면 내려가도록 유도해야 한다. 아직 우리 경제는 높은 여신 금리를 감당할 수 있을 만큼 건강하지 못하기 때문이다. 이를 위해서 화폐금융 정책의 중간 목표는 이자율을 위주로 하고 통화량은 보조적인 것으로 해야 한다. 이러한 조치들은 경제개혁을 위한 충분조건은 아닐지 몰라도 최소한의 필요조건이다.

_ 한국일보, 1993. 9. 16

* '꺾기'란 변칙적인 금융 관행의 하나로 은행 대출의 반대급부로 적금이나 보험 가입을 강요하는 행위를 말한다. 과거 금융기관과 대출 기업은 관행처럼 이를 따라 왔는데, 여러 부작용이 생기면서 정부는 불공정행위로 이를 엄격하게 금지하고 있다.

중앙은행의 독립을 위하여

신·구임 재무부장관은 어느 때보다
도 강하게 한국은행 독립에 반대한다는 의사를 표명했다. 전임 홍재형 장
관은 헌법상 정부의 고유 기능인 통화관리 기능을 한국은행으로 이관시키
는 것은 불가능하다고 말했다. 신임 박재윤 장관도 한국은행이 통화신용정
책을 독자적으로 수립·집행하면 정부의 다른 정책과 부조화가 생길 수 있
다면서 한은 독립에 반대했다.

이들의 발언은 한편으로는 국민적 합의를 저버리는 것이고 다른 한
편으로는 시대에 역행하는 것이다. 민주화 운동이 한창이던 1987년 가
을, 한국은행은 대대적인 독립운동을 통해 각 당으로부터 한은 독립 약
속을 받아냈다. 이 약속은 1990년 1월 3당(민주정의당·통일민주당·신민
주공화당) 통합 이전에는 물론이려니와 노태우 정부 말기에도 김건 총

재의 임기 보장과 아울러 유능하고 비전을 가진 후임 총재를 물색하려
는 노력으로 이어졌다.

그러나 이른바 문민정부는 출범 후 한 달도 못 되어 임기를 3년 남겨
둔 한은 총재를 전격 경질함으로써 한은 독립 요구를 사실상 무산시켰
다. 이번 신·구임 재무부장관의 계산된 발언은 김영삼 정부가 한은 독
립에 반대한다는 것을 명시적으로 확인한 것에 지나지 않는다.

물론 아무리 굳게 약속한 것이라 할지라도 옳지 않은 것이면 고쳐야
한다. 그러나 중앙은행의 독립은 시대적 요청이다. 따라서 한은 독립의
구체적인 내용에 대해서는 논의의 여지가 있다 할지라도 독립 자체는
양보할 수 없다.

왜 그런가? 한국 경제의 최대 과제는 자생적 성장의 기틀을 마련하
는 것인데, 자생적 성장을 위해서는 정부 주도의 틀이 자유경쟁 질서로
대체되어야 한다. 또한 자유경쟁 질서는 금융 정상화를 통해 이루어져
야 한다. 그리고 금융 정상화는 중앙은행의 일관된 정책 방향과 역할 속
에서 자리잡을 수 있다.

금융 정상화 과정에서 중앙은행의 역할을 살펴보기 위해 잠시 눈을
밖으로 돌려 보자. 옛 소련과 동구가 붕괴되면서 세계 경제 전체적으로
시장 메커니즘이 전면에 부각되었다. 아시아도 예외는 아니어서 중
국·베트남 등이 시장경제를 지향하고 있다. 그런데 사회주의 경제에
서 시장경제를 지향하는 이들 나라는 모두 금융 개혁에 매우 적극적이

다. 또한 이들 나라의 금융 정상화 논의에서 발견되는 공통점은 금융 정상화의 일차적 책임을 중앙은행에 맡기고 있다는 것이다. 이미 시장경제를 정착시킨 서유럽에서도 하나의 유럽을 표방하며 화폐 동맹을 결성하기 위한 논의가 한창인데, 이들 역시 통합 후 통화 가치 안정을 실현할 강력한 중앙은행 설립 필요성에 공감하고 있다. 이미 프랑스와 영국이 지금보다 독립적인 중앙은행을 만드는 중이다.

역사적으로 보더라도 중앙은행은 2차 대전 후 신생국에서 법에 따라 설립된 것을 예외로 한다면 시장기구 내에서 자생적으로 발생했다.* 그리고 시장의 원활한 작동을 위한 윤활유 역할을 해왔다.

그런 의미에서 중앙은행을 통한 정책은 일반적인 정부 정책과는 구별되는 특성을 갖는다. 일반적으로 정부의 경제정책은 '시장 밖에서' 시장 메커니즘에 입각하여 수립·집행된다. 물론 중앙은행이 공공의 목적을 갖는 이상, 정부와 무관할 수는 없지만 그것의 특징은 시장 내의 기관이라는 데 있다.

그러므로 시장 기구가 고도로 발달한 나라에서는 중앙은행이 정부에서 독립(independence of government)하지는 않는다 할지라도 정부 내에서 독립(independence within government)은 확보하고 있다. 독일이나 미국같이 법적으로 독립성이 보장된 국가나 일본이나 영국같이 법적 독립성이 약한 국가를 막론하고, 운영 면에서 자율성은 중시되고 있다.

재무부는 지난날의 권위주의적 태도를 버려야 한다. 그리고 금융 정상화에 대해 보다 굳은 의지를 갖고 한국은행 독립 문제를 다루어야 한다. 이것은 대통령의 결심에 달려 있다.

한국은행도 너무 욕심을 내서는 안 된다. 분데스방크의 전 총재 슐레징거 씨도 말했듯이 중앙은행의 독립이란 통화신용정책의 자율성 그 이상도 이하도 아니다. 다른 나라 중앙은행 제도 가운데 입맛에 맞는 것만을 모두 골라 가질 수는 없다. 동시에 한국은행 스스로 지속적인 독립운동을 해야 한다. 국회에 제출했던 답변서를 회수하는 태도로는 독립을 쟁취할 수 없다.

한국은행의 독립이 하루라도 앞당겨지기를 바란다.

_한국일보, 1994.10.20

* 시장기구 내에서 중앙은행의 진화 과정은 다음과 같이 간단히 설명해 볼 수 있다(정운찬, 『중앙은행론』, 학현사, 1995, pp. 8~14 참조). 오늘날 중앙은행의 효시는 1668년에 설립된 스웨덴의 리크스뱅크(Riksbank)와 1694년에 설립된 영란은행(Bank of England)이다.

이들을 비롯한 초기의 중앙은행은, 재정 지원의 필요성을 절감한 정부의 정치적 욕구에 의해 민간 은행들 중에서 정부 인가를 받은 특수산업은행의 성격이 강했다. 이들이 정부에 자금을 공급해 주는 대신 여러 특혜를 받으면서 (정부의 은행으로서의 기능) 금융제도 내의 중심 기관으로 떠올랐고, 이들 특허 은행의 은행권이 광범위하게 유통되면서 일반 은행들이 특허 은행권을 보유할 필요가 생겼다. 일반 은행들은 금화를 일부 예치하고 특허 은행권을 획득했으며, 유동성이 부족해지면 막강한 재원을 가진 특허 은행에서 특별 대부를 받기도 했다(은행의 은행으로서의 기능). 전액준비제도에서 부분준비 제도로 넘어가면서 본위 화폐의 태환성이 위협받는 것을 방지하기 위해 특허 은행이 독점적 화폐 발행권을 부여받았고, 이 과정에서 자연스럽게 특허 은행이 은행 제도 전반의 건전성 유지를 위해 다른 일반 은행들을 지원하고 감독해야 할 의무도 맡게 되었다. 시간이 흐르면서 금융제도 안정을 위한 중앙은행의 최종 대부자 기능이 원활히 수행되기 위해서는 민간 특허 은행이 공적 은행으로 전환되는 것이 필요했고, 이에 따라 오늘날과 같은 공적 기구로 탈바꿈했다.

한은 독립, 견제와 균형의 묘를

한국은행 독립 논의로 나라가 시끄럽다. 얼마 전까지만 해도 중앙은행 제도 개편에 관해 광범위한 국민적 합의가 이루어진 듯하더니 최근에는 차분한 논리와 이성에 의한 판단보다는 한국은행·재정경제원·경실련·언론 등이 서로 얽혀 감정 대결로 치닫는 느낌이다. 안타까움을 금할 수 없어 논의의 쟁점을 부각시키고 나의 의견을 개진코자 한다.

우선 독립에 대한 개념부터 규정해 보자. 중앙은행의 독립은 '정부 내에서(within government)'이다. 중앙은행은 통화기관으로서 위상을 보장받은 가운데 정부의 다른 기관과 긴밀히 협조하면서 금융정책을 수립·집행해야 한다는 것이다. 이것은 민주주의의 기본 원리인 '견제와 균형'이 중앙은행의 독립성 논의에도 예외없이 적용되어야 함을 의미한다.

그런데 사회 일각에서는 '독립' 자체가 선(善)이라는 인식에서 중앙은행에 금융과 관련된 입법·행정·사법적 행위의 삼권을 보장하여 '정부에서(of government)' 독립시켜야 한다고 주장한다. 5·16 이후 개발금융 시대에 자금 동원 기관으로 전락해 버린 왜곡된 중앙은행의 모습을 기억하는 많은 사람들은 삼권 장악이야말로 외부 간섭을 배제하는 유일한 길이라고 생각할 수도 있다.

그러나 이러한 독립은 자칫 독선적이고 경직적인 금융정책을 유발하고, 급기야는 실물 부문의 파탄을 야기할 수도 있다. 따라서 맹목적인 독립을 추구하기보다는 다른 경제정책과 한은의 금융정책을 조화해 나갈 수 있는 힘을 보장하는 차원에서 독립을 추구해야 한다.

한편 재경원은 금융통화운영위원회 의장 자리를 한은 총재에게 넘겨주는 대신 너무 많은 것을 움켜쥐려는 듯한 인상이다. 많은 사람이 오랫동안 주장하던 것을 받아들여 금통위 의장과 한은 총재를 동일인으로 하려는 것은 높이 평가받을 만하다. 그러나 중앙은행의 예산을 재경원 장관이 승인한다든지 금통위 의장을 재경원 장관이 제청하여 대통령이 임명한다는 것 등은 재고해야 한다. 왜냐하면 그것은 한은을 재경원 내로 흡수하는 결과를 가져올 것이기 때문이다.

진정으로 중앙은행을 독립시키려면 예산권은 중앙은행에 부여하고 금통위 의장은 국회의 동의를 얻어 대통령이 임명토록 해야 한다. 아니면 적어도 총리의 제청으로 대통령이 임명토록 하자. 그리고 총재의 임기는 최소한 5년 이상으로 잡고 형사상 문제가 없는 한 임기를 보장해 주어야 한다.

또한 금통위 위상을 강화하기 위해서는 금통위 의장을 잘 뽑는 것도 중요하지만, 동시에 전문 지식과 양식을 두루 갖춘 훌륭한 사람을 금통위 위원으로 뽑아 그들이 마음놓고 토론과 논의를 거쳐 금융정책의 방향을 결정하도록 해야 한다. 이를 위해 모든 금통위 위원을 상근으로 하고 위원들의 임기를 장기로 잡아 그 신분을 보장할 필요가 있다.

그리고 지금처럼 재경원 장관이 금통위 결정에 재의를 요구하는 것은 필요하지만, 중요 정책의 (사전) 협의(개정안 제39조)를 명문화하는 것은 한은 독립에 대한 재경원의 의지와 관련해 불필요한 오해를 살 소지가 있다.

한편 금융의 겸업화 추세로 볼 때 재경원이 금융감독원을 설립해 은행 감독, 증권 감독, 보험 감독을 모두 관장할 수 있게 한 것은 잘한 일이다. 그러나 금융 감독과 관련한 재경원의 개정안은 은행 신용제도의 건전성 보장을 중앙은행의 주요 목적으로 규정한 한은법 제3조 2항을 삭제한 데 유의할 필요가 있다.

은행 제도의 건전성 보장은 금융시장의 진화 과정에서 중앙은행이 자연스럽게 담당하게 된 것으로 중앙은행의 존재 근거로 꼽힌다. 특히 전 세계적으로 시장 메커니즘이 전면에 부각되고 금융 부문이 자율화·복잡다기화하여 금융시장이 매우 불안정한 양상을 보이면서 대부분의 나라들은 금융 위기를 예방하는 차원에서 중앙은행의 금융기관에 대한 감독·규제 기능(건전성 규제)을 강화하고 있는 추세다. 이런 의미에서 '시장 기구 내에서' 정책을 수행하는 중앙은행은 자신의 주거래 대상인 제1금융권에 대한 감독과 규제 기능을 유지해야 한다.

이번 재경원 개정안의 큰 틀은 금통위가 입법, 한은이 행정, 감독원이 사법적 업무를 담당하는 분업 체계를 구축하자는 면에서 긍정적으로 평가받을 만하다. 그러나 금통위 운영에 재경원의 입장이 지나치게 반영될 소지가 있어 견제와 균형의 묘를 살리기가 어렵다. 또 한국은행의 감독 기능을 마비시킬 경우 제1금융권에 대한 중앙은행의 정보 우위를 희석시킬 우려가 크다. 효율적인 견제와 균형을 보장할 중앙은행 제도 개편이 아쉽다.   _조선일보, 1995. 2. 25

금융시장의 불확실성과 정책 신뢰의 문제

불확실성이 은행 행위의 기초임을 깨닫고 양자의 관계를 재고 이론적 접근을 통해 해명한 최초의 경제학자는 에지워스(F. Edgeworth, 1845~1926)다. 그는 기업으로서의 은행 행위를 다음과 같이 요약했다.

기대이윤을 극대화하려는 은행가가 기초(期初)에 일정한 액수의 예금을 보유하고 있다고 하자. 그는 이를 대출과 유가증권 보유에 각각 사용하고 나머지는 지불 준비를 위해 현금으로 보유한다. 그런데 현금 보유는 아무런 소득을 보장해 주지 않으므로 은행가는 이를 가능한 한 줄이려고 한다. 그러나 수익만을 보고 현금 보유량을 무작정 줄일 수는 없다. 예금은 언제라도 인출될 수 있으므로 은행가는 인출 요구에 응할 준비를 항상 해야 하기 때문이다. 만일 인출 요구액이 그리 크지 않아 보유 중인 현금으로 능히 뒷받침할 수 있다면 별 문제는 없다.

그러나 인출액이 현금 보유액을 초과하면 은행가는 보유 중인 유가 증권을 담보로 자금을 빌려서 이에 대처해야 한다. 만일 인출 요구가 매우 커서 유가증권을 처분하는 것만으로는 부족하다면 은행가는 최후의 수단으로 중앙은행 대출 창구에서 기존의 대출금을 담보로 자금을 융통해야 한다. 자금의 차입이나 중앙은행의 대부는 거래 비용을 수반하는데, 중앙은행의 대출 금리는 일종의 벌칙금 성격을 띠므로 대출에 수반되는 거래 비용이 증권을 처분할 때의 비용보다 크다.

그러나 이러한 방법으로도 항상 자금이 조달될 수 있는 것은 아니다. 어떤 경우에는 거래 비용이 너무 커서 자금 조달에 실패할 수도 있다.

따라서 예금 인출이라는 불확실성에 직면한 은행가는 현금 보유의 이익과 위험을 고려하여 최적의 포트폴리오를 구성하려 할 것이다. 이때 만일 인출액이라는 확률 변수의 분포를 은행가가 알 수 있다면, 그는 이를 기초로 기대이윤을 극대화할 수 있다.

오늘날 금융 환경의 변화에 따라 은행업의 내용이 많이 달라지긴 했지만, 위에서 살펴본 에지워스 문제의 본질은 변함이 없다. 오히려 급속한 금융 혁신으로 인한 경영 환경의 변화로, 은행은 에지워스가 애초에 생각했던 것보다 더 큰 불확실성에 직면해 있다. 예를 들면 신종 금융상품의 등장으로 예금 인출의 움직임을 예측하기가 더욱 어려워졌다. 이렇듯 금융시장 내부에서 증가된 불확실성은 은행의 의사결정에 많은 어려움을 주고 있으며 금융시장을 매우 불안정하게 만들었다. 최근 들어 빈번한 금융 사고는 이러한 측면을 단적으로 보여 준다.

이때 은행의 의사결정을 보다 쉽게 만들어 주기 위해서는 금융시장 외부에 존재하는 불확실성이라도 최소한으로 줄여야 한다. 금융시장 외부에 존재하는 불확실성에는 여러 가지가 있으나 그 대표적인 것으로 일관성 없는 통화정책을 들 수 있다. 특히 우리나라에서는 최근 수년간 정부가 정도에서 벗어나는 일을 많이 했고, 이는 은행의 의사결정에 상당한 교란 요인으로 작용했다.

금융시장은 다른 어떤 시장보다도 정책에 대한 신뢰가 중요한 역할을 한다. 그런데 우리나라에서는 민간이 화폐금융정책을 전혀 신뢰하지 않는다. 통화관리를 완화하겠다고 발표해도 자금의 (가)수요가 줄기는커녕 오히려 늘어나 금리가 상승한다. 그래서 콜금리가 수시로 이자 상한선인 25%까지 올라갔고, 현재 통화관리 완화 약속이 있었음에도 회사채 수익률은 14%까지 올랐다. 신뢰 문제에 관한 한 우리나라 금융시장은 영점이나 다름없다.

그 이유는 정부가 단기적 성과에 급급한 정책을 운용하기 때문이다. 여론의 향배와 정치적 고려에 의존하는 통화 운용은 물가가 조금만 올라도 통화 긴축한다고 호들갑이고 금리가 조금만 올라도 통화 완화한다고 떠들어 댄다. 긴축과 완화가 냉탕·온탕식으로 바뀌므로 민간은 화폐금융 당국의 말을 믿지 않는다.

또한 통화증가율 목표에 대한 강한 집착은 단기적 정책 수단, 즉 RP 규제를 통한 통화증가율 맞추기를 낳았다. 이것은 금융기관의 자금 운용 계획을 수립하는 데 커다란 애로 요인이다. 그 결과 은행은 수시로 화폐금융 당국의 지불준비금 부족 과태료 지급 명령을 받는다. 이것은 부분적으로 은행의 방만한 자금 운용 탓이기도 하지만, 크게는 통화관리가 예측 불가능한 데도 원인이 있다.

그리고 정해진 규칙을 지키지 않고 편의에 따라 규칙을 수시로 변경하는 것도 문제다. 공모주 청약 정기예금 제도 폐지는 좋은 예다. 이 제도에 편법적 요소가 있었던 것은 사실이지만, 이 제도로 인해 예금이 급증하자 통화계수가 늘어나는 것이 겁나 이미 승인해 준 제도를 갑작스럽게 폐지하여 민간의 원성을 샀다. 최근 (주)한양에 대한 산업합리화 지정을 위해 지원 기준을 개정하고 새로운 조항을 신설한 것은 또 다른 예다.

결론적으로 말하자면 중장기적 비전은 실종되고 임기응변 정책이 주류를 이룸으로써 어느 누구도 당국의 말을 신뢰하지 않게 되었고, 증가하는 불확실성 속에서 민간이 나름의 기대에 따라 행동함으로써 금융시장의 불안이 증폭되고 있다.

그렇다고 해서 은행에 아무 문제가 없는 것은 아니다. 원래 은행은 정보 문제를 해결하기 위한 금융 중개기관이다. 유익한 프로젝트를 갖고 있음에도 불구하고 정보의 비대칭성으로 인해 자금 조달에 애를 먹는 기업에 게 대출 심사를 통해 자금을 공급해 줌으로써 사회에 정보를 생산해 내는 기능을 하는 것이다.

그러나 우리나라 은행들은 아직도 과거의 관치금융에서 비롯된 자금의 동원 및 배분 기능의 성격을 크게 탈피하지 못하고 있다.

1990년대에 들어서도 대출 심사 기능 회복에 힘쓰기보다는 단기적 이익을 확보하는 데 급급하고 있다. 1993년 이후 유가증권 투자가 급증해 1990년 초 총자산의 8% 수준에서 12% 수준으로 크게 상승했다. 그리고 총여신 중 유가증권이 차지하는 비중도 15.4%에서 19.6%로 상승했다. 은행 수지 구조에서도 대출보다는 유가증권 매매익에 의존하는 정도가 커지고 있다.

그러나 유가증권의 비중이 커지는 것은 주가 등의 변동에 따른 경영 위험의 증폭을 가져올 뿐 아니라 증권시장에 접근하기 힘든 중소기업에 크게 불리하게 작용할 수 있다. 단기건 장기건 이익을 위한 은행의 행위를 나무랄 수는 없지만, 유가증권 투자가 불확실성의 심각성을 인식하지 못한 은행 행위의 결과라면 커다란 걱정거리다.*

정부는 정책의 일관성을 통해 불확실성을 완화하고, 은행을 비롯한 금융기관은 대출 심사 기능을 회복하는 것과 함께 보다 신중한 포트폴리오를 작성하기 위해 힘써야 한다. 이것이 꼬이고 꼬인 한국 금융의 산적한 문제를 푸는 첫걸음이다.

▶ 이 글은 나의 「화폐금융론」 강의록에서 발췌한 것이다.

＊ 은행들의 무분별한 주식투자가 실패로 이어지면서 은행이 큰 손실을 입고 있는 것으로 밝혀졌다. 은행감독원의 발표에 따르면, 1996년 말 현재 25개 일반 은행의 주식평가손 규모가 4조 9621억 원으로 1년 전에 비해 30%나 증가했다고 한다. 15개 시중은행이 이의 대부분인 4조 5400억 원의 평가손실을 기록했다.

'빅뱅'에 거는 기대

금융 개혁은 한국 경제가 풀어야 할 가장 시급한 과제다. 동시에 가장 지지부진한 상태에 있기도 하다. 따라서 '빅뱅(대폭발)식' 금융개혁위원회를 설치한다는 발표는 국정 방향 제시도 없고 현안 과제에 대한 처방전도 없어 실망스럽기 짝이 없던 대통령의 연두기자회견에 하나의 신선한 충격이었다.

외국에서는 지난날 경제가 어려움에 처할 때마다 금융 개혁이 시도되었고, 또 금융 개혁에 대한 경제 분석도 많았다. 예를 들어 20세기만 보더라도 영국에서는 1910년대부터 약 20년마다 컨리프 보고서, 맥밀란 보고서, 래드클리프 보고서, 그리고 윌슨 보고서 등이 나왔다. 전직 총리 또는 케인스와 같이 저명한 경제학자가 책임지고 위원회를 만들어 정부에 보고서를 제출하면, 정부는 이 보고서를 토대로 금융을 개혁하고 실물 부문의 발전을 꾀하여 대부분 성공을 거두었다.

　그러나 유감스럽게도 우리나라에서는 진정한 금융 개혁에 관한 올바른 경제분석은 별로 없고, 금융 개혁을 주도할 만한 뚜렷한 위원회 하나 구성된 일조차 없다. 따라서 나는 이번 금융개혁위원회가 우리나라의 진정한 금융 개혁을 주도할 위원회로 기능하기를 기대한다. 그러나 이번 금융개혁위원회가 과연 이런 중차대한 역할을 올바로 수행할 수 있을지에 관해서는 우려의 시각이 없는 것도 아니다.

　첫째, 이번 금융 개혁이 과연 우리나라 금융산업의 큰 틀을 바꾸는 진정한 개혁의 시작인지, 아니면 단순히 소위 '경쟁력 10% 높이기'의 일환으로 현재의 금리 수준을 1~2% 정도 낮추기 위한 '모양새 갖추기'인지 불분명하다. 금융계는 벌써부터 이것이 또 다른 인위적 금리 인하 움직임의 서곡이 아닌지 의혹의 눈길을 보내고 있다.

　둘째, 금융개혁위원회가 진정한 발상의 전환에 근거한 금융 개혁을 유도할지, 아니면 대통령선거를 앞두고 금융기관이라는 커다란 이권을 민간의 일부 계층에 매각하는 '선심의 기회'로 이용할지 의심스럽다. 재벌이라는 거대 기업 집단이 존재하는 한국적 특수성을 고려할 때, 선부른 금융기관 소유 구조의 변화는 산업의 금융 지배만을 촉진할 수도 있기 때문이다.

　셋째, 위원회의 구성에 민간 경제인만을 포함시키는 것으로 충분할 것인지, 아니면 재경원 관료와 중앙은행 인사를 포함해야 하는지 짚고 넘어가야 한다. 김영삼 정부의 각종 개혁은 추진 과정에서 기득권 세력 간의 이해관계가 충돌하는 바람에 여러 번 좌초하고 말았다. 따라서 금융 규제의 산실이라고 볼 수 있는 재경원 관료를 배제한 것은 타당하다고 볼 수 있을지도 모른다.

그러나 재경원의 금융 규제가 단순히 부처이기주의라는 소아적 발상에서만 비롯되었다고 주장하는 것은 사실 왜곡이다. 현재 행정부 내에서 재벌을 견제할 수 있는 유일한 집단은 그래도 재경원이나 공정거래위원회 정도다. 그리고 금융 현상이 매우 세밀한 금융 노하우에 근거해서 이루어진다는 점을 고려할 때, 경제 관료나 중앙은행 인사들이 공헌할 수 있는 현실적 순기능을 간단히 무시하기는 어렵다.

넷째, 빅뱅식 금융 개혁 성과를 지나치게 과신해서는 안 된다. 금융 개혁은 금융 정상화 이상도 이하도 아니다. 그런데 많은 금융기관이 몸도 가누기 힘들 정도의 부실 채권을 안고 있는 상황에서 금융 정상화는 불가능하다. 따라서 먼저 해야 할 일은 다른 무엇보다도 부실 채권 문제의 해결이다. 그리고 제도를 이리저리 바꾸는 것만으로 금융 정상화가 이루어지기를 기대할 수는 없다. 금융의 정상화, 더 나아가 금융의 발전은 정착된 신용사회 에서나 가능하다. 그리고 신용사회는 정치·경제·사회 각 방면에서 상식이 통하고 상호간에 신뢰가 쌓일 때나 이룩할 수 있음을 명심해야 한다.

나는 이 같은 여러 가지 문제를 생각할 때 이번 금융 개혁이 졸속으로 끝나지 않기 위해서는 금융개혁위원회가 이 정부 임기 만료 때까지 여러 계층의 의견과 각국의 금융 개혁 경험 등을 참고하여 훌륭한 보고서를 만드는 것을 주된 임무로 해야 한다고 생각한다. 자칫 '빅뱅'이 태산명동(泰山鳴動)에 서일필(鼠一匹)로 끝날까 우려되어 하는 말이다.

_ 조선일보, 1997. 1. 8

진정한 금융 개혁

금융 개혁의 화두가 연일 언론을 강타하고 있다. 특히 중앙은행의 독립과 금융감독 체계 개편 문제를 둘러싼 재정경제원과 한국은행 사이의 날카로운 신경전은 일반 국민에게도 흥미와 관심의 대상이 아닐 수 없다. 그러나 금융 개혁과 관련된 언론 보도의 홍수 속에서 오히려 금융 개혁은 실종된 느낌을 준다. 금융 개혁 논의가 한국 경제의 개혁이란 큰 맥락 속에서 이루어지지 않고 있기 때문이다.

한국 경제는 지난 30여 년간 이른바 한국주식회사로 운영돼 왔다고 해도 과언이 아니다. 다시 말하면 정부가 주도적으로 나서서 은행을 수단으로 삼아 재벌 중심의 경제성장을 추구해 온 것이다.

최근의 '박정희 신드롬'이 말해 주듯 과거에 미련을 갖는 수구적 입장은 언제나 존재해 왔다. 그러나 한국주식회사가 더 이상 유지될 수도 없고, 유지되어서도 안 된다는 것은 이제는, 아니 십수 년 전부터 명백한 사실이다. 따라서 한국주식회사의 중심축을 이루었던 정부·은행·재벌 각각의 역할과 상호 관계를 재정립해야만 한다. 1997년판 금융 개혁 선언 역시 이 틀을 벗어나서는 아무런 의미가 없다.

중앙은행 제도와 금융감독 체계 개편 문제는 정부와 은행 간의 관계를 재정립하려는 시도에서 나온 것이다. 선진 각국의 제도가 매우 다양하다는 사실에서 알 수 있듯이, 제도 개선의 구체적 내용에 대해서는 이견이 있을 수 있다. 사실 중앙은행의 독립성을 보장하는 것은 제도 자체라기보다는 정부의 의지다.

그러나 이번 개편안은 금개위 안보다 훨씬 후퇴해 개혁 의지를 별로 보여 주지 않는다. 금융 개혁 논란의 와중에서도 재경원의 고위 간부들이 금융 개혁에 역행하는 일들을 버젓이 자행하고 있는 것이 우리의 현실 아닌가. 그 대표적인 예가 부도방지협약*, 민간 은행장 인사 개입** 등이다. 재경원을 개혁하지 않고는 어떤 금융 개혁도 공염불이 될 것이다.

한편 이번 개혁안에서 어물쩍 넘어간 은행과 재벌 사이의 관계 재정립 문제는 다른 어떤 문제보다도 더 중요함에도 불구하고 아무도 관심을 기울이지 않고 있다. 그러나 금개위의 2차 보고서에 따르면 재벌 기업도 은행 주식을 10%까지 보유할 수 있게 된다. 비록 몇 가지 단서 조항을 붙인 예외적 조치이지만 재벌에 관한 예외적 단서 조항들은 항상 깨지게 마련이었다는 것이 우리의 변함없는 경험이다. 과거 정부·은행

·재벌 3자에 의한 한국주식회사에서 이제 은행까지 계열사로 거느린 재벌 1인의 한국주식회사로 가는 것이 금융 개혁인가.

맹목적 시장주의자들은 자유화와 개방화가 진전돼 시장 규율(market discipline)이 작동하면 은행의 재벌 사금고화는 걱정하지 않아도 된다고 주장한다. 그러나 재벌 총수의 입장에서는 은행도 다른 수십 개의 계열사와 마찬가지로 그룹 전체의 이익을 위해 존재하는 하나의 계열사에 불과할 것이다. 은행이 갖고 있는 막대한 자금력과 정보력을 고려할 때 은행까지 계열사로 소유한 재벌의 막대한 힘은 결국 시장 규율 자체를 마비시킬지도 모른다.

개혁 의지가 뚜렷하지 않은 금융 개혁, 재벌 개혁을 동반하지 않는 금융 개혁은 실효성이 없을 뿐만 아니라 오히려 위험하다. 이번 정권이 끝나기 전에 일사천리식으로 금융 개혁을 마무리하려는 정부의 모습은 강력한 추진력의 표상이라기보다는 '개혁병'에 걸린 환자를 연상시킨다. 지금은 개혁에 관한 올바른 아이디어를 만들어 다음 대통령에게 넘겨줄 좋은 선물을 준비할 때다.

_동아일보, 1997. 6. 19

* 부도 위기를 맞은 기업에게 3개월 정도의 시간적 여유를 주어 기업을 회생시키고자 만든 제도로 1997년 4월 21일 발효되었다. 종금사를 필두로 제2금융권이 마구잡이로 대출금을 회수하자, 건전한 기업체까지 흑자 도산하는 사태가 벌어졌는데 이를 방지하기 위하여 만든 것이다.

그러나 이는 오히려 다른 기업의 자금난을 압박, 부도를 촉발하는 부작용을 낳았다. 즉 부도방지협약이 발동되는 업체가 발행한 어음은 당분간 자금 회수가 불가능해지기 때문에 부실징후 기업에 대한 여신을 조기에 회수하려는 움직임이 확산, 무차별적인 자금 회수 압력과 대출 연장을 기피하는 현상을 낳았던 것이다.

** 김영삼 대통령은 취임 2년도 안 되는 기간에 무려 11명의 은행장을 갈아치워 여론의 비난을 받았다. 그러나 정부는 각계각층의 비난에도 전혀 아랑곳하지 않아 은행장 인사 개입 양상은 개선될 기미가 보이지 않는다. 이는 대기업 부도 사태에 따른 은행 부실 경영의 책임을 묻는 과정에서도 적나라하게 나타났다. 외환·한미 은행장, 산업은행 총재 등이 정부 고위층의 지연·학연에 얽힌 비밀 정실 인사로 정해지는 구태가 재현되었다.

거짓 개혁과 참 개혁

미국 동부에 자리잡은 한 사립 명문대 얘기를 해보자. 이 대학은 명성에 걸맞은 학문적 성과를 보여 물리학과에서만도 노벨상 수상자를 10명 이상 배출했다. 그러나 이 대학에는 법과대학(원)·경영대학(원)·의과대학(원) 등 전문대학(원)이 하나도 없다. 이 대학은 1910년대부터 지금까지 이들 대학(원) 설립 여부를 계속 논의해 왔으나 아직도 유보 상태다. 찬성론자는 학교의 명성을 높이고 영향력을 키우기 위해서, 그리고 반대론자는 교수 사회의 일체감 상실과 일류 전문대학 육성에 드는 예산을 우려해서 자기들 주장을 굽히지 않는다. 누가 옳은지는 모른다. 하지만 제도란 한번 만들면 고치기 힘들고 없애기는 더 힘들기에 신중에 신중을 기하는 그들의 태도는 우리에게 시사하는 바가 크다.

이와 대조적으로, 우리 국회는 충분한 토의도 없이 금명간 금융 개혁에 관한 13개 법안을 한꺼번에 통과시킬 예정이라고 한다. 13개 법안에는 한국은행법 개정안과 통합금융감독기구 설립에 관한 법률도 포함되어 있다. 다른 11개 법안은 몰라도 이 두 법은 그리 급한 것도 아니고 급하게 처리해서도 안 되는 법이다.

그런데도 '개혁병'에 걸린 정부는 문제의 심각성을 잘 모를 뿐 아니라 집단이기주의에 물든 일부 재경위원들과 함께 13개 법안을 일괄 통과시키려고 한다.

재경원은 이 법안들이 통과되지 않으면 외국 금융기관이 우리나라의 금융 개혁 의지를 의심하게 되어 우리 금융·외환 시장의 불안이 더 극심해질 것이라며, 정치권과 언론에 설득과 경고를 일삼고 때로는 협박도 서슴지 않는다.

하지만 유감스럽게도 우리나라 금융 위기의 근본 원인은 우리보다 외국에서 더 잘 알고 있다. 청와대와 재경원이 금융에 너무 깊이, 너무 오래 개입한 폐해가 지금의 금융 위기를 야기한 것 아닌가.

한국은행의 독립성은 껍데기만 남긴 채 통합금융감독기구를 재경원(또는 총리실) 산하에 두어 정부의 직접적 금융 개입을 지속시킬 법안을 통과시켜야 우리의 대외신인도가 높아진다는 생각은 망상일 뿐, 모든 당사자들은 재경원의 금융 개입이 획기적으로 완화되어야만 금융 개혁이 이뤄질 수 있고 대외신인도 또한 올라갈 것이라는 사실을 알아야 한다.

원래 이번 한국은행법의 개정 취지는 세계 경제가 시장주의 일변도로 흐름에 따라 시장 밖에서 경제에 개입하는 정부보다 늘 시장 안에서 경제 조정을 하는 중앙은행에 독립성을 부여, 경제에 활기를 불어넣자는 것이었다. 이것은 한국은행 총재가 금융통화위원회 의장을 맡는 것만으로는 충분치 않다. 한국은행과 재경원 간에 적당한 세력균형이 이뤄지지 않는다면 아무런 효과도 거둘 수 없기 때문이다.

나는 10년 전부터 두 가지 이유에서 금융감독기관의 통합 운영을 제안해 왔다. 하나는 금융 겸업화 추세 속에서 은행·증권·보험감독원이 따로 기능하면 효율적인 금융감독이 힘들 것이라고 생각했기 때문이다. 또 하나는 한국은행의 독립성도 높이고 은행 감독에 관한 모든 권한을 한국은행에 맡길 때 한국은행이 비대한 금융 공룡이 될 부작용을 우려했기 때문이다.

그러나 어떤 경우에도 중앙은행 고유의 건전성 감독 기능은 살려야하며, 감독 기구의 통합 운영도 우선 각 감독 기관의 자율성을 유지하면서 금융감독 기구가 느슨한 조정 기구로 활동하되 성과를 보아 가며 장기적으로 통합금융감독원을 만들어도 좋다는 것이었다. 또 금융감독위원회나 금융감독원에 중립성을 보장하자는 것이었다.

그런데 이번 법률안은 막강한 힘을 갖는 금융감독원을 재경원(실은 신한국당이 재경원과 총리실 사이에서 갈팡질팡하고 있지만) 산하에 둠으로써 재경원에 너무 많은 힘을 몰아 주어 더 이상 한국은행의 기능적 독립을 기대할 수 없게 만들었다.

정부, 재경위, 그리고 국회 본회의는 지금이라도 늦지 않았으니 재경원, 특히 예산실에 관한 정부 조직법을 고친 후 그 틀 안에서 금융정책실, 한국은행, 그리고 금융감독위원회 간에 견제와 균형이 이루어지도록 해야 한다. 그리고 금융제도 자체에 관한 논의도 더 해야 한다. 시간이 모자라면 11개 법안만 통과시키고 나머지 둘은 새 정부 들어서 해도 늦지 않다.

사실 금융개혁위원회가 발족한 지 10개월이 되었지만 금융 개혁에 관해 진지하고 충분한 논의가 이뤄졌다고 보기는 힘들다. 당초 중장기 과제로 삼았던 중앙은행이나 금융감독 체계에 관한 법과 관련해서는 더욱 그렇다. 진지하고 충분한 논의 없는 금융 개혁이 1993년의 금융실명제처럼 졸속으로 끝날까 봐 걱정이 되어서 하는 말이다. 지각 있는 국회의원이라면 한국은행법 개정안과 통합금융감독체계 법안에 부표를 던져야 한다.

_ 서울경제신문, 1997. 11. 17

거듭나야 할 금융

스탠더드 앤드 푸어스 사가 한국의 신용등급 재조정 작업을 서두르고 있는 가운데 무디스 사는 산업·수출입·기업은행과 16개 시중은행 발행 외화 채권에 대해 신용등급을 Ba 1에서 작게는 한 등급, 크게는 세 등급씩 일제히 하향조정했다. 그 이유는 이들 은행이 협조융자*등을 통해 부실 기업에 방만한 대출을 일삼고 있을 뿐만 아니라 구조조정 노력도 게을리하기 때문이라는 것이다. IMF 구제금융 이후에도 여전히 과거를 답습하는 한국 금융에 울린 일대 경종이다.

사실 따지고 보면 투신·은행·보험·증권·종금 등 거의 모든 금융기관들은 비정상적인 행태를 많이 보여 왔다. 그런데도 금융감독기관들은 수수방관했다. 금융기관이 잘못된 행위를 일삼는데도 감독 당국이 제대로 대응하지 못해서 경제에 어려움을 가져온 사례는 무수히 많다. 미국에서도 1980년대에 저축대부조합**의 무절제한 경영과 감독기관의 무능력 때문에 엄청난 시련을 맞아야 했다. 그리고 이를 정상화하는 데 무려 10년 가까운 세월과 천문학적 규모의 혈세가 필요했다.

우선 투신(投信)부터 살펴보면, 갑이 손해본 것을 을의 돈으로 메워 주는 변칙적 펀드 운용은 물론이려니와 법에 금지되어 있는 수익률 보장 각서를 아무런 거리낌 없이 발급하고 있다. 또 3대 투신사는 1989년 경제 12·12 사태 이후 자본 잠식으로 문을 닫아야 할 지경임에도 불구하고, 과부의 항아리처럼 수익률 보장 각서로 천문학적 규모의 투자 자금을 유치해서는 재벌계열사들에게 엄청난 자금을 대주고 있다. 이것이 실물 부문의 무분별한 과잉투자를 부추기는 데 일조했음은 물론이다.

과거 재경원은 이러한 잘못을 바로잡기는커녕 자산관리회사인 투신사에 사실상 여신 업무인 기업어음(CP)*** 할인 업무를 허용하는 등 도덕적 해이를 조장하는 데 앞장서기까지 했다. 한국보다 규제완화에 훨씬 앞서 있는 영국이나 미국에서도 자산관리회사에는 여신 행위를 허용하고 있지 않은데도 말이다.

은행권과 증권사, 보험사들도 비뚤어진 금융 관행에 빠져 있기는 마찬가지다. 대형 시중 은행과 생보사 간의 후순위 대출 문제는 단지 하나의 예에 불과하다. 상당수 은행들이 후순위 차입**** 이 자본으로 간주된다는 점을 악용하여 대형 생보사들에서 거액을 후순위로 차입한 후 이와 동일한 규모로 생보사의 퇴직보험이나 일시납보험에 가입함으

로써 사실상 현금 유입은 한푼도 없이 은행은 국제결제은행(BIS) 자기
자본비율*****을 큰 폭으로 높이고 생보사는 막대한 실적을 올리는 변
칙을 일삼았다. 뿐만 아니라 대형 생보사들과 증권사들은 법으로 금지
되어 있는 이른바 이면 계약을 통해 더욱 문란한 금융 관행을 자행하고
있다.

오늘날 한국 경제가 겪고 있는 외환위기는 1994년과 1996년에 무더
기로 설립되어 재벌들의 방만한 시설 확충을 부추기면서 불법적으로
그리고 무리하게 팽창을 거듭한 종금사와 그것을 방치한 재경원에 일
단의 원인이 있다는 것을 기억한다면, 이러한 금융 관행을 하루빨리 바
로잡고 제대로 된 규율을 세우지 않으면 안 된다.

금융자율화는 금융에 대한 명시적 규제나 비공식적 간섭을 줄일 것
을 요구하지만, 금융감독 기구들이 사후 감독조차 하지 않는 것으로 착
각해서는 안 된다. 사전 규제가 완화될수록 사후 감독은 엄격해야 한다.
온정에 끌려 불건전하거나 부실한 금융기관을 보호하거나 수명을 연장
해 주는 일은 하지 말아야 한다.

금융감독 주체들은 BIS 비율 등을 챙기기만 할 것이 아니라 금융기
관들의 행태를 면밀히 주시하여 이들이 빗나간 행동을 하지 않도록 유
도해야 한다. 그래야 비로소 금융기관의 신용등급도 올리고 진정한 금
융 개혁을 이룰 수 있을 것이다. 금융인들의 거듭나기가 필수적임은 더
말할 나위가 없다.
_한겨레, 1998.5.13

* 한 기업에 둘 이상의 융자 기관이 자금을 분담하여 융자하는 방식으로, 단일 금융기관만으로는 자금 부담이 너무 클 경우 또는 동일 융자 대상 사업에 여러 나라나 여러 금융기관이 융자할 때 이용된다.

이 같은 융자 방식은 융자 기관의 입장에서 볼 때 자금 부담 경감, 위험분산 등 이점이 있고, 차입자의 입장에서는 필요한 자금을 보다 원활히 공급받을 수 있다는 장점이 있다. 협조융자는 1970년대 초반 세계은행 등 국제금융기구가 개발도상국의 개발 프로젝트에 민간 상업은행을 참여시키기 위해 도입한 것으로, 현재 국제 금융시장에서 신용도가 낮은 개발도상국에 대한 금융 위험 완화 수단으로 널리 활용되고 있다.

** 미국에서 조합원들의 저축을 이용하여 주택 저당 대출을 하는 일종의 협동 저축 기관으로, 당초 목적은 조합원들에게 주택 매입 또는 주택 수리 비용을 제공하기 위한 것이었다.

*** 기업어음의 일종으로 1981년 기업의 단기 자금을 쉽게 조달하기 위해 새로 도입한 어음 형식이다. 고정 이자율로 발행되던 기업어음과 달리, 기업과 투자자 사이의 자금 수급 관계 등을 고려해 금리를 자율로 결정한다는 점이 가장 큰 특징이다.

**** 일반 차입금들을 모두 상환한 뒤 변제청구권을 갖도록 약정을 맺은 차입금을 말한다. 회사가 파산하거나 정리를 위해 남은 재산을 청산할 경우 일반 채권자들이 우선 변제를 받은 후, 남은 재산으로 변제하게 되는 차입금이다. 주로 정부 정책상 증자가 어려운 은행·증권 등 금융기관이 후순위차입금 약정을 맺고 돈을 빌리는 경우가 많다. 금융기관들이 영업용 자본을 유지하기 위해 후순위차입금의 일정 범위를 영업용 자본에 가산토록 제도화하고 있다.

***** 국제결제은행(BIS) 산하 바젤위원회(Committee on Banking Regulation

and Supervisory Practices)는 1988년 7월 일본 도쿄에서 '자기자본 규제에 관한 국제적 통일 기준(International Convergence of Capital Measurement and Capital Standards)'을 채택했는데, 이것을 구(舊) BIS 자기자본 규제라고 한다. 구 BIS 자기자본 규제는 위험한 자산에 대해서는 가중치를 높게 두고 안전한 자산에 대해서는 가중치를 낮게 둔다. 예를 들어 국채는 가중치가 0이고 주식투자의 가중치는 100이다. 즉 위험한 자산에 투자할수록 자기자본비율이 낮아진다.

한편 최근 들어 시장위험의 중요성이 높아짐에 따라 바젤위원회는 1993년 4월 시장위험을 반영한 새로운 자기자본 규제안을 채택했는데, 이를 신 BIS 자기자본비율이라고 한다.

고금리가 문제다

국제통화기금 구제금융 시대가 시작된
지 벌써 6개월이 다 되어 간다. 외채 만기 연장과 외평채 발행을 하고 나서
큰 고비는 넘기지 않았느냐는 인식이 팽배하지만, 뒤이은 실업 증가와 사
회 불안이 겹치면서 또다시 금융시장이 불안해지고 있다. 이를 바탕으로
생각해 볼 때 한국 경제가 바람직하지 않은 방향으로 가고 있는 것은 아닌
가 하는 의구심을 떨쳐 버릴 수 없다. 몇몇 재벌들은 여전히 구태를 답습하
고 있고, 이들을 제외한 크고 작은 기업들만 무더기로 연쇄 도산의 파도에
휩쓸리고 있는 것이 현실이다.

경제가 더 어려워지고 있는 것은, 미시적인 구조조정이 지지부진한
가운데 거시적으로 무리한 긴축이 계속된 결과다. 사실상 IMF 프로그
램에서 제대로 실천해야 할 부문(재벌 개혁 등 미시적 구조조정)은 말만

무성한 반면, 문제가 있는 부문(긴축적 거시정책)만 실천이 되어 오지 않 았는가. 이것이 사회 불안과 함께 끝없는 경제파탄을 몰고 오지 않을까 걱정스러울 뿐이다.

현재 한국 기업은 1천조 원 이상의 부채를 안고 있다. 부채 문제의 심 각성은 단순히 그 규모가 크다는 사실에만 있는 것이 아니다. 부채 규모 가 아무리 크다 할지라도 그 기업이 독립적으로만 존재한다면 비교적 간단하게 부실 기업을 퇴출시킬 수 있으며, 그에 따른 손실도 비교적 간 단한 절차를 통해 관련 당사자들에게 분담시킬 수 있다.

그러나 한국 기업, 특히 재벌은 계열사, 관계사, 하도급 기업, 은행, 제 2금융권 등으로 짜여진 복잡한 연결망 속에 들어가 있다. 따라서 과다 부채로 한 재벌기업이 도산하면 이 연결망 전체에 엄청난 충격을 주어 결국 연쇄 도산이 유발될 수밖에 없게 되어 있다.

이 문제는 더 이상 금융긴축과 고금리를 구조조정의 핵심 수단으로 사용할 수 없다는 것을 의미한다. 따라서 금리인하가 더욱 절실히 요구 된다. 이것은 결코 재벌 구조조정을 포기하자는 주장이 아니다. 고금리 라는 가격 수단으로는 재벌 구조조정은 달성하지 못한 채 한계기업,* 그리고 그것과 연결되어 있는 다른 기업과 금융기관을 파산시켜 경제 불황을 장기화시키면서 오히려 구조조정을 지연시키는 효과만 가져올 뿐이라는 말이다. 금융긴축과 고금리로 구조조정된 것은 결국 4~5개 재 벌이 아니라 중소기업이 아니었는가.

다가올 여름이나 가을에 닥쳐올지도 모를 제2의 외환위기도 걱정이지만, 사실 국내 금융 혼란은 발등에 떨어진 불이다. 금융 혼란을 방지하기 위해서는 우선 국내 경제 안정과 신뢰 회복에 초점을 맞추어야 한다. 통화 증발도 불사하는 금융 완화와 금리인하가 요구되는 것이다.

물론 이러한 정책은 자칫 재벌 구조조정을 지연시키고 그 부담을 전체 국민에게 전가할 위험성을 안고 있다. 그리고 인플레이션이 발생할지도 모른다. 만약 그렇게 된다면 대외신인도가 또다시 추락할 것이고, 그렇지 않아도 걱정되는 외환위기가 다시 찾아올지도 모른다. 그래서 이를 막을 다른 수단이 필요하다는 것이다.

이러한 위험을 제거하려면 신자유주의자들**처럼 무책임하게 시장 원리만을 주장할 것이 아니라, 당분간 비시장적 방법을 통해 재벌 구조조정을 비롯한 다른 개혁 과제를 동시에 추진해야 한다. 기업과 금융기관의 연쇄도산 위기에 직면한 한국 경제는 지금 그 어느 때보다도 정부의 적극적인 개입이 필요하다.

우선 엄격한, 그리고 형식에 그치지 않는 실사 작업을 거쳐 회생 가능성이 없는 금융기관이나 기업은 하루빨리, 그러나 조용히 강제 파산 처리해야 한다. 그 과정에서 실업 문제는 심각해지겠지만 당장의 고용 유지만을 위해 부실 기업과 부실 금융기관을 존속시키는 것은 올바른 길이 아니다. 그 대신 정부는 실업수당이나 재취업을 위한 교육 훈련 시설 등 사회안전망을 구축하는 데 실질적인 책임을 져야 한다. 한편 회생 가능성이 있는, 즉 일시적 자금 부족 상태에 직면한 금융기관에 대해서는 정부가 장기 국채 발행을 통해서, 그리고 보다 적극적으로는 해당 금융기관의 후순위채나 주식을 인수해서 신규 자금을 추가로 공급해 주어야 한다.

다소의 부작용이 무서워 이것마저 하지 않는다면 한국의 금융 시스템, 나아가서는 경제 전체가 무너질까 봐 걱정스러워서 하는 말이다.

_ 한겨레, 1998.5.27

＊한계기업이란 재무구조가 부실해 영업 활동을 통해 벌어들인 이익으로 이자(금융비용)도 감당하지 못하는 등 경쟁력을 상실하여 더 이상의 성장과 생존이 불투명한 기업을 말한다. 한계기업이 발생하면 구조조정, 업종전환, 청산 등의 절차로 가게 된다. IMF 때는 한계기업이 속출해 재벌그룹에 속해 있던 24개의 한계기업 가운데 1997년부터 1999년까지 국민의 세금을 기반으로 한 막대한 자금 지원에도 불구하고 3년 연속 이자도 제대로 내지 못한 기업이 18개사나 되는 것으로 밝혀졌다.

＊＊신자유주의를 한마디로 정의하기란 쉽지 않다. 이름깨나 알려져 있는 사람들조차 저마다 다른 뜻으로 사용하고 있기 때문이다. 1차 대전 후 독일에서 처음으로 '신자유주의'라는 용어를 사용했다. 1917년 러시아의 볼셰비키 혁명에 깜짝 놀란 오이켄은 '사회적 시장경제론'이라는 이름을 빌려 시장 기능을 복구하려 했다. 당시 독일에서는 강력한 노동조합과 공산당, 사회민주당 등 좌파 정당의 영향력이 강했기 때문에 대놓고 자유주의를 외칠 수는 없었다. 그래서 오이켄은 '사회적 시장경제론'이라는 이름을 빌려 신자유주의를 주장했던 것이다. "보이지 않는 손이 세상을 효율적으로 만들 것이기

때문에 정부가 시장에 참여하는 것은 죄악이다. 하지만 시장이 저절로 생기는 것은 아니며, 때때로 시장 기능이 마비될 수도 있다. 그때에만 정부는 잠깐 개입할 수도 있다"는 것이 핵심이다. 1970~1980년대 영국의 대처 정권과 1980년대 미국의 레이건 정권을 거치면서 '신자유주의' 이론은 더욱더 '보이지 않는 손'의 손을 들어 주는 쪽으로 발전했다. "시장이 마비될 리 없으며 정부의 개입 때문에 오히려 악화된다"는 것이 핵심이다. 요즈음 얘기되는 신자유주의는 1980년대 이후의 영·미식 자본주의를 뜻한다.

한국에서는 신자유주의가 아주 왜곡되어 받아들여지고 있다. 대부분의 신자유주의자들조차도 시장이 저절로 생길 것이라고 얘기하지는 않는다. 위기 상황에서는 더더욱 그러하다. 한국과 같이 제대로 된 시장이 없고 위기를 겪고 있는 나라에서는 정부의 개입이 '한시적으로' 필요하다. 신자유주의 운운하면서 이것까지 부정하는 것은 왜곡 그 자체다. 그리고 대부분의 신자유주의자들은 '자유 경쟁'을 지키기 위해서 부당한 독점 행위를 제재해야 한다고 주장한다. 그런데 몇몇 재벌들은 '무조건 그냥 냅두는 게 시장 경쟁이다'고 주장하면서 정부의 개혁에 대항한다. '신자유주의'라는 단어를 들먹이면서…….

은행 합병의 함정

상장 기업들이 올해 상반기에 13조 원 이상의 적자를 냈다. 그 가운데 절반인 6조 6천억 원은 은행의 적자다. IMF 구제금융 시대에 실물 기업이든 금융기업이든 흑자를 기대하지는 않았다. 문제는 천문학적 규모의 적자가 눈덩이처럼 불어나면서 구조조정을 방해해 왔을 뿐만 아니라 앞으로도 그럴 가능성이 매우 짙다는 것이다. 이 악순환의 가능성은 은행 대출의 25%를 넘을 것으로 추정되는 부실 채권에서 여실히 드러난다.

부실 채권은 처음에는 정부-재벌-은행 삼각 체제의 산물이었다. 정부가 재벌더러는 투자하라 하고 은행더러는 돈 대라고 명령하며 외형적으로 성장하는 과정에서 생겨난 것이다. 그러나 최근에는 재벌의 힘이 세지면서 정부가 뒷전으로 밀려난 틈을 타 재벌이 과잉투자를 일삼고 은행이 무분별한 대출을 일삼으면서 부실이 생겨났다. 설상가상으로 은행이 대출해 준 재벌이 혹시라도 부도를 낼까 봐 겁이 나 계속 돈을 댄 결과, 부실은 더욱 늘어났다. 아직도 은행들은 부실 기업에 협조 융자를 퍼대고 있으니 문제 해결의 길은 요원하기만 하다. 이 공멸의 도박판이 앞으로 얼마나 더 지속될지, 한국 경제의 앞날이 걱정스럽다.

부실 채권의 원인이야 어떻든 경제를 살리려면 이 판을 과감히 깨고 은행이나 기업이나 새로 출발할 수 있도록 해야 한다. 그리고 그 필요조건은 부실 채권을 해소하여 과거의 부실이 더 이상 은행의 발목을 잡지 않도록 하는 것이다. 이 문제는 이런저런 사정으로 조금씩 단계적으로 해결할 수밖에 없다고 하는 이도 있다.

그러나 하나의 부실을 해결하는 와중에도 기존의 부실이 또 다른 부실을 낳고 있다는 것을 생각한다면, 당장은 다소 무리가 따르더라도 이를 일거(one shot)에 해소하는 것이 그나마 경제적이다. 어차피 돈이 드는 일이라면 밑빠진 독에 물 붓기식으로 하염없이 흘려 버리는 것보다는, 한 번에 큰돈을 쓰되 앞으로는 돈이 들지 않도록 틀을 바로잡는 것이 더 낫다.

이를 위해서는 여러 가지 방법을 고려해 볼 수 있다. 일단 채권 주식 전환(debt equity swap), 즉 은행이 기업에 대한 채권을 포기하는 대신 기업이 은행에 자기 주식을 제공하는 방법이 있다. 이와 더불어 정부가 부실 채권 공채를 발행·매각하되, 만약 잘 소화가 안 되는 경우에는 한국은행이 이를 인수하는 방법도 고려해 봄직하다.

그렇다고 해서 부실 채권을 무조건 다 탕감해 줄 수는 없다. 투명하고 공정한 기준, 예를 들면 BIS 비율의 최저한을 정해 놓고 이 기준을 통과하는 은행의 부실 대출은 일거에 해소해 주되, 이를 통과하지 못하는 은행은 퇴출시킬 수밖에 없다. 지난번 5개 은행* 퇴출 때 경험했지만 어려움이 없는 것은 아니다. 그러나 몇 개 은행, 특히 큰 은행 하나 둘 정도 퇴출시키지 않고서는 은행 구조조정은 영영 불가능할 것이다.

정부는 퇴출보다는 합병을 선호하는 것 같다. 실제로 상업은행과 한일은행은 정부의 당근과 채찍 정책에 이끌려 합병을 선언하고 나섰다. 다른 은행들도 합병을 서두르고 있다. 하지만 서울은행의 예를 들지 않더라도 합병이 성공하기란 굉장히 힘들며, 경제에 또 다른 부담을 줄 위험도 크다는 것쯤은 알아야 한다.

합병 아이디어는 외국에서 배워 온 것이다. 그러나 외국의 사례는 외국의 사례일 뿐이다. 1980년대 일본의 은행 합병**은 일본이 실물 부문에서 '1등 국가가 되었다고 판단한 후 금융 부문에서도 일류가 되겠다고 무리하게 시도한 것이다. 결과는 실패였다. 부실 여신의 누적 이상 남은 것이 없지 않은가. 미국에서도 지난 10~20년간 많은 은행 합병***이 있었다. 그러나 그것은 개별 은행이 효율을 더 이상 올릴 수 없을 만큼 최대로 올린 후 서로 합침으로써 시장점유율을 높이기 위한 것이었다.

부실 은행에 부실 은행을 합하면 부실 은행밖에 될 수 없다. 마이너스 더하기 마이너스는 마이너스가 아닌가. 부실 은행과 건실 은행이 합해도 건실 은행보다는 부실 은행이 될 가능성이 높다. 정부는 성공 가능성도 희박한 합병에 더 이상 집착하지 말고 부실 채권 해소와 부실 은행 퇴출에 전력투구하기 바란다. 그것만이 은행들의 새 출발을 위한 여건을 만들어 주는 길이다 _ 한겨레, 1998.8.19

* 정부는 1998년 6월 29일 금융감독위원회를 개최하여 '은행경영평가위원회'에서 통보한 최종 평가 결과를 바탕으로 경영정상화 가능성이 희박하다고 판단되는 동화은행 등 5개 은행에 대하여 영업정지와 함께 자산·부채를 이전하도록 결정했다.

** 1968년 '금융기관의 합병 및 전환에 관한 법률'이 제정되면서 금융기관이 주도하는 M&A가 성행했다. 초반에는 소규모 합병이 주류를 이루었으나 1980년대 후반 이후에는 경영이 악화된 중소 규모의 제2지방은행에 대한 구제 합병이 진행되었다. 그리고 대규모 도시 은행 간 합병, 지방 은행 간 합병 등 상대적으로 규모가 큰 은행간 합병이 잦았다. 처음에는 일본 경제의 거품이 꺼지면서 부실 채권으로 몸살을 앓던 금융기관을 구제하기 위해 M&A가 진행되었으나, 최근 들어서는 시장주도권 확보의 경영 전략적 합병이 추진되고 있다. 하지만 조직 우선 문화, 평생 직장 의식 등 사회·문화적 차이로 인해 미국의 은행 합병에서는 흔히 있는 감원 등의 조치는 실현되지 못했다.

*** 미국의 은행 합병은 당초 경기침체에 따른 수익성 저하에 대처하기 위한 경영합리화 차원에서 추진되었으나, 최근에는 금융제도 개혁에 따른 업무다각화 등 경영 전략 차원에서 적극적으로 추진되고 있다.

신용경색의 본질과 처방

금융시장이 얼어붙었다. 일부 재벌 계열사를 제외한 크고 작은 많은 기업들이 회사채나 CP 신규 발행을 통한 자금 조달은 물론이려니와 이미 꾸어 쓴 돈을 갚기 위한 차환을 발행하기도 어렵다. 올 하반기에 상환할 회사채와 CP가 수십조 원에 달하니 기업 자금 담당자들의 얼굴엔 수심이 가득하다. 국제통화기금(IMF) 구제금융 이후 돈은 총통화(M2) 기준으로 200조 원에서 350조 원 이상으로 연평균 30% 가까이 늘었음에도 자금 경색이라니 풍요 속의 빈곤이 이만저만 아니다.

발빠른 분석가들은 이번 신용경색을 보고 10월 말 위기설, 제2의 경제위기설까지 제기했다. IMF 졸업 선언이 엊그제 아니었던가. 시정(市井) 사람들은 어리둥절해하고 있다. 정부는 회사채와 CP의 수요 기반을 확충할 목적으로 10조 원 규모의 채권형 펀드를 조성했다. 말로는 금융 기관들의 자발적 참여라지만 속을 들여다보면 정부의 강권에 따른 것이다.

이것은 지난해 여름 대우 사태 때 정부가 주도한 30조 원 규모의 채권안정기금 조성과 별로 다르지 않다. 성공하기도 어렵지만 효과가 있더라도 일시적일 뿐이다. 눈앞에 닥친 위기 관리도 중요하지만 근본적인 치유책을 외면하면 더 큰 위기를 불러올 텐데 안타깝기 짝이 없다.

신용경색은 어디에서 시작됐는가? IMF 구제금융 이후 5개 은행 퇴출을 포함, 은행 구조조정이 진행되자 시중 자금이 투신으로 대거 이동했다.

그러나 투신은 최근 현대투신의 유동성 위기와 한투·대투 부실에서 드러나듯 오래전부터 은행 이상으로 부실한 상태였다.

지난해 7월 대우 사태로 투신 부실이 표면화하자 시중 자금이 이번에는 투신을 이탈해 은행으로 몰려갔다. 그 결과 투신의 구매력에 의존하던 회사채 시장의 기능이 거의 마비됐다. 종금사도 최근 인가 취소(나라), 영업 정지(영남), 자금 악화(한국), 예금 지급 중단(중앙) 등으로 놀라 돌아서는 고객을 붙잡기에 역부족이어서 CP 시장을 지탱할 구매력이 없었다.

반면 자금이 풍부해진 은행은 2차 구조조정을 앞두고 국제결제은행(BIS) 비율을 맞춰야 하니 섣불리 자금을 풀 수도 없다. 부실 대출에 대해서는 법적 책임까지 묻겠다니 필요 이상으로 움츠러들었고, 법정관리나 워크아웃에 들어간 기업에 우선 대출을 해주자니 건전한 기업에 신경쓸 겨를도 없다.

게다가 정부가 은행간 짝짓기를 강권하는 분위기에서 주도권을 장악하려면 여신을 자제해 건전도를 높여야 한다.

결국 은행은 대출이나 회사채, CP 구매에 소극적일 수밖에 없다. 신용경색 문제 해결의 단기적 처방은 은행이 BIS 비율은 준수토록 하되, 나머지 불필요한 속박에서 해방돼 자금 운용에 유연성을 갖게 하는 것이다.

중장기적으로는 금융기관이 시장으로부터 신뢰를 회복해야 한다. 이를 위해서는 투신·종금·은행 등 모든 금융기관의 부실을 투명하고 정직하게 밝혀 불확실성을 제거하는 것이 필요하다.

하지만 그것만으로는 부족하다. 일정한 기준에 미달하는 금융기관은 투신이든, 종금이든, 은행이든 과감히 퇴출시켜야 한다.

실업을 포함해 이 과정에서 발생하는 부작용이 만만치 않을 것이다. 그러나 그것을 두려워만 하면 아무것도 이룰 수 없다. 일시적 땜질로 하루하루 연명하기보다는 단기적 고통을 참고 장기적으로 건실한 경제 토대를 마련해야 하지 않겠는가.

다만 구조조정의 부작용 최소화에 필요한 공적자금은 국민의 이해를 구하고 투명하게 조성해 적기에 충분히 투입해야 한다. 늘어나는 실업자의 최소 생활 보장과 재취업을 위한 제반 여건 마련도 중요하다.

그러나 궁극적으로는 실물 부문의 부실 기업 퇴출 없이는 백약이 무효다. 채권형 펀드 조성이나 주거래 은행은 물론 산업은행까지 동원해 부실 기업에 자금을 지원하는 두루뭉술한 모든 기업 살리기 정책으로는 문제 해결이 요원하다.

한정된 자금을 부실 기업에까지 넣다가는 건전 기업까지 망하지 않겠는가. 부실 기업, 한 예를 들면 몇 년째 영업이익으로 이자 비용도 치르지 못하는 수많은 부실 기업들은 과감히 퇴출시켜야 한다. 이것이 한국 경제가 살 수 있는 최소한의 필요조건이다.

_ 중앙일보, 2000. 7. 3

예금보험제도의 정착을 위하여

은행을 비롯한 예금 금융기관이 파산했을 때, 2천만 원까지의 예금은 예금보험공사가 보상해 주지만 2천만 원을 초과하는 부분에 대해서는 예금자 자신이 책임지도록 하는 방식의 부분예금보험제도가 도마에 올랐다.

한나라당 총재는 국회 연설을 통해 2001년부터 시행될 예정인 부분예금보험제도의 한시적 연기를 제안했다. 시기상조라는 것이다. 정부는 정부대로 부분예금보험제도 정착은 주요 금융 개혁 과제의 하나라며 계획대로 밀고 나갈 것을 재천명했다.

그러자 돈 많은 사람들은 일단 돈을 단기로 운용하면서 우량 은행을 찾아 나섰고, 경쟁력 떨어지는 은행들은 자금 이탈을 걱정하고 있다. 금융 전문가들 사이에서도 산발적으로나마 부분예금보험제도 도입 시기와 방법을 놓고 토론이 뜨겁다.

오늘날 전세계적으로 부분예금보험제도를 채택하지 않은 나라는 거의 없다. 전액보험을 실시하면 은행들이 높은 이자율로 예금을 마구 예치하여 고위험 투자안에 방만하게 대출하는 행태를 보일 것이며, 예금자들도 건전한 은행에 예금하려는 노력을 게을리할 것이란 논리에서이다. 제도적으로 부분보험이 정착되어야만 이른바 도덕적 해이를 막을수 있다는 것이다.

이 논리의 타당성을 떠나서 실제 은행, 특히 규모가 큰 은행이 파산했을 때 은행간 예금이나 법인 예금은 몰라도 개인 예금을 전액 보장해주지 않은 예는 어디서도 찾아보기 힘들다. 대형 은행이 파산할 때 전액보장을 해주지 않았다가는 한 은행의 위기가 금융시장 전체로 파급될것이 불 보듯 뻔하기 때문이다.

우리나라는 1980년대 초 장영자 여인 사건 이후 종합금융회사(당시단자회사), 상호신용금고, 그리고 증권회사의 고객을 대상으로 하는 예금보험제도가 생겨 제2금융권을 안정시키는 데 크게 기여했다. 이때도예외 없이 문제 금융기관이 생기면 1천만 원까지만 보상한다는 부분보험과는 달리 전액 보상해 주었다. 제1금융권에는 1996년에야 비로소 예금보험공사가 생겼으나 현재는 모든 예금보험 업무를 총괄하고 있다.

1997년 말 한국 경제가 IMF 구제금융을 받고 '은행불사(銀行不死)' 신화가 깨지면서 미증유의 금융 공황 가능성이 감지되었다. 그러자 정부와 IMF는 종래의 '법제적 부분보험/실제적 전액보험'을 일시적으로나마 명실상부한 전액보험으로 바꾸되, 2001년부터는 부분보험을 명실상부하게 시행하겠다고 발표했다. 이제 그 약속 시간이 불과 5개월 남짓 앞으로 다가왔다.

부분예금보험제도를 예정대로 시행하면 정부 정책의 일관성에 대한 신뢰를 회복할 수 있을지 모른다. 그러나 금융 구조조정이 미진하여 금융시장 불안이 여전히 남아 있고, 회계 정보의 투명성 확보와 충분한 정보의 공개는 아직 요원해 보인다.

이런 상황에서 부분보험을 시행하면 근거 없는 소문과 루머에 예금주들이 우왕좌왕하며 피해를 보는 역기능이 예금자들이 우량 은행과 부실 은행을 선별적으로 이용하는 순기능을 압도할 수 있다.

한국 금융은 아직 정부가 고안한 부분예금보험제도를 감당할 만큼 성숙하지 못했다. 따라서 적절한 제도 보완이 요구된다.

나는 '공동책임제'를 제안한다. 우선 2천만 원까지는 전액 보장해 주되, 2천만 원을 초과하는 부분은 90~95%를 보장해 주는 것이다. 이를 통해 소액 예금자들은 우선적으로 보호된다. 거액 예금자도 상당 부분 보호하여 연쇄적 예금 인출 가능성을 차단하고 금융시장 안정성을 확보한다. 이것은 거액 예금자들의 은행에 대한 감시 유인을 마련하는 것이기도 하다.

무릇 경제정책은 유연해야 한다. 무조건 원안대로 밀고 나가는 것이

능사는 아니다. 작은 가능성에 지나지 않는다 할지라도 금융 불안이 가져올 폐해를 상기하여 보완책이 마련되어야 한다.

그것은 금융시장에 참여하는 이들이 두려워하는 불확실성을 완화하여 불필요한 혼란을 사전에 방지하는 길이다.

_ 중앙일보, 2000. 7. 24

금융 3제, 이렇게 풀자

정부가 지난 몇 개월간 한국 금융이 안고 있는 산적한 문제를 풀어 가는 과정을 지켜보며 느낀 점 세 가지만 지적하고자 한다.

예금보험제도(예금부분보장제)부터 살펴보자. 재경부는 장관이 바뀐 후 무려 70여 일간 서베이를 거듭한 끝에 한 사람이 한 은행에 맡긴 돈 가운데 5천만 원까지는 보호하고 그 이상은 예금자가 책임져야 한다고 결론지었다. 종래의 2천만 원은 너무 적어 보였던지 올리긴 올려야겠는데, 3천만 원은 부족하고 7천만 원은 너무 커서 종착역을 5천만 원으로 정했다고 한다.

하지만 예금보험 한도를 5천만 원으로 올리면 구체적으로 무슨 득이 있는지에 대한 설명은 별로 없다. 주먹구구식 행정이 이만저만 아니다.

정부는 부분보험제도만 채택되면 예금주가 우량 은행을 골라 예금하게 되므로 불량 은행은 저절로 퇴출될 것이라고 주장한다. 그럴듯하게 들린다.

그러나 정보가 불투명한 우리 금융시장에서 무엇을 기준으로 우량과 불량을 구분해야 할지 예금자들은 난감하다.

따지고 보면 우리나라에는 덜 불량한 은행은 있을지언정 아직 우량 은행은 없지 않은가. 그러다 보니 예금자들은 떠도는 소문에 민감하고, 그만큼 금융시장은 불안하다.

나는 정부가 IMF 구제금융을 받을 때 약속한 대로 2천만 원까지는 전액 보장하되, 그 이상은 90~95%만 보장해 예금보험기구와 예금자가 공동으로 책임지는 제도를 주창한 적이 있다.

그러나 이 방식은 관리들에게 너무 복잡하게 보였나 보다. 또한 어떤 이는 이 아이디어가 부자들을 위한 것이 아니냐고 묻기도 한다.

하지만 2천만 원 또는 5천만 원만 보장되는 예금보험제도에서 10억 원 이상 예금 보유자 십수만 명의 상당수가 외환 자유화를 틈타 외국계 은행으로 예금을 옮긴다면 수십억 또는 그것의 몇 배에 달하는 규모의 달러가 한국을 떠날 수도 있음을 고려하지 않을 수 없다.

예금보험제도는 말 그대로 보험제도일 뿐이다. 우량 은행과 불량 은행을 구별하는 기능은 어디까지나 부차적인 것이다.

또한 정부가 불량 은행을 퇴출시킬 용기나 있는지 모르겠다. 독자생존이 불가능한 은행을 묶어 금융지주회사를 설립하겠다는 계획을 보면 정부는 불량 은행을 퇴출시킬 의사가 없는 것 같다.

실물 기업이든 금융기업이든 수익을 올리지 못하면 퇴출돼야 마땅하다. 그런데 정부가 금융지주회사라는 핵우산 속에서 불량 은행을 보호해 주면, 은행을 오늘날처럼 불량하게 만든 사람들의 책임 소재가 모호해져 당사자들은 좋을지 몰라도 은행산업의 장래는 계속 어두울 수밖에 없다.

독자생존이 불가능한 은행들이 지주회사로 묶인다고 경영 상태가 좋아질 리 만무하다. 불량+불량에서 우량이 나올 수 없듯이, 서로간에 차단벽이 설치된 불량 은행들은 대규모 공적자금만 집어삼키는 골칫덩어리가 될 것이다.

차라리 그 자금을 우량 은행, 아니 덜 불량한 은행에 투입해 우량 은행이 되도록 유도하는 것이 바람직하다. 아니면 불량 은행 퇴출로 발생하는 부작용을 최소화하는 데 쓸 수도 있다.

정부가 '주인 찾아주기'의 명분으로 은행 소유 한도를 4%에서 10%로 올리려는 시도는 더욱 실망스럽다.

은행 소유 문제는 1998년 가을 이후 일단락된 듯했다. 그런데 정부는 하는 듯 마는 듯했던 재벌 개혁조차 미안했던지 재벌들에게 선물을 주려나 보다. 한보와 대우가 주인이 없어 망했는지, 작금의 현대건설이 주인이 없어 어려움을 겪고 있는지 정부에 묻고 싶다.

또한 재벌들이 소유했던 상호신용금고·종금·보험회사와 증권회사들이 아무런 견제도 없이 모기업과 계열 기업에 자금을 제공해 중복과 잉투자를 가능케 하고, 급기야는 1997년 경제위기를 맞았음을 잊었는지 묻고 싶다.

게다가 주인 있는 은행은 주인 있는 재벌처럼 경영이 실패했을 때에도 주인을 바꾸기 어렵다는 점을 유념하라고 말하고 싶다.

결론적으로 예금보험제도는 공동책임제를 기본 골격으로 해야 하고, 은행도 부실하면 퇴출시켜야 한다. 은행 소유 상한을 풀어 주면 안 되는 것은 물론이다. _중앙일보, 2000. 11. 13

은행 소유 상한 완화 안 돼

아는 것이 힘이라고들 한다. 맞는 말이
다. 알면서 행하지 않음은 모르니만 못하다고들 한다. 그것도 맞는 말이
다. 그러면 모르면서 행함은 어떠한가? 그것은 선무당이 사람 잡는 것
과 진배없다.

정부는 또다시 그리고 슬며시 은행의 동일인 소유한도 제한을 완화
하려는 움직임을 보이고 있다. 그 이유로 세 가지를 들고 있다. 하나는
현재와 같은 4% 소유 상한으로는 경영을 꼼꼼하게 감시하고 적극적으
로 수익을 창출하려는 의욕을 가진 주주가 생기기 어렵다는 것이다. 둘
째는 외국인들에게만 소유 상한을 적용하지 않는 것은 내국인들에 대
한 역차별로 여겨질 수 있기 때문이라고 한다. 셋째는 IMF로부터 구제
금융을 받은 이후 정부는 많은 은행에 대규모 공적자금을 투입하여 지

배 주주가 되었으나 여건이 조성되는 대로 은행들을 민영화하는 것이 바람직하다고 생각하는데 성공적인 민영화를 위해서는 은행 소유한도가 완화되어야 한다는 것이다.

은행 소유 상한 완화를 추진하는 이들의 면모를 살펴보면 위에 내건 것말고도 다른 이유들이 많이 있지 않나 하는 의심이 든다. 그러나 이런 심증은 차치하더라도 겉으로 내건 이유 역시 설득력이 별로 없다.

미국의 예만 보더라도 작은 은행은 몰라도 커다란 은행에서 4%를 넘는 지분을 가진 대주주는 찾아보기 힘들다. 경영을 꼼꼼하게 감시하고 적극적으로 수익을 창출케 하는 것은 소유 지분의 문제가 아니라 은행 경영진의 자질과 은행 활동의 투명성을 보장하는 각종 제도적 장치다.

은행 소유 상한 설정이 내국인에게 역차별이라는 논리도 받아들이기 힘들다. 현재도 그렇고 앞으로도 그럴 것이지만, 한국 은행 시장에 진출한 외국인들은 대부분 포트폴리오 투자를 위해 왔지 경영에 관여하러 왔다고 보기 힘들다.

반면 내국인들 중 은행의 대주주가 될 수 있는 힘을 가진 거의 유일한 집단인 재벌은 은행 경영에 참여하여 자신에게 유리한 의사결정, 특히 대출에 관한 의사결정을 할 가능성이 높다. 1997년 금융위기가 다른 여러 이유와 함께 1980년대 초의 투자금융회사(후에 종금사로 됨) 난립, 1990년대 중반의 무리한 업무 영역 확장에 기인한 것임을 잊어서는 안 된다. 그리고 종금사를 비롯한 제2금융권의 금융기관들이 대부분 재벌 소유였던 것을 잊어서도 안 된다. 중복과잉투자를 초래한 것이 실물 부문의 재벌 본체였다면, 이것을 금융적으로 가능케 한 것은 재벌의 별체인 제2금융권 아니었던가?

재벌들에게 은행을 소유하게 하되 경영에 간섭하지 못하게 하여 사금고화를 막겠다는 발상은 은행에 주인을 찾아 주어야 경영이 효율적으로 된다는 정부 스스로의 논리와 정면으로 충돌할 뿐만 아니라 실제 의미에서도 20년 또는 30년간 경제부처에서 일한 사람들의 견해치고는 참으로 순진하다 못해 유치한 것이다.

공적자금 투입으로 국유화된 은행을 궁극적으로 민영화한다는 데 반대할 명분은 없다. 그러나 중요한 것은 어디까지나 경영이지 소유가 아니다. 만약 지금이라도 정부가 은행에 대한 부당한 개입을 중지하고 훌륭한 경영자에게 충분한 권한을 주어 일할 여건을 조성해 준다면, 국유은행의 경영도 효율적으로 이루어질 수 있을 것이다.

정부는 민영화 이데올로기에 집착하여 실질적으로 국유화된 은행들의 지분을 서둘러 매각하려 할 것이 아니라 은행 경영진에게 올바른 유인 체계를 마련해 주는 데 더 많은 주의를 기울여야 한다.

은행 소유 상한 완화 후에 나타날지도 모를 은행의 재벌 사금고화는 누가 책임질 것인가? 알지도 못하면서 행함은 알고도 행하지 않음보다 더 나쁘다. 아니면 알고서 행하고 있는 건가?

_한겨레, 2001.7.3

한국은행에 바란다

경기침체의 골이 깊어지자 한국은행은 8월 9일 열린 금융통화위원회에서 은행간 초단기 금리인 콜금리 목표를 연 4.75%에서 4.5%로 0.25%포인트 인하했다. 콜금리 인하는 올 들어서만도 세 번째다. 한국은행은 또 앞으로도 금융 완화 기조를 유지할 필요가 있다고 함으로써 정부의 경기부양책에 발맞출 것을 다짐했다.

그러나 현재의 경제 상황을 고려할 때 이자율 하락을 통한 경기부양 효과가 얼마나 클지는 미지수다. 지난 몇 개월간 지속적으로 추진되어 온 미국 연방준비은행의 이자율 하락 정책이 큰 실효를 거두지 못하고 있는 점이나 한국적 특수성을 고려할 때 더욱 그러하다.

현재 한국의 이자율 수준은 매우 낮다. 사실 훌륭한 투자 아이디어가 있으나 이자율이 높아서 투자를 못하는 기업은 별로 없다. 오히려 기업의 투자를 막고 있는 것은 구조조정 지연에 따라 증폭되고 있는 경제 내의 불확실성이다.

이런 상황에서 투자를 진작시키기 위해서는 기업의 투자하려는 의욕, 케인스의 이른바 '야성적 충동'을 자극해야 한다. 그것은 금리 같은 가격 변수의 조정보다는 투자 환경의 개선을 통해서만 이루어질 수 있다. 다른 무엇보다도 그동안 구호로만 외쳐 온 구조조정, 다시 말해서 부실 기업과 부실 은행의 퇴출 또는 매각을 철저히 하여 경제 내의 불확실성을 제거하고 국제사회의 신뢰를 재구축하는 것이 중요하다. 기업 투자 환경 개선 없는 금리 인하는 소비와 투자를 자극하기는커녕 앞으로 더 이자율이 하락할 것이라는 기대심리를 유발해 투자를 지연시키고 금융소득을 줄여 소비마저 위축시킬 우려가 있다.

이러한 사정에도 불구하고 금리 인하를 강행하는 한국은행의 행태에는 석연치 않은 점이 많다. 며칠 전 진념 부총리가 경기회복을 위해서 금리 인하가 필요하다고 역설하면 영락없이 곧바로 금리를 인하했고, 이번에 전철환 총재는 한 수 더 떠 강력한 재정정책의 집행까지 주문함으로써 정부의 경기부양론에 힘을 실어 주지 않았는가? 경기부양에 관한 한 재경부와 한국은행은 밀월 관계를 시작한 셈이다.

물론 정책 당국 간의 정책 협조는 중요하고 또 필요하다. 그러나 그 방법이 문제다. 경제위기를 맞은 후 3년 동안 한국은행은 침묵과 부동으로 지내 왔다. 처음에는 구조조정의 주역인 금융감독위원회에 치여 아무것도 못했고 그 뒤에는 재경부의 등쌀에 못 견뎌 아무것도 못했다고 변명할지 모른다.

그러나 내가 보기에는 한국은행이 제 목소리를 내면서 재경부와의 협조 속에 구조조정을 앞당길 수 있는 여러 정책 제안을 할 수도 있었다. 예를 들어 정부가 공적자금으로 모든 은행을 건전 은행으로 만들려는 무모함을 보일 때, 한은이 나서서 그보다는 부실한 은행들을 퇴출시키고 그 부작용으로 나타날지도 모를 금융시장 불안을 일부는 공적자금으로 해소하되 모자랄 경우 한국은행이 유동성을 풀어서라도 정부의 재정 부담을 줄여 주겠다고 제안할 수도 있었을 것이다. 그러면 정부와 중앙은행 간의 견제와 균형이라는 원칙 속에서 한국은행의 입지 또한 크게 강화될 수 있었을 것이다.

한국은행의 금리 인하 조치가 몇 개월 후 살신성인의 자세로 경제를 살렸다는 평가를 받을 것인지, 아니면 법제적으로 독립이 보장되어 있어도 사실상 독립을 지키려 하지 않았다는 비판을 받을지는 두고 보아야 할 것이다. 실효성이 의문시되는 금리 인하가 정책적 제스처에 지나지 않기만을 바랄 뿐이나, 우려를 금할 수 없는 현실이 안타깝다.

지금부터라도 한국은행은 보다 의연한 자세로 할 말은 하면서 정부와 견제 및 균형 관계를 정립해야 한다. 그러자면 모든 '한은맨'들이 철저한 경제 현실 파악, 해박한 경제 지식, 출중한 경제분석력 그리고 강한 담력으로 무장해야 한다. _한겨레, 2001.8.14

chapter 5.

세계인이 되려면

금융 개방의 동기와 전제조건

올림픽이 별탈 없이 끝나자 한국인들은 서로 경쟁이라도 하듯이 사해동포주의자가 되어 가고 있으며, 정부도 이에 한몫 거들고 있다. 올림픽 참가자들에게서 얻어낸 "기대보다 잔치를 잘 치렀다"는 칭송을 바탕으로, 갑자기 선진국민이라도 된 듯 '세계는 한국으로, 한국은 세계로'를 실천에 옮기려 하고 있는 것이다.

이러한 조짐은 사회 각 분야에서 나타나고 있다. 금융 부문도 예외는 아니다. 지난 20여 년간 꾸준히 그러나 신중하게 추진해 온 금융 개방이 현재 가속적으로 이루어지고 있다. 조만간 우리나라에 진출한 외국의 금융기관과 우리나라의 금융기관이 완전히 동일한 조건으로 영업을 하게 될 것이고, 외국의 금융기관은 물론 개인도 우리나라 증권시장에서 아무런 장벽 없이 투자할 날도 머지않았다.

금융 개방의 가속화는 바람직한 것인가? 도대체 금융 개방 준비는 제대로 되어 있는가? 이러한 질문에 대한 대답은 그리 간단치 않다. 또한 이 문제는 일시적 감정으로 다룰 것이 아니라 얼음과 같은 이성으로 풀어야 한다.

이 글의 목적은 두 가지다. 하나는 금융 개방의 동기를 돌이켜보는 것이고, 다른 하나는 금융 개방을 할 준비가 되어 있는지 살펴보는 데 있다.

우리나라의 금융 개방은 세 단계를 거치면서 추진되었다. 처음에는 경제개발에 필요한 자본을 도입할 목적으로 외국의 금융기관을 유치했고, 다음에는 선진 금융기법을 배우고, 또 외국 금융기관과 경쟁을 시켜 국내 금융기관의 체질을 개선한다는 명목으로 외국 금융기관에게 여러 가지 유리한 영업 조건을 허용했으며, 최근에는 외국의 개방 압력에 못 이겨 억지로 문을 여는 경우가 많아졌다.

경제개발 초기에 국내에 진출한 외국의 금융기관이 외자 도입을 위해 수행한 역할을 결코 무시할 수는 없다. 그러나 이제는 국제수지가 적자에서 흑자로 반전함에 따라 외자 도입을 위해 금융 개방을 추진할 필요성은 많이 줄어들었다. 또한 외국 금융기관의 국내 유치만으로 우리나라 금융기관이 현대적인 금융기관으로 면모를 일신하고 효율적으로 될 것으로 기대하는 것은 지나친 욕심이다.

우리나라의 금융기관은 지난 20여 년간 실물 부문의 성장을 뒷받침하는 과정에서 제2차적 심사 기능, 즉 대출 과정의 의사결정권을 박탈당해 매우 빈약해지고, 인재 양성에 뒤져 존립 기반이 약해졌다.

이러한 상황에서 금융 개방은 국내 금융기관의 체질개선보다 금융기관의 도산을 가져올 것이 틀림없다. 개방 압력에 못 이긴 금융 개방은 더욱 받아들일 수 없다. 무릇 모든 주권 국가는 개방에 관한 의사결정을 자주적으로 해야 하기 때문이다. 정권이 정통성을 갖지 못했던 5공화국 시절 정통성을 외국, 특히 미국에서 찾으려던 정부의 노력은 정치적으로 미국에의 의존도를 심화시켰다. 따라서 미국의 개방 압력은 한국의 동의를 얻어 내기 쉽게 되어 있다.

그러나 6공화국 정권은, 비록 뿌리는 5공화국과 다를 바 없다 할지라도 국민의 선거에 의해 탄생했다. 따라서 보다 의연한 자세로 개방 압력을 물리칠 수 있어야 한다.

한편 전제조건은 크게 두 가지로 나누어 볼 수 있다. 하나는 국제수지 적자에서 탈피하는 것이고, 다른 하나는 금융기관의 건전성이다. 최근 국제수지가 적자에서 흑자로 반전됨에 따라 첫 번째 조건은 어느 정도 충족되었다. 그러나 2, 3년의 짧은 흑자 경험을 놓고 우리나라 국제수지가 흑자 기조로 들어섰다고 단언하기는 힘들다.*

두 번째 조건은 전혀 충족되지 않았다. 한마디로 말해서 한국의 금융기관, 특히 은행은 비정상 채권의 과다로 인해 자생 능력이 결여되어 있다. 은행감독원에 따르면 1988년 3월 말 현재 7개 시중은행과 10개 지방

은행의 총 대출 44조 1550억 원 가운데 비정상 대출(요주의:연체 발생, 고정:연체 6개월 이상, 회수 의문:사실상 회수 불가능 판단, 추정 손실:채권 회수 불능)은 10조 1280억 원으로 그 비율이 무려 22.9%나 된다.

뿐만 아니라 7개 시중은행의 예대마진율(대출이자 수입률―예금이자 지급률)은 지난 1984년 이후 1987년까지 4.53→4.44→2.77→2.45%로 점점 떨어지고 있다. 이 두 가지 회계는 참으로 건실하지 못한 금융기관의 일면을 보여 주는 증거다.

현재까지 이에 대한 대책으로 제시된 것들은 다음과 같다.

첫째, 은행의 자율 경영만 허용하면 문제는 스스로 해결될 것이다. 둘째, 은행의 부실 채권을 조사하여 그 중 경제개발계획 수행 중 불가피하게 생긴 것은 정부가 인수·관리함으로써 은행의 정상화를 촉진해야 한다. 이때 재원은 공채 발행이나 여론이 지지하는 방법에 의해 조달할 수 있을 것이다. 셋째, 은행의 수신 이자율을 고정시키되 대출 이자율을 자유화함으로써 은행 수지를 개선시키면 된다. 넷째, 한국은행이 일반 은행에 대해 특별융자를 해주는 수밖에 없다. 다섯째, 채무 기업의 주식과 부실 채권을 서로 교환한다.**

나는 이 가운데서 공채 발행 방법을 선호한다. 그러나 어떤 것이 가장 바람직한지에 대해서는 합의가 이루어진 것이 없다. 오히려 여러 방법을 한꺼번에 쓰는 것이 좋을지도 모른다. 뿐만 아니라 합의가 이루어진다 할지라도 그것을 집행하는 데는 많은 시간이 필요하다.

이와 같이 금융기관이 불건전한 상황에서 금융 개방을 가속화하는 것은 무모하다고밖에 볼 수 없다. 따라서 나는 금융 개방의 속도를 늦추라고 제안한다. 내실을 기하지 않은 개방은 득보다 실을 가져다 줄 것이다.

_ 매일경제신문, 1988. 11. 7

* 우리나라는 1987~1989년 3년간만 국제수지 흑자를 기록했을 뿐 이후로는 적자가 지속되었다.

** 이 책의 4장 중 '채권 주식 전환, 득보다 실'에서 상세히 논의했다.

환율 인상 논의 유감

수출이 잘 안 되고 경기가 부진하자 수
출업자, 상공부와 청와대는 환율 인상(즉, 원화의 평가절하)을 끈질기게 요
구했고, 기획원과 재무부는 이를 막으려고 안간힘을 썼다.

이 시점에서 큰 폭의 환율 인상은 바람직한가? 물론 환율 인상이 수
출을 촉진하여 경기를 되살리고, 더 나아가서 우리의 숙제인 지속적 성
장에 도움이 된다면 마땅히 인상해야 한다.

그러나 결론부터 말하자면 환율의 인위적인 조정은 어느 정도 수출
을 증대시키는 단기적 효과를 가져올지 몰라도, 대외적으로 통상 마찰
을 야기시킬 뿐 아니라 대내적으로도 물가 불안, 임금 상승, 경쟁력 약
화, 성장잠재력 저하라는 악순환으로 연결될 소지가 많다.

또한 지난 1986년 이래의 환율 인하(즉, 원화절상)는 우리 경제에도

큰 충격을 안겨 주었지만, 모든 경제 현상이 그렇듯이 유익한 효과도 있었다. 수입 가격 하락에 따른 원가 절감 효과, 외채 상환 부담 완화 효과 등이 대표적 예다. 이러한 이익의 가장 큰 수혜자는 대기업들이었다.

그런데 이익의 수혜 과정에서는 침묵을 지키고 기술 개발에 소홀하던 그들이, 경제 전체가 침체에 빠진 오늘날 큰소리를 내는 것은 자가당착의 논리라고 볼 수밖에 없다.

따라서 수출 촉진, 경기부양 그리고 잠재적 성장력 보유를 위해서는 환율 인상과 같은 일반적 부양책보다는 기술혁신, 생산성 향상, 시설투자 등에 가용 자원을 집중시키는 방향으로 선별적 금융·세제상 지원을 아끼지 말되, 수지가 안 맞는 기업은 도산하는 기업 풍토를 마련해야 한다.

우리나라는 지난 4월 조순 부총리 일행이 미국에 다녀온 이후 미국 등 외국에서 어느 정도 신용을 쌓아 가고 있다. 그런데 지금 환율을 일방적으로 인상하면 우리나라의 경제정책에 대한 외국의 신임은 일방적으로 무너질 것이다. 그렇게 되면 통상 면에서 상대방의 의식적인 보복은 물론 '저 나라는 조금만 괴로워도 제멋대로 한다. 저 나라는 역시 신용이 없는 나라다' 등으로 인식하게 돼 기업인들의 장래 활동에 커다란 지장을 초래할 것이다.

국내적으로도 환율을 5% 올리면 물가가 당장 3% 정도는 올라간다. 왜냐하면 수입이 GNP에서 차지하는 비중이 50% 정도이기 때문이다.

물가의 상승은 봉급자·영세민 등의 실질 임금을 감소시킬 것이므로 노동쟁의가 격화될 것이다. 이것이 임금 상승, 경쟁력 약화, 성장잠재력 저하로 연결될 것은 명약관화하다.

또한 수출 저조의 주원인은 원화의 고평가에 있는 것이 아니라 우리나라 기술 수준이 낮은 데 있다. 예를 들어 1989년에는 자동차 수출이 특히 저조했는데, 그 이유는 우리나라 자동차가 미국에서 중고 시장을 잘 형성하지 못했기 때문이다. 일본이나 미국 자동차는 우리나라 차보다 훨씬 비싸지만 중고차 시장에서도 좋은 가격을 받을 수 있는 데 반해 우리나라 자동차는 폐품 취급을 받고 있다. 그 이유는 우리나라 자동차의 차체가 약하고, 또 볼링이 잘 안 되기 때문이다.

따라서 환율 조정으로 가격경쟁력을 확보하려는 생각은 시대착오적 발상이다. 즉, 기술 경쟁력, 품질 경쟁력을 확보하는 것만이 우리나라 경제의 지속적 성장을 가능케 하는 조건이다.

자유시장 경제제도를 그렇게 신봉하는 하이에크도 환율은 될 수 있는 대로 변경시키지 않아야 기업에 활력을 불어넣어 줄 것이라고 했다. 안정된 환율이 기업의 장래에 대한 예측을 쉽게 해주고, 또 기업 스스로 창의력을 발휘하도록 해주기 때문이다. _신평비지니스, 1990.1.11

소련 투자, 불확실하다

소련인들의 교만과 결례는 차치하더라도, 공동 코뮈니케 하나 없는 한-소 정상의 만남은 역사적인 것으로 치부하기에는 뒷맛이 개운치 않았다. 그러나 나라는 온통 소련 이야기로 들끓었고, 모스크바로 향하는 경제인들의 발걸음은 바빠졌다. 이제 한-소 경제교류는 더욱 활발해져 1985년에 1억 달러 규모에 머물던 교역량이 금년에는 12억 달러가 될 것으로 전망된다. 또한 현대그룹과 삼성전자는 각각 50억 달러짜리 석유화학단지 건설과 120억 달러어치 통신시설 근대화를 계획하고 있다고 한다.

이처럼 어지러운 속도로 경제교류가 늘어나는 이유는 무엇인가? 그것은 소련 정부와 우리 정부, 그리고 우리 기업들의 이해관계가 서로 맞아떨어졌기 때문이다.

소련은 소비재 생산이 절대적으로 부족할 뿐 아니라, 유통 부문마저 원활치 못하여 날이 갈수록 기다림의 줄이 길어지고 있다. 따라서 가까운 시일 내에 소비재 문제가 호전되지 않을 경우, 소련 내의 보수파와 진보파의 도전으로 고르바초프 체제는 무너질지도 모르는 위험을 안고 있다.*

그러나 미묘한 정치적 요인과 경제적 불확실성으로 인해 서방 국가의 대소련 투자가 고르바초프의 기대를 충족시켜 주지 못하고 있다.

따라서 소련은 어떻게 해서든 한국을 끌어들여 소비재 부족 문제를 해결하려 하고 있다. 40여 년간의 동맹국인 북한의 비위를 거슬려 가면서까지 말이다.

한편 한국 정부는 노태우 대통령의 임기 중 최대 목표인 성공적 북방 외교를 위해, 그리고 민자당 출현 이후 더욱 낮아진 국민의 지지도를 만회하기 위해 웬만한 경제적 양보는 할 준비가 되어 있는 것으로 보인다. 다시 말해서 안에서 잃은 것을 밖에서 찾으려는 것이다.

정부는 북방 외교가 우리의 경제적 능력(이 역시 장시간 저임금 노동에 시달려 온 노동자들의 희생에 기초한 것임을 잊어서는 안 된다)에 상응해 국제정치에 기여하기 위한 것이라고 강변할지 모른다. 그러나 소련이 사회주의를 포기하고 자본주의로 탈바꿈하는 것이 그렇게 중요하다면, 그 역할은 우리보다 잘사는 미국이나 일본에 맡기면 된다.

다른 한편 기업, 특히 대기업들은 수출 부진으로 인한 재고 누적과

가동률 저하를 소련 붐을 타며 해결하려 안간힘을 쓰고 있다. 혹시라도 경쟁 기업이 자기들보다 먼저 진출할까 두려워 우선 발부터 들여놓으려는 심리도 작용하고 있다.** 뿐만 아니라 과거의 경험에 비추어 볼 때, 소련에 진출한답시고 받은 대출금을 다른 사업에 돌릴 목적으로 소련 프로젝트를 부풀릴 수도 있다.

사실 우리나라 기업은 중동 진출이나 중화학공업 건설에서 보았듯이 정부 지원 아래 사업을 벌여 놓고 이익이 나면 모두 자기가 챙기되, 손해를 보거나 실패를 하면 정부가 이를 보상해 주거나 아예 떠맡는 패턴을 밟아 왔다. 이것은 결국 기업의 잘못을 전 국민이 공동으로 책임지는 이른바 '기업 위험의 사회화' 현상을 초래했다.

이번만은 기업이 소련에 물건을 팔거나 투자를 했다가 손해를 볼 경우 정부가 나서서 문제를 대신 해결해 주는 일이 없도록 해야 한다. 정부의 대불(代拂)은 우리 경제의 최대 과제인 기업 체질 강화를 통한 경제구조의 조정과 장기적 성장잠재력의 배양에 치명적인 타격을 가할 것이다.

결론적으로 소련과 동구의 개혁이 도도한 역사의 흐름이라고 할지라도 그 구체적인 과정은 한 치 앞의 예측도 불허한다. 이런 상황에서 세계 최고의 경제력을 갖고 있으면서도 극히 조심스러워하는 일본의 자세는 선악을 판단하기에 앞서 우리의 조급함을 반추하게 하는 계기로 충분할 것이다.

_ 조선일보, 1990. 6. 22

＊이 글을 쓴 지 얼마 지나지 않은 1991년 8월에 옛 소련 체제는 붕괴하고 말았다.

＊＊국내 기업들이 소련 투자를 앞다투어 추진한 결과, 합작투자 계약이나 각서 교환 등으로 50여 건의 투자 계획이 세워졌다. 그러나 소련의 법령 체계가 제대로 정비되어 있지 않았고, 루블화에 태환성이 없는 데다 투자안의 수익성에 대한 사전 점검이 미흡했기 때문에 정작 성사된 사업은 세 건에 불과했다(1991년 7월 19일, 〈동아일보〉 보도).

이것은 우리 기업들이 냉철한 투자 계획의 수립과 검토 없이 예전에 하던 버릇대로 정부에게만 기대어, 소련 투자를 하나의 패션으로 받아들여 섣부르게 행동했기 때문이다. 이와 관련된 인력과 재원 낭비는 이만저만이 아니었다. 노태우 대통령이 그렇게도 내세우고 싶어했던 '북방 외교'는 이후 러시아의 거액 외채 상환이 현물로 이루어지면서(우리는 고물 헬기 몇 대가 도착하는 장면을 씁쓸한 심정으로 바라봐야 했다) 빈 껍데기의 실체를 드러냈다. 한 나라의 지도자가 장기적 안목을 지니지 못한 데다, 책임경영에 익숙하지 못한 기업가들이 가세해서 나타난 뼈아픈 결과였다.

경기부양책, 적기 아니다

오랫동안 침체의 늪에서 헤매던 주식시장이 활기를 띠기 시작했다. 4월에 접어들어 주가지수는 700을 껑충 뛰어넘었고, 주식 거래량이나 거래액도 신기록을 수립했으며, 소액 투자자들이 몰려들어 개미군단을 형성했다.

주가는 경제는 물론이려니와 정치·행정 등 사회의 모습을 총체적으로 나타내 주는 바로미터다. 따라서 주가가 오른다는 것은 일반인들이 한국의 현재나 미래에 대해 낙관적인 견해를 갖고 있다는 것을 보여 준다. 무엇보다도 경기회복에 대한 믿음이 강하기 때문이리라. 반가운 소식이 아닐 수 없다.

수출로 보자면 반도체 관련 제품은 물건이 없어 못 팔 정도이고, 조선은 작년에 이어 계속 호황을 누리고 있으며, 자동차 역시 잘 풀리고 있다. 그 원인은 어디에 있는가?

지난 1~2년간 꾸준히 추진한 안정 정책이 가격경쟁력을 다소 회복시켜 주었고, 바닥 지점을 벗어난 미국 경기가 완만하게나마 회복세를 보이고 있는 데 원인이 있다. 또한 기록적인 엔고 현상도 우리나라의 수출경쟁력을 높여 주었다.

이러한 상황은 우리에게 무엇을 가르쳐 주는가? 만약 국내 경기가 4~5년 동안의 침체를 겪고 나서 이제 바닥 지점을 통과한 것이 확실하다면, 정부가 신경제 100일 계획을 통해 시도하고 있는 수조 원의 자금 방출은 포기해야 한다. 왜냐하면 돈이 이미 많이 풀린 상황에다 바닥을 통과한 시점에서 확대 정책은 그냥 놔두어도 살아날 경기에 기름을 붓는 것이나 다름없기 때문이다.

그 결과는 명약관화하다. 물가 불안과 새로운 거품의 형성이다. 정부는 단기 부양책을 고집할 것이 아니라 자금의 흐름에 더 신경을 써야 한다.

또한 한국 경제는 수출에 크게 의존하고 있음이 이번에 다시금 드러났다. 그런데 철강·반도체는 여전히 미국의 반덤핑 판정을 기다리고 있고, 다른 수출 상품도 끊임없이 EC의 견제를 받고 있다. 그럼에도 불구하고 신경제 100일 계획은 지나치게 대내지향적임에 놀라지 않을 수 없다. 84페이지짜리 「신경제 100일 계획」을 읽어 보면 대외 통상에 관한 언급이 거의 없다.

신경제 100일 계획 수립자들은 프랭클린 루스벨트 대통령이 1933년 취임한 직후 100일간 대통령으로서의 직책을 주로 국내 문제, 특히 경제 문제에 집중한 어프로치를 배워 온 듯하다. 루스벨트는 100일 동안 공공사업이나 농업, 사회복지 등에 관한 새로운 연방정부 기관을 창설하여 대공황*에 대처했다.

따라서 '이왕 배워 오려면 제대로 배워 온다' 하여 신경제 100일 계획도 대내지향적으로 만들었는지도 모른다. 또한 경제의 내실만 기하면 됐지, 대외 통상에 신경을 쓸 필요가 어디 있느냐고 반문할지도 모른다. 장기적으로 옳은 얘기다.

그러나 1930년대 대공황 당시와 지금은 다르며, 또 미국과 한국은 더욱 다르다. 당시는 세계적 무역·환율 전쟁 속에서 미국식 고립주의가 가능했다. 하지만 지금은 좋든 싫든 세계는 하나이며, 특히 한국은 외국과의 관계를 생각지 않고는 하루도 버틸 수 없다.

미국은 클린턴 대통령이 지난 2월 26일 아메리칸대학 창립 100주년 기념식에서 천명했듯이, 앞으로 국내적으로는 투자를 증대하는 동시에 재정적자를 줄이는 계획을 실시하여 미국 자신의 경제질서를 바로잡을 것이다. 또한 대외적으로 무역을 안보의 우선적 요소로 삼아 외국으로부터의 재화나 서비스 및 투자를 환영하되 상대방이 이에 상응하는 개방을 안 한다면 그 나라의 시장을 개방시키기 위한 조치를 즉각 취할 것이 확실하다.

미국의 새로운 정책 기조는 기본적으로 산업정책과 이것을 위한 보호무역으로 요약할 수 있다. 그리고 이 변화는 이제 시작에 불과할 뿐이며, 적어도 20세기 마지막까지 계속될 것이다.

따라서 대미의존도가 높은 우리나라로서는 미국의 사회간접자본 투자 계획을 십분 활용하되 좋든 싫든 미국의 움직임을 주시하며 우리의 무역 시스템을 변화시키지 않으면 안 된다. 특히 과거 우리나라는 지키지도 못할 약속을 너무 남발했기 때문에 더욱 그렇다.

우리의 선택의 폭은 좁다. 몇 가지 선택 대안을 생각해 보면, 우선 현 수준 이상의 개방은 거절할 수도 있다. 그러나 이것은 미국의 거센 압력을 초래하고, 한국인의 반미 감정을 유발할 것이며, 지역 안보에 도움을 주지 못할 것이다. 둘째는 현재보다는 조금 더 개방하되 마지노선을 긋고 지킬 것은 끝까지 지키는 것이다. 아마도 이것이 한국인의 감정에 가장 잘 어울릴지 모른다. 마지막으로는 미국에 아예 무릎을 꿇고 미국이 원하는 대로 다 열어 주는 것이다. 이것은 미국의 호감을 사기는커녕 우리를 업신여기게 할 것이다. 이밖에도 몇 가지 다른 선택의 조합이 가능하다.

이 가운데 어떤 것이 바람직하며 또 실현 가능한지를 판단하기는 어렵다. 그러나 분명한 것은 어떤 선택을 하든지 이에 따른 '고통을 분담' 해야만 하는 계층이 생긴다는 사실이다. 추측건대 개방 확대 쪽을 선택한다면, 그 고통은 노동자 · 농민 · 중소기업에 집중될 가능성이 매우 크다. 이들에게 언제까지 '나의 정치적 생명을 걸고 개방을 저지하겠

다'고 약속할 것이며, 또 이들에게 언제까지 '고통의 분담'을 강요할 것

인가. 김영삼 대통령은 개방과 관련하여 공평하게 고통을 분담할 수 있

는 방법을 국민적 합의를 통해 도출해야 한다.

　그런데 우리에게 주어진 시간은 많지 않다. 미국은 과거처럼 유예 기간을

주고 개방을 요구하는 것이 아니라 즉각적 개방을 통고하고 나올 것이기 때

문이다. 따라서 우리는 클린턴 행정부의 '최초의 100(1월 하순~4월 말)'이

다 가기 전에 빨리 통상정책을 수립해야 한다. 그리고 앞으로는 약속한 것은

반드시 지키되, 지키지 못할 것은 약속 못한다고 솔직히 말하기로 하자.

_한국일보, 1993. 4. 15

＊1929년에서 1933년 사이 '보이지 않는 손'은 미국 경제를 거덜내고 말았다.
자유시장의 기능은 마비되었다. 3%였던 실업률은 25%로 치솟았고, GNP는
절반으로 줄어들었다. 많은 투자가들을 자살로 내몰았던 1929년의 주가 폭
락은 흥청거리던 1920년대에 종지부를 찍고 경제를 수렁에 빠뜨렸다.
경제사가들은 대공황의 원인에 대해 무수한 논쟁을 벌여 왔지만 해답을 찾
기란 쉽지 않다. 더 정확한 질문은 "어쩌다가 단순한 경기침체가 악몽으로
돌변했는가?"다. 대다수 경제학자들은 갖가지 부정적 요인들의 동시 발생
을 지적한다. 활발하던 투자 기회가 줄자 소비자들은 소비를 줄이고 빚을 갚
으려 들었다. 그러자 정부는 보호무역 장벽을 쌓아올렸고, 설상가상으로 연
방준비은행은 물가상승 압력을 억제하기 위해 통화량을 감소시키는 정책을
폈다.

탄탄한 국제화를 위하여

일주일 남짓 화려한 외출을 하고 돌아
온 김영삼 대통령의 귀국 제1성은 '국제화'였다. 그는 한국 경제가 빨리 국
제화되어야 한다고 역설하면서 앞으로 자신도 국제화를 위해 매진하겠노
라고 다짐했다.

나의 심정은 반가움 반, 우려 반이다. 한국 경제의 문제점 가운데 하
나는 국제 감각의 부족이다. 따라서 최고통치자가 국제화 의지를 보인
것은 환영할 만하다. 그런데 대통령의 강한 어조로 미루어 볼 때 국제화
가 봇물 터진 듯 빠른 속도로 이루어질까 봐 두려움이 앞서는 것도 사실
이다. 왜냐하면 국제화에는 많은 정지 작업이 필요한데, 우리는 아직도
빠른 속도로 개방할 준비가 안 돼 있기 때문이다.

이론적으로 볼 때 국제화는 생산과 소비의 효율성을 제고시켜 줄 수

있다. 그러나 현실은 단순한 경제 논리의 적용을 거부한다.* 또한 효율성의 그늘에서 형평성이 무시되어서는 안 된다.

그런데도 성장 과정에서 일방적으로 소외되었던 농촌이 또다시 희생양으로 등장하는 것을 보면 안타까운 마음을 금할 수 없다. 나는 여기서 쌀시장 개방 절대 불가를 외치려는 것이 아니다. 다만 개방이 거역할 수 없는 대세였다면 왜 산적한 농촌 문제에 대해 진지한 처방을 안 했는가를 묻고 싶을 뿐이다. 필요한 준비 작업은 게을리한 채 무조건 안심만 시키려다 갑자기 입장을 바꾸었으니 농민들이 저항하는 것은 당연하다. 사전 준비의 결여는 비단 농촌 문제에 국한되지 않는다. 특히 금융 부문이 불안하다.

무릇 인간 관계에서 신의는 절대적으로 중요하다. 정부와 국민 간, 나아가 국가 간의 관계에서도 마찬가지다. 이러한 신의는 정직한 언행을 토대로 쌓을 수 있다. 그런데 우리나라에는 아직도 관리·경제인·일반인 할 것 없이 표리부동한 언행을 일삼는 경우가 많다.

지난날 일부 경제장관들, 특히 통상 관련 장관들은 워싱턴에서는 개방을 한다고 약속해 놓고, 서울에서는 절대 개방 불가를 외쳐 대기 일쑤였다. 그 결과 국민은 정부를 불신하게 되었고, 국제사회에서 우리의 공신력도 많이 떨어졌다. 한번 떨어진 공신력을 회복하기란 여간 어려운 것이 아니다. 상대방에게 많은 것을 양보하고서나 가능할 뿐이다.

일단 약속한 것은 꼭 지켜야 한다. 그리고 지키지 못할 약속은 처음부터 하지 말아야 한다. 쌀 개방도 그렇고, 금융 개방도 그렇다. 이와 관런하여 정부는 농산물 개방에 대한 명확한 입장을 하루빨리 국민에게 알려야 한다. 우리가 시장을 개방하든 개방하지 않든 간에 국민의 일부는 손해를, 다른 일부는 이익을 보게 마련이다.

이제 정부가 솔선수범하여 정직과 투명성을 보여 줌으로써 손해볼 국민들이 구조개선을 통해 손해를 줄일 수 있는 기회를 갖도록 해야 한다. 또한 이익을 볼 국민들의 양보에 기초하여 손해를 볼 국민들을 지원할 수 있는 정책적 대안을 조속히 마련해야 한다.

또한 현 상황은 냉엄한 국제 현실을 정확히 인식하고 우리 행동이 초래할 득과 실을 냉철하게 판단할 지혜를 그 어느 때보다도 절실히 요구한다.

그런데 이번 APEC과 한미정상회담을 자세히 들여다보면 미국은 엉거주춤한 일본, 침묵하는 중국, 비협조적인 말레이시아를 제치고 한국을 앞세워 이 지역의 경제공동체 창설을 촉구했다. 이것은 NAFTA가 의회를 통과한 데 자신을 얻은 클린턴 대통령이 EC더러 UR 타결을 서두르라는 위협을 우리에게 대신 시킨 것이나 다름없다.

그런데도 언론은 한국의 위상이 하루아침에 하늘에 오른 듯이 보도했고, 한국 경제는 곧 제2의 도약을 할 것처럼 떠들어 댔다. 이웃나라 일본은 물론이고 다른 APEC 참가국에서도 NAFTA는 대대적으로 보도했지만 APEC에 대해서만은 이상할 정도로 작게 보도한 것과는 매우 대조적이다.

지난날 냉전 시대에 미국은 한국을 앞세워 반공 이데올로기를 세계에 팔려고 한 적이 많았다. 한국의 베트남전 파병이 한 예다. 거기에서 우리가 얻은 것도 없지는 않다. 특히 경제적으로 그렇다. 그러나 그로 인해 우리나라는 세계에서 고립되었던 것도 사실이다. 지금도 마찬가지다. 앞장서서 미국의 계획을 관철시키는 것이 장·단기적으로 우리에게 무슨 득과 실을 가져다 줄 것인지 곰곰이 생각하자. 만에 하나라도 재주는 곰이 넘고 돈은 중국인이 버는 일은 없어야 하지 않겠는가.

끝으로 국제화, 곧 개방만 이루어지면 한국 경제는 잘 될 것이라는 착각에서 벗어나야 한다. 경제학자 가운데 '개방→효율성 제고→국제경쟁력 강화'라는 도식을 아무런 유보 없이 받아들이는 이가 많다. 또한 최근에는 재벌들의 독과점 행위나 진입·퇴출의 부진에 식상한 나머지, 개방이 국제경쟁력 강화에 충분조건은 아닐지라도 최소한의 필요조건이라는 의견도 강력하다.

나는 이 가운데 두 번째 의견에 어느 정도 동감한다. 그러나 국제화를 위해서는 국내에서의 과감하고도 철저한 체질개선이 꼭 필요하다. 그때에야 비로소 풍성한 국제화의 수확을 얻을 수 있을 것이다.

* 프랑스의 노벨경제학상 수상자인 모리스 알래는 1997년 국제화·세계화의 위험을 경고한 책 『유럽을 위한 투쟁』을 펴냈다. 그는 이 책에서 양극 체제가 무너진 이후 선진제국이 이끄는 일극 체제에서 약소국의 상황을 고려

하지 않은 무역 자유화, 기업 활동의 국경 없는 자유화 등이 그르칠 수 없는 대세인 양 받아들여지고 있는 현실을 비판하고, '초자유주의' 가 세계화 뒤에 숨은 논리임을 밝혔다. 알래는 지역 간에 노동조건·생산조건이 다르기 때문에 초자유주의에 의해 경제적 경계를 허물어 버리는 것은 특정 지역의 급속한 피폐화를 가져올 것이라고 경고했다. 그는 세계화가 일반인들의 믿음과는 달리 고용이 아니라 고통을 창출할 것이라고 단언하며, 초자유주의에 맞서 싸울 것을 권고한다. 모리스 알래는 유럽의 미래를 걱정하며 이 책을 썼지만, 개방 여건이 성숙하지 못한 우리 경제와 관련하여 새겨 들을 점이 무척 많다.

장기 포석이 아쉽다

UR 파동에서 드러난 정부의 부정직, 무능, 그리고 국제 감각 결여는 북한 핵문제와 관련하여 증폭된 불확실성과 함께 한국 경제, 나아가서는 한국 사회 전체에 어두운 그림자를 던져 주었다. 이는 국기를 뒤흔드는 일이나 다름없다.

그럼에도 불구하고 정부가 농림수산부장관 경질과 총리의 대국민 사과로 사태를 마무리하려는 것은 문제의 본질을 이해하지 못한 증거로밖에 볼 수 없다. 왜냐하면 사람을 바꾸는 것도 필요하지만 그보다 더 중요한 것은 사고의 전환이기 때문이다.

이번 파동은 당국자들이 장기적 안목 없이 여론의 눈치를 보며 눈앞의 이익만 추구한 결과다. 아직도 선진국 대열에 끼지 못한 우리나라의 협상 능력이 약한 것은 누구나 다 아는 사실이다. 능력이 부족할수록 모든 것을 세상에 알리고 국민의 협조를 구했어야 했다. 그러나 경험도 부족하고 철학도 빈곤한 당국자들은 매일매일의 인기에만 매달려 정도(正道)를 걷지 못했다.

그러면 문제의 본질은 무엇이고, 이에 대한 처방은 무엇인가? 바둑과 관련시켜 생각해 보기로 하자.

나는 바둑을 좋아하는 친구들의 어깨 너머로 포석의 묘미를 알게 되었다. 백지와도 같은 바둑판 위에 의미 없이 던져진 것 같던 몇 개의 돌이 종국에는 승패를 좌우하는 큰 역할을 한다. 이러한 초반 포석의 중요성은 아마추어의 바둑보다는 프로 기사의 바둑에서 특히 두드러진다. 그들은 바둑 초반부터 끝을 볼 수 있는 장기적인 안목과 치밀한 시나리오를 갖고 있기 때문이다. 지금 우리 경제에 요청되는 것도 국면을 꿰뚫어 보는 혜안과 방향 감각을 가진 유능한 '프로 기사'와 새로운 포석이다.

경제에서 바둑의 포석과도 같은 것이 바로 경제의 틀이다. 말할 것도 없이 경제의 틀은 경제 법규·구조·조직 등과 관련된 성문 및 불문의 규범, 즉 국민경제 생활의 범위와 방향을 설정하고 규제하는 테두리를 말한다. 포석을 기초로 바둑을 두듯이 경제정책도 경제의 틀을 바탕으로 전체적인 방향을 정립하고 집행해야 한다. 따라서 틀이 제대로 마련되어 있지 못한 경제는 포석이 부실한 바둑과도 같이 결코 건실할 수 없다.

지금 한국 경제는 좋든 싫든 변화하는 세계 속에 던져졌다. 상대방과 상황에 따라 포석의 전략이 바뀌듯, 우리도 새로운 틀을 확립해야 할 시점에 왔다. 그러나 포석의 중요성을 인정하고 진지하게 고민하는 사람은 많지 않다. 전체 국면을 꿰뚫는 혜안을 가지려 하기보다는 국지적 전투에만 집착하는 아마추어의 바둑이 판을 친다. 요즘의 표류하는 경제 정책을 보면 내가 다시 60~70년대에 살고 있는 것이 아닌가 하는 생각이 들 정도다.

예를 들면 아직도 물가 정책보다는 물가지수 관리 정책이 근절되지 않고 있다. 경제 담당 부총리가 취임 초 공공요금 현실화와 가격 자유화를 외칠 때, 대부분의 사람들은 만약 떠들썩하게 하지 않고 조용히만 추진한다면 왜곡된 상대 가격 구조를 개선할 좋은 기회로 생각하여 크게 환영했다. 그러나 물가가 조금 오르자, 그는 한 달도 못 가서 가격을 다시 통제하기 시작했다. 이것은 정부가 표방해 온 시장경제 원칙과 크게 어긋난다.

뿐만 아니라 그는 '개혁의 건수'를 올리기 위해서였는지 UR와 같은 중요한 일과 관련하여 대외 경제정책을 조정할 기획원의 대외정책조정실을 없애 버렸다. 이 조치가 비록 기획원의 군살을 빼기 위한 것이었다 하더라도 국제화를 크게 내건 정부의 정책과는 동떨어진 일이다. 만일 부총리가 대외정책조정실을 다른 부처로 이관하는 용단을 내렸다면 몰라도 그것을 없앤 것은 옳지 않다.

또한 최근의 경기회복 과정에서 대기업 집단과 중소기업 간의 불균형이 심각할 정도로 벌어지는데도 정부는 이것을 자연스런 구조조정의 일환이라면서 방관하는 자세를 보였다.

그러나 따지고 보면 요사이 벌어지는 불균형은 새 정부의 재벌 중심적 경제정책이 낳은 결과이지, 경제 내에서의 자연스런 조정 과정에서 나온 것은 아니다. 이처럼 즉흥적이고 단편적인 정책이나 그릇된 사고는 빨리 불식되어야 한다. 그 대신 사려 깊고 종합적인 청사진을 마련해야 한다. 과거에도 시도되었던 정책을 나열하는 것만으로는 충분치 않다. 최소한 우선순위는 정해야 한다.

정부는 우리 경제에서 이상적으로 비대해진 부분의 가지를 치고, 상대적으로 발육이 부진한 부분은 지원하는 처방을 내려야 한다. 그리고 이와 같은 형평의 바탕 위에서 효율을 추구해야 한다. 형평과 효율의 꾸준한 추구로 내실만 기하면 UR도, GR도, BR도 걱정할 것이 없다. 그러나 형평을 위한 개혁은 기득권 세력의 조직적 반발을 초래할 위험이 있다. 따라서 대통령의 확고한 의지가 어느 때보다도 요청된다.

_ 한국일보, 1994. 4. 7

세계화의 허구

안에서 잃은 것을 밖에서 찾으려 했음인가. 김영삼 대통령은 APEC 모임과 동남아 방문 일정을 끝내고 시드니에서 세계화를 위한 3대 과제와 5대 방향을 제시했다. 세계 속에 한국을 심어 우리나라를 세계사의 주역으로 만들고 싶다는 희망으로 풀이된다. 느닷없는 세계화 선언에 놀란 관계 부처 관리들은 세계화의 개념을 정립하고 구체적 실천 방안을 마련하느라 부산하다. 이와 같은 작업으로 우리나라가 세계사의 주역만 된다면 오죽이나 좋겠는가.

그러나 대통령의 발언은 공허하게만 들린다. 그는 1년 전에도 시애틀의 APEC에 다녀와서 경제 회생의 묘약으로 국제화를 외쳤다. 그러나 한국 사회는 아직도 국제화가 무엇인지조차 몰라 갈팡질팡하고 있다. 이런 상황에서 세계화 선언은 우리 사회를 추가적인 혼돈으로 몰아넣었다.

지금 나라 안은 성수대교 붕괴, 충주호 유람선 화재, 지하철 부실공사 등으로 어수선하다. 따라서 국민들이 안심하고 생업에 종사케 하려면 내실 있는 사고 예방 대책과 무너진 구조물의 개축이 무엇보다 시급하다.

그런데 우리의 눈을 당장 세계로 돌리라니, 도대체 대통령이 할 수 있는 일과 할 수 없는 일, 그리고 할 수 있는 일 가운데서도 무엇을 먼저 하고 무엇을 나중에 해야 하는지에 대해 감이나 잡고 있는지 의심스러울 따름이다. 외화내빈의 표어가 난무하는 가운데 계속되는 육교 사고와 지하철 사건은 실망감과 무력감만 안겨 주었다.

많은 사람들은 김 대통령이 이번 방문을 통해 APEC에 모인 지도자들에게서 몇 가지 교훈을 얻어다가 국민과 함께 나누기를 기대했다. 한 예를 들면 최근 각종 여론조사에서 인기도가 떨어지는 김영삼 대통령은 클린턴 대통령에게서 중간선거에 패배한 후 일부 정책을 수정하고 또 공화당과 이모저모로 협력하겠다고 약속한 유연성을 배워야 했다. 민심은 천심이라고 하지 않았는가.

또한 선진국과 후진국 간의 조정자 역할을 했다고 자부만 할 것이 아니라 그 역할의 득과 실을 알고 있어야 했다. 이번에 여러 나라 지도자들은 모임에 참여는 했지만 팔짱을 끼고 관망하는 자세를 취했다. 아직 자국의 손익계산이 끝나지 않았기 때문이다. 너무나 이질적인 국가들의 모임에서 무엇을 얻어낼 수 있을까 고개를 갸우뚱하는 것이다. 이런 상황에서 선-후진국 간 조정자 역할은 자칫하면 일부 국가를 위한 '악역' 담당으로 비칠 수도 있다. 중매는 잘 하면 술이 석 잔이지만 잘못하면 뺨이 석 대라는 속담도 있지 않은가.

이와 같은 기대를 저버리고 온 국민의 허를 찌른 김영삼 대통령의 세계화 아이디어는 지난 20~30년간 그 흔하던 '~운동'을 연상시킨다. 그러나 그것이 어디서 어떻게 갑자기 튀어나왔는지는 알 수 없다. 다만 난국타개를 위한 정면돌파식 정치적 선전이 아니기만 바랄 뿐이다. 대통령 자신의 정치 논리나 운신의 철학은 국정 운영 방식과는 구별되어야 한다.

근원이 무엇이든 정부는 지금이라도 늦지 않았으니 허황된 국제화나 세계화의 구호는 접어 두고 내실 있는 민족 공동체를 만드는 데 최선을 다해야 한다. 그러기 위해서는 국민 각자, 특히 정치 지도자들이 한번 약속한 것은 잘 지키고, 하잘것없는 발명·발견을 '세계 최초'인 것처럼 떠드는 등 작은 성과에 뽐내지 말아야 하며, 내가 남에게 인정받고 싶듯이 남도 나처럼 생각해 주는 동시에 우리의 민족 정체성도 분명히 해야 한다.

또한 제도적으로는 강자가 약자를 마음대로 지배하는 무한 경쟁이 아닌 유효 경쟁 체제를 확립하여 대자생존이 아닌 적자생존을 달성하고, 그에 따라 인적·물적 자원이 적재적소에 활용되도록 하며, 우리의 문호도 열되 국제시장 기회를 적극적으로 활용하기 위해 대외 진출을 도모해야 한다. 한마디로 말해서 할 수 있는 것, 그 중에서도 손쉬운 것부터 차근차근 성실히 하자는 것이다.

개념조차 모호한 세계화는 제2의 성수대교를 잉태할지도 모른다. 원래 국제주의나 세계주의, 그리고 거기에서 파생된 국제화나 세계화는 모두 강대국이 약소국, 즉 강자가 약자에게 요구하는 논리다. 작은 나라가 그것을 거부할 수는 없다. 한편으로 우리나라가 거기에서 얻는 것도 많을 것이다. 그러나 개방 준비도 덜 된 우리가 앞장서서 국제화, 더 나아가 국경이 없는 '세계화'를 부르짖는 것은 현실 파악을 잘못한 것이다.

우리의 분수를 알고 경제를 포함한 사회 전체의 내실을 꾀하도록 하자. 우리가 실력만 기르면 세계는 저절로 우리에게 다가올 것이다.

▶ 이 글은 1994년 11월 한 중앙 일간지에 실릴 예정이었으나 갑작스레 게재가 취소되었다.

＊ 김영삼 대통령이 소리 높여 외쳤던, 개념도 모호한 단어 globalization은 외국인들에게는 다른 방향으로 이해되기 시작했다. 즉, '한국 시장이 빅뱅식으로 일시에 개방되는 것'을 일컫는 단어로 받아들여진 것이다. 이에 당황한 한국 관리들은 영어 공식 문서에 globalization 대신 segyehwa라고 표기를 바꾸는 소동을 일으켰다(*The Economist*, 1995.5.5). 〈이코노미스트〉는 segyehwa가 교육과 법적 측면의 개혁을 의미하며, 다소 정신적인 목표를 추구하는 것이라고 나름대로 해석했지만, 그 논조 뒤에는 비아냥거림이 느껴진다. 〈이코노미스트〉는 'segyehwa'가 지구촌 문화에 폐쇄적임을 비판하는 것을 잊지 않았다. 순진한 우리 대통령이 외국에서 받은 문화적 충격 덕분에 세계시사 용어사전엔 'segyehwa'라는 신어가 탄생했고, 정부 관료들은 그 개념을 정립하느라 머리를 싸매고 고민하며 우왕좌왕하는 모습을 연출한 것이다.

시장이라는 우상

해방 후 우리네 부모들이 자식들 앉혀 놓고 이르던 말씀이 있었다. 일본 사람 잊지 말고, 소련 사람한테 속지 말고, 미국 사람 믿지 말라는 것이었다. 오랫동안 외세에 시달리면서 모두 국제정치학자가 되어 버렸던 모양이다. 이 가르침은 곳곳에서 실천에 옮겨졌다. 이승만 대통령은 일본을 향해 평화선을 과감히 그었고, 초·중등교육장에서는 소련인을 마귀처럼 묘사했으며, 1960년대 중반에는 남정현의 『분지』처럼 미군을 고발하는 문학작품이 나오기도 했다.

그러나 한국인의 사고나 행동은 그렇게 단순하지만은 않았다. 미국의 물질문명 앞에 무릎을 꿇은 것은 말할 것도 없고, 소련의 스푸트니크 발사 성공에 입을 딱 벌렸으며, 일본이 경제대국으로 발돋움하자 일본을 배우자는 목소리가 요란했다. 외국인들에게는 배타적이란 말을 들으면서도 외국 것이라면 사족을 못 쓰고 좋아하는 풍조는 이미 우리 사회의 여러 분야에 뿌리가 깊다.

학문·사상·종교·예술 등도 예외는 아니다. 어쩌면 더 심할지도 모른다. 시장주의만 해도 그렇다. 경제학, 특히 근대 경제학을 공부한 사람이라면 누구나 시장의 장점을 모를 리 없다. 잘 작동하기만 하면 시장이야말로 최적의 자원 배분을 보장하는 사회적 제도다. 그러나 잘 작동하는 시장이 형성되지 않았을 때는 자원 배분에서 시장적인 방법과 비시장적인 방법을 병행할 수밖에 없다. 그런데도 우리네 경제학자들 가운데는 시장숭배론자가 너무 많아 안타깝다.

최근 국제통화기금 구제금융을 전후하여 외국인이 만든 한국 경제 보고서가 많이 나왔다. 이들은 한결같이 한국 경제는 시장적인 방법을 더 써야 하며, 좀더 확실하게 개방하라고 권고한다.

그러나 이들의 진단은 사실 그다지 새롭지도 않고, 처방은 비현실적이거나 미국의 이익만을 생각한 혐의가 짙다. 하지만 서점에서는 국내 경제학자들이 쓴 책 근처에서는 냉기가 감도는 반면, 외국 보고서들은 베스트셀러 자리를 차지하고 있으니 지적 편식도 이만저만이 아니다.

다른 책들도 비슷하지만 '한국 재창조의 길'이란 부제가 붙은 『매킨지 보고서』*에서는 한국의 경제성장이 지금까지는 외형에 집착하는 '요소 투입 주도성장'이라고 썼다. 이것은 주식회사 한국의 부실화로 나타났으며, 앞으로는 생산요소의 효율성 개선을 추구해야 한다는 지적이다. 맞는 말이다. 그러나 이 정도의 이야기는 오래전부터 여러 경제학자들이 이른바 외연적 성장과 내연적 성장**을 구분하면서 해온 것이다.

매킨지는 또한 기업의 무분별한 대규모 투자가 저생산성의 핵심인데, 무분별한 대규모 투자는 정부가 은행에 영향력을 행사해서 무분별하게 대출해 준 결과이므로 정부의 입김을 없애자고 주장한다. 이것도 부분적으로 옳다. 그러나 한국 경제 위기는 누가 보아도 정부와 재벌의 공동 작품이었다. 이 마당에 정부는 경제에서 손을 떼기보다는 좀더 전향적인 자세로 위기 극복에 나서야 한다. 정부마저 손을 떼면 누가 환부를 도려내겠는가.

매킨지는 또 구조조정 과정에서 퇴출하는 기업의 퇴출 노동자를 흡수하기 위해 서비스 부문이 발전해야 하며, 서비스 부문의 생산성 향상을 위해서는 서비스 시장의 개방이 필요하다고 주장했다. 그러나 사람이란 이 공장에서 플러그를 뽑다가 저 공장에 꽂으면 바로 돌아가는 기계가 아니다. 한마디로 제조업 부문의 인력이 서비스업으로 손쉽게 이동할 수 없는 것이다. 단순 서비스업을 제외하고는 제조업 노동자가 서비스업 노동자로 전환하는 데는 시간과 비용이 든다.

결론적으로 나는 폐쇄론자도 아니고 비시장주의자도 아니다. 그러나 개방이 항상 옳은 것이라고 생각하지는 않으며, 또한 시장이 만능이라고 믿지도 않는다. 외국인의 충고를 어떻게 받아들이는가는 결국 우리의 몫이다.

_한겨레, 1998. 6. 25

* 생산성을 높이면서 점진적으로 성장해 온 미국이나 유럽과 달리, 한국의 경제성장은 '요소 투입 증가를 통한 성장'이었다. 쉽게 말해 생산성이 높아진 게 아니라 단지 양만 팽창한 것에 지나지 않는다는 것이다. 한국의 생산성은 미국의 절반 수준에 불과하다. 외형에 대한 집착은 요소 투입을 억지로 늘려서라도 덩치를 키우겠다는 경영 전략으로 나타났고, 이는 '주식회사 한국'의 부실로 이어져 결국 위기를 맞았다고 말한다. 그리고 보고서 후반부에서 해결 방안을 제시하는 것을 잊지 않았다. 위기를 넘어 장기적 성장을 이끌어 내기 위해서는 요소 투입보다는 생산성에, 외형보다는 수익에 집중하는 새로운 성장전략, 즉 생산성 주도 성장으로 거듭나야 한다고 주장한다.

** 외연적 성장이란 기존 기술을 바탕으로 하여 지금까지 쓰고 있지 않던 인적·물적 자원을 경제성장의 원동력으로 삼는 데 비해, 내연적 성장은 새로운 기술을 이용하여 인적·물적 자원을 배합함으로써 성장을 이루는 것을 가리킨다.

구조조정 우리 힘으로

로버트 루빈 미국 재무장관이 7월 1일
한국을 다녀갔다. 비록 짧은 일정이었지만 IMF 구제금융을 받는 한국으로
서는 IMF에 결정적 영향력을 행사하는 미국 재무장관의 방문이 결코 예사
로운 일일 수 없다. 특히 김대중 대통령이 지난 6월 미국에 다녀온 후 더 적
극적인 방법으로 구조조정에 박차를 가하기 시작한 마당에 이루어진 방한
이어서 더욱 그렇다.

루빈은 대통령을 비롯해서 재경부장관, 5대 재벌의 최고위 인사, 노동계
대표 등 경제 구조조정과 관계된 이들을 만나서 자신의 메시지를 전달했
다. 그런데 공교롭게도 루빈 방한 3일 후인 지난 토요일 재벌 총수들은 청
와대 오찬에서 빅딜(대규모 사업교환)을 포함하여 재벌 구조조정의 필요성
에 원칙적 공감을 나타내고 가능한 한 빠른 시일 내에 구조조정을 가시화

하겠다고 했다. 단순히 오비이락(烏飛梨落)으로 치부해 버릴 일은 아니다.

나는 방미 성과*에 자신을 얻은 대통령이 미국의 도움을 받아 구조조정에 앞장선 가운데 재벌들이 불만 가득한 표정으로 뒤따라가는 듯한 인상을 지울 수 없다. 구조조정의 성과는 두고 볼 일이다.

대통령·재벌·미국 간의 그림은 그리 아름답지만은 않다. 미국이 돈줄을 쥔 것은 사실이다. 그러나 내정간섭을 하는 듯한 태도는 옳지 않다. 구조조정에 굼뜬 재벌이 밉살스럽기 짝이 없다. 그러나 외국의 도움을 빌려 개혁하려는 것은 더 바람직하지 않다.

하지만 좀더 냉철히 생각해 보건대 경제를 살리려 노력한다는 사람들의 구조조정 작업이 얼마나 부진했으면 이와 같은 꼴불견 장면이 연출되었겠는가. 수치스러운 일이 아닐 수 없다.

나는 우리가 겪고 있는 경제위기를 극복하기 위해 정부가 주도적으로 나서는 것이 불가피하다고 누누이 강조해 왔다. 제대로 작동하는 시장이 존재하지 않는 상황에서는 정부가 나서는 것이 최선은 아닐지라도 유일한 선택이다.

그러나 정부가 나선다고 해도 안팎의 걸림돌이 너무나 많다. 무엇보다 정부 관료들은 무사안일을 일삼고 있을 뿐만 아니라 개혁 의지조차 의심스럽다. 대통령이야 혼자서 뛰든 말든 장관들을 비롯한 고위 관료들은 극소수를 빼고는 그저 구경만 하는 형국 아닌가. 장관과 담당 관료들이 전격적으로 총대를 메고 재벌 구조조정에 박차를 가했던들 대통령이 재벌 총수들을 직접 만나 설득하고, 루빈이 방한해서 이래라저래라 요란을 떨 필요까지 있었겠는가.

시장주의자들은 한국 정부가 시장개입을 할 능력도 자격도 없다고 비판한다. 아닌게아니라 그간 정부의 행태는 유능함과는 거리가 멀었다. 지난 정권 시절 무리한 투자를 일삼던 한 재벌 총수가 정부를 마구잡이로 매도해도 말대꾸 한번 못하지 않았던가. 정부와 재벌 간의 상대적 우위를 따져 보면 재벌이 정부를 압도한 지 벌써 수년이 되었다. 온 국민을 위해 봉사해야 할 정부가 사실상 몇몇 재벌의 이익에 충실하게 행동해 온 것이 부인할 수 없는 우리의 현실이다.

재벌 구조조정과 관련해서 재벌들은 은밀하게, 그러나 엄청난 힘으로 정부에 저항하고 있다. 그런데도 앞에 나서서 국민 전체의 이익을 위해 몸바쳐 싸우는 고위 관료들은 찾기 힘드니 안타깝기 그지없다.

왜 그럴까. 오랫동안 몸에 밴 복지부동의 관행 때문일까. 아니면 재벌과 정부, 보다 정확히는 재벌과 대통령의 싸움이 어느 한쪽의 승세로 판가름날 때까지 지켜보는 게 상책이라는 생각 때문일까.

그러나 만의 하나 이 같은 현실적 어려움 때문에 김 대통령이 외국의 힘을 빌려 구조조정 작업을 추진하려고 한다면 정상은 참작되나 개탄스런 일이다. 개혁이 아무리 어렵더라도 원칙을 훼손하면 성공할 수 없다. 그 원칙은 국민적 지지를 기반으로 하는 것이다. 재벌이 저항한다면 대통령이 직접 국민들에게 그 실상을 전하고 도와달라고 호소해야 한다. 그것이 바로 참 개혁이고 또 참 정치다. 우리 문제는 남의 손을 빌리기 전에 우리 힘으로 해결해야 하지 않겠는가.

그리고 관료들은 지금이 마지막 기회란 각오로 보다 적극적으로 구조조정을 추진해야 한다.

_ 한겨레, 1998.7.8

* 다른 여러 가지 성과도 있겠지만, 무엇보다도 IMF 체제 아래서 미국의 클린턴 정부가 적극적으로 정치적 · 경제적 지원을 김대중 대통령에게 약속한 데 있다.

한미투자협정 서두르지 말자

1930년대 초의 영국 경제는 국제경제 무대에서 주역의 위치를 미국에 넘겨준 지 오래였다. 뿐만 아니라 리버풀 공장의 연기는 그쳤고, 런던 거리는 실업자로 붐볐다.

이때 케인스는 "사상, 지식, 예술, 친절, 그리고 여행은 본질적으로 국제적이어야 한다. 그러나 생산품은 가능한 경우에는 국산품을 쓰도록 하자. 그리고 무엇보다도 자금 조달은 주로 국내에서 하도록 하자. 대외 관계로부터 나라를 구해 내고자 하는 사람들은 천천히 주의깊게 행동해야 한다. 그것은 나무의 뿌리를 자르자는 것이 아니라, 나무가 옳은 방향으로 성장하도록 천천히 유도하자는 데 목적이 있는 것이다"라고 했다.

이 말은 당시 영국이 우위를 누리던 비경제적 분야는 외국과 많은 교류를 해도 손해볼 것이 없지만, 폐허가 된 경제를 살리기 위해서는 대영

제국의 체면을 차리느니보다 국제주의를 포기하더라도 국내 산업을 적극 육성해야 한다는 것이었다.

60~70년 전이나 지금이나 나라와 나라 사이의 문제에서 강자는 개방주의를 부르짖고 약자는 신중론을 펴는 것이 매우 자연스러운 일이다.

한국의 현실은 어떠한가. 고도성장이 가져다 준 거품경제 속에서 마치 세계 1등 국가라도 된 것처럼 착각해 대내적으로는 무한정한 투자로 과잉시설을 낳고 대외적으로는 시장 개방을 무리하게 서두르다가 IMF 구제금융을 받지 않았던가.

그럼에도 불구하고 한국의 지도층 가운데는 아직도 사해동포주의자가 많다. 그들은 외국과 교류하여 줄 것은 주고 받을 것은 받는 것이 경제 원리에도 맞을 뿐만 아니라, 세계화의 대세 역시 거역할 수 없으므로 나라 문을 활짝 열고 외국과 당당하게 경쟁하자고 주장한다.

이것은 하나만 알고 둘은 모르는 데서 나온 발상이다. 교환, 특히 국제교환은 진공 속의 두 당사자가 하는 것이 아니라 힘이 다른 당사자 간의 파워게임적 성격이 강하다. 그리고 아무리 글로벌 시대라 해도 세계 국가는 요원한 것이 현실이다.

이런 맥락에서 볼 때, 현재 수면 아래서 은밀히 추진되고 있는 한미 투자협정은 다시 한 번 생각해 보아야 한다.

한 푼이라도 외화 확보가 급하고 신인도 제고가 절실했던 작년 상반기에 한국 정부는 미국과 투자협정을 맺자고 제의했다. 그러나 아직 구체적 사항이 정해진 것이 없는 가운데 일부 적극적 개방론자들이 협정 체결을 서두르고 있다. 투자협정은 우리의 행정·사법·경제 운행의 틀을 바꿀 수 있으므로 먼저 그 내용을 잘 챙겨야 하는데도 말이다.

UNCTAD(유엔무역개발회의)의 연구 결과에 따르면 투자협정의 투자 유치 효과는 별로 크지 않다. 또 양자간 투자협정은 주권을 행사할 수 있는 여지를 낮출 뿐만 아니라 앞으로 국제무대에서 협상력을 저하시켜 국제적 지위 확보를 어렵게 할 수도 있다. 정부는 협정 체결을 서두를 것이 아니라, 직접투자의 안전은 보장해 주되 독소 조항이자 불평등 조항이 삽입되지 않도록 만전을 기해야 한다.

특히 외환위기 상황에서의 세이프가드(외환통제)* 불인정, 스크린쿼터(국산 영화 의무상영 비율) 폐지, 저작권 소급 보호, 공기업 민영화나 독점을 해제할 때 외국인 자유 매입 허용, 미국의 주법에 따라 한국 기업을 차별 대우할 수 있는 권한 인정 등은 그런 개연성이 큰 것들이다.

한미투자협정은 똑똑한 공무원 몇 명이 은밀히 추진할 문제가 아니다. 광범위한 여론 수렴과 함께 공청회를 비롯한 공개토론 절차를 거쳐 우리의 정당한 요구를 추출하고 이를 미국에 제의해야 한다. 만일 한국의 정당한 요구가 관철되지 않는다면 한미투자협정은 재고해야 한다. 한국이 먼저 협정 체결을 제의했다고 해서 우리 앞마당을 몽땅 외국에 내주고 뒷마당에 나앉을 수는 없지 않은가.　　　　_조선일보, 1999.1.26

＊수입이 급증해서 국내의 경쟁 업계에 중대한 손해를 입히거나 손해를 입힐 우려가 있다고 판단되는 경우에 발동할 수 있는 긴급수입제한을 말한다. GATT는 원칙적으로 가맹국이 무역에 제한을 가할 수 없다고 금지하고 있지만, 특례로서 GATT 19조에 세이프가드를 규정하고 있다.

미국 경제의 어두운 그림자

대붕괴의 전조(前兆)인가, 아니면 자라 보고 놀란 가슴 솥뚜껑 보고 놀라는 것일까. 계속 날아오는 미국으로부터의 어두운 소식이 우리의 간담을 서늘케 하고 있다.

대통령선거 결과가 불투명한 가운데 나스닥 지수는 지난달에만 23% 떨어지면서 1987년 이후 최고 하락률을 기록했다. 다우존스 지수도 1000선에서 턱걸이하는 불안한 모습이다.

실물 부문은 더하다. 늘어나는 실업은 소비를 위축시키고 있으며, 자본재 수요와 기업의 수익률이 모두 급감하고 있다. 무디스에 따르면 기업의 신용도도 1991년 이후 가장 낮은 수준이다.

미국으로의 수출에 기대어 살고 있는 한국 경제로서는 걱정이 태산일 수밖에 없다. 1929년에 겪은 대공황의 망령을 떠올리는 것은 무리일지도 모른다. 그러나 예삿일로 치부하기에는 미국의 1920년대와 1990년대는 너무도 닮았다.

1차 세계대전이 끝난 후 미국은 영국으로부터 경제 최강국의 자리를 물려받았다. 미래는 밝아만 보였다. 라디오가 출현하고, 자동차가 대중화됐으며, 린드버그가 '뉴욕~파리 간 무착륙 비행'에 성공했다. 미증유의 경제적 번영은 소득을 높여 주었고, 누구나 부자를 꿈꾸었다.

그러나 플로리다 토지 투기 붐에 이은 광란의 주식투자는 주가를 천장에 올려놓더니 1929년 10월 24일의 대공황으로 막을 내렸다. 거품은 결국 꺼진다는 것을 보여 준 역사적 사건 가운데 하나였다.

1990년대도 낙관으로 시작됐다. 소련을 꺾고 세계를 제패한 미국은 로마제국 이래 가장 강한 나라가 됐다.

인터넷·정보기술·통신산업과 유연해진 노동시장이 '수확체감의 법칙'을 흔들어 놓았고, 고성장 속에서도 낮은 인플레이션을 유지할 수 있음을 보여 주었다. 이른바 신경제(new economy) 시대를 만끽한 것이다.

부유한 미국은 세계 각국에서 마구 물건을 사들였고, 그 대가로 지불한 달러는 다시 미국으로 흘러들어 뉴욕 증시를 받쳐 주었다.

주식으로 부를 축적한 미국인은 계속 소비를 즐겼으며, 그 결과는 수조 달러에 달하는 국제수지 적자다.

'이렇게 좋은 세상'이 오래갈 수는 없을 것이라는 양식 있는 경제학자들의 경고는 부질없는 것으로 치부되었다.

한편 미국의 성장률은 1920년대(1921~1929)에 4.20%였고, 1990년대 (1991~2000)는 3.62%였다. 기업 이윤은 각각 9.0%와 9.4%였으며, 주식 시장은 10년 동안 각각 4.96배(다우 기준)와 5.04배(S&P 기준)로 커졌다. 우연의 일치인지는 몰라도 많이도 닮았다.

그런데 1990년대는 1920년대보다 거품이 더 심하다. 주식의 시가 총 액이 GNP의 1.1배였던 1929년에도 거품이었지만, 2000년 3월에는 1.7 배나 된다.

미국인의 부채 또한 만만치 않다. 1929년에도 부채의 소득에 대한 비 율이 53%였으나, 지금은 67%나 된다. 부채가 많아 이제 더 이상 대량 소비를 할 수 없게 됐다.

이러한 데이터만 가지고 1929년과 같은 상황이 또다시 발생할 것이 라고 유추하는 것은 무리일지 모른다. 하지만 신경제가 지속되려면 기 술혁신과 모험자본이 계속 투입돼야 하는데, 기술혁신은 10년 이상 지 속되기 어렵고, 자본시장도 매우 불안정하다. 더구나 나스닥시장의 불 안정성은 종래 주식시장에서 경험한 것과 비교도 안 된다.

또한 어떤 이유로든 외국으로 흘러간 돈이 다시 미국으로 돌아오지 않거나 들어왔던 돈이 빠져나가기라도 한다면 미국 증시가 어떻게 될지 상상하기 어렵지 않다. 주식시장 붕괴 위험이 도사리고 있는 것이다.

지금은 1920년대와는 달리 경제 지식도 늘었고 경제 예측력도, 그리고 거시경제 운용 기술도 많이 좋아졌다.

　그러나 거품 붕괴는 급작스럽고 예기치 않게 다가온다는 것을 기억하고 최악의 경우를 대비해야 한다. 그것이 바로 경제정책이다. 미국 경제가 어려워지면 한국 경제는 구조조정, 아니 이 말에 식상하다면 '경제 정상화'에 더 열심이어야 한다. 국제무대에서의 경쟁이 더 치열해질 것이기 때문이다. _중앙일보, 2000. 12. 4

chapter 6.

보다 나은 미래를 항하여

동유럽 개혁이 주는 교훈

고르바초프의 페레스트로이카, 베를린 장벽의 철폐, 다시 찾아온 프라하의 봄 등으로 이어지는 일련의 사건들은 유럽 지도를 바꾸어 놓기에 충분하고도 남음이 있다. 또한 얄타 체제를 청산하고 몰타 체제를 구축하려는 미국과 소련의 움직임도 속 빈 강정은 아닌 듯하다. EC 통합을 2년 앞두고 있는 유럽은 정녕 제2의 르네상스를 맞을 수 있을 것인가?

우리가 동유럽의 개혁에서 얻을 수 있는 교훈은 무엇인가? 동유럽의 개혁을 보고 많은 사람들이 이제 사회주의에 대한 자본주의의 우월성이 입증되었다고 주장한다.

과연 그러한가? 나는 오늘날 동유럽인들이 주고받는 다음과 같은 대화를 반추해 볼 필요가 있다고 생각한다.

"현재 자본주의는 어디에 있는가?"
"낭떠러지 위에 서 있다."
"현재 사회주의는 어디에 있는가?"
"자본주의보다 한 걸음 앞서 있다."

정녕 오늘날의 사회주의는 낭떠러지 밑에서 신음하고 있다. 하지만 자본주의가 축복받은 평원 위에 서 있는 것은 결코 아니다.

나는 동유럽의 개혁을 이데올로기 투쟁의 결과로 보지는 않는다. 그것은 동유럽인들이 국가적으로는 소련으로부터의 독립을, 그리고 개인적으로는 자유를 갈구하여 나온 결과이다.

자유란 무엇이고, 그것은 왜 그렇게 중요한가? 현재 우리는 충분한 자유를 누리고 있는가? 그렇지 않다면 어떻게 해야 하는가? 동유럽의 개혁은 우리에게 이러한 물음에 대해 보다 진지한 사고를 하도록 강요하고 있다.

자유란 국가의 개입이나 간섭을 받지 않는 것을 말하지만, 다른 사람에게 피해를 주지 않는 한에서나 그렇다. 즉, 자유는 무한한 것이 아니다. 그런데 자유는 그 자체로서도 중요하지만 모든 창조적 활동은 자유가 있을 때만 가능하기 때문에 더욱 소중하다. 동유럽인들이 자유를 갈구하는 것은 바로 자유의 신장을 통해 창조력을 고양하고 경제의 실패를 고쳐 보자는 잠재의식의 발로라고 볼 수 있다.

우리나라에서는 그동안 자유가 제한되었기 때문에 거북살스러운 모방은 있었으나 훌륭한 창작 활동은 찾아보기 힘들었다. 모두 다 남의 눈치만 보고 그 누구도 개성이 없는 상황에서 창조성을 발휘할 수는 없었다.

그동안 개인들이 자유를 침해받은 이유는 무엇인가?

하나는 국가의 억압 때문이고, 다른 하나는 시장의 작용 때문이었다.

중앙집권적 나라에서 국가의 억압은 필연적이라고 할 수 있는데, 우리나라는 문명국 가운데서 가장 중앙집권적인 나라였다. 한편 자유를 위하여 최소한의 시장은 필수적이었으나, 변증법적으로 볼 때 자유방임이 독과점을 낳았고 독과점은 자유를 제한해 왔다.

국가의 억압이나 독과점 현상은 지난날 정부가 경제제일주의를 내걸고 불균형 경제성장 정책을 추구하는 과정에서 나타난 것이다. 따라서 앞으로 자유를 억압하는 요소를 없애기 위해서는 먼저 경제제일주의와 불균형 성장 정책을 포기해야 한다. 또한 정부는 지금보다 훨씬 더 분권화해야 하고, 공룡처럼 커진 재벌에 대한 규제를 보다 적극적으로 추진해야 한다.

이와 같은 개혁이 이루어지지 않고서는 경제의 지속적 성장을 추구하기 어려운 것은 물론이고 서울의 봄을 기다리는 사람이 점점 많아질 것이기 때문이다.

_ 신평비지니스, 1989.12.14

투기 억제엔 경제 원칙 없다

우리 사회는 점점 커다란 투기장이 되어 가고 있다. 얼마 전까지만 해도 부동산이나 주식은 대기업 또는 부유한 개인들의 전유물로 여겨졌으나, 이제는 남녀노소·직업을 가릴 것 없이 상당히 많은 사람이 여기에 관련되어 있다. 가진 사람은 더 가지려고, 못 가진 사람은 한번 가져 보려고 안간힘을 쓰고 있는 것이다. 그 결과 매일매일의 주가지수를 모르거나 부동산 시세에 어두우면 일상의 대화에도 끼기 어려운 경우가 많다.

그러나 제조업체가 생산보다는 부동산에 열을 올리고, 회사원이 사무보다는 주식 시세표를 더 열심히 읽고, 가정주부가 가사는 돌보지 않고 증권회사 객장에서 소일하는 사회가 장기적으로 성장하기를 기대할 수는 없다. 뿐만 아니라 거대한 투기장은 부익부 빈익빈 현상을 심화시켜 가진 자와 못 가진 자 간의 골을 더욱 깊게 하니 안타깝기 그지없다.

우리는 최근 분당·일산 건설 계획 발표 이후 극한으로 치닫는 부동산 투기 열풍을 목격하고 있다. 과다한 지가 보상, 그것도 현금 보상으로 이곳 땅의 태반을 갖고 있던 외지인은 어느 곳에서나 땅만 가지면 땡잡는다는 것을 확인했고, 원주인들은 처음 만져 보는 거금을 주체할 수 없을 지경이었다. 외지인이거나 원주인이거나를 막론하고 조대(兆代)의 엄청난 현금을 갖고 다른 지역으로 진출하여 부동산 시장을 자극한 것은 어쩌면 아주 자연스러운 경제인의 모습이었는지도 모른다. 이제 전 국토는 거대한 부동산 투기장이 되어 버렸다.

사태가 심각해지자 정부는 49대 재벌그룹과 증권·보험회사 등 금융기관들에게 비업무용 부동산과 업무용으로 신고된 것이라 할지라도 투기성이 있는 것은 처분하도록 종용하는 동시에, 이에 협조하지 않으면 금융·세제상의 불이익을 줄 것이라고 했다.

이러한 움직임은 때늦은 감은 있으나 신선한 충격이라 아니할 수 없다. 왜냐하면 부동산 시장의 큰손인 재벌의 땅 사재기를 막지 못하는 한 부동산 투기는 근절할 수 없기 때문이다.

하기야 이번 조치*는 자본주의적 경제 운용과는 거리가 멀다고 비판받을 수도 있다. 기업이 소유하고 있는 부동산을 느닷없이 처분하라는 것은 사유재산권의 침해라고 볼 수도 있다. 그러나 이번 조치의 대상 기업들은 과거 정부의 특혜 속에서 근로대중의 저임금·장시간 노동에 의해, 그리고 각종 투기의 엄청난 불로소득에 의해 기업을 성장시켜 온 것을 기억할 필요가 있다.

따라서 혹시라도 이 기업들이 이번 조치를 사유재산권 보호에 어긋나므로 받아들일 수 없다고 강변한다면, 국민 생존권의 최소 조건인 주택과 토지에 대해서만은 사유재산권을 다소 제한하더라도 투기를 막아야 한다고 반박할 수 있다.

한편 이번 움직임을 원칙적으로 환영하면서도 정부가 과연 충분한 사전준비를 했는지, 또 이를 집행할 충분한 행정력이 있는지를 의심하는 사람도 많다. 또한 업무용·비업무용 부동산을 구별하는 것도 여간 어려운 일이 아닐 것이다.

이런 상황에서는 정부가 부동산 투기 억제에 대한 결연한 의지를 보임으로써 국민의 신뢰를 회복하는 것이 문제 해결의 출발점이 될 수밖에 없다. 그 한 방법으로 기업 스스로 인정했듯이 설비투자 분위기가 냉각되었던 1989년과 그 이후에 구입한 땅(물론 임직원 명의로 산 것을 포함)은 모두 매각 처분토록 해야 한다. 그리고 원매자가 없을 때에는 정부가 토지 채권을 발행하여 기업 땅과 맞바꾸되 장부 가격만큼만 지불해야 한다.

이렇게 하여 국민의 신뢰를 구축한 후 보다 장기적인 정책을 세워 지속적으로 밀고 나가야 한다. 부동산 투기 억제는 '일폭십한(一曝十寒)'이 되어서는 안 된다. 즉, 하루만 볕이 쬐고 열흘이 춥듯이 하면 아무것도 거둘 수 없을 것이다. 부동산 투기, 더 나아가 모든 유형의 투기를 억제하는 장기적인 정책은 대다수 국민들이 공금융기관이 제공하는 저축 수단의 수익률 정도에 만족하는 사회경제적 여건을 조성하는 것이다.

또한 은행이 대출 심사를 철저히 하여 수지맞지 않을 투자 계획을 봉쇄함으로써 기업이 주력 업종에서의 손실을 부동산 투기로 보충하려는 유혹에서 벗어나게 해야 한다. 이러한 사회 분위기와 제도 정착 과정에서 나타날지도 모르는 일시적 저성장은 보다 인간다운 삶을 추구하는 국민경제의 운행을 위해 감수하기로 하자.

결론적으로 국민의 생존권조차 위협하는 투기는 반드시 막아야 한다. 경제 원리로 안 되면 정치적 의지로, 자본주의적 시장 기능으로 안 되면 사회주의적 정책 수단을 가미해서라도 막아야 한다. 탈이데올로기 시대에 우리만이 경직된 이데올로기의 노예가 될 수는 없다.

_ 조선일보, 1990. 5. 10

* 이것이 후일 5 · 8 대책이라고 불리는 조치다.

인플레이션병 치유책

새 정부가 강력한 경제 회생책을 구상하고 있다고 들린다. 예상했던 대로 김영삼 대통령을 만든 이들은 지난 가을부터 한국은행에 재할인율과 규제금리 인하를 꾸준히 요구하더니, 마침내 금년 들어 그 뜻을 관철시켰다. 그러나 구조적 요인에 기인한 한국 경제의 침체가 단순히 재할인율과 규제금리의 인하만으로 해결될 리 없다. 따라서 새 정부가 추가 대책을 모색하는 것은 놀랄 일이 못 된다.

더구나 최근 경제성장률이 둔화되면서 고통받는 중소기업과 노동자들을 생각하면 경제 회생책은 제법 많은 사람의 공감을 얻을 것이다. 경제회생책이 구체적으로 어떤 모습을 띨지는 두고 볼 일이다.

그러나 그것이 재정 확대 또는 통화량 증가를 통한 경기부양책이 되어서는 안 된다. 왜냐하면 경기부양책은 금방 효과가 나타날지는 몰라도, 병을 치유하기보다는 일시적으로 은폐하고 더 나아가서는 악화시킬 수도 있기 때문이다. 그리고 돈은 이미 많이 풀렸다. 작년도 성장률을 5%, 물가상승률을 5%로 볼 때 19%의 통화량 증가는 매우 큰 것이었다.

새 정부는 경기부양보다는 경제 체질을 개선하는 데 힘써야 한다. 체질을 개선하기 위해선 무엇부터 해야 하는가? 나는 인플레이션 경제에서 탈출하는 것이 가장 시급한 과제라고 생각한다.

인플레이션 현상은 단지 물가 문제에만 국한해 나타나는 것이 아니라 이미 우리 사회 전반에 만연해 있는 고질적인 문제이다. 가정에서는 피아노 · 태권도 · 미술 · 영어 · 속셈 등 과외 인플레이션이 한창이다. 학교에서도 인플레이션은 마찬가지다. 누구나 다 대학 · 대학원에 가려 하고, 모든 대학이 큰 대학이 되려 한다. 입시 부정과 재단 비리 문제는 이러한 인플레이션 현상의 부산물일 뿐이다.

기업 활동 측면에서는 규모의 경제가 잘못 인식되어 기업은 무조건 큰 것이 좋다는 생각으로 가득 차 있다. 우리나라 기업은 수익성보다는 규모 확대를 목표로 타인자본으로 설비투자를 많이 했기 때문에 자기자본 비율이 매우 낮다.* 따라서 기업 자금의 회전이 제대로 안 되거나 채산성이 높지 않기라도 하면 도산할 가능성이 매우 높다. 게다가 합병이나 통합을 밥먹듯이 하고 사장실 · 비서실 · 연수원 할 것 없이 모든 시설을 엄청나게 키웠다. 쉽게 이야기해서 겉멋만 들었다고 할 수 있다.

이와 같은 기업은 외형적으로는 그럴듯해 보일지 몰라도 내실이 없고, 따라서 경쟁력이 약하다. 경영에는 관심이 없고 규모 확대를 통한 이익만을 누리려고 하기 때문이다. 대기업은 망하지 않는다는 한국적 경험 속에서 이는 어쩌면 당연한 일인지도 모른다.

이처럼 인플레이션 현상은 내실보다는 외형만을 추구함으로써 경제 전체가 부풀어오르는 거품경제를 만들어 냈다. 이것이 바로 한국 경제의 성장잠재력을 마모시킨 구조적 요인이다.

이러한 상태가 계속 확대재생산되는 근본적 이유는 국민경제의 자원 배분을 담당하는 금융(은행) 부문이 파행적으로 운용된 데 있다.

은행은 대출 심사를 엄격히 하여 기업이 안전성과 수익성이 보장된 곳에 투자하도록 유도함으로써 자원이 효율적으로 배분되도록 해야 한다. 이것은 은행이 자본주의 발전에 기여하는 가장 중요한 기능 중 하나다.

그러나 우리 은행은 그 역할을 제대로 수행하지 못했다. 그 원인은 정부의 규제에서 찾을 수도 있으나 은행이 기업의 부실 채권을 너무 많이 가지고 있기 때문이기도 하다. 기업이 망하는 경우에는 은행도 같이 망한다는 인식 때문에 은행은 어쩔 수 없이 부실 기업에 계속 대출을 해 줄 수밖에 없다. 따라서 화폐금융 당국은 규제를 과감히 푸는 동시에 은행의 부실 채권 문제를 빨리 해결해 주어야 한다.

한국에서 인플레이션 경제가 계속되는 또 다른 이유는 화폐금융 당국이 기업의 인플레이션 체질을 뒷받침해 주는 데 있다. 우리나라는 통화를 관리하는 주체가 분명치 않다. 은행의 대출 활동과 그 결과로 나타나는 통화량 변화를 챙기는 주체가 분명치 않기 때문에 돈이 방만하게 풀린다. 그리고 그것이 인플레이션 체질을 가능케 해준다.

사실 일반인의 눈으론 화폐금융 정책의 최종 책임자가 누구인지는 별로 중요하지 않다. 그러나 최종 책임자가 누가 되든 그 주체를 분명히 하여 통화량, 그리고 그것을 증감시키는 대출 규모에 대해 최종 책임을 지도록 해야 한다.

내가 보기에는 통화량 변화를 주시하는 파수꾼 역할은 아무래도 중앙은행이 정부보다 잘 할 것이다. 따라서 이 일은 한국은행 책임으로 하되 정부 각 부처에서 추천받은 금융통화운영위원들이 자금의 흐름을 잘 지켜보도록 하면 한국은행의 독주를 겁낼 필요가 없다.

이러한 조건에서 금융통화운영위원회 의장과 한은 총재는 같은 사람이어야 한다. 결론적으로 부실 채권 해결과 통화관리의 최종 책임자를 확실히 정하는 것은 인플레이션 중독에서 해방되기 위한 최소한의 조건이다.

_한국일보, 1993. 2. 25

* 1996년 말 기준으로 5대 재벌 그룹, 즉 현대·삼성·엘지·대우·선경의 평균 자기자본비율(자기자본 총액/자산 총액)은 22.4%에 불과했다. 30대 재벌 그룹의 자기자본비율은 그보다도 더 낮은 평균 20.9%였으며 부채비율은 평균 387%였다. 1995년 말 30대 재벌의 자기자본비율은 평균 27%로서, 1년이 지난 후 재벌그룹들의 재무구조는 더욱더 악화되었다.

겉치레 없애고 **내실** 기하자

한국 경제는 6월 말로 신경제 100일을 끝내고 7월 초부터 신경제 5개년이라는 긴 여정을 시작한다. '선 경기활성화, 후 제도개혁'을 내걸었던 정부는 앞으로 국내 부문의 개혁→대외 부문의 개혁→신경제 달성을 추진한다고 한다. 마치 100m 고지를 점령한 후 200, 300…… 1000m 고지도 점차 탈환하겠다는 듯한 태도다. 경제운용은 경기를 먼저 활발하게 하고 제도 개혁은 나중으로, 그것도 '국내 부문 우선, 해외 부문 다음' 식으로 미루는 것이 아닌데도 말이다.

이 시점에서 우리는 지난 100일을 되돌아보고 앞으로는 무엇을 어떻게 할 것인가를 생각해 볼 필요가 있다. 길지 않은 기간이었으나 지난날에 대한 성찰은 미래에 대한 교훈을 주기 때문이다.

지난 100일 동안 한국 경제는 무엇을 이루었는가? 정부는 침체된 경

제를 움직이게 했다고 자부하는 반면 언론은 일제히 100일 계획을 실패
작으로 돌렸다. 실업률이 올라가고, 물가도 만만치 않고, 그토록 정부가
바라던 설비투자도 시원치 않다는 것이다.

나는 거시경제지표의 부진을 탓하고 싶지 않다. 그러나 100일 계획
은 처음부터 잘못된 발상이었다. 왜냐하면 돈 풀고 이자율 내리고 규제
를 조금 완화한다고 해서 경기 활성화가 이루어질 리 없기 때문이다.

100일 계획은 그렇다 치고 앞으로는 무엇을 해야 하는가? 우선 겉치
레보다는 내실을 기하는 것이다. 그러나 요란한 신경제는 아직도 형식
과 구호에 머물고 있다. 새 정부가 추구하는 경제가 '新經濟'면 어떻고,
'신경제'면 어떠하며, 또 '신經濟'면 어떤가. 신경제의 주역들이 굳이
꺾쇠까지 씌워 '新경제'를 고집하는 이유를 도저히 알 수 없다.

내가 알고 싶고 또 기업가 · 노동자 · 농민이 알아야 할 것은 '新경제'라
는 용어가 아니라 신경제의 내용이다. 그것도 '고통분담'과 같은 수준의
표어가 아니라, 장·단기적으로 한국 경제를 이끌어 갈 경제운용 원칙이 무
엇이며 이것을 실행할 정책 수단 체계는 어떠한 것인가 하는 점들이다.

그러나 내가 알고 있는 것은 현대 노사분규에 대한 여론재판식 역공
세, 경제 5단체장의 물가대책협의모임 결성, 신경제 주역과 재벌 총수
들의 회동 등뿐이다. 1970~1980년대에 걸쳐 너무나 많이 보아 왔던 구
태의연한 방식들만으로 신경제가 달성될 수 있으리라고 누가 신뢰하겠
는가. 새 정부는 신경제의 내용을 보다 명확히 하고 이에 대한 국민적

신뢰를 획득해야 한다. 단, 무원칙한 응급조치로는 결코 국민들의 신뢰를 얻을 수 없음을 명심해야 한다.

새 정부가 보여 주고 있는 겉치레의 대표적인 예가 단기적인 경기 활성화 정책이라는 사실은 심히 유감스럽다. 지금 세계 경제는 침체 상태에 있다. 유럽의 실업률은 10%를 훨씬 상회하고, 미국 경기도 좀처럼 풀리지 않는다. 거품이 꺼지는 과정에서 일본 경제 또한 앞으로 상당 기간 어려울 것이며, 중국 경제도 과열을 우려하여 긴축 정책이 예상된다.

이런 상황에서 소규모 개방경제인 우리가 활성화 정책을 쓴다고 해서 금방 효과가 나타날 리 없다. 그런데도 정부는 제조업의 설비투자가 늘어나지 않자 건설 경기를 부추기고 있다. 이것이야말로 겉치레 성장을 위해 경제 체질을 약화시키는 것이다. 6공화국의 200만 호 건설이 가져다 준 부작용을 강조하던 이들이 건설 경기를 부추기다니 기막힌 일이다. 그래도 6공 때의 200만 호 건설은 사회·정치적으로 의식주 가운데 하나인 주생활 개선을 위해 필요하다는 콘센서스가 어느 정도는 형성되어 있었다. 그러나 미분양 아파트가 누적되어 있는 현 시점에서 건설 경기 부추김은 비난받아 마땅하다.

내실을 기하기 위해 정부가 앞으로 해야 할 일은 경제의 효율성을 높일 수 있도록 경제운용 원칙(rule of game)을 세우는 것이다. 이것은 너무나도 당연하여 진부하게 들릴지 몰라도 아직도 안 지켜지는 것이 안타깝다.

한국 경제는 효율성이 낮다. 과거 성장이 잘 될 때는 한국 경제가 여러 가지 의미에서의 불균형 문제를 안고 있으나 효율성만은 높다고들 생각했다. 그러나 성장이 움츠러들면서 효율성에도 심각한 문제가 있음을 깨닫게 되었다. 한국 경제는 아직도 자본과 노동을 듬뿍 투입해야 성장하는 외연적 성장 단계에 있다. 정부는 그 이유를 파악하여 이를 시정하는 데 힘써야 한다.

효율이 떨어지는 이유는 여러 가지 있겠으나 가장 중요한 것은 진입·퇴출의 자유가 보장되지 않아 비효율적인 기업이 국민경제의 희소한 자원을 낭비하고 있다는 사실이다. 덩치만 크면 망하지 않으며, 또 능력 있는 사람이 새로 기업을 세우려 해도 어려움이 한두 가지가 아니다. 인력 개발, 사회간접자본 구축 등 정부가 해야 할 일이 대단히 많다.

그러나 정부의 가장 중요한 역할은 국민경제의 희소한 자원을 효율적인 기업이 사용하도록 경제운용 원칙을 세우는 일이다. 정부는 기업의 자유로운 진입과 퇴출을 허용해야 한다. 그것은 제조업뿐 아니라 금융업에도 적용해야 하고, 또 중소기업뿐 아니라 대기업, 특히 재벌그룹 기업에도 적용해야 한다.

물론 이것이 한국 경제가 효율성을 높이고 자생적으로 발전하기 위한 충분조건은 아니다. 그러나 최소한의 필요조건이다.

_한국일보, 1993. 7. 1

중·고교 입시 부활하자

나는 지금까지 경제(학) 이외의 문제에
대해서는 언급하지 않는 것을 원칙으로 삼아 왔다. 그러나 한국 경제의 앞
날을 걱정하는 경제학도로서 한국 교육의 현실을 지켜보며 침묵만 하고 있
을 수는 없어 교육 문제에 대해 한마디 하려 한다.

교육은 자기 계발이라는 본래의 목적을 가지고 있다. 그러나 경제적
차원에서 볼 때 교육은 창의적 인간을 길러내며, 또한 창의적 인간은 클
린턴 행정부의 브레인인 R. 라이치가 말했듯이 생산성 향상을 통해 국
제경쟁력을 제고시키므로 교육의 중요성은 아무리 강조해도 지나치지
않는다. 우리가 교육 투자, 즉 인적 자본에 대한 투자에 관심을 갖는 것
은 결코 우연이 아니다.

그런데 우리나라는 사적으로는 몰라도 공적 교육 투자가 GNP 대비

나 국가 예산 대비 등 어느모로 보나 보잘것없다. 뿐만 아니라 같은 돈을 써도 효율적으로 쓰지 못한다.

그 이유 가운데 하나는 교육이 교육자에게 맡겨지지 않고 정부 관리 손안에 있다는 데 있다. 관리가 경제를 좌지우지하면 경제가 잘 안 되듯이, 교육도 관리가 지휘하면 망할 수밖에 없는데도 말이다.

가장 심각한 교육 문제는 수재와 범용한 학생이 똑같이 취급받는 데 있다. 교육은 우수함을 추구해야 함에도 불구하고 한국 교육은 쉽게만 가르치려 하고 평준화를 목표로 하고 있으니 참으로 안타깝기 짝이 없다.

평준화는 20여 년 전 자라나는 새싹들을 입시 지옥에서 해방시키자는 명목으로 먼저 중학교 입시를 없애고, 3년 후 고등학교 입시까지 없앤 후 생겨났다.

그러나 오늘날 입시 지옥은 과거보다 훨씬 긴 터널로 변했고 그 강도 또한 훨씬 높아졌다. 대학 졸업장이 능력과 인격을 재는 척도가 되고, 모든 부모가 법관·의사 자녀 두기를 원하는 사회 구조 속에서 입시 지옥이 사라지겠는가.

한국의 표준적 어린이가 대학, 특히 원하는 대학에 들어가자면 유치원부터 14년 동안 입시 준비를 해야 한다. 이들은 빈부를 가릴 것 없이, 그리고 능력도 따질 것 없이 태권도·수영·미술·피아노·붓글씨·속셈·영어 등을 마구잡이로 배운다. 때로는 부모의 권유로, 때로는 친구를 따라 목적 의식 없이 학원에 간다.

그러나 어느 것 하나 제대로 배우는 것이 없다. 꼭 배우고 싶어서 하는 것이 아니고 남들도 하니까 나도 한다는 식이기 때문이다. 그러니 이 과목들은 모두 중·고등학교에서 내신 성적을 올리기 위한 예비 과정으로 인식되고 있는 것이 현실이다.

유치원과 초등학교 과정이 끝나면 부모가 거주하는 학군의 중학교와 고등학교에 강제로 배정받아 10여 과목을 배운다. 내신을 의식하며 모든 과목을 다 하자니 어느 것 하나 잘하는 것이 없다. 뿐만 아니라 우등생과 지진아가 같은 학급에서 배우자니 애로가 많다. 우등생 중심으로 하면 열등생이 못 따라오고, 열등생 중심으로 하면 우등생이 흥미를 잃는다. 결국 학교는 교육을 포기하고 학부모들은 과외에 의존할 수밖에 없다.

여기서 두 가지 문제가 생긴다. 하나는 평준화된 학급에서 창의적 인간을 길러 낸다는 것은 연목구어(緣木求魚)나 다름없다는 문제다. 평준화는 수재를 바보로 만들 뿐이다. 또 하나는 중·고교 과정에서는 경제적으로 여유 있는 가정의 자녀만이 과외를 할 수 있다는 문제다. 오늘날 유수한 대학의 인기학과생 대부분이 부잣집 자녀거나 극성스런 부모를 둔 것은 결코 우연이 아니다.

나는 중·고교 입시를 부활시킬 것을 제안한다. 어떤 학생이 전국적으로 유명한 중·고교 중 하나에 들어가기만 하면 전국적으로 유명한 대학에 들어갈 수 있다는 자신감이 생길 때 입시 지옥은 완화될 것이다.

또한 이런 학생들이 한편으로는 비슷한 또래들끼리 경쟁하며 자신을 계발하고, 다른 한편으로는 여유를 갖고 특별활동을 마음껏 하며 호연지기를 기른다면 창의성이 개발될 여지가 많아질 것이다.

한마디로 중·고교 입시 부활은 긴장과 초조 속에서 14년을 입시 준비로 고생하는 학생들 가운데 우수한 이들을 미리 걸러 대학 입시 걱정에서 해방시키자는 것이다. 창의적인 생각은 아무래도 어릴 때부터 길러 줘야 하며, 또 시간적 여유가 있을 때에나 생기기 때문이다. 버틀런트 러셀도 말하지 않았던가. 바쁜 사람의 머리에서는 아무것도 기대할 수 없다고.

우리의 선현들은 교육을 백년지대계라 했다. 옳은 말이다. 오늘의 훌륭한 교육은 백년 후의 한국을 강하게 만들 것이다. 그런데 교육 효과는 생각보다는 훨씬 단기간에 나타날 수도 있다. 교육 투자를 더 늘리고 교육을 교육자에게 맡기는 동시에 교육제도를 빨리 고쳐 창의성 발휘→생산성 향상→국제경쟁력 제고를 기대해 보자. 그 가운데 가장 시급한 것은 중·고교 입시 부활이다. _한국일보, 1993. 7. 29

형평의 **제고**를 위하여

경기가 본격적으로 회복 국면에 들어섰다. 통계청에 따르면 지난 1월 제조업 가동률이 84%에 달해 1991년 1월 이후 최고치를 나타냈으며, 제조업 취업자도 5만 3천 명이나 증가했다. 뿐만 아니라 국내 기계 수주와 건설 수주액도 큰 폭으로 증가하여 생산 능력이 확대될 전망이다.

인간의 생활이 짧게는 하루의 순환에서부터 일주일의 순환, 나아가서는 1년의 순환을 계속하듯이 자본주의 경제도 특유의 순환을 보이면서 경제 활동이 어느 정도 규칙성을 띠고 호황과 불황을 반복한다. 이제 한국 경제는 긴 불황의 터널을 벗어난 셈이다.

그 이유가 이른바 신(新)삼저 현상 때문이든 혹은 경기부양 정책 때문이든 경기회복과 함께 고용이 증대되었다니 참으로 반가운 일이 아닐 수 없다. 고용의 증대보다 더 반가운 경제 소식이 어디 있겠는가.

그러나 이러한 반가운 소식을 접하며 그저 좋아하기에는 때가 이르다. 왜냐하면 아직도 우리에게는 산적한 문제가 많고, 또 단기적 호황이 저절로 장기적 성장으로 이어지는 것도 아니기 때문이다. 뛰어난 장수가 승전 소식에서 다음번의 전투를 준비하듯 우리도 전열을 가다듬어야 한다.

경기회복은 경제정책을 맡은 사람들이 보다 자유롭게 경제 개혁을 추진할 수 있는 여유를 줄 것이다. 정부는 이 기회를 이용하여 이제까지 경제 개혁의 주종을 이루었던 규제완화 조치의 수준을 초월한, 보다 본격적인 개혁에 나서야 한다. 그것은 바로 경제적 형평의 제고다.

현재 전기전자·자동차·철강 등 중공업이 경기회복을 주도하지만 신발·의복·가죽 등 경공업은 생산 감소 현상을 보이고 있다. 따라서 이미 심각한 상태에 빠진 중공업과 경공업 간의 불균형, 더 나아가서는 재벌기업과 중소기업 간의 불균형이 경기회복 과정에서 더욱 심화될 징후를 보인다.

내가 오늘뿐 아니라 오랫동안 형평을 문제삼아 왔고, 또한 앞으로도 계속 문제삼으려고 하는 이유는 형평이 그 자체로도 중요하지만 경제 민주주의와 성장잠재력 배양에 필수불가결하기 때문이다.

경제 사회는 하나의 커다란 교환 체제, 즉 '당신이 내게 어떤 것을 해주면 나도 당신에게 무엇인가 해주겠다'는 식의 공생공존 체제라고 볼 수 있다.

예를 들어 기업은 노동자를 고용하여 재화 또는 서비스를 생산하고, 이를 소비자 또는 다른 기업에 내놓는다. 그러면 소비자 또는 다른 기업은 자기들의 필요에 따라 제품을 고르고 그에 대한 대가를 기업에 지불한다. 한마디로 기업과 노동자는 그들의 제품을 구입하는 소비자나 다른 기업과의 교환을 전제로 하는 교환 관계를 맺는 셈이다.

그런데 과학기술의 발달과 그에 따른 우회생산도의 증가는 현대 사회의 생산자와 소비자, 생산 과정에 참여하는 노동자와 기업가 그리고 한 기업과 다른 기업 간의 교환 체제를 그물처럼 복잡하게 엮어 버렸다.

이때 만일 경제 사회 구성원 각자가 최소한의 생활 수준에 도달함과 동시에 구성원 간에 소득이나 재산 등 경제력 차이가 그다지 크지 않아서 한 구성원이 다른 구성원들을 압도하지 않으면 자발적 교환 체제가 형성되어 창의성이 제고되고, 그 결과로 장기적 성장의 기반을 닦을 수 있다. 그리고 이것은 지금 우리에게 절실히 필요한 것이다.

그러나 최소한의 생활 수준 보장과 구성원 간의 경제적 평등이라는 두 가지 조건 가운데 하나라도 미흡하면 교환 체제가 깨지거나, 비록 깨지지는 않는다 할지라도 억압적 상태 또는 불안한 상태에서의 교환 체제로 변모하게 된다. 이 경우 우리 경제가 필요로 하는 창의성 제고와 그 결과로서의 성장잠재력 배양은 불가능해진다.

그런데 최소한의 생활 수준 보장과 구성원 간의 경제적 평등은 개인이

나서서 해결할 수 있는 문제가 아니다. 이것은 사회 전반의 문제이므로 정부가 나서서 과감한 개혁 정책을 통해 풀어야 한다. 우리나라의 불평등은 과거 정부의 성장 정책의 산물이라는 점을 감안하면 더욱 그렇다.

정부는 저소득자, 예를 들면 하위 20%에 해당하는 소득자들이 최소한의 의식주와 교육을 누릴 수 있도록 직접적인 소득 보장 정책을 씀과 동시에 대 · 중소기업간, 빈부간, 농공업간 등의 불균형이 현재보다 심화되지 않도록 함은 물론, 약자 편에 서서 형평이 제고되도록 최선을 다해야 한다.

그러나 지난날 정부는 일부러는 아니라 할지라도 결과적으로 불균형을 심화시키는 정책을 써왔다. 또 상대적으로 강자를 편드는 경기 규칙을 적용함에 따라 불균형이 겉으로 나타난 것보다 더 심각한 경우도 많았다.

앞으로는 형평을 보장하는 모든 조치를 실시한 이후 적자생존의 원리를 공평하게 적용하여 대기업이건 중소기업이건, 그리고 실물 기업이건 금융기업이건 예외없이 창조적 도태가 이루어지도록 해야 한다. 현재와 같이 강자가 상대적으로 득을 보는, 예를 들면 큰 기업은 절대 도태되지 않는 경기 규칙은 마땅히 고쳐져야 한다. 보다 많은 수확을 위해 그물을 손질하는 어부의 차분한 마음으로 경기회복의 여유를 잘 이용하여 형평의 제고에 더 큰 관심을 보여야 할 때다.

_ 한국일보, 1994. 3. 10

부실불감증 시대

성수대교 붕괴의 교훈

독일에서 세미나에 참석하고 있을 때의
일이다. 내가 머물고 있던 독일의 지방 신문에 성수대교 붕괴 사고가 머릿
기사로 실렸다. 수도 서울의 한복판에서 다리가 무너졌다는 소식을 외국에
서 접하면서 참담한 마음을 금할 수 없었다. 더군다나 교각의 붕괴 가능성
에 대해 누차 지적이 있었음에도 책임자는 문제없다는 답변을 되풀이했고,
설마 하는 심리로 버텨 왔다니 분노감마저 느낀다.

나는 오늘 우리 사회에 만연해 있는 무사안일주의와 부실불감증을
지적하고자 한다. 우리 사회의 부실한 측면은 비단 교각이나 건물에 국
한되지 않는다. 나라 경제의 부문부문이 외화내빈의 부실 경제화되어
있다.

그러나 어느 누구도 책임 있는 자세를 견지하지 않고 있으며, 만일

이 같은 상황이 계속된다면 제2, 제3의 성수대교 붕괴와 같은 파장이 우리 경제에 몰려올 것이다.

우선 금융 부문에서 가장 심각한 문제는 은행이 보유하고 있는 천문학적 숫자의 부실 채권이다. 현재 부실 여신의 대략적 규모는 고정과 회수의문, 그리고 추정손실액을 기준으로 전체 대출금의 20%(약 10조 원)에 육박하고 있다. 그동안 은행의 부실 채권은 은행의 정상적인 대출 심사를 제약할 뿐 아니라 은행 수지를 압박하는 요인으로 작용해 왔다. 급기야 금융시장 개방과 더불어 한국 금융기관의 존폐를 좌우할 정도가 되었다. 월등한 금융기법으로 무장한 외국 금융기관과의 경쟁에서 기술 면에서도 부족한 우리가 추가적 부담 요인 속에서 성공적으로 경영을 해나갈 수는 없기 때문이다.

부실 채권의 문제는 지난 몇 년간 누차 지적되어 왔다. 그러나 당국의 조치는 전무한 것이나 다름없었다. 이는 마치 부실한 다리라도 절대로 무너질 수 없다는 근거 없는 낙관과 동일하다. 은행은 정부의 보호 아래서 영업하며 도산을 경험한 적이 없었으므로, 은행도 이 문제에 대한 적극적인 자구책을 마련하지 않고 있는 실정이다. 오히려 당국이나 은행들은 자신들의 부실 여신 규모를 감추는 데만 급급해 있다. 최근 들어 재무부가 은행공시제도 확충안을 마련하기는 했다. 은행간 경영 상태 비교를 위한 통일 공시 기준 마련을 유도하기 위한 이 조치는 1994년도 결산에서 시험 적용한 후 1995년부터 본격 적용된다. 공시 대상으로는 업체당 부실 여신 규모가 전년 말 현재 5%를 초과한 은행이나 금융 사고 등 위규 사항이 적발되었을 경우, 그리고 금융 당국의 경영개선 요구 조치를 받은 경우로 명기했다.

그러나 이 조치는 문제 해결을 위한 대안으로는 미흡하다. 적용 대상이 1994년 9월 1일 이후부터이므로 기존의 부실 채권 문제 해결에 전혀 도움이 되지 않기 때문이다. 예를 들어 1993년까지는 부실 공사를 해도 되고 1994년부터는 '부실 공사 추방의 해'라는 어이없는 간판을 내건 시공업자와 하등 다를 바가 없다. 부실 채권 양산은 과거 성장제일주의 시대의 정부 정책과 밀접한 관련이 있으므로 정부 차원에서 이 문제 해결을 위해 적극적 자세를 보여야 한다.

또 부실 기업 문제를 지적할 수 있다. 자본주의 경제의 발전은 이노베이션에 의해서만 가능하다. 이노베이션을 통해 승리한 기업은 보상을 받고 패배한 기업은 시장에서 퇴출되어야 한다. 이것이 자유경쟁의 질서이며 효율적 경제를 위한 필요조건이다.

그러나 우리의 상황은 어떠했는가. 아무리 부실한 경영을 해온 기업이라도 규모가 크다는 이유로 보호되어 왔다. 또 규모는 작지만 효율적 경영을 통해 기술을 개발하고 표창까지 받은 중소기업은 잘못된 대출 관행과 그에 따른 자금난으로 도산하기 일쑤였다. 대기업은 중소기업의 몇 배에 달하는 돈을 대출받으면서도 경영을 정상화시키지 못하고 또 정부가 지원해 줄 것이라는 안일한 기대 속에서 적자 경영을 면치 못하는 반면, 도산한 중소기업의 많은 수는 흑자 상태였다.

　이러한 모든 문제는 정부의 부실 기업 정리 방안에서 파생되고 있다. 정부의 대기업관은 대형 기업들에게 규모를 볼모로 한 부실 경영을 조장하는 결과를 초래하고 있는 것이다. 예를 들어 기업 경영이 악화되면 부실 여신이 발생한다. 은행은 정부라는 안전판을 믿고 부실 기업에 대한 대출을 오히려 확대시킨다. 그러나 이미 효율성을 상실한 기업이 추가 대출로 살아날 리 만무하다. 기업 경영이 더욱 악화되고 은행이 경영 압박을 받으면 정부는 산업합리화 기업 지정 등의 조치를 통해 대형 부실 기업의 구제에 나선다. 조세와 금융상의 각종 지원 등 특혜적 지원이 대종을 이루게 된다. 최근의 예로 한양에 대한 산업합리화 업체 지정을 들 수 있다.*

　그러나 이러한 정부의 지원은 단기적 미봉책에 불과하며 대부분의 지정 기업들은 경영혁신을 위한 자구 노력을 게을리해 왔다. 이는 지난 십수 년의 경험이 말해 주는 사실이다. 이러한 비효율적 구조로는 험난한 국제 경쟁의 파고를 넘을 수 없다. 자본시장이 개방되고 외국 자본의 직접투자가 가능해지면 M&A 등을 통해 경쟁력을 상실한 우리 기업의 대다수가 맥없이 무너져 외국 자본의 지배 아래 놓이게 될 판이다. 지금부터라도 정부는 진정으로 효율적인 기업이 살아남을 수 있는 경제 환경을 조성해야 한다. 대자(代者)가 아닌 적자(適者)가 생존할 수 있는 경제 질서의 확립이 시급히 요청되고 있는 것이다.

우리는 우리의 수도 한복판에서 다리가 무너지는 어이없는 사건을
경험했다. 그러나 철저한 대비와 준비가 없는 한 우리 경제도 위태롭다.
경각심과 지혜를 가지고 우리 경제의 안전 점검에 만전을 기해야 한다.
더 이상 미룰 수는 없다.

▶ 이 글은 1994년 가을 약 2주일 동안 독일 일주 여행을 한 후 쓴 것이다.

＊이 책의 1장 중 '한양과 개혁 의지'에서 논의했다.

경제구조 개편을 위하여

지금 우리나라 경제는 안으로 깊게 멍들고 있다. 다만 노태우 전 대통령 비자금 사건, 12·12와 5·18 재판, 그리고 4·11 총선 때문에 실상이 밖으로 드러나지 않았을 따름이다. 물론 겉으로 드러난 수치상으로만 보면 실업률은 2%대로 사상 최저 수준이고, 물가 상승률도 피부 물가는 몰라도 지수 물가는 아직 한 자리 숫자를 유지함으로써 IMF에서 '1995년 우등상'을 받았을 정도다.

그러나 구조적으로 보면 한때 걷히는 듯하던 거품은 되살아날 기세이고, 고비용도 여전하다. 대기업과 중소기업 간의 양극화 현상은 사회 불안으로 이어질지도 모를 정도로 심각한 상태다. 또 대외적으로 보더라도 눈덩이처럼 쌓이는 국제수지 적자와 그로 인한 천문학적 외채가 한국 경제에 압력을 가하는 가운데 허약한 체질로 맞게 될 본격적인 금융 개방은 한국 금융의 장래를 어둡게 하기에 충분하다.

이 가운데서 거품과 중소기업 논의를 다음 기회로 미룬다면 모든 문제는 과학기술 발전과 금융 정상화로 압축될 수 있다. 우선 과학기술 발전은 창조적 마인드에서 나온다. 그런데 태어나서부터 10대 후반까지 대학 입시만을 위해 일로매진하는 우리네 교육 풍토에서는 과학기술 개발을 기대하기 어렵다. 왜냐하면 버트란트 러셀이 말했듯이 바쁜 머리에서는 아무것도 기대할 것이 없기 때문이다. 그런 의미에서 젊은이들을 고정된 틀 안의 공부에서 해방시켜 새로운 생각을 할 수 있도록 하는 입시제도의 획기적 개혁, 교육개혁위원회가 제시한 것보다는 훨씬 참신한 개혁이 필요하다.

뿐만 아니라 정치·경제·사회·문화 모든 분야에서 '이것이냐 저것이냐' 보다는 '이것도 저것도'의 사고를 해야 한다. 예를 들면 첨단 기술만 옳고 전통적 기술은 틀리다는 생각을 고쳐야 한다. 원로 경제학자인 림원택 선생은 한·일 간의 경제 성과를 비교하면서 한국은 극소주의(極小主義)를 택하여 별로 성공하지 못한 반면, 일본은 극대주의(極大主義)를 택하여 상당한 성공을 거두었다고 평했다. 다시 말해서 한국은 항상 옛것은 버리고 새것만 취하는 반면, 일본은 옛것과 새것을 동시에 취했다는 것이다. 선택 가능한 것이 A(한 예로 불교), B(유교), C(기독교)라고 할 때, 한국이 역사적으로 A→B→C 정책을 택했다면 일본은 A+B+C 정책을 택했다고나 할까.*

그런데도 김영삼 정부는 과거는 모두 엉터리라며, 이른바 '역사 바로 세우기'를 꾀해 왔다. 어느 날 갑자기 하늘에서 내려온 천사라도 된 것처럼 말이다. 개혁하겠다는데 반대할 사람은 없다. 문제는 일관된 원칙이 없다는 것이다. 과거 그에게 '괘씸죄'를 저지른 사람, 즉 정적은 모두 혼내고 자기 주위 사람들은 어중이떠중이 모두 중용하면서 개혁이 잘되기를 바라는 것은 무리다.

경제 분야도 마찬가지다. 논의 과정에서는 찬반이 많았으나 이미 시작한 사업인 영종도 공항과 경부고속전철 건설은 예정대로 추진하여 물류 비용을 줄여야 하는데도 아무도 제대로 챙기지 않는 반면, 새 정부 들어서서 이것저것 즉흥적으로 계획하는 사업은 많다. 이것이 바로 A→B→C 정책이 아니고 무엇인가.

가장 골치 아픈 금융 문제는, 지난 10여 년간 개방에 대비하여 만반의 준비를 갖추라고 여러 사람이 외쳐 댔지만 아직도 바뀐 것이 별로 없다. 여기서도 기본적으로는 A+B+C 정책이 바람직하다.

잠깐 눈을 밖으로 돌려 보면 세계 제일의 금융국인 영국에서는 유명한 경구, 즉 "나의 한 마디는 곧 나의 문서(My word is my bond)"가 통할 정도로 신용이 발달했다. 그러나 우리나라에서는 신용카드 회사마저 거짓 전표를 근거로 돈을 빌려 줄 정도로 신뢰가 부족하다. 따라서 가까운 시일 내에 금융이 크게 발전하기는 어렵다.

그러나 개방된 세계에서 살아나려면 적어도 외국인들이 하는 것을 최대한 따라가도록 해야 한다. 그런데 공식적 금융 규제는 많이 풀렸다지만 아직도 비공식적 간섭은 많다. 재경원 장관이 은행들보고 이자율을 내리라고 주문하는 것도 문제고, 이것을 명령으로 생각하여 받아들이는 것도 문제다. 그리고 증권 가격을 안정시킨답시고 기관투자가에게 매수 우위(매입을 매출보다 많이 하는 것)를 지키라고 계속 종용하는 것도 문제다. 이런 것들은 금융 정상화에 찬물을 끼얹는 어쭙잖은 조치다. 빨리 없어져야 한다.

그리고 이제는 실물 부문과 함께 금융 부문도 공정한 룰을 적용한 후 자본주의 원칙, 즉 적자생존의 원칙을 적용하여 부실한 금융기관을 도태시켜야 한다. 진입의 자유와 함께 탈퇴의 용이함도 허용하자는 것이다. 이것 없이는 금융 발전을 기대할 수 없다. 물론 금융기관의 잘못과는 관계없이 누적된 부실 채권 문제는 하루빨리 해결해 주는 것을 전제로 말이다. 이때 선의의 피해자를 위한 예금보험제도가 절대적으로 필요함은 물론이다. 그런 의미에서 제2금융권의 예금보험기관인 신용관리기금이 성공적이었던 교훈을 살려 제1금융권의 '예금보험공사'를 하루빨리 가동시켜야 한다.

이러한 조건들이 갖추어져 한국 경제의 구조 개편이 빨리 이루어질 날만을 기다리는 마음 간절하다.

_조선일보, 1996.4.8

* 임원택, 『속 제2자본론』, 한국경제신문사, 1992, p. 848·852 참조.

2002년 월드컵과 거품경제

지난 초여름만 해도 우리 경제의 장래에 대한 장밋빛 전망이 여러 경로를 통해 제기되었다. 정부는 한국개발연구원의 『21세기 한국 경제의 비전과 발전 전략』을 인용해 한국 경제가 2020년에 영국을 제치고 G7으로 발돋움할 것이라고 전망했다. 그때쯤이면 한국은 세계 일류 국가가 되어 살기 좋은 나라, 기업 하기 좋은 나라, 가보고 싶은 나라가 된단다.

게다가 2002년 월드컵축구대회 유치 결정이 나자, 언론은 너나 할 것 없이 한국 경제가 월드컵 특수로 다시 한 번 도약의 기회를 맞을 것이라고 호들갑이었다. 어느어느 산업이 유망하다느니, 우리 상품의 고유 브랜드를 세상에 알릴 길이 뚫렸다느니, 월드컵을 통해 선진국이 되자느니……이루 다 헤아릴 수 없다.

그러나 지나친 경제적 낙관은 예외없이 경제적 거품과 그로 인한 경제적 파탄을 초래했음을 지난날의 자본주의 역사는 우리에게 잘 보여 주고 있다.

거품은 자산 가격이 그 자산의 근본적인 내재 가치를 초과하는 수준에서 결정될 때 생긴다. 즉, 명목 자산 가격과 근본 가격 간의 차이가 거품이다. 거품은 자본주의 경제가 시작된 이래 언제나 틈만 나면 발생했다가 사라지기를 거듭했다.

17세기 네덜란드의 튤립 열풍에서 시작해 18세기 프랑스의 미시시피 버블, 영국의 남해 버블, 1920년대 플로리다 토지 붐, 대공황 직전의 주식 붐, 1980년대 후반 일본의 거품경제, 그리고 1994년 멕시코의 거품 경제에 이르기까지 수많은 거품들이 놀랄 만큼 비슷한 모습으로 자본주의의 역사를 장식해 왔다.

튤립 열풍은 1634년부터 1937년까지 모든 네덜란드인의 마음을 뒤흔들고, 결국 경제 전체를 파탄으로 몰아넣었다. 아름다운 튤립의 변종이 유행하면서 그것이 투기의 대상이 되자, 귀족부터 굴뚝 청소부에 이르기까지 거의 모든 사람이 튤립에 재산을 쏟아부었다. 그로 인해 한때 최상품종의 튤립 한 뿌리가 '마차 1대와 말 2필, 그리고 마구 일체'와 교환될 정도였으니, 1000원에 튤립 한 뿌리를 살 수 있는 우리로서는 도저히 이해할 수 없는 광기였다.

역사상 이 최초의 대규모 거품은 불시에 사라졌다. 팔자는 주문이 쇄도하고 가격이 폭락하면서 투자자들이 파산하고 결국은 국가 경제가 위기를 맞았던 것이다. 그럼에도 불구하고 100년 후 튤립 열풍에 대한 기억이 채 사라지기도 전에 같은 네덜란드에서 히아신스 열풍이 똑같은 형태로 재연되었으니, 인간이 역사에서 교훈을 얻기란 참으로 어려운가 보다.

거품의 역사가 우리에게 주는 교훈은 (그것이 엄청난 후유증을 남긴다는 점 말고도) 위대한 물리학자 뉴턴이 남해 버블 사건에서 큰 손해를 보았고, 심지어는 위대한 경제학자 피셔도 대공황 직전의 주식 붐에 잘못 편승하여 300만 달러의 손해를 보았다는 점에서 알 수 있듯이, 현명한 사람도 거품 속에서는 여지없이 광기에 휩쓸리고 만다는 사실이다. 거품 속에 있던 사람들은 나름대로 합리적인 판단을 했다고 생각할지 모르지만, 대부분의 경우 그것이 거품이라는 사실은 붕괴가 시작되고 나서야 비로소 인식하는 경우가 비일비재하다. 바로 여기에 현재에 이르기까지 계속 되풀이되는 거품의 무서움과 끈질긴 생명력의 원천이 있는 것이다.

한국만 해도 1980년대 후반 땅값을 포함하여 모든 자산 가격이 천정부지로 올랐다. 주가도 예외는 아니었다. 주가가 수년간 급상승하자 주식으로 일확천금을 벌 수 있다는 확신이 퍼지면서 종합주가지수가 일시적으로 1000포인트를 돌파하기까지 했다. 그러나 거품이 일시에 사그라들면서 농민들을 포함한 수많은 소시민들이 이른바 '깡통 계좌'를 차고 증권회사 객장을 부수던 절박한 상황을 나는 아직도 잊을 수가 없다. 정부 역시 이러한 거품 상황을 방지하기는커녕 오히려 잘못된 증시 부양책 등으로 사태를 악화시켰다는 점을 되새겨 보아야 한다.

나는 1980년대의 거품이 88서울올림픽과 관련하여 사람들이 미래에 대해 가지게 된 지나친 낙관과 무관하지 않다고 생각한다. 경제에 대한 근거 없는 낙관론은 근로자의 근로 의지를 저하시키고 소비자의 소비 성향을 크게 올려놓았다.

그 결과는 1990년대 초반의 경제 체질 약화였다. 땅값 상승으로 임대료가 터무니없이 올랐고, 사람들의 가치관이 한탕주의로 동요되었으며, 거품 물결을 탄 재벌 소속의 기업과 그렇지 않은 기업 간의 불균형이 회복할 수 없을 정도로 커져 자본주의의 기본 원리인 적자생존은 어디론가 사라져 버리고 대자생존만이 한국 경제를 지배하게 되었다. 거품이 없었더라면 보다 생산적인 부문에 투여되었을 자원이 엉뚱한 곳으로 몰림으로써 경제성장의 바탕이 되는 자본 축적이 제대로 이루어질 수 없었음은 물론이다.

나는 이번 2002년 월드컵축구대회 유치가 다시 한 번 미래에 대한 지나친 낙관을 불러일으켜 거품을 재연시킬 것 같아 걱정이다. 공동개최국 일본과의 무리한 시설 경쟁, 연관 산업에서의 중복과잉투자, 그리고 몇 년 동안 계속될지도 모를 흥청거리는 사회 분위기 등은 한국 경제의 앞날을 어둡게 하기에 충분하다. 2002년 월드컵축구를 차분히 치르길 빈다.

한국 경제 아직 늦지 않았다 | 보다 나은 미래를 향하여

▶ 이 글은 1996년 6월 내가 고정 칼럼을 쓰던 한 중앙 일간지의 청탁을 받고 쓴 것이다. 그러나 어찌된 영문인지 그 일간지는 청탁만 하고는 원고를 찾아 가지 않았다.

거품을 걷어내자

'성장 팽창 중독에서 비롯된 만성적 거품증후군'. 건국 이래 최대 부도 사건인 한보 사태의 진단서다. 단순한 정경유착이나 금융 사고가 아닌 우리 사회 거품 현상의 총체적·집약적 표출이라는 데 전문가들의 견해가 일치한다. 1인당 국민총생산(GNP) 1만 달러, 국내총생산(GDP) 세계 11위, 교역 규모 12위, 선진국 클럽인 경제협력개발기구(OECD) 멤버. 2020년 G7 국가 진입에의 꿈. 이 같은 화려한 외장 뒤편은 그러나 부끄러운 '슬럼가'에 비길 만하다. 외화내빈이다.

우리 경제는 '규모의 경제'를 앞세운 부패 신화가 주도해 왔다. '규모'에 집착한 정부의 우산 아래 공룡화한 재벌이 태어났다. 한보철강이라는 한 민간 기업의 부채 비율이 1900%가 되어도 '국가기간산업'이라는 말로 옹호돼 왔다.

국내 각종 연구소는 1천 개가 넘는다. 연구원 10만 명 이상에 연구개발 투자 규모도 민간 중심으로 100억 달러를 넘어 세계 8위권이다. 그러나 컴퓨터 · 반도체 · 생명공학 등 첨단 분야에서 내놓을 만한 기술 하나 없다. 왜인가. 정부에서 세금 감면 등 지원을 한다니까 기업들이 너나없이 연구소를 세운 탓이다.

지난해 경상수지는 237억 달러 적자, 외채는 1천억 달러를 넘었다. 빚을 내 성장 공백을 메웠다는 해석이 가능하다.

대한민국 국무총리의 직함은 총리직을 빼고 34개. 문어발 기업을 연상케 한다. 수많은 '……위원회' 장이라는 직함은 곧 옥상옥의 거품이다. 책임지지 않으려는 발상도 한몫 한다.

어느 사회학자가 헤아려 본 한국 사회에 뿌리내린 인사치레는 결혼 · 장례 등 기본 치레를 빼더라도 81종. 축 · 조의금을 낼 때마다 스스로도 납득키 어려운 지폐를 봉투에 담는 것은 또 다른 거품이다.

거품이 거품을 낳기도 한다. 최근 정부가 경상적자의 한 범인으로 지목한 연간 2200명 꼴의 미성년자 편법 유학. 철이 채 들지도 않은 어린 자식들을 눈속임해 가며 외국 땅으로 보내는 것은 외국물을 먹어야 제대로 행세하는 사회 풍조가 낳은 희비극이다.

거품은 어디에서 오는가.

"지금은 성장기를 거쳐 '감속 시대' 다. '욕구줄이기' 를 해야 하는데 바라는 것은 옛 그대로다. 아직 4, 5년마다 이사를 해야 불안하지 않고 정부는 13~14%의 예산 증액을 해야 직성이 풀린다. 여전한 '과욕구'의 거품들이다"(박승 중앙대 경제학과 교수).

"선진국들과 달리 1만 달러 시대를 문화적 · 경제적 토대 없이 맞아 과실만 따먹는, 다시 말해 '흉내'만 내고 있는 형국이다. 법이나 제도상으로는 고치려고 시도하지만 노동법이나 선거 관계법 개정 과정에서 보듯 의식은 따로 움직인다"(임현진 서울대 사회학과 교수).

맹목적으로 부풀려 온 '거품'이 꺼지는 순간은 비참하다. 성수대교와 삼풍백화점 붕괴 참사는 우리 사회의 거품이 가져다 준 처절한 교훈이었다. 한보 사태에 이어 또다시 어떤 거품 후유증이 나타날지 장담할 수 없는 상황이다.

경제학에서 '거품'은 자산 가격이 그 자산의 내재 가치를 초과하는 수준으로 평가될 때 발생한다. 그 차이가 곧 거품이다. 이 거품은 정상적인 경제적 운영 원리가 아닌 사람들의 환상에 의해 만들어진다. 또 환상이 깨짐과 동시에 거품도 사라진다. 문제는 대부분의 사람이 거품의 붕괴가 시작되고서야 비로소 그것이 거품이라는 사실을 깨닫게 된다는 사실이다. 현재 한국 사회는 어느 한 군데 예외없이 거품으로 덮여 있다. 가정은 과소비, 대학은 과팽창, 기업은 문어발식 기업 사냥, 그리고 정부는 불필요한 자리 만들기에 정신이 없다.

그 사이에 자본주의 기본 원리인 적자생존은 어디론가 사라져 버리고 강자생존만이 한국 경제를 지배하게 됐다. 즉, 거품 덕에 덩치가 커질 대로 커진 기업들이 한국 경제를 볼모로 삼아 비효율과 자원 낭비를 초래하면서 경제 전체를 부풀린 것이다. 한보 사태가 단적인 사례다.

거품을 제거하는 간단하면서 최선의 방법은 적자생존의 원리를 적용하는 것이다. 아무리 재벌 계열사라도 도산 지경에 이르면 기업 단위로 도산시켜야 한다. 대학도 충분히 자율을 주되 잘못된 학교는 망할 수 있다는 것을 보여 줘야 한다.

즉 '크면 망하지 않는다'는 경험칙을 깨고 '커도 망한다'는 사례를 보여 주면 그 부분에 거품이 끼지 않는다. 그러다 보면 고도성장을 거치면서 실제 이상으로 올라가 버린 기대수익률, 즉 '의식 거품'도 서서히 빠질 것이다.

_동아일보, 1997.3.6

다시 시작하자

한국 경제는 누란(累卵)의 위기에 놓여 있다. 먼저 나라 밖을 바라보면 주요국의 환율이 춤을 추고 주가가 폭락하는 가운데 아시아 → 러시아 → 중남미로 확산되어 온 경제위기가 좀처럼 멈출 것 같지가 않다.

나라 안으로 눈을 돌려 보면 신물날 정도로 들어온 구조조정은 말뿐이지 정작 행동은 없다. 오죽하면 외국인들이 한국은 언제 나토(NATO: No Action Talk Only)에 가입했느냐고 비아냥거리겠는가.

5대 재벌들이 내놓은 빅딜 플랜은 구조조정을 하지 않고 시간을 끌어 보겠다는 간접적인 의사 표시든가, 아니면 재벌공화국을 더욱 공고하게 만들겠다는 간교한 술책일 뿐이다. 비교적 한국에 관대했던 세계은행마저도 정부가 재벌들의 지원 요구를 승인한다면 20억 달러 구조조정 차관을 중단하겠다고 나서지 않았는가.

이러한 내우외환의 와중에 민심은 날로 흉흉해지고 있다. 미래에 대해 희망을 가질 근거가 없기 때문이다. 이제 개혁은 물 건너갔다는 소리가 공공연하게 떠돌아다니지 않는가. 반면 서민들의 생활고는 아버지가 아들의 손가락을 자르는 인륜 파괴의 단계로까지 발전했다.

그런데도 각종 경제연구소에서는 1년여만 지나면 경기가 바닥을 치고 곧 회복 단계에 들어설 것이라고 장담하는 보고서를 쏟아내고 있다. 정부는 한술 더 떠서 대대적인 경기부양 정책을 실시하겠다고 나섰다. 한국 경제의 문제는 경기 문제가 아니라 구조 문제라는 것을 까맣게 잊은 모양이다. 지금 경기침체의 고통을 이겨 내지 못하면 구조조정이라는 절체절명의 과제는 영원히 달성할 수 없다는 사실을 벌써 잊었나 보다.

나라 밖의 문제는 우리 힘으로 어쩔 수 없다고 하더라도 나라 안의 문제는 누군가가 책임을 져야 한다. 한국 경제가 안고 있는 구조 문제의 싹은 가깝게는 김영삼 정부에서 돋아났고, 멀게는 박정희식 성장 전략*에 뿌리를 두고 있다. 그러나 현재의 국정 최고 책임자인 김대중 대통령도 일단의 책임을 면할 수 없다. 취임 전 당선자의 신분으로 비상경제대책위원회를 설치하여 경제정책을 총괄했고, 또 취임 후 대통령의 권한을 공식적으로 행사한 지도 벌써 7개월이 다 되어 가기 때문이다.

우선 김 대통령은 구조조정 부진에 대해, 더 정확하게 표현하자면 그동안의 개혁 부진에 대해 국민에게 사과해야 한다. 올해 초 외환위기의 아슬아슬한 고비를 넘긴 것만으로는 대통령 직무를 잘 수행했다고 자부할 수 없다. 문제의 본질은 외환위기라기보다는 과잉시설에 있지 않은가. 또한 날로 거칠어져 가는 민심의 실상을 은폐하는 측근들의 장밋빛 보고를 탐해서는 안 된다. 대통령은 사과와 함께 새로 시작해야 한다. 물론 새로운 시작은 새로운 인물들과 함께 해야만 한다.

프로스포츠의 세계에서 잘 드러나듯이, 감독이 아무리 훌륭해도 허약한 선수들로는 좋은 성적을 낼 수 없다. 팀의 성적이 나쁘면 선수를 교체해 팀의 기강을 바로잡아야 한다. 지난해 국민이 수평적 정권교체를 이룬 것은 마치 구단주가 감독을 바꾼 것이나 다를 바 없다. 5년 계약으로 선출된 새로운 감독은 새로운 선수들을 영입해 팀의 성적을 끌어올려야 했다.

그러나 아직까지 그 결과는 실망스럽다. 이제는 스카우터를 바꾸고 주전 선수를 포함하여 대규모 물갈이를 할 때가 되었다. 바꿔야 별수 있겠느냐고 반문할지도 모른다. 물론 사람을 바꾸는 것이 능사는 아니다. 그러나 현재의 경제팀으로는 죽도 밥도 안 될 것으로 보인다. 아니 솔직히 말한다면, 밥솥을 뒤엎을 것이 틀림없다. 개혁 기피적인 사람들이 어떻게 개혁의 주체가 될 수 있겠느냐는 것이 민심이다. 지난 정권에서는 사람을 너무 자주 바꾸어서 국민의 빈축을 사기도 했다. 그러나 아무것도 안 하는 사람들을 그냥 놔두는 것보다는 차라리 바꾸어 주는 것이 낫다.

7개월은 너무 짧다고 말할 수도 있다. 그러나 개혁이란 적절한 시기

와 적당한 강도를 놓치면 오히려 후퇴하는 법이다. 그래서 개혁이 혁명
보다 어렵다고들 하지 않는가. 비상 시기에 7개월은 충분히 긴 세월이
며, 특히 경제 각료들의 능력과 의지를 가늠하는 데는 너무나도 긴 세월
이었다.

_ 한겨레, 1998.9.16

＊불균형 성장, 수출지향적이고 성장 위주의 정책, 정치와 분배는 희생하더
라도 파이를 키워야겠다는 정책을 말한다. 시장지배 구조의 규모를 키우고
중소기업보다는 대기업 중심, 노동자보다는 자본주 중심의 정책과 전략을
말한다.

이것만은 버리고 가자

크면 좀처럼 망하지 않는다는 대마불사(大馬不死)의 신화*가 한보 · 기아 그룹 해체와 몇 개의 30대 재벌 워크아웃으로 깨어졌다. 철옹성으로 보이던 5대 재벌 가운데 대우가 정리되자 초대마불사(超大馬不死)의 신화마저 깨졌다. 은행불사(銀行不死)의 신화도 이미 사라졌다. 모두 외환위기와 IMF 구제금융이 가져다 준 변화다. 문제는 이러한 변화가 일회성으로 그치지 않고 기업과 정부의 행동 양식에 얼마나 체화되었는가이다.

한국 경제는 지난 40년간 무리한 외형적 성장 과정에서 10년 주기로 경제위기를 겪어 왔다. 1960년대 말의 부실 기업 양산, 1970년대 후반의 중화학공업 중복과잉투자, 1980년대 후반의 빈부간 불균형 그리고 대 · 중소기업 간의 불균형은 1997년 말의 외환위기보다 결코 가벼운 것이 아니었다. 그러나 매번 정부는 시장에서 적자생존의 원리를 무시한 채 죽어야 할 기업을 되살리는 미봉책으로 문제를 해결해 왔다. 그것이 화근이었다.

어떤 어려움도 극복될 듯이 보였고 미래는 항상 밝게만 보였다. 사실 따지고 보면 한국 경제는 '무리한 팽창→위기→미봉적 위기 극복→낙관→무리한 팽창→위기……'의 연속이었다. 이러한 악순환의 원인은 과잉투자로 인한 과잉시설, 그리고 그 결과로서의 현금흐름 악화였다. 이러한 과잉투자의 원인은 어디서 찾을 수 있을까.

첫째, 기업들의 지나친 '나도주의(me-too-ism)'다. 맨주먹 내 친구도 가발 사업으로 성공했는데 난들 못할 것이 무엇이냐, 소비재 업체가 반도체에서 성공했다면 생산재 업체인 우리는 더 잘할 것 아니냐, 건설판에서 성공한 이가 자동차 시장을 장악했다면 인재 제일의 우리가 못할 리가 있겠는가 등 꼬리에 꼬리를 문 나도주의가 중복과잉투자를 불러 왔다. 특히 상위 재벌들의 선두 유지를 위한 나도주의식 투자는 경제위기를 초래한 주된 요인이었다.

둘째, 허황된 숫자로 미래를 장밋빛으로 그려 댄 정부도 과잉투자 책임에서 벗어날 수 없다. 정부의 주문을 받은 한 국책 연구소는 1970년대 중반 한국이 1990년대 초반에는 영국을 따라잡을 것이라며 유신 체제를 거들더니, 1996년 총선을 맞이해서는 2010년엔 영국을 밀치고 G7에 진입할 것이라고 호들갑을 떨었다. 한 영국인이 한국은 영국을 어떻게 두 번이나 따라잡느냐고 빈정댄 웃지 못할 해프닝이었다.

지나친 나도주의와 허황된 낙관주의는 예외없이 경제적 거품과 그로 인한 경제적 파탄을 초래한다는 것이 자본주의의 역사적 교훈이다. 17세기 네덜란드의 튤립 열풍에서 시작해 18세기 프랑스의 미시시피 버블, 영국의 남해 버블, 1920년대 미국의 플로리다 토지 붐, 대공황 직전의 주식 붐, 1980년대 일본의 거품경제, 그리고 1994년의 멕시코 경제위기에 이르기까지 수많은 거품들이 놀랄 만큼 비슷한 모습으로 자본주의 역사를 장식해 왔다. 한국의 외환위기도 거품에서 발생했음은 물론이다.

그런데 지금 한국 경제에는 또다시 나도주의와 낙관주의가 창궐하고 있다. 재벌들이 내세운 21세기 주력 업종은 어쩌면 그렇게도 천편일률적인가. 정보통신·인터넷·바이오를 내걸지 않으면 기업축에 들지도 못한다. 이에 화답하듯 정부는 외환위기 극복을 공식 선언하면서 집권 후반기의 경제 청사진을 핑크빛 숫자로 장식했다. 새로운 거품이 잉태되고 있는 것이다.

다가올 21세기에는 내가 남보다 잘할 수 있는 것만 하는 기업 풍토를 만들어 보자. 그리고 실현 가능한 꿈만 국민에게 제시하는 정치 풍토를 만들어 보자.

_동아일보, 1999.12.8

＊ 정부가 대형 은행이나 대기업을 쓰러지게 내버려두기는 쉽지 않다. 경제 여건에 악영향을 미칠 뿐만 아니라 금융 시스템이 붕괴되어 금융위기로 치달을 수도 있기 때문이다. 물론 우리같이 금융기관이 정치권과 재벌의 눈치를 보아 가며, 또는 울며 겨자 먹기 식으로 진흙뻘로 들어간 경우가 어디 한두 건인가? 이것은 정부가 대형 은행이나 대기업을 '암묵적'으로 보증하는 것과 동일한 효과를 갖는다. 대마불사의 신화는 중복과잉투자와 같은 도덕적 해이를 낳을 뿐만 아니라, 외환위기의 직접적 원인이 될 수도 있다. 외국 자본이 한국 대기업과 은행에 돈을 꿔준 것은 정부가 암묵적으로 보증했기 때문인데, 한보 사태 이후 대기업도 망할 수 있다는 것이 드러나자 외국 자본이 불안감을 느껴 자본을 회수하기 시작했다. 일단 한두 개의 외국 자본이 돈을 회수하기 시작하자 다른 외국 자본도 놀라 덩달아 돈을 회수하고, 결국 달러가 바닥나면서 외환위기가 발생했다.

한국 경제 어디로 가는가

재벌기업에 다니는 친구가 내게 나옹 선사의 시를 소개했다.

청산은 나를 보고 말없이 살라 하고
창공은 나를 보고 티없이 살라 하네
탐욕도 벗어 놓고 성냄도 벗어 놓고
물같이 바람같이 살다가 가라 하네

아마도 이 시를 거울삼아 깨끗이, 그리고 조용히 살라고 충고한 것 같다. 나 같은 범부가 티없이 살 자신은 없다. 조용히 살 수는 있을 법도 하다. 그러나 아무 말 않고 살기에는 시대가 너무 시끄럽다.

사회를 향해 발언을 한들 쇠귀에 경 읽기 아니냐고 웃을지도 모른다.

 한국 경제 아직 늦지 않았다 | 보다 나은 미래를 향하여

김대중 정부는 처음 기대했던 것과는 달리 바른말을 해도 좀처럼 들으려 하지 않으니 말이다. 하지만 훗날 누군가가 어지러운 세상에서 왜 침묵만 지켰냐고 물을까 두려워서라도 말하지 않을 수 없다.

이른봄에 미국의 투자은행 모건 스탠리는 한국 경제가 빨리 구조조정을 철저히 하지 않으면 5, 6년 내에 극복하기 어려운 위기를 맞을 것이라고 경고했다. 2002년의 양대 선거와 2004년 총선과 연결시켜 보면 쉽게 수긍이 간다. 다가올 선거철에 구조조정을 기대할 수 없다면 기회는 지금밖에 없지 않겠는가? 그들은 보고서를 낸 후 얼마 안 되어서 예측이 잘못되었다고 했다. 한국 정부의 압력 때문인지, 아니면 정말 자신들의 실수를 인정한 것인지는 알 길이 없다.

내가 보기에 한국 경제는 분명 어려운 길로 들어섰다. 현실과 적당히 타협하며 구조조정을 진행한 결과 경제 체질 개선에 실패하고 있고, 미국 경제가 10년 장기 호황을 마감하면서 수출 시장에 빨간 불이 켜졌다. 이대로 가다간 남미형 전철을 밟을지, 일본형 전철을 밟을지, 아니면 또 다른 길을 갈지는 알기 어려우나, 분명 위기에 봉착할 것이다.

미국 행정부가 감세 정책을 채택하고 연방준비은행이 이자율을 충분히 낮추기만 하면 미국 경제가 회복되고, 따라서 한국 경제도 빠르면 2/4분기, 늦어도 3/4분기에 좋아질 것이라는 낙관론을 펴는 한가한 사람들이 있다.

이 진단은 옳지 않다. 감세 정책이 채택될지도 의문이지만, 설사 실시된다 해도 그 효과는 불투명하다. 또 미국의 이자율 인하는 유럽에서 동시에 이자율을 낮추지 않는 한 미국에 들어왔던 자본이 밖으로 나가거나, 아니면 미국에 새로운 자본이 들어오지 않아 기대한 효과와는 달리 미국 증시의 주가 폭락, 소비 감소로 미국 경제를 더 어렵게 만들 수도 있다.

국내 경제 현실은 참으로 암담하다. 아직도 기업의 투명도가 낮고, 영업이익으로 이자도 내지 못하는 기업이 25%를 넘으며, 금융 부조리가 만연하고, 금융권의 부실 채권도 10%를 넘는다. 그런데도 '회사채 신속 인수'다 '재벌 규제 완화'다 하여 구조조정을 게을리하는 정책을 펴는 상황에서는 체질개선도 어렵고 경제회복도 불가능하다.

일부 고위 경제 관료들은 "비록 지금은 한국 경제가 조금 어렵지만 곧 나아질 것이며, 아무리 어려운 상황이 벌어져도 그에 상응하는 적절한 대비책을 마련해 놓았다"면서 대통령을 오도하고 있다. 철저한 구조조정을 않고서는 어떠한 주먹구구식 단기 정책도 효과가 없다는 것을 뻔히 알 텐데도 말이다.

한국 경제가 살 길은 하나밖에 없다. 더욱 엄격한 구조조정으로 기업의 투명성을 높이고 적자생존의 원리를 확립해야 한다. 그것은 커다란 고통을 수반하는 인기 없는 정책이다. 자연히 정부와 여당으로서는 내년 선거에 도움이 안 된다고 판단할 것이다.

그러나 선거를 두려워하고, 정권 재창출을 염려하여 구조조정을 미루면 경제도 끝나고 선거도 확실히 질 것이다. 오히려 늦었지만 지금이라도 구조조정을 철저히 하면 경제는 물론이려니와 선거에서도 한 가닥 희망을 가질 수 있을 것이다. 지금은 경제 체질 개선에 우선순위를 둘 때다. 김대중 대통령의 결단을 촉구한다.

_ 한겨레, 2001. 5. 8

IMF와 한국 경제

나는 한국 경제의 위기를 극복하는 데 케인스적 사고가 필요하다고 생각한다.

우리의 궁극적 목표는 효율, 형평 그리고 상당 수준의 자립을 구가하는 경제 사회 건설이다.

그러나 붕괴 일보 직전에 놓인 경제를 살리기 위해서는 우선 효율을 추구하면서,

그 과정에서 파생되는 실업 문제와 같은 부작용을 최소화해야 한다.

한국이 1997년 말 이래 겪고 있는 경제 위기는 단기적인 외환위기로만 치부해서는 안 될 것이다. 거시경제적 성과를 집중적으로 거론하는 기존의 위기 이론으로는 설명하기 어려운 측면이 많기 때문이다. 외환위기가 도래했던 1997년 당시 한국의 거시경제지표는 그다지 나쁜 편이 아니었다. 재정수지는 거의 균형에 가까웠고, 국제수지 적자폭은 컸지만 실업이나 인플레이션은 양호한 편이었다.

다시 말해 총량으로 나타난 거시경제지표만을 가지고 갑작스런 대규모 경제위기를 설명하기는 어렵다. 따라서 1997년 말 외환시장의 혼란은 현재 경제위기의 원인이었다기보다는, 오히려 한국 경제의 축적된 구조적 모순이 드러난 결과라고 보는 것이 타당하다.

한국 경제 위기의 장단기적 원인을 구조적으로 살펴보고, 앞으로 한국 경제가 어떤 방향으로 나아가야 할지에 대해 생각해 보자.

1. 한국 경제의 근본 문제

한국 정부는 1960년대 중반부터 총량 위주의 성장 정책을 시행했다. 그 것은 정부에 의한 '인위적 자원배분'과 '경쟁제한 정책'으로 요약할 수 있다. 정부는 유망 산업을 선정하여 기업별로 사업영역을 구분해 주었고, 은행을 산업정책의 수단으로 이용하여 산업별·기업별로 자금지원 규모를 결정·집행했다. 이러한 정책은 경쟁과 자금 동원 압력에서 기업들을 해방시켜 성장에만 몰두할 수 있도록 해주었다.

그 결과 한국 경제는 구미 선진국들이 100~200년에 걸쳐 이룩한 성장을 불과 30여 년 만에 이루어 내는 성과를 거두었다. 그러나 압축성장 과정은 경제제도 왜곡이 심화되는 과정이기도 했다. 특히 시장의 인프라 스트럭처(infra-structure) 중요성을 깨닫지 못하고 공정한 경쟁 질서를 구축하지 못한 것은 압축성장의 가장 큰 폐단으로 지적된다.

시장 인프라의 발달과 시장질서의 정립은 효율성 제고를 위해 반드시 필요하다. 원활한 정보의 흐름, 투명한 정보의 이용 가능성, 경쟁과

시장의 인프라스트럭처
여기서는 가격 메커니즘이 원활하게 작동할 수 있도록 보장하는 제반 법적·제도적 여건을 뜻한다.

그에 따른 적자생존이 보장되는 제도에서는 기업 활동에 대한 평가가 수익성과 같은 '내적 기준'에 의해 이루어진다.

그러나 정보의 흐름이 독점되거나 왜곡되고 투명성이 보장되지 않는 경제에서는 규모와 같은 '외적 기준'이 중요시된다. 한국 경제의 본질적 문제는 '외적 기준'의 잣대가 지나치게 많이 사용된 반면, '내적 기준'의 잣대는 상대적으로 무시되는 과정에서 파생되었다. 내적 기준에 대한 외적 기준의 우위는 시장 인프라스트럭처의 미비에 기인한다.

따라서 시장제도를 정비하기 위한 구조조정은 경제위기 처방의 핵심이다. 외적 기준이 중요시되면서 많은 부작용이 생겼다. 경제를 크게 실물 부문과 금융 부문으로 나누어 볼 때, 우선 실물 부문에서는 중복과잉투자가 경제의 효율성과 신축성을 떨어뜨리고 거품경제를 야기시켰다. 그리고 금융 부문에서는 대출 심사가 제대로 이루어지지 않은 결과 부실 채권이 양산되었다.

1) 실물 부문

가. 중복과잉투자

지난 30여 년간 대기업은 고도성장을 목표로 한 정부의 보호 아래 몸집 불리기를 계속해 왔다. 그 와중에 한국 경제는 효율성을 상실하고 과거의 성장 방식으로는 스스로를 통제할 수 없을 정도로 규모가 확대되었다.

시장 원리의 기본 법칙은 적자생존이다. 이윤을 내지 못하는 비효율적인 기업은 도태되고, 효율적으로 이윤을 내는 기업만이 살아남아야 한다. 이같이 단순한 논리가 한국에서는 지켜지지 못했다.

그 결과 재벌들이 공급과잉으로 재고 조정에 실패하고, 시설투자에 주력하다 자금 회수가 늦어지면서 금융 비용이 급증하여 현금흐름도 극도로 악화되었다. 이 때문에 1997년 들어 한보를 필두로 진로·대농·기아·뉴코아가 줄줄이 무너졌으며, 지금도 차입 경영에 의존해 왔던 수많은 재벌들이 부도 위기에 직면한 상태다.

이처럼 한국 경제가 지난 30여 년간 중복과잉투자를 스스로 제어하지 못하고 비효율을 낳게 된 원인은 어디에 있는가? 그 원인을 크게 네 가지로 나누어 살펴보자.

ㄱ. 내적 기준과 외적 기준

시장제도가 잘 발달된 나라에서는 기업의 규모(size)보다는 수익성이나 경쟁성이 기업의 성패를 좌우하는 척도다. 기업이 작다는 이유만으로 투자 자금 조달에 어려움이 있다거나 불이익을 당하는 경우는 많지 않다. 또한 경쟁력 없는 사업다각화나 규모 극대화의 비용이 그에 따른 이익보다 훨씬 크다. 따라서 중복투자나 과잉투자가 발생할 가능성이 그만큼 적다.

그러나 시장의 인프라스트럭처가 제대로 갖추어져 있지 않은 나라에서는 규모와 같은 외적 신호가 금융기관이나 정부와의 협상 과정에서 중요한 열쇠가 된다. 수익성과 같은 내적 기준을 정확히 산정하는 것이 불가능하면 금융기관은 외적 기준에 의존할 수밖에 없다. 규모가 큰 기업은 담보 제공 능력이 좋을 뿐만 아니라 설혹 사업계획이 실패한다고 해도 국가 경제에 미치는 파급 효과를 우려한 정부로부터 효과적인 구제를 받을 수 있기 때문이다.

따라서 한국에서는 '규모만 크면 망하지 않는다(Too big to fail)'는 원리가 자연스럽게 자리잡게 되었다. 아무리 효율적이라도 규모가 작은 기업은 일시적 유동성 부족 등으로 항상 퇴출 위협에 노출되어 있는 반면, 규모가 큰 기업은 대마불사의 신화를 창조해 왔다. 이러한 잘못된 관행을 경험 법칙으로 터득한 기업들은 이윤 극대화를 추구하기보다는 규모 극대화에 전력을 다했다. 규모 극대화 전략은 필연적으로 중복과잉투자를 낳을 수밖에 없었다.

ㄴ. 교차소유 구조

재벌들의 교차소유 구조도 중복과잉투자를 심화시킨 한 요인이 되었다. 재벌 가문들은 재벌 내 기업 주식을 교차소유함으로써 자신들의 영향력을 극대화했다. 교차소유는 금융기관의 대출 심사를 소홀하게 하는 데 또 하나의 원인을 제공했다. 금융기관은 투자 계획이 건전하지 않더라도 모기업에 의해 투자 손실이 보전될 것이라고 기대하면, 모기업의 자금력을 담보 삼아 투자안의 건전성 심사는 소홀히 한 채 자금을 제공했다.

한편 교차소유 구조는 적은 비용만으로도 많은 계열 기업의 실질적 지배를 가능하게 했다. 이것은 재벌 총수의 의지가 별다른 견제 없이 재벌 내 기업들의 투자 계획에 반영될 수 있다는 것을 뜻한다. 그러나 투자에 관한 최고경영자의 의지는 경제 논리보다는 독선과 아집에 의해 결정되는 경우가 많았다. 은행 빚으로 외형을 확대하여 기형적으로 부채 비율이 높은 한국 재벌의 총수들은 그룹의 큰 규모를 볼모로 자신에게 부여된 것 이상의 권한을 행사했고, 그에 대한 견제 수단이 미약한 상황에서 중복과잉투자는 필연적인 결과였다.

ㄷ. 정부 · 금융기관 · 재벌 체제와 도덕적 해이

한국의 금융기관들도 정부의 지원으로 절대 망하지 않는다는 믿음을 갖게 되었다. 이러한 믿음은 금융기관의 도덕적 해이를 유발했다. 위험한 투자 계획에 자금을 지원하여 큰 손실이 발생하더라도, 정부는 금융 시장 안정을 위해 그 손실을 보전해 주었다.

따라서 금융기관은 다운사이드 리스크(downside risk)보다는 업사이드 게인(upside gain)에 관심을 갖게 되었다. 이것은 비효율적인 투자 계획이

다운사이드 리스크보다는 업사이드 게인

금융기관은 수익성과 위험도를 동시에 고려하여 투자한다. 모험을 좋아하는 금융기관은 고수익을 위해 고위험을 감수하는 전략, 즉 고수익 고위험 자산에 투자하고, 모험을 싫어하는 금융기관은 저수익 저위험 자산에 투자한다. '다운사이드 리스크보다는 업사이드 게인'이라는 것은 저수익 저위험 자산보다 고수익 고위험 자산에 투자하는 것을 말한다. 대마불사의 신화에 사로잡힌 금융기관들은 위험도를 고려하지 않은 채 고수익만 추구하게 되므로 이런 현상이 발생한다.

집행될 수 있는 환경을 조성했고 경제에 부담을 초래했다.

중복과잉투자는 정부·재벌·금융기관 간의 역학 관계가 변화하기 시작한 1990년대 초반부터 더욱 심해졌다. 외연적 성장 시기에는 과잉투자 문제가 정부의 산업합리화 정책을 통해 비록 사후적이지만 신속히 해결되었다. 정부가 금융기관에 대한 통제권을 유지하면서 재벌기업의 투자 조정을 강제할 수 있었기 때문이다.

그러나 1980년대 이후 금융자율화 과정에서 금융기관 경영에 대한 규제가 완화되면서 정부의 영향력이 줄어들었다. 또한 '탈규제'와 '민간 위주 경제'라는 구호 속에 재벌들은 투자 결정에 대한 주도권을 실질적으로 장악했다. 자유시장주의의 급속한 부각 속에서 김영삼 정부는 이미 1980년대 후반부터 시작된 선별적 산업정책의 폐기를 가속화했다. 재벌의 과도한 팽창 욕구를 그나마 억제하던 제어 장치가 완전히 사라지게 된 것이다.

ㄹ. 정치적 측면

정치적 측면에서는 3공 · 유신 · 5공 · 6공뿐만 아니라 1990년 3당 통합

산업합리화 정책

특정 산업을 보호·육성하기 위해 금융 세제상 특혜를 주고 과당 경쟁을 통제하는 정책을 뜻한다. 국가 경제 발전과 국민경제 안정에 긴요한 산업임에도 불구하고 자력으로 국제경쟁력을 회복할 수 없을 때, 경영이나 생산 규모, 생산 방식의 개선이 필요할 때, 관련 산업 진흥이 국민 생활의 부담을 현저히 경감시킬 수 있을 때 지정할 수 있도록 되어 있다.

공업발전법과 조세감면규제법에 근거를 둔 두 가지 유형이 있는데, 공업발전법에 따라 합리화 업종으로 지정되면 일정 기간을 정해 생산시설 감축, 관련 기업 통폐합, 수출 물량 조정, 임금 통제 등을 명할 수 있다. 조세감면규제법에 근거하면 기업 합병이나 사업 전환, 시설 매각 등에 따른 양도소득세·특별부가세·소득세·법인세·취득세 등을 감면받을 수 있다.

의 결과로 탄생한 김영삼 정부가 정권의 정통성을 결여하고 있었던 것도 과잉투자를 부추기는 데 한몫 했다. 집권 정부는 정치적 정당성의 결여를 경제적으로 보상하기 위해 가시적 성장을 추구하여, 성장에 도움만 된다면 기업에 분별없이 지원을 해주었다. 재벌들은 이러한 약점을 최대한 활용해서 지속적으로 자신의 몸집을 키워 왔다.

나. 거품경제

재벌의 중복과잉투자는 실물 부문에 거품을 가져왔다. 거품은 경제 주체들의 기대를 호전시키는 정치경제적 계기나 경제 상황에 대한 근거 없는 낙관을 통해 증폭된다. 그러나 거품이 영원히 지속될 수는 없다.

그럼에도 불구하고 거품이 꺼지지 않았던 이유는 한국 경제가 지난 30여 년간 성장을 거듭해 왔기 때문이다. 한국 경제의 성장은 1960년대 이후 1980년대까지 외국의 기술 도입이 용이했고, 노동력도 풍부했을 뿐 아니라 기업 경영이 단순했기 때문에 가능했다. 게다가 1960년대에 유엔이 설정한 '개발의 10년대', 1970년대의 중동 건설 붐과 오일 달러 환류, 1980년대 중반의 3저 호황 등은 모두 한국 경제의 고도성장에 결정

오일 달러
OPEC의 경상수지 흑자로 형성된 잉여자금을 말한다.

1980년대 중반의 3저 호황
1980년대 중반 저유가·저금리·저환율(엔고원저)에 힘입어 수출 경쟁력이 커지고 엄청난 경상수지 흑자를 기록했던 사건으로 1985년 이전에는 매년 10~50억 달러 정도의 경상수지 적자가 발생했는데, 1986년에는 47억 달러, 1987년에는 100억 달러, 1988년에는 145억 달러, 1989년에는 54억 달러의 흑자를 기록했다. 1990년부터 다시 적자로 돌아섰다.

적인 도움을 주었다.

그러나 이러한 요인들이 1980년대 후반 들어 점차 사라졌다. 선진국들의 기술보호 정책으로 첨단기술 도입이 어려워졌고 노동력, 특히 고도의 숙련노동력이 부족해졌으며, 임금은 큰 폭으로 상승했고 기업 경영 역시 복잡해졌다. 국제 환경도 나날이 불확실성을 더해 갔다. 이러한 환경의 급속한 변화에 따라 이전에는 드러나지 않았던 수많은 구조적 문제점들이 표출되기 시작했다.

제도의 취약성이 만들어 낸 거품은 과거의 방식이 통용되지 않으리란 기대가 형성될 때 여지없이 무너지고 만다. 그럴듯하게 포장되어 있던 거품이 꺼지면서 제도 변화가 예견될 때, 기존 체제가 붕괴할지도 모른다는 예측이 스스로 실현되는 것이다. 오늘의 현실이 바로 그것이다.

2) 금융 부문

가. 대출 심사 부실

지난 30여 년간 한국 경제가 이룬 고도성장의 배경에는 정부의 선도적인 정책, 특히 정책금융이 있었다. 정책금융은 희소한 자원을 인위적으로 배분하여 가시적 성과를 내려는 것이었다. 그러나 정책금융은 그것이 내재적으로 안고 있는 비효율성 때문에 한계를 드러낼 수밖에 없다.

금융의 본원적인 역할은 시장에서 자원 이용이 효율적으로 이루어질 수 있도록 하는 것이다. 금융기관은 기업이 1차적으로 타당성을 검토한 후 제출한 투자안을 2차적으로 심사함으로써, 건전한 투자를 활성화시키고 부실한 투자를 사전에 봉쇄하는 역할을 한다. 자원 배분의 효율성이 극대화되기 위해서는 이러한 금융 부문의 2차적 심사 기능이 수익성과 같은 내적 기준을 중심으로 강화되어야 한다.

한국 금융의 현실은 어떠한가? 지난 30여 년간 자율적인 대출 심사의 중요성은 고도성장의 장밋빛에 가려져 있었다. 따라서 대출 심사에 필요한 기술이나 경험의 축적은 전무한 상태다. 성장을 뒷바라지하는 데만 급급했던 금융 부문에서 자금이 비효율적으로 배분되었고, 그에 따라 실물 부문에서 부실 투자가 발생하게 되었다.

그 결과 누적된 금융기관의 부실 채권은 이제 감내할 수 있는 정도를 넘어 한국 경제 전체의 발목을 잡고 있다. 투자를 집행한 기업에게도 잘못이 있지만, 투자의 건전성을 사전에 검증하는 역할을 수행해야만 하는 금융기관에게도 그에 못지않은 책임이 있다.

정책금융

뚜렷한 목적을 정해 놓지 않고 무차별적으로 지원하는 일반 자금 대출과는 달리, 어떤 특정한 정책적 목적을 가지고 특정 부문에 지원하는 대출을 말한다. 정책금융에는 무역금융 · 주택자금·산업합리화자금 등이 있다. 경제개발 초기 단계에서는 성장을 위해 긴요한 부문에 정책금융을 집중시킴으로써 경제개발을 촉진하는 효과가 있었으나, 최근에는 자금 배분을 왜곡시키는 등의 폐해가 부각되어 이 같은 정책금융은 점차 줄어들고 있다.

나. 부실 채권

부실 채권을 완전히 없애기는 힘들다. 그러나 정도가 심해지면 금융기관의 일반 예금주에 대한 부채(예금) 상환 능력이 현저히 약해지고, 자칫 금융 불안정성을 부추겨 금융위기를 초래할 수 있다. 더구나 이러한 상황을 막기 위하여 예금보험공사나 최종 대부자로서의 중앙은행이 개입한다면, 결국 부실 채권의 부담은 일반 국민에게 돌아간다. 또한 부실 채권을 국민 부담으로 해결할 것이 예상되면 부실 금융기관의 부실 심사를 유발하는 일종의 도덕적 해이를 가져오는 악순환을 낳기도 한다.

부실 채권 문제가 심각한 지경에 이르게 된 배경에는 한국 경제의 구조적 모순 말고도 그동안 정확한 부실 채권 통계를 공표하길 꺼렸던 정부의 태도가 한몫 해왔다. IMF 구제금융이 들어오기 전까지 대외적으로 한국의 부실 채권 비율은 약 2~3%라고 공표되었다.

그러나 이것은 정확한 수치가 아니다. 그동안 한국에서 공식적으로 부실 채권에 포함된 것은 원리금을 떼인 것으로 간주하는 '추정손실'과 구체적으로 회수 계획이 필요한 '회수의문'뿐이었다. 만약 일본처럼 6개월 이상 이자가 연체된 담보부 채권에 해당하는 '고정'까지 포함하면 그 비율은 7~8%에 이른다. 미국처럼 3개월 이상 이자가 연체된 채권인 '요주의'까지 포함하면 그 비율은 20%가 넘는다. 이러한 엄격한 기준에서도 미국의 부실 채권 비중은 보통 1~2%에 불과하다. 한국의 은행 부실 정도가 어떤 수준인지 짐작할 수 있다.

그러나 지금까지 정부와 은행은 이러한 심각한 실상을 숨기는 데 급급했다. 이러한 정부의 잘못된 행태가 대외적으로 한국 금융기관의 건전성에 대한 의구심을 불필요하게 증폭시켜 사태를 악화시켰던 것이다.

2. 경제위기의 전개

구조적으로 취약한 한국 경제를 급작스러운 붕괴로 몰아넣은 단기적 원인은 국제신인도 하락이다. 한편 한국 경제위기의 원인을 동남아시아에서 시작된 투기 자본에 의한 교란이 국제금융시장에 전염되는 과정에서 증폭된 금융 불안정성 심화라는 외부적 요인에서 찾으려는 시각도 있다. 두 가지 관점을 중심으로 위기 상황이 전개된 과정을 간단히 살펴보자.

1) 국제신인도 하락

단기적으로 보면 1997년의 경제위기는 외환시장 위기에서 시작되었다. 그런데 외환시장의 불안정성을 촉발시킨 것은 한국의 국제신인도 하락이다. 당시 한국의 국제신인도가 갑작스럽게 떨어진 것은 크게 대기업의 도산, 국제적 관행 무시, 그리고 종금사 부실 채권으로 통칭되는 금융 부문의 충격으로 나누어 분석할 수 있다.

가. 대기업 도산

절대 망하지 않을 것 같던 재벌들이 수익성 악화로 어려움에 처하자, 재벌에게 무분별하게 자금을 대주었던 금융기관들이 서로 눈치를 살피며 조심스럽게 대출 자금을 회수하면서 악순환은 시작되었다. 1997년 초의 한보사태가 이러한 변화를 촉발했고, 7월의 기아 부도로 악순환은 걷잡을 수 없게 되었다. 이러한 상황에 기름을 부은 것은 정부의 경제 현실에 대한 인식 부족이었다.

당시 정부는 고강도 개혁을 통해 구조조정을 실시했어야만 했다. 다시 말해서 퇴출되어야 할 기업은 빨리 퇴출시키고 흑자도산 기업에게는 강력한 지원을 아끼지 말았어야 했다. 그러나 정부의 대응은 정반대였다. 정부는 필사적으로 기존 체제의 붕괴를 막으려고 했다. 마냥 시간을 끈 것이다. 대표적인 예가 부도유예협약이다. 이러한 정부의 태도가 한국의 대외신인도 하락을 부추긴 것은 두말할 나위가 없다.

국제 투자자들의 눈에 한국 경제의 건전성에 대한 평가가 나빠진 것은 훨씬 이전으로 거슬러 올라간다. 국내에서는 일반적으로 GNP 증가율, 물가상승률, 국제수지 등 거시총량지표를 실물적 기초(fundamentals)의 판단 기준으로 삼았다.

이에 반해 외국 투자자들은 미시적 산업구조나 제도적 장치 등에 더 관심을 갖는다. 그들의 관점에서 볼 때 김영삼 정부에서 허가된 삼성의 자동차 산업 진출은 한국의 국제신인도를 하락시키기에 충분했다. 세

표 1 | 1997년 외환시장 추이

	가용외환보유액	대미달러 원화 환율	외국인 투자자 주식거래액
1996년 12월	294.2	844.2 (−8.2)	−
1997년 1월	271.5	861.3 (−2.0)	4,168
2월	217.5	863.9 (−2.3)	−871
3월	211.4	897.1 (−5.9)	−2,154
4월	218.2	892.1 (−5.4)	−1,341
5월	238.9	891.8 (−5.3)	10,900
6월	253.1	888.1 (−4.9)	6,322
7월	256.6	892.0 (−5.4)	2,319
8월	231.3	902.0 (−6.4)	−872
9월	224.2	914.8 (−7.7)	−2,905
10월	223.0	965.1 (−12.5)	−9,640
11월	72.6	1,163.8 (−27.5)	−5,889
12월	88.7	1,415.2 (−40.3)	4,837

* 가용외환보유액(기말 기준) = 외환 보유액 − 은행 해외점포 예치금 (단위 : 억 달러)
* 대미달러 원화 환율 (단위 : 원/%)
* 외국인 투자자 주식거래액 : 순매수(단위 : 억 원)
* 자료 : 한국은행, 『조사통계월보』, 1998. 1.

계 자동차 시장은 포화 상태에 이르러 각국이 자동차 산업을 통폐합하고 있는 상황에서, 정부가 삼성의 자동차 산업 진출을 허용한 것은 한국 기업들의 투자 계획 판단력과 한국 정부의 정책 운용 능력에 대한 의구심을 불러일으키기에 충분했다.

재벌의 중복과잉투자로 인한 거품이 일부 꺼지면서 국제 시장에서 하락하기 시작한 한국의 대외신인도는 기아 사태를 기점으로 더욱 악화되었다. 1997년 9월 미궁 속에 있던 기아 사태는 결국 산업은행의 출자 방식으로 해결하기로 결정되었다. 이것은 한국이 개혁을 뒤로 미루고 기존 체제를 억지로 유지하려는 것으로 받아들여져 국가신인도를 급격히 떨어뜨리는 계기로 작용했다.

이에 따라 해외차입 여건이 악화되어 외화가 제대로 공급되지 않았다. 주식시장에 들어와 있던 외국인 투자 자금마저 200억 달러에서 1997년 10월 말 170억 달러로 감소하더니, 11월 들어서는 매일매일 순매도가 이루어졌다.

이 시기의 외환시장 추이는 〈표 1〉에 정리되어 있다. 〈표 1〉에 따르면 1997년 중에 200억~300억 달러에 달하던 가용외환보유고가 11월에 70억 달러대로 급락했음을 알 수 있다.

정부는 외화 공급 부족 사태를 해결하기 위해 '금융산업 구조조정 종합대책'이라는, 그 당시에는 다소 파격적인 정책을 제시하기도 했지만 근본적인 개혁에 대한 믿음을 심어 주기에는 부족했다. 외환 공급은 계속 줄어들었고, 정부는 결국 1997년 11일 23일 국제통화기금(이하 IMF)에 구제금융을 신청하기에 이르렀다.

금융산업 구조조정 종합대책

대기업 부도로 금융기관의 부실 채권이 증가하고 재무 구조가 악화되었으며, 해외에서 한국과 관련한 악성 루머가 증폭되는 상황에서 신뢰도를 회복하기 위한 종합적인 구조조정안. 기본 방향은 크게 다섯 가지로 요약될 수 있다.

첫째, 은행과 종금사의 부실 채권을 성업공사가 부실채권정리기금을 동원하여 일괄 정산한다. 둘째, 모든 금융기관의 자산·부채 실사를 통하여 B 등급의 경우 경영개선명령·자본금 확충·총자산 규모 축소·배당억제 등을 명하고, C등급의 경우는 합병·3자 인수·영업정지 및 이관 등의 방식으로 조속히 정리한다. 이 과정에서 파생된 손실보전자금은 예금보험기금 등을 활용하여 충당한다. 셋째, 금융산업 구조조정을 위한 보완 장치로서 예금전액보장제도·조기 유동성 공급·금융감독제도의 효율성 제고 등을 시행한다. 넷째, 금융 관련 정보를 투명하게 공개한다. 다섯째, 채권시장을 추가로 개방하는 등 외화 자금 조달 경로를 다양화한다.

나. 국제적 룰의 무시

그간 한국은 정부·은행·기업의 삼각 구도로 이루어진 이른바 한국주식회사(Korea Inc.)로 경제를 운영하는 데 익숙해져 WTO에 가입하고 OECD 회원국이 되었음에도 불구하고 개방화 시대의 국제적 게임 룰을 체득하지 못하고 있었다. 이것은 현재 한국이 겪고 있는 위기의 도화선으로 생각되는 동방페레그린 사건을 살펴보면 쉽게 알 수 있다.

1997년 1/4분기에 신동방그룹과 홍콩의 페레그린이 합작 설립한 동방페레그린 증권회사는 미도파가 속한 대농그룹에 대해 적대적 M&A를 시도했다. 이때 정부와 전경련은 직접 나서서 이를 저지하고, 2개월간의 업무 감사를 통해 동방페레그린을 길들이려 했다. 이에 동방페레그린은 법률 논쟁을 통해 M&A를 못할 이유가 없다고 항의했다. 이 와중에 대농그룹은 도산 위기에 처해 **부도방지협약** 대상이 되었다.

그후 얼마 지나지 않아 성원그룹의 대한종금이 동방페레그린의 주식을 매집하는 사건이 있었다. 그런데 이번에는 정부가 아무런 반응을 보이지 않았다. 그러자 동방페레그린 사장이 홍콩으로 돌아가 한국 정부

부도방지협약

부도 위기를 맞은 기업에게 3개월 정도의 시간적 여유를 주어 기업을 회생시키고자 만든 제도로 1997년 4월 21일 발효되었다. 종금사를 필두로 제2금융권이 마구잡이로 대출금을 회수하자, 건전한 기업체까지 흑자 도산하는 사태가 벌어졌다. 이를 방지하기 위하여 정부가 부도방지협약을 만든 것이다. 그러나 오히려 다른 기업의 자금난을 압박, 부도를 촉발하는 부작용을 낳았다. 즉 부도방지협약이 발동되는 업체가 발행한 어음은 당분간 자금 회수가 불가능해지기 때문에 부실징후 기업에 대한 여신을 조기에 회수하려는 움직임이 확산, 무차별적인 자금 회수 압력과 대출 연장을 기피하는 현상을 낳았던 것이다.

는 국제적인 게임 룰조차 모른다며, 한국 경제는 금융뿐만 아니라 실물적 기초도 문제투성이라는 문건 'Get Out of Korea, Now'를 작성·배포했다.

이 일을 계기로 홍콩 금융기관들이 한국계 금융기관들에 대한 신규 대출을 재고하고 기존 대출의 상환 연기를 거부하기 시작했다. 홍콩에 진출한 한국계 금융회사의 회장·사장들과, 심지어는 재경원 장관까지 직접 홍콩에 가서 "한국의 실물적 기초는 튼튼하다"고 강연을 하고 다녔지만, 한국의 국제신인도 하락을 회복시키기에는 역부족이었다. 국제적 룰을 무시하고 자기 것을 지키기에만 급급했던 관행이 경제위기의 도화선에 불을 지폈던 것이다.

또 다른 예로는 1997년 말 IMF 구제금융을 신청한 뒤 정부의 행태를 들 수 있다. 1997년 12월 3일의 IMF 이행 조건 협약에는 상황에 따라 두 개의 시중 은행을 폐쇄하거나 외국 은행에 판다는 내용이 포함되어 있었다. 그러나 한국 정부는 부실 정도가 가장 심했던 서울은행과 제일은행에 대해 현물출자를 통해 국책은행화하려는 시도를 했다. 이 사건은 IMF가 한국 정부를 더욱 불신하도록 만드는 계기가 되었다. 이러한 정부의 행태 하나하나가 국제사회에서 한국의 처지를 어렵게 했다.

현물출자
동산·부동산·채권·유가증권·특허권 등 금전 이외의 재산에 의한 출자 형태를 현물출자라 한다.

다. 종금사 문제

종금사도 한국의 위기를 가중시키는 데 크게 일조했다. 1972년 8·3 조치 이후 사채시장 양성화를 목적으로 설립된 투자금융회사들이 '금융기관 합병 및 전환에 관한 법률'에 따라 1994년과 1996년에 종금사로 전환하면서 24개의 후발 종금사가 설립되었다. 기존의 6개 종금사와는 달리, 후발 종금사들은 외화자금 업무에 대한 노하우도 일천하고 영업기반이 허약해 국내외적으로 무리한 영업 행태를 보였다.

먼저 국내에서 후발 종금사들은 재벌기업들이 발행한 신종 기업어음(일명 CP)을 할인하여 이를 은행 신탁계정에 되파는 방법으로 이윤을 챙겼다. 이윤을 많이 남기려다 보니 공매도·이중매도 등 여러 가지 불법

투자금융회사 invest and finance company
1972년 '단기금융업법'에 의하여 설립된 비통화금융기관으로 단자회사라고도 한다. 당시 음성적으로 거래되던 사채(私債)를 양성화하고 제도권으로 흡수, 산업자금화할 목적으로 만들어졌다. 주요 업무는 어음의 할인과 판매, 어음매매의 중개, 어음 및 채무증서의 발행, 어음의 인수 및 보증, 유가증권의 위탁매매, 콜거래 및 팩토링 업무 등이다. 그런데 1991년 '금융기관의 전환 및 합병지원에 관한 법률'에 의해 서울의 8개 단자사가 은행이나 증권회사로 전환한 데 이어, 1994년과 1996년에는 25개의 지방 단자사가 종금사로 전환하는 등 투자금융회사의 기능은 점차 약화되고 있다.

공매도
보유하고 있지 않은 주식을 매도하는 것으로서, 시세차익을 얻기 위해 행하는 경우도 있고, 주가 하락에 따른 위험을 방지하기 위해 행하는 경우도 있다. 시세차익을 노려 돈버는 방법은 다음과 같다. 주가가 떨어질 것이라고 예상될 때, A 회사의 주식 100주를 꿔서 시가 1만 원씩에 판매한 후, 주가가 8천 원으로 떨어질 때 다시 매입한다. 팔 때는 100만 원(100주×1만 원)을 받지만, 다시 살 때는 80만원 (100주×8천 원)만 있으면 된다. 그러면 20만 원이 고스란히 수중에 떨어진다. 여기에서는 CP(신종 기업어음)가 없으면서도 팔아먹는 불법 행위를 뜻한다.

이중매도(二重賣渡)
CP를 거래할 때 보통 실물 대신 통장으로 거래한다는 점을 악용, 기업에서 인수한 CP를 이중으로 판매하는 불법 행위를 일컫는다. 지난 1998년 종금사가 채무불이행 상태에 빠지자, 계좌상으로 CP를 구입한 사람들이 실물(CP)을 요구함에 따라 불법 행위가 밝혀졌다.

적 행태를 범하기도 했다. 이에 따라 전체 종금사의 기업어음 할인과 어음 매출 규모는 1995년 각각 42조 원과 35조 원에서 1997년에는 90조 원과 75조 원으로 두 배 이상 커졌다. 결국 1997년 들어 대기업들이 줄줄이 도산하면서 종금사들은 대규모 부실 채권을 떠안게 되었다.

대외적으로 후발 종금사들은 홍콩에 들어온 일본 자금을 싼 이자로 단기에 차입해 러시아·태국·인도네시아 등에 비싼 이자를 받고 장기로 빌려 주었다. 그런데 부채 중 단기 부채가 차지하는 비중은 80%인데 반해 자산 중 장기 자산이 차지하는 비중은 70%에 이르러 만기 불일치의 문제가 심각했다. 이러한 만기 구조에서도 종금사들에 대한 신뢰가 지속되어 단기 부채의 만기가 계속 연장되거나 차환이 이루어졌다면 큰 문제는 없었을 것이다.

그러나 동방페레그린 사건 이후 한국에 대한 신뢰가 떨어지면서 만기 연장 및 차환이 어려워지자 홍콩에 진출해 있던 종금사들은 부채 상환용 외화 조달에 어려움을 겪기 시작했다. 결국 이들은 국내 콜시장에서 은행으로부터 원화를 차입하여 외환시장에서 외화를 조달할 수밖에 없었다. 이 과정에서 종금사는 외환시장과 자금시장 불안정의 종범으로 몰리는 처지가 되었다.

사실 종금사에 대해서는 통일된 회계 기준조차 마련되어 있지 않고, 부실 자산 분류 기준도 없을 뿐만 아니라, 실질적인 업무 검사나 감독도 이루어지지 않는 등 관련 법률 및 규정이 미비한 상태였다. 후발 종금사들이 이렇게 시장규율도 규제규율도 존재하지 않는 틈을 타 자산 부풀리기에 주력하다가 결국 경제위기를 불러들인 것이다.

2) 지구화와 세계 금융 불안정

외환위기는 1995년 멕시코, 그리고 1997년 초부터 동남아시아에서 발생하여 최근까지 지속되고 있다. 1998년 들어서도 브라질·러시아 등에서 똑같진 않지만 비슷한 형태의 외환위기가 진행되었다. 즉, 현재의 외환위기는 한국만의 국지적 현상은 아니다. 외환위기가 파급된 근본적 유통 경로는 지구화, 즉 글로벌라이제이션(globalization)에 있다고도 볼 수 있다. 지구화란 자본 이동에 국경이라는 제한이 없다는 뜻이며, 외국 자본이 언제 어디서나 단기적 투기 목적을 위해 이동할 수 있다는 것을 의미한다.

냉전 체제의 붕괴도 최근의 외환위기에 영향을 미쳤다. 과거에도 단기적 투기 목적의 국제 금융 이동이 있었으나, 자본주의 체제를 위협하는 재앙은 방지해야 한다는 암묵적 경계심 때문에 자체적으로 조정되는 측면이 있었다. 그러나 세계 자본주의를 잠재적으로 위협하던 사회주의가 붕괴한 오늘날에는 오직 개별 투자자들의 이윤 극대화를 추구하는 단기적 투기 금융이 활개를 치게 되었다.

또한 최근의 위기는 적어도 부분적으로는 중국이 자본주의 시장경제에 편입하는 데 따른 영향도 받았다. 1994년에 단행된 중국 위안화의 평가절하는 한국을 포함해 아시아 시장에 교란 요소로 작용했다. 한국 정부는 이에 적절하게 대응하지 못하고 달러 표시 국민소득을 높게 유지하기 위하여 무리한 환율 방어에 치중했다. 이것은 당시 변화하는 세계 환경을 제대로 읽지 못한 정부의 무능함을 다시 한 번 입증한 것이라고 볼 수 있다.

이렇듯 과거에 비해 상당히 열악해진 국제 환경 변화가 한국 외환위기 발생에 영향을 미쳤음은 부인할 수가 없다. 그러나 최근의 위기가 세계 경제 전체의 모순이 표출되는 과정에서 파생되었다고 할지라도, 한국의 위기가 다른 나라에 비해 유독 두드러진 점을 고려할 때, 국제 환경 변화에 모든 책임을 돌릴 수는 없다. 오히려 환경 변화에 지극히 취약한 제도, 즉 한국 경제, 나아가 한국 사회의 구조화된 관행과 병폐에서 그 원인을 찾는 것이 보다 올바른 관점이다.

3. IMF 구제금융과 경제정책

1997년 11월 23일 한국 정부가 외환위기를 견디지 못하고 IMF에 구제금융을 신청하자, IMF는 12월 3일 구제금융을 지원하는 대신 몇 가지 조건을 이행할 것을 요구했다. IMF가 제시한 이행 조건의 성격과 그것이 한국 경제에 미치는 영향을 생각해 보고, 최근 정부가 실시한 경제정책들을 비판적으로 검토해 보자.

1) IMF 정책의 공과

IMF의 이행 조건은 크게 두 부분으로 나눌 수 있다. 하나는 당면한 외환위기에 대한 단기적인 거시정책이고, 다른 하나는 한국 경제 체질에 대한 구조적인 미시정책이다. 전반적으로 IMF의 단기 거시정책은 한국경제를 너무 위축시켜 산업기반을 약하게 만든 측면이 없지 않았다. 한편 IMF의 미시 구조조정 정책은 아직까지 실효를 거두지 못하고 있다.

가. IMF 거시정책

우선 IMF가 요구한 거시경제정책은 고금리 정책과 통화긴축, 그리고 재정긴축으로 요약된다. 총체적인 긴축정책이었다. 이 정책들이 목표하는 것은 총수요 긴축을 통한 경상수지 흑자 실현이었다. 한국이 당면한 외환위기를 극복하기 위해서는 경상수지 흑자를 통해 보유 외환을 확충하여 외채 지급 능력을 확보해야 한다는 것이었다.

그러나 IMF는 긴축정책의 결과인 고금리의 폐해를 과소평가했다. 고금리 정책은 기업의 과다 차입을 억제하고 한계기업을 도산시키는 유효한 구조조정 수단이다. 그러나 그 정도가 심해 건전한 기업의 흑자도산으로 이어진다면 정책 정당성의 근거는 상실할 수밖에 없다. 고금리로 인한 기업 재무 구조의 악화는 금융기관의 부실 채권을 누적시켜 금융 정상화를 어렵게 하고, 기업 부실과 금융 부실의 악순환이 되풀이될 수 있다는 말이다.

한편 IMF는 초기에 통화긴축정책으로 총유동성(M_3) 증가율을 18% 수준에서 13.5% 수준으로 낮출 것을 요구했다. 이것은 단순히 4.5%를 줄이는 것 이상의 의미를 갖는다. 왜냐하면 경제 주체들의 심리가 위축될 대로 위축되어 화폐 유통 속도가 급격히 감소한 상태에서 실질적인 통화 유통량은 그 이상으로 줄어들기 때문이다. 따라서 M_3 증가율을 낮추는 것은 원래 의도한 것 이상의 긴축 효과를 가져왔다.

고금리와 통화긴축이 강도 높게 진행된 1997년 12월과 1998년 1/4분기의 어음 부도율은 사상 최고치를 기록했다. 다행히 최근 들어 통화긴축 강도가 완화되어 금융기관의 유동성이 풍부해지면서 RP 금리와 콜 금리가 하락했다. 이와 맞물려 어음 부도율도 상대적으로 낮아졌는데,

통화긴축정책
실제 경제 거래에 영향을 주는 화폐량은 단순한 통화량 잔액이 아니라 잔액에 유통 속도를 곱한 유효화폐량이다. 흔히 "돈이 돌지 않는다"는 말은 바로 유통 속도가 하락했다는 것을 가리키는데, 이것은 금융기관에 모인 돈이 기업으로 흘러들어가지 않고 금융권 내에서 단기 부동자금으로만 맴돌기 때문이다. 이런 상황에서는 M_3 증가율을 그대로 유지하더라도 유효화폐량은 줄어든다.

97/98년 어음 부도율
부도 금액을 기준으로 1994년에는 0.17%, 1995년에는 0.20%, 1996년에는 0.17%였던 어음 부도율이 1997년에는 0.52%, 1998년에도 0.52%를 기록했다. 월별로 보면 1997년 11월에 0.48%, 12월에 2.09%로 사상 최고치를 기록했고, 1998년 들어서도 1월에 0.53%, 2월에 0.62%, 3월에 0.47%, 4월에 0.57%로 좀처럼 떨어지지 않다가 12월이 되어서야 예년 수준(0.17%)으로 돌아왔다. 이는 1998년을 관통했던 고금리 정책과 통화긴축 정책이 기업 도산을 부추겼다는 증거다.

이것은 대기업에 대한 협조융자와 단기적인 중소기업 대출금 만기 연장 조치 등에 기인한 것으로 풀이된다. 따라서 아직도 부도율 급증 추세가 안정기에 들어섰다고 안심할 수는 없다.

결국 IMF의 지나치게 엄격한 거시 안정 프로그램은 자칫 경제를 더 악화시킬 수 있었다. 다행히도 1998년 2/4분기 들어 긴축 정도는 상당 부분 완화되었다. 만약 고강도의 긴축 기조가 계속되었다면 단기적으로는 금융시장을 경색시켜 흑자도산이 지속되고, 장기적으로는 산업기반 붕괴를 초래하여 궁극적으로 구조조정 자체가 불가능해졌을지도 모른다.

앞에서 말한 대로 위기의 근본 요인은 구조적 취약성에서 찾아야지, 총량적 거시 변수에서 찾을 수는 없다. 따라서 IMF 구제금융 시대의 극복 여부는 구조조정 정책의 성패에 달려 있다고 해도 과언이 아니다.

나. IMF 구조조정정책

IMF에서 요구하는 구조조정 프로그램은 진정한 **변동환율제**로의 이행, 명확하고 엄격한 퇴출 정책과 경쟁 촉진에 의한 금융산업 구조조정, 금융 개혁을 통한 재벌의 차입경영 행태 쇄신, 기업 경영의 투명성 제고 등의 실시로

변동환율제 floating exchange rate system
각국의 통화 가치를 고정시키지 않고 외환시장 수급 상태에 따라 자유로이 변동되도록 하는 제도로서, 1978년 4월에 출범한 킹스턴(Kingston) 체제에서 IMF는 각국에 환율제도의 선택 재량권을 부여함으로써 변동환율제를 사실상 인정했다. 구체적으로 킹스턴 체제는 가맹국이 자국이 채택할 환율제도를 IMF에 보고하도록 규정하고, 세계 경제가 안정적일 때는 회원 85% 이상의 찬성이 있을 경우 조정 가능한 고정환율제(stable but adjustable par value system)로 복귀할 수 있도록 했다.

나타났다. IMF의 구조조정 정책이 한국 경제 체질의 허약성을 개선하고 자생적인 성장 능력을 배양하는 데 도움이 된다면 그에 따라야만 한다. 오히려 IMF의 요구보다 더욱 강도 높은 구조조정을 실시해야 할지도 모른다. 그럼에도 불구하고 현재 이루어지고 있는 구조조정은 지지부진하다.

한편 최근 들어 국내 경기가 위축되면서 구조조정과 경기부양을 병행해야 한다는 논리가 부상하고 있다. 지나친 구조조정이 자칫 한국 경제 산업기반의 근본을 붕괴시킬 수도 있다는 것이다.

이처럼 정책 선택의 어려움에 봉착한 것은 애초에 고금리와 통화긴축의 거시정책으로 구조조정을 달성하려고 했기 때문이다. 그러나 시장 인프라스트럭처의 정비는 거시정책으로 달성할 수 없다. 현재까지 한국에서는 퇴출 절차가 확립되지 못했는데 무차별적 긴축정책이 집행되어 건전한 금융기관과 기업까지 위협했다. 무차별적인 긴축적 거시정책을 통해 구조조정을 유도하려는 시도가 막대한 비용을 수반한 것이다.

그렇다고 해서 이것이 확장 기조로 전환하자고 주장하는 것은 아니다. 구조조정이 완결되지 않은 상황에서 확장 기조로 전환하는 것은 부실 기업 퇴출을 지연시켜 구조조정을 더욱 어렵게 할 것이다.

구조조정이 미흡한 것은 IMF의 잘못만은 아니다. 구조조정 또는 개혁은 어차피 우리가 해야 할 국내 과제다. 따라서 구조조정 실패는 일차적으로 정부 정책의 실패라고 할 수 있다. IMF 구제금융 이후의 개혁 정책을 평가해 보기로 하자.

2) 경제개혁 평가

개혁 성공의 리트머스 시험지는 불건전한 기업과 은행의 퇴출에 있다. 그러나 '초대마불사(超大馬不死)'의 관행은 여전하다. 한 예를 들자면 정부는 6월 중순 5개 은행과 55개 기업에 퇴출 명령을 내렸다. 미진하지만 환영받을 만한 조치였다. 그러나 실제로 퇴출된 기업 중 5대 재벌 안에 드는 기업은 거의 없다. 그룹 내의 계열 기업에 흡수된 것이 대부분이다. 5개 은행 퇴출도 서울 · 제일 은행을 살려 둔 채 이루어져 형평 문제가 제기되었다. 결국 IMF 한파 속에서 중소기업만 문을 닫고 5대 재벌은 건재하다. 은행도 비교적 커다란 은행은 거의 개혁의 무풍 지대라는 비난을 면하기 어렵게 되었다.

나는 1998년 11월 중순 현재, 경제개혁은 일단 실패라고 생각한다. 정부 정책은 일관성을 잃었고, 정권 초기에 보이던 일말의 개혁 가능성마저 보이지 않기 때문이다. 새 정부의 경제개혁 정책을 실패라고 생각하는 이유를 살펴보자.

가. 재벌 구조조정

우선 재벌의 중복과잉투자를 해소하기 위한 구조조정은 1998년 7월 26일을 기점으로 사실상 물 건너갔다고 해도 과언이 아니다. 재벌 총수들과 정부 고위 관료들 간의 일곱 시간 반에 걸친 마라톤 회의 결과는 대략 다음과 같다.

우선 정부는 더 이상 기업을 강제 퇴출시키지 않고 시장 자율에 따라 이루어지도록 하며, 5대 재벌 간 빅딜도 자율적으로 하도록 하고, 무역 금융을 재개함으로써 대기업을 지원한다는 것이다. 이 회의를 통해서 재벌들은 구조조정을 회피할 충분한 시간을 벌었고, 문제의식 없는 각료들은 구조 개혁의 의무에서 해방된 느낌을 갖게 되었다고 해도 과언이 아니다.

개혁이란 적절한 시기를 놓치면 성사될 수 없다. 자기 것을 지키려는 기득권 세력이 엄청난 강도로 반발하기 때문이다. 정치권은 조만간 2000년 총선 준비에 바쁠 것이고, 내각제 논의라도 시작되면 재벌 개혁은 세인의 관심에서 멀어질 것이다. 개혁을 추진할 수 있는 시간이 얼마 남지 않았다는 말이다.

더군다나 개혁이란 적절한 강도를 놓쳐도 성사될 수 없다. 재벌 개혁은 재벌 스스로에게 맡겨 두어서는 결코 이루어질 수 없다. 정부는 구조조정에 필요한 모든 수단과 방법을 동원해야 한다.

나. 경기부양

경제개혁 정책의 실종을 거론할 수 있는 또 다른 근거는 정부가 추진하고 있는 대규모 경기부양책이다. 퇴출하는 기업과 직장 잃은 노동자를 보고 가슴 아파하는 것은 너나 구별 없이 마찬가지다. 그러나 한국 경제의 최대 현안인 구조조정을 피와 땀을 수반하는 고통 없이 이룰 수 있다고 한다면 이것은 큰 착각이다. 어렵다고 해서 바른 길을 걷지 않는다면 그것은 더 큰 고통을 가져올 뿐이다.

IMF가 초기에 요구한 긴축적 거시정책, 즉 20% 전후의 고금리나 무리한 통화긴축은 비판받아 마땅하다. 그러나 지금은 금리가 IMF 이전으로 돌아가고 있다. 아니 그 전보다 더 낮아졌다. 이 마당에 경기부양을 하면, 구조조정의 본뜻은 퇴색하고 다시금 우리 경제의 고질병이었던 거품이 재현될 것이다. 경기부양은 시장에서 퇴출되어야 할 비효율적인 기업들에게 그들의 비효율성을 연장시킬 수 있는 기회를 제공할 가능성이 크기 때문이다.

또 경기부양을 위한 재원은 상당히 제한되어 있다는 사실을 염두에 두어야 한다. 한정된 재원을 경기부양에 투입하면 구조조정에 필요한 재원은 고갈되고 말 것이다. 부실 정도가 심한 금융·실물 부문의 구조조정에는 천문학적 비용이 들 수밖에 없다. 이러한 때 득보다 실이 많은 경기부양에 금쪽 같은 재원을 낭비할 수는 없다.

4. 경제개혁의 전제조건

한국 경제가 회생하기 위해 필요한 개혁의 큰 방향은 실물 부문의 과잉투자 해소와 금융 부문의 정상화다. 그러나 지금까지 수행된 정책으로는 두 마리 토끼를 다 잡을 수 없다. 개혁 추진에 많은 어려움이 뒤따르는 이유도 그 때문이다. 현재의 위기를 극복하고 진정한 경제개혁을 위한 밑그림을 제시하기 위해서는 구조 개혁의 비전을 제시할 수 있는 분석틀이 필요하다.

한편 구조 개혁을 추진하는 데는 많은 현실적 어려움이 뒤따른다. 특히 기득권 세력의 반발과 설익은 외국 이데올로기의 무분별한 유입이 개혁 추진에 커다란 걸림돌로 작용하고 있다. 따라서 차질없이 개혁을 추진하기 위해서는 개혁 추진 세력을 재정비하고 이데올로기의 탄탄한 뒷받침이 있어야 한다. 이에 대해 논하여 보자.

1) 구조 분석의 필요성

만약 시장이 효율적이라면 '위기'라는 용어 자체가 어색하며, 경제구조를 논하는 것조차 불필요할지도 모른다. 만약 그러하다면 한국 경제는 단지 사전에 예상치 못한 시장 외적인 충격을 경험한 것이며, 그것이 전파되는 과정에서 시장 기능의 미비로 인해 교란이 증폭된 것이다. 성공적인 개혁을 통해 시장 기능이 회복된다면, 현재의 혼란은 시장의 자율적 조절 기능으로 해소될 수 있을 것이다. 따라서 정부가 나서서 성급하게 혼란을 바로잡으려는 시도는 비효율을 조장해 조정 비용만 증대시킬 수 있다.

하지만 지금 한국 경제는 눈에 보이는 지표도 좋지 않을 뿐만 아니라 시장이 자율적인 조절 능력을 발휘할 수 없는 상황에 처해 있다. 어쩌면 한국 경제에는 지금까지 한 번도 시장 원리가 제대로 작동한 적이 없었는지도 모른다. 게다가 IMF 구제금융 이후 상호 신뢰가 관건인 금융 부문은 비정상적으로 경색되어 있다. 일단 신뢰가 흔들린 신용경색 상황에서는 개별 경제 주체의 최적 선택이 신뢰 회복에 도움을 주기보다 오히려 신뢰를 깨뜨릴 수 있다. 그러므로 위기 전개 과정에서 신용경색은 시장 메커니즘 조정 실패에 따른 자기충족적(self-fulfilling)인 경기침체를 수반한다. 따라서 상황을 악화시키는 악순환의 고리를 규명하고, 이 고리를 끊기 위해 정부가 정책적으로 개입하는 것이 필요하다.

위기 초기에 금융시장에서 표면적으로 드러난 악순환의 고리는 환율 상승과 외국인 투자 자금의 유출이었다. 외국인 투자 자금의 이탈은 외화 수요 급증과 환율 급등을 가져왔다. 이어 환차손을 줄이기 위한 외국인의 주식투자 자금 유출이 가속화되었다. 주식 수요 자금의 감소로 인한 주가 하락은 다시 외자 유출의 유인으로 작용했다. 이렇듯 환율 급등과 주가 하락이 상호 영향을 미치며 금융시장은 점점 더 불안정하게 되었다.

최근에는 기업 부도와 금융기관 부실화라는 악순환의 고리가 가장 큰 문제로 대두되었다. 외환시장은 가까스로 안정을 되찾았지만 폭락한 주가는 아직도 이전 수준으로 되돌아가지 못하고 있으며, 자금 시장이 경색되면서 금융위기가 심화되었다. 잇단 기업 부도로 인해 금융기

악순환의 고리
외환위기는 환율 급등, 주가 폭락 그리고 금리 상승 등 지표의 동시적 악화로 발현했다. 그리고 국가신인도 하락, 외화 유동성 부족, 환율 상승, 외국인투자 자금 유출, 부실 채권과 기업 부도, 대출 회수와 차입 제한 등 다양한 악순환의 고리가 형성되었다.

관들이 신규 대출을 억제하고 기존 대출마저 회수하기도 했다.

기업의 자금 사정이 악화되면서 기업 건전성과는 무관하게 자금 배분이 규모에 따라 양극화되었다. 금융기관은 대출 채권을 회수할 가능성이 줄어들고 담보 가치가 하락하면서 더욱 보수적으로 행동하고 있다. 그 결과 한국은행이 대규모의 유동성을 지속적으로 공급함에도 불구하고 대부분의 자금이 금융 부문에서 맴돌며 실물 부문으로 연결되지 못하고 있다.

이러한 상황에서 단기적 경기부양 정책은 악순환의 고리를 끊기는커녕 오히려 악순환을 부추길 가능성이 크다. 거시 총량적 정책보다는 과잉투자 해소와 금융 정상화를 위한 구조조정 정책의 중요성이 강조되는 것은 이 때문이다.

2) 고금리 정책의 실효성

IMF 구제금융 이후 IMF와 한국 정부가 취한 고금리 정책은 거시적·미시적 관점에서 그 논거를 찾을 수 있다. 우선 거시적 관점에서 고금리는 외환위기 직후 유동성 부족을 타개하기 위해 해외자본 유입을 촉진시키고, 투자 위축과 저축 증대를 통해 경상수지를 개선할 수 있는 정책적 수단이었다. 그러나 불확실성이 팽배한 경제위기 상황에서 해외자본의 이자율 탄력성은 매우 작다.

따라서 고금리가 해외자본 유입에 큰 역할을 했다고 보기는 힘들다.

오히려 과도한 긴축정책과 고금리로 투자가 위축되어 성장의 원동력을 고갈시키고 장기적으로 외채 상환 능력에 대한 전망이 악화된 측면이 있다. 고금리라는 수단으로는 경제의 신뢰도를 회복하고 불확실성에 대응하기에는 역부족이었다는 말이다.

미시적 관점에서 고금리 정책은 고금리가 구조조정을 이끌어 내는 수단이 된다는 측면에서 그 논거를 찾을 수 있다. 고금리를 통해 이자 부담을 감당할 수 없는 기업을 자연스럽게 퇴출시키고, 생존 기업이 자발적으로 과잉투자를 해소하고 자본 구조를 개선하는 유인을 제공한다는 것이다.

이에 관한 반론도 여러 형태로 제기되고 있다. 우선 이자율이라는 정책 수단이 부실 기업을 선별하는 기능을 제대로 수행할 수 있을지 의문이라는 것이다. 그리고 고금리가 금융기관과 기업의 관계에서 역선택을 초래하여 경제 전반의 위험을 증대시킬 것이라는 비판도 있다. 아울러 부실 기업의 퇴출은 효율성 제고를 위해 당연하지만 경제 전반에 대한 신뢰가 무너진 상황에서 건전한 기업마저 연쇄 도산에 휘말리게 할 수 있다는 원론적인 지적도 있다.

이자율 탄력성

이자율이 1% 변할 때 해외자본이 몇 % 증가하는지를 나타내는 지표. 예를 들어 이자율이 5%에서 7%로 상승할 때 해외자본 유입이 100억 달러에서 120억 달러로 늘어나면,

$$\frac{해외자본\ 유입\ 증가분}{이자율\ 증가분} = \frac{20}{100} \Big/ \frac{2}{5} = 0.5$$

이자율 탄력성이 작다는 것은 이자율이 상승하더라도 자본 유입이 거의 없다는 것을 뜻한다. IMF가 이자율을 높임으로써 해외자본을 끌어들이려는 정책은 이자율 탄력성이 클 때에만 효과를 볼 수 있다. 이자율 탄력성이 낮다면 아무리 이자율이 올라가더라도 해외자본은 유입되지 않을 것이다.

시장 원리가 제대로 작동할 때에는 고금리를 통한 구조조정 정책이 강력한 효과를 거둘 수 있으며, 그에 따른 부작용도 크지 않을 것이다. 기업 간의 자유로운 경쟁과 이윤 확보 가능성의 축소로 투자 기회가 소진되면서 기업의 투자 결정이 합리적 선택의 결과로 이루어진다면, 과잉투자는 자율적으로 해소될 것이기 때문이다. 그러나 우리의 현실은 신용 체계가 적어도 부분적으로는 붕괴된 위기 상황이다. 이런 상황에서 고금리 정책은 구조조정의 방향타로서 제대로 작동하기 어렵다.

기업들은 위기 상황에서 이윤 극대화 전략보다는 **장기생존확률 극대화 전략**(maximizing the probability of long run survival)을 택한다. 이때 기업은 과거 투자 계획을 계속 유지하고 과거의 채무를 지불해야 하므로, 여유 현금흐름(free cash flow)이 고갈되기 쉽다. 게다가 경기수축은 자본시장의 수축을 가져오고 신주 발행과 채권 발행도 어렵게 하기 때문에, 외부 자금에 대한 수요가 감소하지 않는다. 한편 금융기관도 보유 자산 가치가 크게 하락하여 신용보다는 현금에 대한 수요를 늘린다.

이런 상황에서 인위적인 고금리 정책을 시행하면 증권시장의 작동을 왜곡시킬 수 있다. 신용경색이 심화된 상황에서 기업과 금융기관이 서로 배타성을 띨 가능성이 크기 때문이다. 다시 말해 금융기관은 기업의 전망이

장기생존확률 극대화 전략
장기생존확률 극대화 목표는 기업이 장기성장확률을 높이도록, 독점력을 증가시킬 수 있도록, 차입을 감소시킬 수 있도록 투자 전략을 추구하도록 유도한다. 이러한 기업의 태도는 자본주의 경제에 존재하는 불확실성과 이 불확실성을 극복하려는 방식으로 일반화해 분석할 수 있다.

불확실한 상황에서 신규 대출 중단과 기존 대출 회수에 급급하고, 그 자금을 증권시장에서 운용하거나 금융기관들 사이의 교차투자를 통해 금융 부문에 묶어 두려 한다. 이때 기업은 장기생존확률 극대화 전략에 따라 수익성과 같은 내적 기준이 아닌 규모와 같은 외적 기준을 강화하는 데 더욱 주력하고, 금융기관도 이에 호응한다. 즉 고금리가 기업 가치를 적절하게 선별해 내기보다는 신용경색만을 가중시키고, 수익성에 따른 평가가 아닌 외적 기준에 의한 평가를 시장 내에 통용시켜 건전한 자본주의 운영 원리를 파괴하는 부작용을 낳는다는 것이다.

결국 위기 상황에서 고금리를 통해 과잉투자와 부실 채권 해소를 유도하여 구조조정을 수행하려는 정책은, 본래의 좋은 의도와는 달리 많은 부작용을 낳을 가능성이 크다. 고금리 정책이 구조조정의 확실한 효과를 거두지 못한다면, 경기회복을 지연시키고 흑자도산 및 고실업에 따른 비용을 가중시켰다는 비판을 면하기 힘들다.

오늘날과 같은 위기 상황에서 기업에게는 지속적인 투자 유지와 외형 불리기를 통한 생존 가능성 확대가 우월지배전략(dominant strategy)이다. 한편 금융기관은 신용 대출 중단을 통한 유동성 확보가 우월지배전략이다. 기업은 과잉투자를 해소하고 금융기관은 건전한 투자안에 대해 신용 대출을 하는 것이 파레토 우월한 내쉬 균형(Nash equilibrium)임에도 불구하고, 금융기관과 기업이 모두 자발적으로 구조조정을 수행할 유인을 가지지 못하는 용의자의 딜레마(prisoner's dilemma) 상황에 빠져 있는 것이다.

우월지배전략

상대방이 어떤 전략을 취하든 상관없이 가장 우월한 전략을 말한다.

파레토 우월한 내쉬 균형

상대방의 이익을 침해하지 않고서 서로가 나아질 수 없는 상황을 '파레토 최적' 상태에 있다고 한다. 용의자의 딜레마(prisoner's dilemma)를 보면 쉽게 이해할 수 있다.

용의자의 딜레마

용의자의 딜레마는 내쉬 균형이 꼭 파레토 최적인 것은 아님을 보여 준다. 즉, 서로 잘 협상하면 둘 다 나아질 수 있음에도 불구하고 그렇지 못한 상황이 초래될 수 있음을 보여준다.

A　　　　　　B	자백하는 경우	자백하지 않는 경우
자백하는 경우	징역 10년, 징역 10년	석방, 사형
자백하지 않은 경우	사형, 석방	징역 2년, 징역 2년

두 명의 용의자를 잡았다. 경찰관은 따로따로 심문한다. 경찰관이 제안한다. "둘 다 자백하면 10년형을 때린다. 만약 한 명은 자백하고 다른 한 명은 자백하지 않을 때, 자백한 사람은 석방시켜 주지만 자백하지 않은 사람은 사형을 시킨다. 둘 다 자백하지 않을 경우에는 증거가 부족하기 때문에 2년형을 때린다."

앞서와 동일한 방법으로 따져 보면 '자백-자백'만 내쉬 균형임을 알 수 있다. 용의자 B가 '자백'하면 용의자 A도 당연히 자백한다. '자백'하면 10년을 감방살이하지만 '자백하지 않'으면 사형당할 것이기 때문이다. 거꾸로 용의자 A가 '자백'하면 용의자 B도 '자백'한다. 사형당하지 않기 위하여. 그러므로 '자백-자백'은 내쉬 균형이다.

다음으로 용의자 B가 자백하지 않는 경우를 생각해 보자. 용의자 B가 자백하지 않는 경우 용의자 A는 말할 필요도 없이 '자백'한다. '자백'하면 석방되고 '자백하지 않'으면 징역 2년을 사는데 누가 자백하지 않겠는가. 거꾸로 따져 보자. 용의자 A가 '자백'하면 용의자 B는 '자백'해 버린다. 그러므로 '자백-非자백'은 내쉬 균형이 아니다. B가 '자백하지 않'을 때 A는 '자백'하지만, 거꾸로 A가 '자백'할 때 B는 '자백'해 버릴 것이기 때문이다.

결국 내쉬 균형은 '둘 다 자백해서 10년씩 감방살이를 하는 것' 하나밖에 없다. 안타까운 일이 벌어졌다. 둘 다 '자백하지 않'으면 둘 다 좋아질 수 있다. 둘 다 10년 아니라 2년만 감방에서 썩으면 되니까. 하지만 용의자들이 서로 믿지 못하기 때문에(따로따로 조사하니까) 최적의 상태(징역 2년씩)로 가지 못한다. 그러므로 '자백-자백'은 내쉬 균형이기는 하지만 결코 파레토 최적은 아니다. 둘 다 나아질 수 있음에도 불구하고 더 좋은 곳으로 가지 못하고 있으니까.

따라서 정부의 적극적 개입을 통한 구조조정 정책이 필요하다. 이를 위해 필요한 것은 기존 기득권 세력의 반발을 억누를 수 있는 개혁 주체의 설정과 이들을 뒷받침하기 위한 이데올로기의 확립이다.

3) 개혁 주체의 정비

현재 구조조정은 말만 요란할 뿐 실질적인 성과물은 없다. 5대 재벌이 진행 중인 빅딜 플랜은 어떻게든 시간을 끌어 구조조정을 회피해 보겠다는 의도로밖에 해석되지 않는다. 한국이 언제 나토(NATO : No Action Talk Only)에 가입했냐는 외국인의 비아냥거림은 우리의 현실을 정확히 꼬집고 있다.

우선 김대중 정부는 그동안의 구조조정 부진에 관해 총괄적인 정책 점검을 해야 한다. 올해 초 외환위기의 아슬아슬한 고비를 넘긴 것만으로 개혁 부진에 대한 면죄부를 받을 수는 없다. 그리고 대통령은 개혁을 새롭게 시작해야 한다.

광범위한 개혁 연대 세력의 구축을 통해 개혁 추진 세력의 양적·질적 확충을 달성하고, 요소요소에 개혁지향적 인물을 투입해야 구조 개혁이 성공할 수 있다. 뚜렷한 방향 감각, 날카로운 현실 인식력, 그리고 강력한 추진력을 겸비했으면서도 재벌이나 금융기관에게 발목 잡히지 않을 인물들을 대거 등용해 정부의 개혁 의지를 다시 한 번 모든 경제 주체들에게 강조하고 개혁 주체 세력 간에 원활한 협조 체제를 구축해야 한다.

　개혁 주체의 정비는 현실적으로 정책 내용에도 큰 영향을 미치겠지만, 보다 근원적으로는 정부의 정체성(identity)을 투명하게 함으로써 경제 주체에 대한 정책의 신뢰성을 높인다는 측면에서 더욱 큰 의미를 갖는다.* 기업과 금융기관이 정책 당국이 추진하는 개혁 정책의 일관성을 강하게 신뢰하면 할수록, 개혁 정책은 효율적으로 비용을 최소화하며 진행될 수 있다. 물론 정부가 개혁 정책에 대한 자신의 진정한 선호를 숨겨 기업과 금융기관이 정확한 정보를 가지지 못한다면, 정부는 더 많은 재량적 선택권을 가질 수 있다.

　그러나 이러한 효과는 단기에 그친다. 정부의 정책에 대해 경제 주체들은 상당 수준의 감시비용(monitoring cost)을 지불하고라도 공표된 정책 뒤에 감추어진 정책의 본래 의도를 파악하고자 하기 때문이다. 어차피 개혁이 일회적 게임(one shot game)이 아니라면, 정부는 정책 수행 과정에서의 모호성을 줄여 불필요한 비용을 최소화하기 위해서라도 개혁 주체를 선명하게 드러내는 것이 바람직하다.

---

* 시간 불일치성

이것은 시간 불일치 혹은 신뢰(credibility)의 문제로 알려져 있는 정책 게임(policy game)의 분석 틀로 설명할 수 있다. 만약 개혁 진행 과정에서 정부가 다양한 정치적 이해관계에 노출되어 미리 정한 개혁 정책의 원칙을 포기할 가능성이 크면 클수록, 합리적 기대를 하는 기업과 금융기관은 전략적으로 저항(holdout problem)함으로써 현재의 구조조정이 지지부진해지리라는 것은 명약관화하다. 따라서 정부가 개혁적 인사들로 구성된 경제팀을 구성하여 이들에게 강한 독립성을 보장해 주면 줄수록, 단기간에 적은 비용으로 구조조정을 달성할 수 있다.

4) 사고의 전환

성공적인 개혁을 위해서는 경제에 대한 시각도 바꾸어야 한다. 최근 들어 실업, 외환시장 안정과 금리 안정, 구조조정, 국제신용도 제고 등 총체적 난국에 직면하여 경제를 더 이상 시장규율에만 맡겨 두어서는 곤란하다는 견해가 터를 잡아 가고 있다. 그러나 정부 주도의 개혁은 또 다른 왜곡을 낳는다며, 시장 원칙에 따라 순리적으로 위기를 극복해야 한다는 신자유주의 이데올로기에 입각한 반론도 만만치 않다.

이처럼 경제 운영 방식에 대한 이데올로기의 차이로 학계와 재계, 정부 정책 담당자 사이에 많은 논쟁이 오가고 있다. 개혁을 지속적으로 추진하기 위해서 정부는 이에 관한 확고한 입장을 정립할 필요가 있다.

가. 신자유주의 비판

1990년대 이후 한국 학계와 경제계에는 신자유주의라는 이데올로기가 풍미했다. 1997년의 외환위기 이후 현재까지 정부 주도의 구조조정 작업이 시도될 때마다 시장 원리를 존중하여 기업이 자율적으로 구조조정을 해야 한다는 비판도 신자유주의에 논리적 기반을 두고 있다.

특히 김영삼 정부의 정책 입안자들은 신자유주의 이념에 상당히 경도되어 있었다. 언론도 규제를 완화하기만 하면 '작은 정부'를 달성할 수 있다는 환상을 유포하는 데 앞장섰다. 집권 초기 강도 높은 개혁을 추진하려던 김대중 정부의 개혁 정책이 지지부진해진 것도 신자유주의 이데올로기를 주장하는 목소리에 밀렸기 때문이다.

그러나 소위 신자유주의자들의 주장에는 현실감이 결여되어 있음을 발견할 수 있다. 그들은 시장이 모든 문제를 해결하기 위한 만병통치약 이라는 주장을 되풀이할 뿐, '시장'이라는 제도를 어떻게 한국 경제에 정착시킬지에 대해서는 입을 다물어 버린다. 재벌 체제가 공정한 경쟁을 저해하고 이윤 극대화가 아닌 규모 극대화를 부추기며 독과점의 폐해를 야기한다면, 이미 그 경제는 심각한 시장실패(market failure)에 직면해 있는 것이다. 경제학은 시장실패가 있을 때, 시장은 효율적 자원 배분의 기구가 될 수 없다는 것을 누차 강조하고 있다. 그러나 그들은 이러한 현실을 무시한 채 이상적인 시장 기구에 근거한 이데올로기를 선전해 왔다.

더욱 경계해야 할 것은 시장주의가 자의적으로 해석되어 현상유지의 선전 도구로 이용된다는 점이다. 한편으로는 공정한 경쟁과 진입·퇴출의 자유를 주장하면서 다른 한편으로는 부도유예협약의 정당성을 주장하는 것이, 한국에 존재하는 현상유지 도구로서의 신자유주의의 잘못된 모습이다.

신자유주의에 근거한 시장 자율에 의한 구조조정은 허구일 뿐이다. 지금 한국의 현실을 고려할 때 미시적·구조적 개혁을 위해서는 정부의 적극적 개입이 필요하다.

첫째, 최근의 신용경색은 시장이 붕괴되었다는 것을 뜻한다. 금리·

환율·주가 등 가격 변수가 경제 현실을 반영하는 신호로 작동하지 못하고 있다. 시장이 붕괴되어 가격 변수가 그 기능을 수행하지 못한다는 것이다. 또한 한국 경제에는 아직도 적자생존의 원리가 적용되지 않고 있다. 기업의 진입도 퇴출도 자유롭지 않다는 말이다. 이런 상황에서 정부가 구조조정 작업을 주도하는 것 말고 다른 선택의 여지가 없다.

좀더 시야를 넓혀 세계 경제 상황을 고려하더라도 신자유주의의 논리는 한계를 갖는다. 1970년대에 시작되었고 1980년대 들어 본격화된 금융부문의 혁신은 구미 시장에서 과잉유동성을 낳았다. 이것은 금융외환시장을 끊임없이 교란하고 있다. 1980년대 후반 들어 금융 부문의 확대가 한계에 도달하자, 금융자본은 개발도상국의 개발을 통해 확대 메커니즘에 돌입했다. 그 종착역인 1990년대 동아시아의 금융위기는, 과잉유동성은 과잉투자로 연결되고 결국 과잉생산으로 귀결된다는 사실을 보여 준다.

세계화가 진전되고 국가 경제 간의 경계가 희미해지면서 한 국가 내에서의 과잉투자·과잉생산은 다른 시장에 접근함으로써 해소 가능하다는 환상을 낳았다. 신자유주의가 표방하는 국가 경제 내적인 자율화와 세계적인 자유무역은 이러한 환상을 빌미로 유포되었다. 직면한 세계 경제위기를 피해 가는 유일한 방안이라는 선진국의 경기부양책도 개발도상국들의 수출을 흡수할 수 있는 정도의 유효수요를 창출할 수 있는가에 달려 있다. 이러한 현실을 고려할 때 시장 원리만으로 위기를 극복하고 성장을 유지할 수 있다는 주장은 '효율성'이라는 신화에 기초한 비현실적 이상론에 지나지 않는다.

둘째, 어차피 한국이 세계 경제 질서 재편에 영향을 미칠 수 없다는 현실적 비관론과 생존을 위해서는 '팍스 아메리카나'로 표현되는 미국 중심의 세계 질서에 빨리 적응해야만 한다는 위기감이 신자유주의의 형태로 나타나고 있다. 이에 따르면 외국 자본의 입맛에 맞게 경제구조를 바꾸기만 하면, 자본이 다시 유입되어 눈앞의 위기를 넘길 수 있다는 것이다.

물론 다른 개발도상국들에 앞서 외국의 신뢰를 회복할 수 있다면, 이것은 더 큰 혜택을 누릴 수 있는 기회가 될 수도 있다. 그러나 얻는 것이 있다면 잃는 것도 있음을 상기할 필요가 있다. 세계 금융시장의 재편 과정에 적극적으로 동참함으로써 불가피한 손실을 최소화하고 새로운 도약의 기회를 얻자는 논의에는 전적으로 동의하지만, 그에 따른 비용을 최소화하기 위해서는 내적인 구조 개혁이 선행되어야만 한다. 구조조정 없이는 세계경제 체제에 정당하게 편입하는 것이 아니라 기계적 종속만이 그 결과로 나타날 것이기 때문이다.*

---

* **음모론**
최근 외환위기의 원인을 선진국의 특정 금융자본의 음모에서 찾으려는 소위 '음모론'적 시각이 존재한다. 이것은 국내 경제개혁에서 외국의 개입을 허용하지 말아야 한다는 민족주의적 시각을 기반으로 한다. 이것은 신자유주의의 환상을 깨고 정부 개입을 통한 위기 극복을 상정한다는 점에서 긍정적인 측면이 있다. 그러나 이러한 시각도 현재의 위기 대응을 내적 구조조정보다는 외적 불안정성에 초점을 맞춤으로써 구조조정의 필요성을 희석시킬 수 있다는 비판을 피할 수 없다.

결국 신자유주의는 한국 경제의 현실적 대안이 될 수 없다. 구조조정은 시장 자율이 아닌 정부 주도로 이루어져야 한다는 말이다. 이것을 정부가 직시해야만 한국 경제는 현재의 곤경에서 탈출할 수 있다. 우선 정부 주도로 정책 집행을 강력하게 추진하는 것이 바람직하다. 경제정책은 언제나 선택일 수밖에 없으며, 선택에는 언제나 비용이 뒤따른다는 평범한 진리가 오늘날 우리에게도 예외 없이 적용되고 있다. 따라서 선택을 지연시키기보다는 비용을 직시하고 적절한 정책을 빠른 시일 내에 선택하여 집행하는 것이 책임 있는 정부의 올바른 태도다.

나. 개혁적 케인스주의

이상적인 시장은 효율적이다. 그러나 케인스가 역설한 바와 같이 현실에 존재하는 시장은 이상적인 시장과는 많은 괴리가 있다. 따라서 정부는 시장의 실패를 교정하기 위해 적극적인 역할을 담당해야 한다. 케인스의 이론은 선진국 내의 대공황을 배경으로 등장했다.

따라서 당시의 정부 개입은 주로 경기부양에 입각한 거시정책에 초점을 맞추었다. 선진국 내에는 이미 시장 인프라가 구축되어 있었기 때문에 시장제도를 구축하기 위한 정책에 소홀한 것은 당연한 일인지도 모른다. 그러나 그는 경쟁이 보장되는 이상적인 시장기구조차도 경직성을 갖고 있으므로 위기 상황에서 정부의 역할이 절대적임을 지적했다.

그렇다면 아직 시장 인프라조차 제대로 구축되지 않은 경제에서 정부의 우선적인 역할은 미시적 · 구조적 개입을 통해 시장 인프라를 구축하는 것이다. 일단 시장의 틀과 게임의 룰이 갖추어지면 정부는 시장 제도를 유지하고 안정성을 보장하는 역할을 맡게 될 것이다.

나는 시장기구가 제대로 작동하지 못해 외적 기준이 중요시되고 그에 따른 부작용이 만연한 경제에서, 정부의 시장개입이 경기부양으로 나타날 경우 시장 왜곡을 영속화시키고 시장제도의 발달을 저해할 것이라고 주장한다. 이러한 나의 입장을 기존의 거시경제적 개입 정책과 구분하기 위해 '개혁적 케인스주의'라고 밝히고, 이것으로 신자유주의를 대체하는 이데올로기로 삼자고 제안한다.

케인스주의는 이른바 신고전파 종합으로 발전되었다. 경제가 침체 · 과열 되었을 때는 정부가 적극적으로 개입하여 실업이나 인플레이션 문제를 해결하도록 하되, 고용과 물가가 안정되면 경제 운행을 가격기구에 맡기자는 것이다. 케인스주의는 2차 세계대전 후 4반세기 동안 세계 각국의 경제정책 입안 과정에서 주도적 역할을 했다. 그러나 케인스주의는 기본적으로 거시 경제정책에 관한 사고의 유형이지, 구체적인 구조정책이나 미시정책과 관련된 것은 아니다.

신고전파 종합

정부가 금융정책과 재정정책을 통해 완전고용 조건을 확보하면서, 다른 한편으로 자원 배분 방식은 시장 가격에 따른 수급 조절 기능에 맡긴다는 이론이다. 새뮤얼슨에 의해 명명되었으나 이와 같은 견해를 처음 제시한 것은 케인스였다. 그는 완전고용을 위해 정부의 총수요관리정책의 필요성을 인정하고 완전고용 아래서는 전통적 경제학에서의 시장 가격에 의한 자원 배분 기능이 그 효력을 발휘한다고 말해 신고전파 종합의 견해를 지지했다.

케인스는 기존의 사고에서 벗어나 현실 문제를 보다 잘 해결할 수 있는 새로운 사고를 찾는 데 일생을 보낸 인물이다. 그는 1차 대전 후 『자유방임의 종언』에서 자유시장제도는 자체 내에 경제 안정을 보장해 주는 메커니즘을 갖고 있지 않다고 생각했다. 따라서 정부가 나서서 체제의 불안정을 치유해야 한다고 주장했다.

나는 한국 경제의 위기를 극복하는 데 케인스적 사고가 필요하다고 생각한다. 우리의 궁극적 목표는 효율, 형평 그리고 상당 수준의 자립을 구가하는 경제 사회 건설이다. 그러나 붕괴 일보 직전에 놓인 경제를 살리기 위해서는 우선 효율을 추구하면서, 그 과정에서 파생되는 실업 문제와 같은 부작용을 최소화해야 한다.

효율은 어떻게 극대화될까. 시장 메커니즘만 가지고는 어렵다. 시장은 원래 불안정한 것이다. 더군다나 오늘날 한국은 시장 자체가 존재하지 않는 상황이나 다름없다. 따라서 단기적으로 정부는 직접 나서 시장기구의 역할을 수행하면서 장기적으로는 건전한 시장을 형성하는 데 주력해야 한다.

과거 한국 정부는 무능과 부도덕으로 지탄받아 왔다. 정부가 정치 부문

『자유방임의 종언』 The End of Laissez-Faire

1926년 케인스는 경제 문제에 대한 자신의 철학을 정리한 『자유방임의 종언』을 통해 자유방임주의의 허구성을 맹렬히 비난했다. 그는 개화된 인간의 자리심(自利心)이 항상 공익과 일치하는 것은 아니며, '보이지 않는 손'의 신화는 경제학적 연역일 뿐이고 현실 세계에서는 타당치 않은 허구라고 주장했다. 그는 개별적으로 자신의 이익만을 위해 행동하는 개인들은 공익이라는 선(善)을 이루어 내기에는 너무도 무지하거나 미약한 존재라고 주장하고, 진정한 의미에서 경제적 자유를 누리기 위해서는 자유방임이 종식되어야 한다는 역설적 상황을 강조했다. 이 연설은 개입주의자(activist)로서 케인스의 진면목을 잘 나타낸다.

과 일원화되어 외적 통제가 제대로 이루어지지 못했기 때문이다. 외적 통제가 이루어지지 못했다는 것은 정부의 정책 수행이 민주성을 획득하지 못했음을 의미한다.

그러나 과거의 정부가 아무리 무능했다고 할지라도 정부가 아니면 할 수 없는, 반드시 정부가 수행해야만 하는 일과 그것이 필요한 시기가 있다. 지금의 상황이 바로 그렇다. 정부는 더 이상 수세적 자세만 취하지 말고 보다 적극적으로 경제에 개입하여 경제구조를 고치는 데 앞장서기 바란다. 과거 30여 년간 누적된 모순을 단기간에 해결해야 하는 상황에서 '개혁적 케인스주의'는 거시적 고려보다는 미시적 구조 설계에 주목하는 것을 내용으로 한다. 정부는 자신이 꼭 해야 할 일이 무엇인가를 정확히 직시하여 어설픈 단기 정책이 아니라 단호한 구조 재건에 나서야 한다.

이것을 국제적 틀 속에서 생각해 보자. 우선 한국은 커다란 나라들을 모범으로 그들의 장점을 배워야 한다. 이런 점에서 한국 경제의 궁극적인 지향점은 영미식 자본주의일지도 모르지만, 현재의 위기를 고려할 때 당분간은 2차 대전 후의 일본식 또는 서독식 자본주의를 참고로 하는 것이 바람직하다.

새로운 성장 전략이 필요한 한국에서, 정부는 과거처럼 기업 간에 사업분야를 구체적으로 배분해 주는 '기업 정책'을 실시해서는 안 된다. 그러나 정부는 필요한 산업 분야를 육성하고 바람직한 분야를 지원하는 넓은 의미의 '산업정책'은 지속적으로 추진해야 한다. 경제 체질을 새선하기 위해 중장기적 관점에서 기술 개발과 인력 투자를 소홀히 해서는 안 된다. WTO 체제에서도 이와 같은 분야에는 정부의 산업정책 수단을 사용할 여지가 존재한다. 아울러 정부는 과도한 투자를 억제하는 투자 조정자로서의 역할도 수행해야 한다.

5. 경제개혁의 방향과 과제

경제가 효율성을 유지하기 위해서는 불합리한 팽창 욕구를 제어할 수단이 있어야 한다. 금융시장이 발달하여 거래 당사자인 채권자의 감시에 의존하든, 아니면 정부의 경제정책에 따르든, 투자의 건전성을 검증하는 주체가 있어야 한다는 말이다.

그런데 최근 한국 경제에 관한 대부분의 논의는 경제구조의 전환을 소유권의 확립·이전으로 이해한 나머지 감시·감독 기능 확립에 대해서는 소홀히 했다.

개혁 주체 세력을 바꾸고 경제 운영 이데올로기에 관한 합의가 이루어진 다음에는 구체적 개혁 프로그램을 만들어야 한다. 그것은 크게 금융 정상화와 재벌 개혁으로 요약할 수 있다. 그리고 앞으로 추진되어야 할 금융 정상화와 재벌 개혁은 그것이 일회적 조치가 아니라 제도화를 통해 달성되어야 한다. 내생적 통제와 감시·감독을 통한 제도적 환류가 지속적으로 이루어져 제도적으로 정착되어야만 개혁은 완수되었다고 말할 수 있다.

이러한 개혁 과제를 추진하는 과정에서 단기적 성과에만 집착해서는 안 된다. 현재의 경제위기는 경제 내의 비효율을 억제할 금융제도나 기업 지배 구조가 갖추어지지 않은 상태에서 정부가 관리 기능을 성급히 포기하고 제대로 정비되어 있지도 않은 시장에 모든 것을 맡긴 데서 시작되었다. 과거의 전철을 다시 밟지 않기 위해서는, 개별 경제 주체의 성과를 정확히 평가하고 이에 따라 적절한 보상과 제재를 가할 수 있는 메커니즘을 다시 설계해야만 한다. 이러한 시장 인프라의 구축은 한국 경제를 내적 기준에 따라 운영되는 체질로 변화시킬 것이며, 그때서야 비로소 경제가 건전하게 발전할 수 있다.

1) 금융 개혁

산적한 문제들을 한꺼번에 해결할 수는 없다. 현재 복잡하게 얽힌 현안들을 풀어 나가는 출발점은 금융 정상화다. 이번 경제위기의 근본 원인인 실물 부문의 과잉투자를 해소하기 위해서는 우선적으로 부실 기업을 퇴출시켜야 하는데, 이것은 금융기관의 부실 채권과 얽혀 있다.

따라서 금융 부문 정상화를 위한 근본적인 대책을 마련하지 못한다면 그 어떤 정책도 장기적으로 한국 경제를 건강하게 만들 수 없다. 금융 부문의 왜곡은 항상 실물 부문의 왜곡을 초래하기 때문이다.

금융 정상화를 위해 가장 시급한 과제는 금융기관이 안고 있는 부실 채권을 정리하는 것이다. 현재 금융기관이 떠안고 있는 부실 채권 규모를 고려할 때, 금융기관의 자율적 대출 심사를 통한 실물 부문 투자의 2차적 심사 기능을 기대하기는 어렵다.

그런데 부실 채권 정리에는 막대한 재원이 필요하다. 구조조정 재원을 외자 도입으로 조달할 수도 있지만, 외환위기의 확산과 세계 금융시장의 불안정으로 외자를 조달하기는 어렵다. 정부가 선택할 수 있는 거의 유일한 방법은 국채 발행이다. 국채 발행은 필연적으로 고금리와 통화 증발을 수반한다. 그것은 국민 부담을 유발할 수 있다.

따라서 정부는 소요되는 구조조정 재원의 규모를 명확히 밝히고 국민이 부담해야 할 수준을 공정하게 설정해야 한다. 비용을 치르지 않고는 어떤 일도 할 수 없기 때문이다.

정부는 현재 공적 자금을 투입하여 금융 부문을 정상화하기 위해 노력하고 있다. 부실 채권 대부분이 과거 정책금융의 부산물이라는 점을 고려할 때, 결자해지의 차원에서 정부가 직접 나서서 해결하려는 것이다.

이에 대해 일부에서는 반론을 제기하고 있다. 세계적인 민영화 추세에 역행하여 자칫 금융기관의 국유화를 초래할 수 있고, 금융 부실의 책임을 져야 할 금융기관에 면죄부를 줌으로써 도덕적 해이를 부추길 수 있다는 이유에서이다.

정부가 금융기관의 부실 채권을 대신 해결해 주는 것이 도덕적 해이를 부추길 수 있다는 지적은 옳다. 그러나 책임은 권리에서 나오는 법이다. 금융기관에 대해 부실의 책임을 묻는 것은 그 부실이 금융기관의 자율적 선택에 의한 것이었을 때 정당하다.

그러나 우리 현실은 상당 부분 그렇지 못했다. 나아가 책임 추궁은 잘잘못에 대한 제재를 감당할 수 있는 능력이 전제되었을 때만 순기능을 갖는다. 도덕적 해이를 막기 위해서 부실 채권에 대한 책임 추궁만을 중시한다면, 현재 제대로 정상화될 수 있는 금융기관은 전무하다.

지지부진한 금융 구조조정을 추진하기 위해서 직접 재정 자금을 투입하는 고육책이라도 감수해야 한다는 주장은 다른 대안이 없다는 불가피성에 근거한다. 사실 지난 30여 년 동안 금융은 재정이 수행해야 할 역할을 각종 정책금융을 통해 떠맡아 왔다. 오늘날 금융기관의 부실 채권은 정책금융 탓이라고 해도 과언이 아니다. 따라서 사경을 헤매는 금융을 재정이 살려야 한다는 논리는 설득력을 갖는다.

2) 재벌 개혁

한국 경제가 부실화된 근본 원인이 과잉투자에 있음은 누누이 지적했다. 이러한 과잉투자가 이루어질 수 있었던 직접적인 배경은 재벌 구조였다. 따라서 한국 경제가 지금의 위기를 새로운 도약의 계기로 삼으려한다면, 금융 정상화와 더불어 재벌 개혁을 이루어 내야만 한다.

재벌 개혁 문제의 핵심은 한국 경제에 건전한 경쟁 원리를 도입하는 것이다. 즉, 시장 내부에 건전한 게임의 룰을 확립하자는 것이다. 궁극적으로 시장 내에 '그룹 대 그룹', '그룹 대 기업'의 경쟁이 아닌 '기업 대 기업'의 경쟁을 유도해야 한다. 예를 들면 삼성과 현대의 경쟁이 아닌 삼성중공업과 현대중공업의 경쟁으로 한국 경제의 경쟁 체제를 만들어야 한다는 것이다.

재벌 체제의 개혁은 선택의 문제가 아니다. 필수적인 과제다. 물론 재벌 개혁이 재벌을 망하게 하자는 것은 아니다. 단지 계열사 간의 부당한 연결고리를 끊어 줌으로써 효율적인 기업만이 생존하도록 하자는 것이다. 이와 관련된 재벌 개혁의 구체적인 방법은 이미 다양한 형태로 제시되어 있다.

문제는 선택과 실천에 달려 있다. 시급히 요구되는 것은 재벌이 자발적으로 개혁에 동참할 유인을 설계하고, 재벌의 저항을 돌파할 수 있는 강력한 경제팀을 구성하는 것이다. 이미 지적했듯이 경제팀을 이끌어 갈 인물은 비전과 추진력을 갖추었을 뿐 아니라 재벌·금융기관으로부터 자유로울 수 있어야 한다. 그리고 경제팀이 후일을 걱정하지 않고 소신대로 일할 수 있도록 특별법을 제정해서라도 그들에게 면책권을 부여해야 한다. 개혁 과정에서 발생할 수 있는 다소간의 부작용에서 자유롭게 해주기 위해서이다. 이러한 조치는 자본주의 경제에서 다소 과격하게 비칠지도 모른다. 그러나 이러한 과격한 조치가 필요할 만큼 개혁의 필요성은 절박하다.

한편 재벌 개혁을 위해서는 채찍과 당근을 병행해야만 한다. 그러나 현 단계에서는 채찍이 더욱 효과적이다. 금융·세제 지원으로 대표되는 당근을 통한 유인 제공은 구조조정 재원이 한정되어 있는 상황에서는 큰 효과를 거두기 어렵다. 따라서 상호지급보증·상호출자·내부거래 등 재벌이 실정법을 위반한 부분을 엄중히 추궁하는 채찍을 사용하여 유인 체계를 확립하는 차선책이 더 유용하다.

특히 상호지급보증과 상호출자를 억제하고 이를 통해 독립경영과 업종 전문화를 유도하려는 정부의 정책을 더욱 강화해야 한다. 개혁의 속도를 늦추다 보면 어느새 재벌들의 저항에 밀려 문제를 풀 수 없게 될지도 모른 다. 따라서 강력한 경제팀이 국세청·검찰·공정거래위원회·금융감독 위원회 등의 업무 협조를 기반으로 강력한 재벌 정책을 구사해야 한다.

3) 실업 비용의 최소화

최근의 경제위기를 극복하는 유일한 방법은 철저한 구조조정이다. 그 러나 이 과정에서 파생되는 실업 문제 역시 소홀히 할 수 없다. 구조조 정에 따른 실업자 발생은 불가피하지만, 생계 위협 등 사회 문제를 야기 할 수 있다는 점에서 실업은 되도록 최소화해야 한다는 말이다.

1998년 9월 말 현재 실업자는 약 160만 명에 이르고 실업률은 7.3%

였다. 이는 1970년대 이후 최고 수치다. 한 전망에 따르면 내년에는 실업자 수가 더 증가하여 7.8%에 이를 것으로 보고 있다.

실업 문제가 단기간에 해결되리라고 기대하기는 어려운 일이지만, 그대로 방치하면 산업 기반이 붕괴되고 사회 문제를 일으킬 것이다. 따라서 정부의 적극적인 정책이 시급하다. IMF의 정책 처방은 장기적으로 거시 변수의 안정화를 통해 성장을 도모하는 것이다. 그러나 단기·중기에 나타날 수 있는 실업 문제와 소득 분배의 악화는 중요하게 고려하지 않는다. 대부분의 남미 국가들에서 '워싱턴 합의(Washington Consensus)'에 따른 경제 처방을 시행한 기간에, 대부분 실업률이 크게 증가하고 소득 분배가 극도로 악화되었으며 과도한 경제 위축을 강제당했다. 따라서 국가에 따라 차이는 있으나 1980년대 초의 소득 수준을 회복하는 데 대부분 10년 이상이 걸렸다. 고용 안정과 사회보장제도가 거의 전무하다시피 한 한국 경제에서 이것은 매우 심각한 문제다.

대량 실업 문제를 해결하기 위한 정부의 노력은 다음 두 가지 측면에서 생각해 볼 수 있다. 첫째는 사회간접자본에 대한 투자를 활성화하여 유효 수요를 확대하고 고용을 창출하는 것이다. 이것은 부실 기업을 지원하는 잘못된 경기부양책과는 구별되어야 하며, 따라서 신속하고 광범위하게 이루어져야 한다. 실업 상태가 장기화하면 사회보장제도가 잘 정비되지 않은 한국에서는 사회적 파급 효과가 막대하고 그 비용도 상당할 것이다.

따라서 정부는 사회적 수익률이 높은 사회간접자본에 대한 투자를 확대하는 것을 고려할 수 있다. 또한 사회보장 지출을 확대하여 IMF 구제금융 이후 급증한 실업자와 생활보호대상자를 중점적으로 지원해야 한다.

둘째, 노동시장의 선진화를 통한 고용의 안정화 방안이다. 현재의 고용조정은 불법적인 대량해고와 권고사직을 양산하고 있다. 이러한 불법 행위는 근절되어야 한다. 정부는 합리적 기준에 따라 고용조정이 이루어질 수 있도록 제도적 기반을 마련해야 한다. 정리해고제나 근로자 파견제 등 고용 구조에 큰 영향을 미치는 제도는 미리 투명한 기준을 제시하고 공정한 심판자로서 정부가 개입할 수 있어야 한다.

4) 정부의 역할

대한민국 헌법 제119조는 국가가 어려울 때는 정부가 직접 개입하여 경제를 챙길 수 있도록 보장하고 있다. 한국전쟁 이후 한국 경제가 지금보다 더 위기에 처했던 때가 없었다고들 한다. 따라서 정부는 적극적으로 이 위기를 수습해야 할 책임이 있다.

그러나 현재 우리의 상황은 외환위기를 맞을 당시 유행했던 『부즈 앨런 보고서』의 주장처럼 "논의는 무성하지만 실질적으로 이루어진 것은 별로 없는" 답보 상태의 반복일 뿐이다. 때로는 개혁의 큰 방향을 두고,

때로는 개혁의 주체를 두고, 때로는 개혁의 득과 실을 두고 논의가 무성하다. 그러나 실질적인 개혁이 이루어지지 못한 것은 이러한 논의가 딱 부러진 결론을 내리지 못했기 때문이 아니다. 오히려 개혁이 초래할 단기적 비용을 무작정 두려워하기 때문이다.

어차피 구조개혁은 단기적으로 경제적·정치적 비용을 수반하는 작업이다. 비록 적절한 경제정책을 통해 이러한 비용 중 일부를 줄일 수는 있으되, 비용 발생 자체를 억제할 수는 없다.

따라서 구조조정 과정에서 발생하는 비용을 외면하거나 비용 발생 자체를 직접적으로 억제하려는 태도는 바람직하지 않다. 오히려 비용을 직시하고 불가피한 비용에 대해서는 국민의 이해를 구하면서 개혁에 매진하는 것이 정부의 올바른 태도다.

경제개혁의 내용 면에서 가장 중요한 것은 금융정상화와 재벌 개혁이다. 이 중 특히 지지부진한 것은 재벌 개혁이다. 재벌 개혁은 그동안

『부즈 앨런 보고서』

한강의 기적은 끝났다! 부즈 앨런 보고서가 내린 냉혹한 현실 진단이다. 한국은 일본과 마찬가지로 과도한 정부 규제와 비효율적인 금융 시스템, 그리고 경직된 노동시장 때문에 몸살을 앓고 있다. 한국은 경쟁력 상실을 감수하면서까지 180만 명의 실업자를 끌어안고 있다. 본격적인 경쟁 체제를 받아들인다면 한국의 실업률은 2%가 아니라 11.3%나 될 것이다. 1997년 말 한국에 대해 내린 사형선고였다.

냉혹한 현실 진단 후 부즈 앨런 보고서는 처방을 내린다. 시장 주도, 지식 기반, 기업가 정신, 지역적 통합, 범세계적 연계를 향해 나아가야 하며, 이는 도화선 점화, 개혁의 제도화, 개혁의 완결이라는 3단계 전략으로 접근하여 궁극적으로는 시장 주도 경제를 완성시켜 나가야 한다는 것이다. 이 보고서는 또한 정부 주도형에서 민간 주도형으로, 가격 경쟁에서 지식 경쟁으로, 외국인을 배척하는 폐쇄성에서 세계인과 호흡하는 개방성으로, 노동시간에 따른 보상 체계에서 기여한 만큼 보상하는 체계로, 명령과 통제 구조에서 자율과 신뢰의 구조로 새로운 패러다임의 대전환이 필요하다고 지적한다.

에도 일부 학자들이 줄기차게 제기해 온 한국 경제의 숙제다. 그러나 작금의 외환위기를 거치면서 재벌 개혁은 또 다른 차원에서 그 중요성을 더하게 되었다. 과거에 제기된 재벌 개혁 논의는 상당 정도 경제 정의나 형평성 차원에서 제기된 것이 사실이다. 그러나 이제는 효율성 측면에서도 재벌 체제는 그 존립 근거를 상실하고 있다.

재벌 개혁의 시기로 보면 지금보다 더 좋은 기회는 과거에도 없었고, 미래에도 다시 오기 어려울 것이다. 국민이 재벌 개혁을 지지하고, 언론들도 적극적이건 소극적이건 재벌 개혁에 원칙적으로 동의한다. 재벌 개혁은 IMF의 요구 사항이자 많은 선진국의 관심의 대상이기도 하다. 이처럼 좋은 기회를 놓친다면 이제 상당 기간 재벌 개혁의 기회는 다시 오지 않을 것이다.

현재의 재벌 개혁은 한국 경제의 형평성과 효율성을 동시에 제고할 수 있는 경제정책 여건상 매우 희귀한 기회다. 정부는 하루빨리 헌법상의 권리와 책임을 다할 수 있는 방책을 강구해야 한다.

▶ 이 논문은 서울대 경제연구소의 『경제논집』 1998년 겨울호에 실린 것이다.

한국 경제 아직 늦지 않았다

초판 1쇄 찍은날 : 2007년 8월 25일
초판 1쇄 펴낸날 : 2007년 8월 30일

지은이   정운찬
펴낸이   최윤정
펴낸곳   도서출판 나무와숲

등록   22-1277
주소   서울특별시 송파구 방이동 22 대우유토피아 1304호
전화   02)3474-1114
팩스   02)3474-1113
e-mail : namusup@chol.com

값 20,000원
ISBN   978-89-88138-85-4   03320